个人所得税

纳税筹划 与 风险防控

李旭东 ◎ 著

中国铁道出版社有限公司
CHINA RAILWAY PUBLISHING HOUSE CO., LTD.

图书在版编目（CIP）数据

个人所得税纳税筹划与风险防控 / 李旭东著. —北京：
中国铁道出版社有限公司, 2022.5
ISBN 978-7-113-28542-5

Ⅰ.①个… Ⅱ.①李… Ⅲ.①个人所得税-税收管理-
研究-中国 Ⅳ.①F812.423

中国版本图书馆CIP数据核字(2021)第229391号

书　　名：个人所得税纳税筹划与风险防控
　　　　　GEREN SUODESHUI NASHUI CHOUHUA YU FENGXIAN FANGKONG
作　　者：李旭东

责任编辑：马慧君　　　编辑部电话：（010）51873005　　投稿邮箱：zzmhj1030@163.com
封面设计：刘　莎
责任校对：孙　玫
责任印制：赵星辰

出版发行：中国铁道出版社有限公司（100054，北京市西城区右安门西街8号）
网　　址：http://www.tdpress.com
印　　刷：三河市兴达印务有限公司
版　　次：2022 年 5 月第 1 版　2022 年 5 月第 1 次印刷
开　　本：710 mm×1 000 mm 1/16　印张：26　字数：425千
书　　号：ISBN 978-7-113-28542-5
定　　价：88.00元

写给读者的心里话

西方有句著名的谚语："唯死亡和税收不可避免。"税收与每个人的生活息息相关，不管你是否意识到税收的存在，税收都与你发生着某种微妙的联系。在大大小小三十多个税种之中，个人所得税与个人的联系最为紧密，每个人都应懂一点儿个人所得税，因为这个税种涉及每个人的切身利益。

目前市场上关于个人所得税的书籍可谓是琳琅满目，却也是良莠不齐，我希望能够凭借十几年税务工作经验和会计硕士的专业背景将这本书打造成让每个读者都能从中受益的通俗易懂而又全面实用的工具书，让从未接触过个人所得税的人一学就会、一读就懂、一用就灵，更好地维护自己的合法权益；让专业从业人员能够看清其中的门道，看透其中的道理，在一定程度上提高自己的专业技能。

我写本书还有一个缘起。2019年年底，我看中了一处抵债房，法院将该房的所有权强制执行到债权人的名下，而债权人第一时间又将房子卖给了我。我们双方约定由我来承担交易过程中的所有税费，其中便涉及个人所得税。

我第一时间请房屋中介向房管部门询问个人所得税差额征税的有关事宜，可相关部门工作人员的答复是并未听说过有此政策，现行政策是所有房屋过户时均需按照房屋交易价格的1%缴纳个人所得税。

我预感到若要继续坚持差额征税必然会经历一番波折，于是房屋过户当天特地打印了国家税务总局下发的《征收个人所得税有关问题的通知》（国税发〔2006〕108号）。其中明确规定："对转让住房收入计算个人所得税应纳税所得额时，纳税人可凭原购房合同、发票等有效凭证，经税务机关审核后，允许从其转让收入中减除房屋原值、转让住房过程中缴纳的税金及有关合理费用。"这个文件通篇讲的皆是如何差额征税，只有"纳税人未提供完整、准确的房屋原值凭证，不能正确计算房屋原值和应纳税额的，税务机关可根据《中华人民共和国税收征收管理法》第三十五条的规定，对其实行核定征税，即按纳税人住房转让收入的一定比例核定应纳个人所得税额。具体比例由省级地方税务局或者省级地方税务局授权的地市级地方税务局根据纳税人出售住房的所处区域、地理位置、建造时间、房屋类型、住房平均价格水平等因素，在住房转让收入 1%~3% 的幅度内确定。"全额征税只是在无法提供完整、准确的房屋原值凭证时的一种补充手段，但在实际操作中似乎有些喧宾夺主地成了"唯一"手段。

我拿着国家税务总局的文件与有关人员进行交涉，经该部门与当地税务部门请示沟通后，最终同意了我提出的差额征税请求，由于房主按照原价出售该房屋并无所得，此次房屋产权交易过程中的个人所得税也就无须缴纳，因此便省下了好几万元，更为重要的是维护了只有有了所得才会交税的所得税基本原理！

房屋交易过程中的个人所得税差额征税政策之所以鲜有人问津，恐怕与近几年房地产市场过热有关。比如，一套交易价格为 500 万元的房子，如果全额征收，假设适用税率为 1%，只需交纳 5 万元的个人所得税；如果按照差额来征收，这个房子的卖价比当初的买价至少上涨了 100 万元，甚至更高，那么至少需要交纳 20 万元的个人所得税。如果卖方不提供房屋原值的相关凭证，税务部门也无法进行差额征税。久而久之，差额征税政策便束之高阁。

我当时便想，若是换做其他人恐怕也就随波逐流地交纳了个人所得税，就是因为我熟悉税收政策才维护了自己的合法权益。从那时起便萌生了写此书的冲动，想让更多的人了解个人所得税，在充分遵守税法的前提下"捂好"自己的"钱袋子"！

目　录

第八章　纳税人自行申报

第九章　综合所得年度汇算

第十章　申报风险衡量

第十一章　扣缴申报风险应对

第一章　个人所得税概述

为了便于读者更加深入地理解个人所得税，本章将对个人所得税的税法原理进行简要介绍。

◉ 第一节　个人所得税纳税主体

对个人而言，个人所得税与增值税不尽相同，增值税所指的个人，既包括自然人，也包括个体工商户、合伙企业和个人独资企业等其他个人，但个人所得税的纳税主体都是自然人。

根据《国务院关于独资企业和合伙企业征收个人所得税问题的通知》（国发〔2000〕16号）规定，从2000年1月1日起停止对个人独资企业和合伙企业征收企业所得税，只对其投资者的经营所得征收个人所得税。个体工商户、合伙企业和个人独资企业，既不是企业所得税纳税人，也不是个人所得税纳税人，其本身并不缴纳任何所得税，按照"先分后税"的原则，个体工商户、合伙人或者投资人分得经营利润后，按照经营所得缴纳个人所得税。

很多人不理解，合伙企业和个人独资企业明明是企业，却为何不缴纳企业所得税呢？如果要充分理解其中隐藏的深意，必须要搞清楚一个重要概念"法人"。

"法人"是个法律概念，其内涵常常被人所误解。有的董事长、总经理或者某部门负责人居然声称："我是法人，有什么事找我谈！"其实，他们充其量只是法定代表人，而"法人"是法律上拟制的"人"，拥有法律赋予的独立人格，比如，它的财产权是完全独立的，发起人或者股东出资设立了一家公司，履行完出资义务后，所投的相关资产完全归属于这家公司所有，不再属于发起人或者股东所有。发起人或者股东如果想退股或者转让股份，必须要经过相关程序，不能随便地将公司的资产转移到自己名下，否则，就侵犯了该法人组织的财产权。同时，这家公司所欠债务也只能用这家公司的自有资产进行偿还。一般情况下，债权人无权要求发起人或者股东用个人资产或者其所投资的其他公司的资产进行偿还。

个体工商户、合伙企业和个人独资企业规模一般都不大，属于非法人组织，也就是其财产与实际经营者的个人财产难以进行有效区分，不适用于企业所得税的相关原理，因此，个体工商户、合伙企业和个人独资企业无须缴纳企业所得税，但经营者、合伙人或投资者需要就经营所得缴纳个人所得税。

需要特别说明的是，为了避免重复征税，个人所得税与企业所得税的纳税人并不存在重合，合伙企业和个人独资企业这两类企业不缴纳企业所得税，而缴纳企业所得税的也并非都是企业，还包括其他取得收入的组织，比如，非营利组织等，但凡是缴纳企业所得税的纳税人均为法人组织。

● 第二节　个人所得税征税对象

个人所得税征税对象为个人取得的所得。目前，个人所得税的应税所得共分为九类，分别是工资、薪金所得，劳务报酬所得，稿酬所得，特许权使用费所得，经营所得，利息、股息、红利所得，财产租赁所得，财产转让所得，偶然所得。

在 2019 年个人所得税改革之前，原本有十一项所得，除了上述九种所得外，还包括"国务院财政部门确定征税的其他所得"。此次改革取消了"其他所得"，将部分"其他所得"项目归入"偶然所得"等所得项目之中。

"对企事业单位的承包经营、承租经营所得"也予以取消，根据具体收入的性质分别并入工资、薪金所得和经营所得。

"个体工商户的生产、经营所得"改为经营所得，个体工商户业主、合伙企业合伙人或者个人独资企业投资人均按照经营所得缴纳个人所得税。

个人所得的形式并非只有现金，还有实物、有价证券和其他形式的经济利益；所得为实物，应当按照取得的凭证上所注明的价格计算应纳税所得额，无凭证的实物或者凭证上所注明的价格明显偏低的，参照市场价格核定应纳税所得额；所得为有价证券的，根据票面价格和市场价格核定应纳税所得额；所得为其他形式的经济利益的，参照市场价格核定应纳税所得额。

2019 年个人所得税改革后，上述九类所得被分为以下三大类。

工资、薪金所得与劳务报酬所得、稿酬所得、特许权使用费所得四类所得被归入综合所得，按月或者按次预缴，按纳税年度合并计算个人所得税，非居民个人取得上述四类所得，按月或者按次分项计算个人所得税。

经营所得单独是一类，其实经营所得也属于分类所得中的一种，不过相比较于其他分类所得，比较复杂，按月或者按季度预缴税款，年度终了后按年进行汇缴。

利息、股息、红利所得与财产租赁所得、财产转让所得、偶然所得四类所得被称为其他分类所得，仍沿用过去的计税方式，按次缴纳个人所得税，缴纳完成后便视为完成纳税义务。

● 第三节　个人所得税征管方式

为了切实减轻自然人纳税人的负担，提升个人所得税征管效能，我国采取个人所得税扣缴制度，向个人支付所得的单位或者个人为扣缴义务人。

扣缴义务人应当依法办理全员全额扣缴申报，也就是扣缴义务人应当在代扣税款的次月 15 日内，向主管税务机关报送其支付所得的所有个人的有关信息、支付所得数额、扣除事项和数额、扣缴税款的具体数额和总额以及其他相关涉税信息资料。实行个人所得税全员全额扣缴申报的应税所得包括八类所得。注意，这不包括经营所得。

扣缴义务人每月或者每次预扣、代扣的税款，应当在次月 15 日内缴入国库，并向税务机关报送《个人所得税扣缴申报表》。

扣缴义务人应当按照纳税人提供的信息计算税款、办理扣缴申报，不得擅自更改纳税人提供的信息。扣缴义务人发现纳税人提供的信息与实际情况不符的，可以要求纳税人修改。纳税人拒绝修改的，扣缴义务人应当报告税务机关，税务机关应当及时处理。

纳税人发现扣缴义务人提供或者扣缴申报的个人信息、支付所得、扣缴税款等信息与实际情况不符，有权要求扣缴义务人修改。扣缴义务人拒绝修改的，纳税人应当报告税务机关，税务机关应当及时处理。

在特殊情形下，需要纳税人自行申报，具体内容将在第八章进行详细介绍。

第二章　境内法定所得税收筹划

● 第一节　工资、薪金所得税收筹划

工资、薪金所得是指个人因任职或者受雇取得的工资、薪金、奖金、年终加薪、劳动分红、津贴、补贴以及与任职或者受雇有关的其他所得。

一、分月预缴和年度汇算的规定 [①]

此次个人所得税改革后，基本生活减除费用由每月 3 500 元调整至每年 6 万元，也就是每月 5 000 元。有的人在谈论个人所得税时，会说起征点应该调整到多少。其实个人所得税根本没有起征点，因为基本生活减除费用属于免征额。

起征点是征税对象达到一定数额才开始进行征税的起点，比如，符合条件的增值税小规模纳税人每月不含税销售额的起征点为 10 万元，达到 10 万元全额征税，未达到 10 万元，全额免税，该纳税人的不含税销售额位于 10 万元至 10.3 万元时，会面临收入增加且税后所得减少的窘境。

这种情况在个人所得税中并不会出现，因为个人所得税采用的是免征额加七级超额累进税率的制度设计，现行个人所得税免征额，也就是基本生活费用减除额为每年 6 万元。在不考虑专项扣除、专项附加扣除、依法确定的其他扣除和公益捐赠等因素的情况下，达到或不足 6 万元不需要缴纳税款；如果全年所得为 6 万元以上，仅需对超出的部分缴纳税款，比如，年收入为 62 000 元，只需要对 2 000 元进行征税即可。

起征点只能照顾一部分纳税人，而免征额则会惠及所有纳税人。不过，由于我国各地经济发展水平差异较大，曾有人提出将免征额从现行全国统一的模式变

[①] 详见《国家税务总局关于全面实施新个人所得税法若干征管衔接问题的公告》（国家税务总局公告2018年第56号）

为各地区差异化划定的模式。从国际惯例看，个人所得税采用全国统一的免征额仍是主流；从征管实际看，目前人员流动越来越频繁，如果各地区免征额不一致，将会极大提高年度汇算清缴的难度。

此次改革不仅提高了免征额，而且在我国首次建立了综合与分类相结合的个人所得税制。

改革前，工资、薪金所得按月缴纳个人所得税；改革后，工资、薪金所得按月预缴，按照累计预扣法计算预扣税款。

综合所得年度汇算时，工资、薪金所得与劳务报酬所得、稿酬所得、特许权使用费所得等四类综合所得合并计算缴税。这四类所得与纳税人的劳动最为密切，具有潜在的可持续性。

经营所得其实也属于分类所得中的一种，但其与工商个体户、个人投资企业和合伙企业的经营活动相关，若是采用记账征收方式，计算经营所得较为复杂和烦琐，因此单独计为一类，计税方式也未发生改变。

利息、股息、红利所得和财产租赁所得、财产转让所得更多的是与财产相关，偶然所得更多的是与运气或特定条件相关，上述四类分类所得只需分类缴纳完税款，即完成纳税义务，不用与其他所得综合计税。

四类综合所得首次以"年"为一个周期计算应该缴纳的个人所得税。居民个人的综合所得按月或者按次预缴，年度终了后，居民个人应于次年3月1日至6月30日期间办理年度汇算，将工资、薪金所得与劳务报酬所得、稿酬所得、特许权使用费所得等四类综合所得合并计算，减去基本生活费用减除额6万元以及专项扣除、专项附加扣除和依法确定的其他扣除和公益慈善事业捐赠支出等准许扣除的项目后的余额，为应纳税所得额。

综合所得应纳税所得额适用3%～45%不等的七级超额累计税率，计算应缴税款，再减去年度内已经预缴的税款，向税务机关办理年度纳税申报并结清应退或应补税款，也就是在平时已预缴税款的基础上"查遗补漏，汇总收支，按年算账，多退少补"。这次改革参照了国际通行做法，恢复了个人所得税的"所得税"的本来面目，与企业所得税税制更为接近。

通过综合所得合并纳税无疑更能准确筛选出高收入者，比如，有的人平时不工作，依靠收取特许权使用费来获取高额收入，而特许权使用费所得不论所得高低，税率均为20%，难以有效发挥二次分配的作用。如今四类综合所得合并计税，过去原本工资、薪金所得并不算高的纳税人，可能会因其他综合所得高而适用高税率，这样无疑能更好地发挥个人所得税的收入分配调节作用。

与此同时，新设了子女教育、继续教育、大病医疗、住房贷款利息、住房租金、赡养老人等六项专项附加扣除。改革前，对个人所得征税时考虑得更多的是收入，对个人或家庭的支出考虑得比较少，可实际上同等收入人群的家庭负担不尽相同，此次改革后新设的专项附加扣除将家庭主要开支项目基本上囊括在内，负担较重的家庭可以抵扣的项目多，抵扣的额度也大，减税效果更为明显。

（一）工资、薪金所得一般性计税方法

假设某职员 1 月份减去专项扣除、专项附加扣除等扣除项目后的工资、薪金所得为 4 000 元，基本生活费用减除额为每月 5 000 元，由于工资、薪金所得小于基本生活费用减除额而不征税，无论是采用改革前的办法，还是改革后的办法，均不需要实际缴纳税款。

2 月份，该职员发现因本部门经理计算失误导致其 1 月份少发了 1 000 元，于是单位将其少发的 1 000 元与其 2 月份工资合并发放，减去专项扣除、专项附加扣除等扣除项目后的工资、薪金所得变为 6 000 元，再减去基本生活费用减除额 5 000 元，还剩余 1 000 元。

如果按照改革前的办法，采用的是首付实现制，该职员需要对 1 000 元缴纳个人所得税。

按照改革后的办法，采用的是权责发生制，按照累计预扣法计算应该预扣的税款，1～2 月减去专项扣除、专项附加扣除等扣除项后的所得累计为 10 000 元，而免征额累计为 10 000 元，因此，2 月份，该职员并不需要预缴税款。

每月预扣的计算公式为：

本期应预扣预缴税额 =（累计预扣预缴应纳税所得额 × 预扣率 - 速算扣除数）- 累计减免税额 - 累计已预扣预缴税额。

累计预扣预缴应纳税所得额 = 累计收入 - 累计免税收入 - 累计生活费用减除额 - 累计专项扣除 - 累计专项附加扣除 - 累计依法确定的其他扣除。

其中，累计基本生活费用减除额，按照 5 000 元 / 月乘以纳税人当年截至本月在本单位的任职受雇月份数计算。计算居民个人工资、薪金所得预扣预缴税额的预扣率、速算扣除数，按照《个人所得税预扣率表（居民个人工资、薪金所得预扣预缴适用）》执行。

个人所得税预扣率表
（居民个人工资、薪金所得预扣预缴适用）

级数	累计预扣预缴应纳税所得额	预扣率（%）	速算扣除数
1	不超过36 000元的部分	3	0
2	超过36 000元至144 000元的部分	10	2 520
3	超过144 000元至300 000元的部分	20	16 920
4	超过300 000元至420 000元的部分	25	31 920
5	超过420 000元至660 000元的部分	30	52 920
6	超过660 000元至960 000元的部分	35	85 920
7	超过960 000元的部分	45	181 920

案例： 李工是某公司工程师，每月从公司领取工资12 500元，"三险一金"个人缴费额为每月2 500元，因其一直被派驻外地迟迟未填报专项附加扣除信息，直到4月份才按照要求完成信息填报，允许每月抵扣4 000元，同时其还在其他单位提供设计服务而取得收入3 500元，请问李工1～4月该如何预缴个人所得税？

解析： 工资、薪金所得预缴时可以扣除"三险一金"等专项扣除，也可以选择扣除每月5 000元的基本生活减除费用，完成专项附加扣除信息采集并上报的，也可以扣除相应的专项附加扣除。

李工1月份应预缴税款：

先计算工资、薪金所得：12 500−2 500−5 000=5 000元，用应纳税所得额5 000元对照《个人所得税预扣率表（居民个人工资、薪金所得预扣预缴适用）》，查找其适用的预扣率为3%。

应预缴税款=5 000×3%=150元。

李工2月份应预缴税款：

1～2月的工资、薪金所得预缴时累计计算：

12 500×2−2 500×2−5 000×2=10 000元。

用10 000元对照《个人所得税预扣率表（居民个人工资、薪金所得预扣预缴适用）》，查找其适用预扣率依旧为3%。

应预缴税款=10 000×3%−150=150元。

李工 3 月份应预缴税款依然是 150 元。

李工 4 月份应预缴税款：

1～4 月的工资、薪金所得进行累计计算，注意，此月可以一次性扣除 1～4 月的专项附加扣除：

12 500×4－2 500×4－5 000×4－4 000×4=4 000 元。

应预缴税款 =4 000×3%－450=－330 元，因此本月工资、薪金所得不需要预缴，而－330 元可以在 5 月份预缴时予以冲减应纳税额。

由于该月李工还取得劳务报酬所得 3 000 元，低于 4 000 元，可以扣除 800 元的费用。若是高于 4 000 元，可以按照收入的 20% 抵扣费用。

劳务报酬所得应预缴税款 =（3 500－800）×20%=540 元。

4 月份李工应缴税款为 540 元。

注意：按月预缴时，综合所得的四类所得的预缴税款不能相互抵减，比如，工资、薪金所得应预缴税款数为负数，并不能抵减劳务报酬所得的应预缴税款，也就是预缴时仍旧分项计算，只有年度汇算清缴时才会合并计算。

（二）上年度工资、薪金收入不超过 6 万元的居民个人的特殊预扣预缴政策[①]

从新税制实施第一年的情况来看，上述预扣预缴制度安排发挥了积极作用，相当部分纳税人在预缴阶段能充分享受改革红利并且不用办理汇算清缴，但有部分纳税人从一处取薪且年收入低于 6 万元的纳税人，虽然全年不用缴税，但因其各月间收入波动较大或者前高后低等原因，年中无法判断全年所得情况而某一个或几个月份被预扣预缴了税款，年度终了后仍需申请退税，对此，考虑到新税制实施已有一个完整的纳税周期，纳税人也有了执行新税制后的全年收入纳税数据，对该部分工作稳定且年收入低于 6 万元的纳税人，在享受原税改红利的基础上，对下述两类纳税人的税款预扣预缴方法进行优化，进一步减轻其办税负担。

一是上一完整纳税年度各月均在同一单位扣缴申报了工资薪金所得个人所得税且全年工资薪金收入不超过 6 万元的居民个人。具体来说，需同时满足以下三个条件：①上一纳税年度 1～12 月均在同一单位任职且预扣预缴申报了工资薪金所得个人所得税；②上一纳税年度 1～12 月的累计工资薪金收入（包括全年一次

---

① 详见《国家税务总局关于进一步简便优化部分纳税人个人所得税预扣预缴方法的公告》（国家税务总局公告 2020 年第 19 号）

性奖金等各类工资薪金所得且不扣减任何费用及免税收入）不超过 6 万元；③本纳税年度自 1 月起，仍在该单位任职受雇并取得工资薪金所得。

二是按照累计预扣法预扣预缴劳务报酬所得个人所得税的居民个人，比如，保险营销员和证券经纪人。同样需同时满足以下三个条件：①上一纳税年度 1～12 月均在同一单位取酬且按照累计预扣法预扣预缴申报了劳务报酬所得个人所得税；②上一纳税年度 1～12 月的累计劳务报酬（不扣减任何费用及免税收入）不超过 6 万元；③本纳税年度自 1 月起，仍在该单位取得按照累计预扣法预扣预缴税款的劳务报酬所得。

比如，李现 2020 年至 2021 年都是越州公司员工。越州公司 2020 年 1～12 月每月均为李现办理了全员全额扣缴明细申报，李现 2020 年工资、薪金收入合计 54 000 元，则李现 2021 年可适用上述政策。

赵丽 2020 年 3～12 月在衡州公司工作且全年工资、薪金收入 54 000 元。如果赵丽 2021 年还在该公司工作，但因其上一年全年并非都在该公司工作，则不适用上述政策。

对符合条件的纳税人，扣缴义务人在预扣预缴本纳税年度个人所得税时，累计减除费用自 1 月份起直接按照全年 6 万元计算扣除，也就是说在纳税人累计收入不超过 6 万元的月份，并不需要预扣预缴个人所得税；在累计收入超过 6 万元的当月及年内后续月份，再开始预扣预缴个人所得税。

比如，张三为东风公司员工，2020 年 1～12 月在东风公司取得工资薪金 50 000 元，公司为其办理了 2020 年 1～12 月的工资薪金所得个人所得税全员全额明细申报。2021 年，东风公司 1 月扣除"三险一金"等各扣除项目后给其发放 10 000 元工资，2～12 月每月发放 4 000 元工资。按照原预扣预缴方法，张三 1 月需预缴个税（10000-5000）×3%=150 元，其他月份无须预缴个税；全年算账，因其年收入不足 6 万元，故通过汇算清缴可退税 150 元。采用新预扣预缴方法后，张三自 1 月份起即可直接扣除全年累计减除费用 6 万元而无须预缴税款，年度终了也就不用办理汇算清缴。

比如，周若为东风公司员工，2020 年 1～12 月在东风公司取得工资薪金 50 000 元，公司为其办理了 2020 年 1～12 月的工资薪金所得个人所得税全员全额明细申报。2021 年，东风公司每月给其发放工资 8 000 元，个人按国家标准缴付"三险一金" 2 000 元，假设不享受专项附加扣除等其他扣除项目，按照原预扣预缴方法，周若每月需预缴个税 30 元。采用新预扣预缴方法后，1～7 月周若因其累计收入（8 000×7=56 000 元）不足 6 万元而无须缴税；从 8 月起，张峰累计收入超过 6 万元，每月需要预扣预缴的税款计算如下：

8 月预扣预缴税款：

（8 000×8-2 000×8-60 000）×3%-0，为负值，则税款为 0 元。

9 月预扣预缴税款：

（8 000×9-2 000×9-60 000）×3%-0，为负值，则税款为 0 元。

10 月预扣预缴税款：

（8 000×10-2 000×10-60 000）×3%-0=0 元。

11 月预扣预缴税款。

（8 000×11-2 000×11-60 000）×3%-0=180 元。

12 月预扣预缴税款：

（8 000×12-2 000×12-60 000）×3%-180=180 元。

需要说明的是，如果扣缴义务人预计本年度发放给其的收入会超过 6 万元，纳税人需要将纳税记录或者本人有多处所得合并后全年收入预计超过 6 万元等原因，扣缴义务人与纳税人可在当年 1 月税款扣缴申报前经双方确认后，按照原预扣预缴方法计算并预缴个人所得税。

假设东风公司预计 2021 年为周若全年发放工资 96 000 元，可在 2021 年 1 月工资发放前与周若确认后，按照原预扣预缴方法每月扣缴申报 30 元税款。

采用自然人电子税务局扣缴客户端和自然人电子税务局 Web 端扣缴功能申报的，扣缴义务人在计算并预扣本年度 1 月个人所得税时，系统会根据上一年度扣缴申报情况，自动汇总并提示可能符合条件的员工名单，扣缴义务人根据实际情况核对、确认后，即可按照本方法预扣预缴个人所得税。采用纸质申报的，扣缴义务人则需根据上一年度扣缴申报情况，判断符合规定的纳税人，再按照本办法执行，并需要从当年 1 月税款扣缴申报起，在《个人所得税扣缴申报表》相应纳税人的备注栏填写"上年各月均有申报且全年收入不超过 6 万元"。

（三）首次入职的居民个人的优惠性政策[①]

对一个纳税年度内，首次取得工资、薪金所得的居民个人，扣缴义务人在预

---

① 详见《国家税务总局关于完善调整部分纳税人个人所得税扣缴预缴方法的公告》（国家税务总局公告 2020 年第 13 号）

扣预缴工资、薪金所得个人所得税时，可按照每月5 000元的标准扣除从年初开始计算的累计减除费用。

比如，大学生小孙2020年7月毕业后进入某公司工作，公司发放7月工资、计算当期应预扣预缴的个人所得税时，可减除费用35 000元（7个月×5 000元/月）。

首次取得工资、薪金所得的居民个人是指自纳税年度首月起至新入职时，没有取得过工资、薪金所得或者连续性劳务报酬所得的居民个人。在入职新单位前取得过工资、薪金所得或者按照累计预扣法预扣预缴过连续性劳务报酬所得个人所得税的纳税人不享受此项政策。如果纳税人仅仅是在新入职前偶然取得过劳务报酬、稿酬、特许权使用费所得，则不受影响，仍然可适用上述规定。

又如，纳税人小赵2020年1月到8月一直未找到工作，没有取得过工资、薪金所得，仅有过一笔8 000元的劳务报酬，按照单次收入适用20%的预扣率预扣预缴了税款，9月初找到新工作并开始领取工资，那么新入职单位在为小赵计算并预扣9月工资、薪金所得的个人所得税时，可以扣除自年初开始计算的累计减除费用45 000元（9个月×5 000元/月）。

正在接受全日制学历教育的学生因实习取得劳务报酬所得，扣缴义务人预扣预缴个人所得税时，可按照《国家税务总局关于发布〈个人所得税扣缴申报管理办法（试行）〉的公告》（2018年第61号）规定的累计预扣法计算并预扣预缴税款，具体计算公式为：

本期应预扣预缴税额＝（累计收入额－累计减除费用）×预扣率－速算扣除数－累计减免税额－累计已预扣预缴税额。

其中，累计基本生活费用减除额按照5 000元/月乘以纳税人在本单位开始实习月起至本月的实习月数计算。预扣率、速算扣除数，按照上述《个人所得税预扣率表（居民个人工资、薪金所得预扣预缴适用）》执行。也就是正在接受全日制学历教育的学生虽然取得的是劳务报酬所得，但纳税方式实际上是采用工资、薪金所得的方式，从而极大地减轻了相关人员的实际税负。

再如，大学生小张7月份在某公司实习取得劳务报酬3 000元，如果按照之前的劳务报酬预缴方法，未超过4 000元的减除800元费用，然后按照20%的适用税率，需要预缴440元税款。

按照新税法规定，扣缴单位在为其预扣预缴劳务报酬所得的个人所得税时，可采取累计预扣法预扣预缴税款。小张 7 月劳务报酬扣除 5 000 元减除费用后，无须预缴税款，比预扣预缴方法调整前少预缴了 440 元。如果小张该纳税年度内再无其他综合所得，便无须办理年度汇算退税。

纳税人可根据自身情况判断是否符合上述规定的条件。符合上述条件并按照上述方法预扣预缴税款的，应及时向扣缴义务人申明并如实提供相关佐证资料或者承诺书。比如，新入职的毕业大学生，可以向单位出示毕业证或者派遣证等佐证资料；实习生取得实习单位支付的劳务报酬所得，如果采取累计预扣法预扣税款，可以向单位出示学生证等佐证资料；其他年中首次取得工资、薪金所得的纳税人，如果确实没有其他佐证资料的，可以提供承诺书。

扣缴义务人收到相关佐证资料或承诺书后，即可按照完善调整后的预扣预缴方法为纳税人预扣预缴个人所得税。同时，纳税人需要向扣缴义务人提供的佐证资料及承诺书的真实性、准确性、完整性负责。相关佐证资料及承诺书的原件或复印件，纳税人及扣缴义务人需留存备查。

（四）全年一次性奖金

居民个人取得全年一次性奖金，应并入当年综合所得计算缴纳个人所得税，不再允许单独计税。不过执行期限延长至 2023 年 12 月 31 日 [①]。

二、企业年金、职业年金 [②]

个人达到国家规定的退休年龄，领取的符合相关规定的企业年金、职业年金，不并入综合所得，全额单独计算应纳税款。其中，按月领取的，适用《按月换算后的综合所得税率表》计算纳税；按季领取的，平均分摊，计入各月，按每月领取额适用《按月换算后的综合所得税率表》计算纳税；按年领取的，按照《个人所得税税率表（综合所得适用）》计算纳税。

个人因出境定居而一次性领取的年金个人账户资金，或个人死亡后，其指定的受益人或法定继承人一次性领取的年金个人账户余额，适用《个人所得税税率表（综合所得适用）》计算纳税。对个人除上述特殊原因外，一次性领取年金个人账户资金或余额的，适用《按月换算后的综合所得税率表》计算应纳税款。

---

① 详见《财政部 税务总局关于延续实施全年一次性奖金等个人所得税优惠政策的公告》（财政部 税务总局公告2021年第42号）

② 详见《财政部 人力资源和社会保障部 国家税务总局关于企业年金职业年金个人所得税有关问题的通知》（财税〔2013〕103号）

案例：中国公民梁安妮是某外企在华代办处的职员，其所在单位和个人一直按照规定为其缴纳企业年金。她的父亲梁作栋是一名警察，所在单位和其个人一直按照规定为其缴纳职业年金。

2020年12月，梁作栋在执行任务时不幸殉职，而她的母亲因悲痛过度也不幸离世。梁安妮于2021年1月辞职后一直没有工作，也没有其他所得。

她觉得自己在国内已经没有任何亲人，于是决定前往澳大利亚定居，她一次性领取了个人账户中的企业年金230 000元，同时也领取了父亲的职业年金180 000元。此时，她该如何缴纳税款？

解析：个人因出境定居或者个人死亡后由其指定的受益人、法定继承人一次性领取的年金个人账户资金，按照"工资、薪金所得"缴纳个人所得税，适用《个人所得税税率表（综合所得适用）》计算应纳税款。

梁安妮领取了自己的企业年金230 000元，同时领取了父亲的职业年金180 000元，合计410 000元。该所得额对照个人所得税综合所得税率表，适用税率为25%，速算扣除数31 920元。梁安妮应缴纳税款为：410 000×25%-31 920=70 580元。

个人所得税税率表（综合所得适用）

级数	全年应纳税所得额	税率（%）	速算扣除数
1	不超过36 000元的部分	3	0
2	超过36 000元至144 000元的部分	10	2 520
3	超过144 000元至300 000元的部分	20	16 920
4	超过300 000元至420 000元的部分	25	31 920
5	超过420 000元至660 000元的部分	30	52 920
6	超过660 000元至960 000元的部分	35	85 920
7	超过960 000元的部分	45	181 920

案例：中国公民张大壮因中风住院、吃药，每月需要支付大笔医疗费，因此提取了自己的企业年金410 000元。他该如何缴税呢？

解析：张大壮领取企业年金410 000元，该所得额对照《按月换算后的综合所得税率表》，适用税率为45%，速算扣除数为15 160。张大壮应纳税款为：410 000×45%-15 160=169 340元。

按月换算后的综合所得税率表

级数	全月应纳税所得额	税率（%）	速算扣除数
1	不超过3 000元的部分	3	0
2	超过3 000元至12 000元的部分	10	210
3	超过12 000元至25 000元的部分	20	1 410
4	超过25 000元至35 000元的部分	25	2 660
5	超过35 000元至55 000元的部分	30	4 410
6	超过55 000元至80 000元的部分	35	7 160
7	超过80 000元的部分	45	15 160

同样的金额，但梁安妮和张大壮所缴纳的税款相差了1倍多，主要原因是两者适用的税率表不同，一个是年度的税率，一个是按月换算后的税率，同样的金额适用的税率却有着较大差距，一个是25%，一个是45%。

之所以会有这样的制度设计，主要是为了限制企业年金和职业年金的提前领取，当事人死亡和出国显然是必须要提取的情形，因此给予其相对优惠的条件。

三、个人税收递延型商业养老保险 [①]

个人按照规定购买个人税收递延型商业养老保险所领取的养老金收入，其中25%部分予以免税，其余75%部分按照10%的比例税率计算缴纳个人所得税，实际税负仍维持7.5%不变，相应税款计入"工资、薪金所得"项目，由保险机构代扣代缴后，在个人购买税延养老保险的机构所在地办理全员全额扣缴申报。

案例：个体经营者苏老板没有子女，为了使得自己的晚年生活能有个依靠，从年轻时便开始购买个人税收递延型商业养老保险，退休时一次性领取了361 280元。苏老板该如何缴纳个人所得税呢？

解析：取得经营所得的个体工商户业主、个人独资企业投资者、合伙企业自然人合伙人，其缴纳的个人税收递延型商业养老保险保费准予在申报扣除当年计算应纳税所得额时予以在限额据实扣除，扣除限额按照不超过当年应税收入的6%和12 000元孰低办法确定，因此苏老板购买该保险的保费可以在限额之内据实抵扣。

---

① 详见《财政部 国家税务总局 人力资源和社会保障部中国银行保险监督管理委员会证监会关于开展个人税收递延型商业养老保险试点的通知》（财税〔2018〕22号）

苏老板少缴纳的个人所得税税款将会在领取保险金时一次性缴纳，其领取该个人税收递延型商业养老保险应纳税额为：361 280×75%×10%=27 096元。

四、离职、提前退休、内部退养有关收入征税方式 [①]

（一）解除劳动关系的一次性补偿收入

个人与用人单位解除劳动关系，有的很快便能找到新工作，有的却迟迟难以实现再就业，因此对个人取得一次性补偿收入（包括用人单位发放的经济补偿金、生活补助费和其他补助费）给予适度的税收优惠。

一次性补偿收入在当地上一年职工平均工资3倍数额以内的部分，免征个人所得税；超过3倍数额的部分，不并入当年综合所得，单独适用《个人所得税税率表（综合所得适用）》，计算缴纳税款。

案例： 2020年6月，大华餐饮公司因受新冠肺炎疫情影响，开始实行减员增效。厨师长孙梅卫已经在该公司连续工作了20年之久，但因其年龄偏大而被公司裁员。双方解除劳务合同时，公司考虑到其对公司的贡献，一次性支付给他补偿金32万元，当地上年度职工平均工资47 000元。孙梅卫对该笔收入应如何缴纳个人所得税呢？

解析： 首先，计算当地上一年度职工平均工资3倍数额，即47 000×3=141 000元，对于一次性补偿收入低于141 000元的部分，免征个人所得税。

其次，计算一次性补偿收入超过当地上一年度职工平均工资3倍数额的部分：320 000−141 000=179 000元。

再次，超过部分单独适用《个人所得税税率表（综合所得适用）》，不并入当年综合所得，这也是一种变相的优惠措施，但也不能减除费用扣除标准数。

对照《个人所得税税率表（综合所得适用）》，适用税率为20%，速算扣除数为16 920元。

应纳个人所得税税款：179 000×20%−16 920=18 880元。

企业在改组、改制或减员增效过程中，因解除一部分职工的劳动合同而支付给被解聘职工的一次性经济补偿，俗称"买断工龄"。被解聘职工所取得的"买断工龄"收入的计算方法，参照上述计算方法执行。

---

① 详见《财政部　国家税务总局关于个人所得税法修改后有关优惠政策衔接问题的通知》（财税〔2018〕164号）、《国家税务总局关于个人所得税有关政策问题的通知》（国税发〔1999〕58号）

还有一种特殊类型，企业依照国家有关规定宣告破产，企业职工从该破产企业取得的一次性安置费收入，免征个人所得税。

（二）提前退休的一次性补贴收入

由于提前退休会加剧社会保险基金的支付压力，因此国家始终对其进行严格控制，但也会有特例，比如，公务员和事业编制人员工作年限满 30 年或者满 20 年距法定退休年龄不足 5 年，可以申请提前退休；从事有毒有害等特殊工种且累计工作满一定年限的，可以申请提前退休。

个人办理提前退休手续有时会取得一次性补贴收入，该收入不属于免税的离退休工资收入，应按照"工资、薪金所得"征收个人所得税。纳税人要将一次性补贴收入按照办理提前退休手续至法定离退休年龄之间实际年度数平均分摊，确定适用税率和速算扣除数，单独适用《个人所得税税率表（综合所得适用）》，计算纳税。

计算公式： 应纳税额 ={〔（一次性补贴收入 ÷ 办理提前退休手续至法定退休年龄的实际年度数）- 费用扣除标准〕× 适用税率 - 速算扣除数 }× 办理提前退休手续至法定退休年龄的实际年度数。

按照原来的规定[①]，个人因办理提前退休手续而取得的一次性补贴收入，应按照办理提前退休手续至法定退休年龄之间所属月份平均分摊计算个人所得税。

计税公式： 应纳税额 ={〔（一次性补贴收入 ÷ 办理提前退休手续至法定退休年龄的实际月份数）- 费用扣除标准〕× 适用税率 - 速算扣除数 }× 提前办理退休手续至法定退休年龄的实际月份数。

新旧两种计算方法的区别在于究竟是按月计算，还是按年计算，这种变化主要是为了与综合所得年度汇算清缴制度相衔接。

个人提前退休而取得的一次性补贴收入与解除劳动关系取得的一次性补偿收入均可以单独适用《个人所得税税率表（综合所得适用）》，并不与综合所得合并计算，但个人提前退休而取得的一次性补贴收入可以减除基本生活费用。

案例： 高工是某化工企业的高级工，因长期从事有毒有害作业，经有关部门批准可以提前退休。高工于 2021 年 1 月办理了提前退休手续，比法定退休年龄

---

① 详见《国家税务总局关于个人提前退休取得补贴收入个人所得税问题的公告》（国家税务总局公告 2011 年第 6 号）

早了三年零六个月，2021年1月取得按照单位统一标准发放的一次性收入227 865元。当月从原单位领取工资5 250元，从次月开始每月领取基本退休金5 180元。取得一次性收入的当月应纳个人所得税税款为多少？次月起至达到法定退休年龄每月应缴纳个人所得税是多少元？

解析一：一次性补贴收入计税方法

先将一次性补贴收入按办理提前退休手续至法定退休年龄的实际年度数进行平均。虽然文件并未提及要减除基本生活费用后再查找适用税率，但如果不减除基本生活费，有可能会导致计算错误。

按照《个人所得税税率表（综合所得适用）》，适用税率为10%，速算扣除数为2 520元。

一次性补贴收入应纳税额 ={〔（227 865÷3.5）−60 000〕×10%−2 520}×3.5={（65 104.29−60 000）×10%−2 520}×3.5=（5 104.29×10%−2 520）×3.5=（510.43−2 520）×3.5。

此时，计算出来的税额居然会小于速算扣除数，针对上述问题，建议在查找适用税率时，先将一次性补贴收入按照办理提前退休手续至法定离退休年龄之间实际年度数平均分摊，再减除基本生活费用减除额，按照用这种办法查找出来的税率计算应纳税额，此时就不会出现小于速算扣除数的情形。

仍以上面为例，用5 104.29元而不是65 104.29元对照《个人所得税税率表（综合所得适用）》，适用税率为3%，速算扣除数为0。

一次性补贴收入应纳税额 ={〔（227 865÷3.5）−60 000〕×3%}×3.5={（65 104.29−60 000）×3%}×3.5=（5 104.29×3%）×3.5=535.95元。

解析二：办理提前退休当月工资计税方法

2021年1月，工资收入5 250元不与一次性补贴收入合并，单独计算应缴纳的个人所得税税款：

2012年1月工资应缴纳个人所得税税额 =（5 250−5 000）×3%=7.5元。

解析三：次月起至正式退休的计税方法

每月取得的5 180元的基本退休金，免征个人所得税。

为何提前退休的一次性补贴可以减除费用扣除标准，解除劳动关系的一次性补偿收入却不可以呢？这种差异主要由下面的两种原因导致的。

第一，个人提前退休后，一般不会再取得"工资、薪金所得"，其取得的基本养老金或者退休费、离休费均为免税收入，自然不用再减除费用扣除标准，而个人解除劳动关系后很可能会再就业，如果计算一次性补偿收入时准许减除费用扣除标准，若是该纳税人很快重新就业，那么费用扣除标准很可能会被重复抵扣，容易造成税款流失。

第二，解除劳动关系的一次性补偿收入，在当地上一年职工平均工资 3 倍数额以内的部分，免征个人所得税，既然已经享受了这种特殊的优惠条件，超过当地上一年职工平均工资 3 倍数额以上的部分不应再减除费用扣除标准，以免重复享受优惠政策。

（三）内部退养的一次性补偿收入[①]

企业减员增效和行政、事业单位、社会团体在机构改革过程中，职工可以申请内部退养，俗称"内退"。根据《国有企业富余职工安置规定》（国务院令第111 号）规定："职工距退休年龄不到五年，经本人申请，企业领导批准，可以退出工作岗位休养。职工退出工作岗位休养期间，由企业发放生活费。"行政、事业单位、社会团体也参照国有企业的规定执行。

对于内部退养职工，单位往往会发放一次性补偿收入，然后再按月发放生活费，直至其正式办理退休手续并开始领取基本养老金为止，因此对内部退养的一次性补偿收入课征的税负会适当高一些。

与提前退休不同，内部退养并非正式退休，只是提前离开了工作岗位。实行内部退养的纳税人在其办理内部退养手续后至法定离退休期间，从原任职单位取得的生活费，并不属于离退休工资，应按"工资、薪金所得"项目计征个人所得税。有的内部退养人员又在另外的单位任职、受雇，取得的工资应与其从原任职单位取得的同一月的生活费合并计算，每月进行预缴，年度终了计入综合所得进行汇算清缴。

个人在办理内部退养手续后，从原任职单位取得的一次性补偿收入又该如何缴纳个人所得税呢？由于内部退养是特定历史时期的产物，因此享受该政策的人员越来越少，个人所得税改革后，并未像离职、提前退休所取得的一次性补偿（补贴）收入那样出台新的计税办法，仍沿用老办法。

内部退养人员领取的一次性补偿收入应按办理内部退养手续后至法定离退休期间的所属月份进行平均，并与当月领取的工资、薪金所得合并后减除当月基本

---

① 详见《国家税务总局关于个人所得税有关政策问题的通知》（国税发〔1999〕58号）第一条、《财政部　税务总局关于个人所得税法修改后有关优惠政策衔接问题的通知》（财税〔2018〕164号）

生活费用标准，以余额为基数确定适用税率，按适用税率计征个人所得税。

可是，之前实行的是按月缴纳税款，如今按月预缴并进行年度汇算清缴，仍沿用老办法便产生了新问题。

案例：张大民2020年7月取得工资收入7 000元，当月办理了内部退养手续，此时距离法定退休年龄还有20个月。张大民获得了单位发放的一次性补偿收入10万元。张大民内部退养后又在某家政公司工作，每月工资为6 000元，同时还从原单位领取1 000元的生活费。张大民在2020年度没有其他综合所得，其可享受1名子女的教育专项附加扣除，张大民在2020年该如何缴纳个人所得税呢？

解析：根据距离法定退休年龄的时间，先将内部退养的一次性补偿收入换算月度平均数额：100 000÷20=5 000元。与年终一次性奖金类似，并非用收入全额来查找适用税率，而是先将其换算成月度数据后再查找适用税率，从而可以适用较低的税率。不过，与年终一次性奖金不同的是该收入并非单独计税，而是与当月工资、薪金所得合并后再减除当月基本生活费用减除额后合并计税。

确定适用税率：5 000+6 000+1 000-5 000=7 000元，对照《按月换算后的综合所得税率表》，适用10%的税率，速算扣除数为210元。

一次性补偿收入应纳税额：（100 000+6 000+1 000-5 000）×10%-210=9 990元。

如今每月只是预缴，还要进行年度汇算清缴，因此问题便来了，因为一次性补偿收入与7月的工资已经合并计算缴税，等于7月的工资已经交过了一次税，而其在家政公司取得的收入按照规定，也应进行预缴并由其代扣代缴，如此，一个月的收入便很可能会缴纳两次税，显然有违法理。

国家税务总局得到相关意见反馈后，明确了一次性补偿收入并不需要纳入综合所得，进行年度汇算，针对内部退养当月工资重复计算的问题，也推出了新的计算方法。

（1）平均分摊内部退养的一次性补偿收入：100 000÷20=5 000元。

（2）确定适用税率：5 000+6 000+1 000-5 000=7 000元，对照《按月换算后的综合所得税率表》，适用10%的税率，速算扣除数为210元。

（3）一次性补偿收入应纳税额：（7 000+100 000-5 000）×10%-210=9 990元。

在此多出了重要一步，模拟计算7月工资收入需要缴纳的税款：（6 000+1 000-5 000）×3%=60元。

内部退养应缴纳的税款要减去模拟的 7 月工资收入需要缴纳的税款：9 990-60=9 930 元。

这样，7 月工资收入可以正常按月预缴，按年汇算清缴，不会再有重复计算的问题。

（4）2020 年度取得综合所得汇算：〔（6 000+1 000）×12-5 000×12-1 000×12〕×3%=12 000×3%=360 元。

由于并无其他所得，年度汇算应缴税款数额与分月预缴数额一致，不需要进行补税和退税。

（5）张大民 2020 年全年应缴纳的个人所得税：9 930+360=10 290 元。

上述颇为新颖的计算方法，无疑成功地解决了重复计算的问题。

五、离退休人员收入筹划 [①]

（一）离退休人员取得的补贴、奖金和实物

离退休人员按照规定领取的基本养老金、退休费、离休费、离休生活补助费，免征个人所得税，除此之外从原任职单位或者其他单位取得的各类补贴、奖金、实物，不符合免税条件的，应在减除基本生活费用标准后，按照"工资、薪金所得"缴纳个人所得税。

（二）延长离休退休年龄的高级专家取得的收入

延长离休退休年龄的高级专家 [②] 指享受国家发放的政府特殊津贴的专家、学者以及中国科学院、中国工程院院士，延长离休退休期间从其劳动人事关系所在单位取得的，单位按国家有关规定向职工统一发放的工资、薪金、奖金、津贴、补贴等收入，视同离休、退休工资，免征个人所得税。

除此之外，各种津补贴收入以及高级专家从其劳动人事关系所在单位之外的其他地方取得的培训费、讲课费、顾问费、稿酬等各种收入，依法计征个人所得税。

高级专家从两处以上取得应税工资、薪金所得以及具有税法规定应当自行纳税申报的其他情形，应在税法规定的期限内自行向主管税务机关办理纳税申报。

---

① 详见《国家税务总局关于离退休人员取得单位发放离退休工资以外奖金补贴征收个人所得税的批复》（国税函〔2008〕723号）、《财政部　国家税务总局关于高级专家延长离休退休期间取得工资薪金所得有关个人所得税问题的通知》（财税〔2008〕7号）

② 详见《财政部　国家税务总局关于个人所得税若干政策问题的通知》（财税字〔1994〕20号）第二条第（七）项

（三）退休人员任职、受雇取得的收入

根据《国家税务总局关于个人兼职和退休人员再任职取得收入如何计算征收个人所得税问题的批复》（国税函〔2005〕382号）规定："退休人员再任职取得的收入，在减除按个人所得税法规定的费用扣除标准后，按'工资、薪金所得'应税项目缴纳个人所得税。"

可是，如何界定退休人员再任职呢？《国家税务总局关于离退休人员再任职界定问题的批复》（国税函〔2006〕526号）对此进行了专门界定："一、受雇人员与用人单位签订一年以上（含一年）劳动合同（协议），存在长期或连续的雇佣与被雇佣关系；二、受雇人员因事假、病假、休假等原因不能正常出勤时，仍享受固定或基本工资收入；三、受雇人员与单位其他正式职工享受同等福利、社保、培训及其他待遇；四、受雇人员的职务晋升、职称评定等工作由用人单位负责组织。"

《国家税务总局关于个人所得税有关问题的公告》（国家税务总局公告2011年第27号）对上述内容又进行了修订，单位是否为离退休人员缴纳社会保险费，不再作为离退休人员再任职的界定条件。

这个问题似乎到此应该不会再有争议了，可是上述规定与《劳动合同法》及其实施条例的有关规定相冲突。

《劳动合同法》第四十四条规定："有下列情形之一的，劳动合同终止：（二）劳动者开始依法享受基本养老保险待遇的。"

《劳动合同法实施条例》第二十一条规定："劳动者达到法定退休年龄的，劳动合同终止。"

劳动者达到法定退休年龄，已经退休并开始依法享受基本养老保险待遇，劳动合同终止。

按照上述规定，即使公司与聘用的退休人员签订了劳动合同也是无效合同。国家税务总局发布的税收规范性文件效力要低于法律和行政法规。既然退休人员与聘用单位无法签订劳动合同，或者即便签订了合同，也是无效合同，那么不会再有人符合国税函〔2006〕526号文规定的退休人员再任职条件。退休人员任职、受雇取得的收入也不能再按照工资、薪金所得来缴纳个人所得税，应该按劳务报酬所得缴纳个人所得税。支付所得单位应在取得合法凭证后在企业所得税前扣除。

有人认为，改革前工资、薪金所得与劳务报酬所得计税方式不一致，如今却同属综合所得，虽然预征时两者预缴的税款会有所差异，但年度汇算清缴时都适用《个人所得税税率表（综合所得适用）》，减除同样的基本生活费用扣除标准和扣除额度，因此同样的收入似乎会缴纳同样的税，区分两者的意义似乎并不大。

其实，事实并非如此，工资、薪金以全部收入为收入额，而劳务报酬以收入减除 20% 的费用后的余额为收入额，而收入额不足 4 000 元的统一扣除 800 元。正是因为两者对收入额的认定方法有所不同，即便两者收入相同，实际缴纳的税款也会不一致，对此，我将在下一节进行详细讨论。

六、职务科技成果转化现金奖励[①]

依法批准设立的非营利性研究开发机构和高等学校（包含民办非营利性科研机构和高校），根据《促进科技成果转化法》规定，从职务科技成果转化收入中给予科技人员的现金奖励，可减按 50% 计入科技人员当月"工资、薪金所得"，依法缴纳个人所得税。

（一）民办非营利性科研机构和高校认定条件

非营利性科研机构和高校包括国家设立的科研机构和高校，包括民办非营利性科研机构和高校。

国家设立的科研机构和高校是指利用财政性资金设立的、取得《事业单位法人证书》的科研机构和公办高校，包括中央和地方所属科研机构和高校。

民办非营利性科研机构和高校必须同时满足以下三个条件。

第一，根据《民办非企业单位登记管理暂行条例》在民政部门登记，并取得《民办非企业单位登记证书》。

第二，《民办非企业单位登记证书》记载的业务范围应属于"科学研究与技术开发、成果转让、科技咨询与服务、科技成果评估"范围。对业务范围存在争议的，由税务机关转请县级（含）以上科技行政主管部门确认。

民办非营利性高校，应取得教育主管部门颁发的《民办学校办学许可证》，《民办学校办学许可证》记载学校类型为"高等学校"。

第三，经认定取得企业所得税非营利组织免税资格。

（二）享受此项税收优惠政策科技人员条件

享受此项税收优惠政策科技人员，必须同时符合以下四个条件。

---

① 详见《财政部　国家税务总局　科技部关于科技人员取得职务科技成果转化现金奖励有关个人所得税政策的通知》（财税〔2018〕58号）、《国家税务总局关于科技人员取得职务科技成果转化现金奖励有关个人所得税征管问题的公告》（国家税务总局公告2018年第30号）

第一，非营利性科研机构和高校中对完成或转化职务科技成果作出重要贡献的人员。非营利性科研机构和高校应按照规定公示有关科技人员名单及相关信息（国防专利转化除外）。

第二，科技成果是指专利技术（含国防专利）、计算机软件著作权、集成电路布图设计专有权、植物新品种权、生物医药新品种，以及科技部、财政部、税务总局确定的其他技术成果。

第三，非营利性科研机构和高校向他人转让科技成果或者许可他人使用科技成果。现金奖励是指非营利性科研机构和高校在取得科技成果转化收入 3 年（36 个月）内奖励给科技人员的现金。

第四，非营利性科研机构和高校转化科技成果，应当签订技术合同，并根据《技术合同认定登记管理办法》，在技术合同登记机构进行审核登记，并取得技术合同认定登记证明。

（三）相关征管要求

非营利性科研机构和高校向科技人员发放职务科技成果转化现金奖励，应于发放之日的次月 15 日内，向主管税务机关报送《科技人员取得职务科技成果转化现金奖励个人所得税备案表》、单位资质材料（《事业单位法人证书》《民办学校办学许可证》《民办非企业单位登记证书》等）、科技成果转化技术合同、科技人员现金奖励公示材料、现金奖励公示结果文件等相关资料自行留存备查。

非营利性科研机构和高校向科技人员发放现金奖励，在填报《扣缴个人所得税报告表》时，应将当期现金奖励收入金额与当月工资、薪金合并，全额计入"收入额"列，同时将现金奖励的 50% 填至《扣缴个人所得税报告表》"免税所得"列，并在备注栏注明"科技人员现金奖励免税部分"字样，据此以"收入额"减除"免税所得"以及相关扣除后的余额计算缴纳个人所得税。

非营利性科研机构和高校应当健全科技成果转化的资金核算，不得将正常工资、奖金等收入列入科技人员职务科技成果转化现金奖励享受税收优惠。

七、上市公司股权激励[①]

上市公司股权激励对象主要是公司高管和核心技术人员，通过股权激励方式，将个人利益与公司发展业绩紧密联系在一起，让个人分享公司发展成果，增强对

---

① 详见《财政部 国家税务总局关于个人所得税法修改后有关优惠政策衔接问题的通知》（财税〔2018〕164 号）第二条

高管和核心技术人员对公司的凝聚力和向心力。

居民个人取得的上市公司股权激励所得，是个人任职受雇的一种报酬方式，属于工资薪金所得。居民个人取得股票期权、股票增值权、限制性股票、股权奖励等股权激励符合相关规定[①]，在 2022 年 12 月 31 日前，暂不并入当年综合所得，之后的股权激励政策另行明确。[②]

股权激励全额单独适用《个人所得税税率表（综合所得适用）》，独立计算纳税。居民个人一个纳税年度内取得两次以上（含两次）股权激励的，应合并计算纳税，计算公式为：

应纳税额＝股权激励收入 × 适用税率—速算扣除数。

2023 年 1 月 1 日之后的股权激励政策另行明确。

注意：股权激励虽然和全年一次性奖金一样单独计税，但是适用的是年度税率表，不会出现"收入'怪现象'"。

具体内容，将在第三章第三节进行详细探讨。

八、提供免费旅游方式对营销人员个人奖励[③]

在商品营销活动中，企业和单位对营销业绩突出人员以培训班、研讨会、工作考察等名义组织旅游活动，通过免收差旅费、旅游费对个人实行的营销业绩奖励（包括实物、有价证券等），应根据所发生费用全额计入营销人员应税所得，依法征收个人所得税，并由提供上述费用的企业和单位代扣代缴。

其中，对企业雇员享受的此类奖励，应与当期的工资、薪金合并，按照"工资、薪金所得"项目征收个人所得税；对其他人员享受的此类奖励，应作为当期的劳务收入，按照"劳务报酬所得"项目征收个人所得税。

九、单位为员工支付商业保险[④]

对企业为员工支付各项免税之外的保险金，应在企业向保险公司缴付时（即

---

① 详见《财政部　国家税务总局关于个人股票期权所得征收个人所得税问题的通知》（财税〔2005〕35号）、《财政部　国家税务总局关于股票增值权所得和限制性股票所得征收个人所得税有关问题的通知》（财税〔2009〕5号）、《财政部　国家税务总局关于将国家自主创新示范区有关税收试点政策推广到全国范围实施的通知》（财税〔2015〕116号）第四条、《财政部　国家税务总局关于完善股权激励和技术入股有关所得税政策的通知》（财税〔2016〕101号）第四条第（一）项

② 详见《财政部　税务总局关于延续实施全年一次性奖金等个人所得税优惠政策的公告（财政部　税务总局公告2021年第42号）

③ 详见《财政部　国家税务总局关于企业以免费旅游方式提供对营销人员个人奖励有关个人所得税政策的通知》（财税〔2004〕11号）

④ 详见《国家税务总局关于单位为员工支付有关保险缴纳个人所得税问题的批复》（国税函〔2005〕318号）

该保险落到被保险人的保险账户）并入员工当期的工资收入，按"工资、薪金所得"项目计征个人所得税，税款由企业负责代扣代缴。

十、特殊人员工资、薪金所得

（一）远洋船员工[①]

远洋船员长期漂泊在海上，工作艰辛而又危险，一年之中有很长时间不在中国境内，因此对远洋船员的所得给予适度的税收优惠。

在海事管理部门依法登记注册的国际航行船舶船员和在渔业管理部门依法登记注册的远洋渔业船员一个纳税年度内在船航行时间累计满 183 天的远洋船员，其取得的工资、薪金收入减按 50% 计入应纳税所得额，依法缴纳个人所得税。之所以规定是 183 天，是与居民个人判定标准相一致。

在船航行时间是指远洋船员在国际航行或作业船舶和远洋渔业船舶上的工作天数。一个纳税年度内的在船航行时间为一个纳税年度内在船航行时间的累计天数，并非是连续天数。

远洋船员可选择在当年预扣预缴税款或者次年个人所得税汇算清缴时享受上述优惠政策。

（二）建筑安装业跨省异地工程作业人员[②]

总承包企业、分承包企业派驻跨省异地工程项目的管理人员、技术人员和其他工作人员在异地工作期间的工资、薪金所得所缴纳的个人所得税，由总承包企业、分承包企业依法代扣代缴并向工程作业所在地税务机关申报缴纳。

总承包企业和分承包企业通过劳务派遣公司聘用劳务人员跨省异地工作期间的工资、薪金所得个人所得税，由劳务派遣公司依法代扣代缴并向工程作业所在地税务机关申报缴纳。

跨省异地施工单位应就其所支付的工程作业人员工资、薪金所得，向工程作业所在地税务机关办理全员全额扣缴明细申报。凡实行全员全额扣缴明细申报的，工程作业所在地税务机关不得核定征收个人所得税。

总承包企业、分承包企业和劳务派遣公司机构所在地税务机关需要掌握异地工程作业人员工资、薪金所得个人所得税缴纳情况的，工程作业所在地税务机关

---

① 详见《财政部 税务总局关于远洋船员个人所得税政策的公告》（财政部 税务总局公告2019年第97号）

② 详见《国家税务总局关于建筑安装业跨省异地工程作业人员个人所得税征收管理问题的公告》（国家税务总局公告2015年第52号）

应及时提供。总承包企业、分承包企业和劳务派遣公司机构所在地税务机关不得对异地工程作业人员已纳税工资、薪金所得重复征税。两地税务机关应加强沟通协调，切实维护纳税人权益。

建筑安装业省内异地施工作业人员个人所得税征收管理，可以参照上述规定执行。

● 第二节 劳务报酬所得

按照规定[①]，扣缴义务人向居民个人支付劳务报酬所得，按次或者按月预扣预缴个人所得税。

劳务报酬所得以收入减除费用后的余额为收入额，每次收入不超过4000元，减除费用按800元计算；每次收入4000元以上，减除费用按20%计算。

劳务报酬以每次收入额为预扣预缴应纳税所得额。劳务报酬所得适用20%～40%的超额累进预扣率，由于原来的劳务报酬所得实行加成征收的办法，因此预扣率实行三档税率。

个人所得税预扣率表
（居民个人劳务报酬所得预扣预缴适用）

级数	预扣预缴应纳税所得额	预扣率（%）	速算扣除数
1	不超过20 000元的部分	20	0
2	超过20 000元至50 000元的部分	30	2 000
3	超过50 000元的部分	40	7 000

劳务报酬所得应预扣预缴税额＝预扣预缴应纳税所得额×预扣率－速算扣除数。

一、劳务报酬所得与工资、薪金所得的区别

劳务报酬所得与工资、薪金所得极易混淆，而两者的预扣预缴方式存在较大差异，如果不能对两者进行正确区分，很可能会影响纳税人货币资金的实践价值。两者最终承受的税负也不同，工资、薪金全额计入，而劳务报酬是将扣减20%的费用后的余额作为收入额，这决定了两项所得的性质界定会对纳税人的实际税负造成影响。

工资、薪金所得是指个人因任职或者受雇取得的工资、薪金、奖金、年终加薪、

---

① 详见《国家税务总局关于全面实施新个人所得税法若干征管衔接问题的公告》（国家税务总局公告2018年第56号）

劳动分红、津贴、补贴以及与任职或者受雇有关的其他所得。

劳务报酬所得是指个人从事劳务取得的所得，包括从事设计、装潢、安装、制图、化验、测试、医疗、法律、会计、咨询、讲学、翻译、审稿、书画、雕刻、影视、录音、录像、演出、表演、广告、展览、技术服务、介绍服务、经纪服务、代办服务以及其他劳务取得的所得。

两者区别的关键是，工资、薪金所得强调"任职或者受雇"，劳务报酬所得强调"个人从事劳务"。两种所得有以下四个不同点。

一是双方合同关系不同。取得工资、薪金所得的纳税人与任职或者受雇的单位签订劳动合同，受《劳动法》《劳动合同法》等强制性法规约束，双方必须在上述法律规定的框架内约定双方的权利和义务，用工单位依法为劳动者缴纳社会保险，劳动报酬受国家最低工资标准的约束。

取得劳务报酬所得的纳税人与接受劳务的单位或个人是劳务合同关系，只受《民法典》的约束，而《民法典》调整平等主体的自然人、法人和非法人组织之间的人身关系和财产关系。

二是劳动独立性不同。取得工资、薪金所得的纳税人要服从用人单位劳动制度管理，不能自由安排劳动时间、地点等过程要素；取得劳动报酬所得的纳税人与接受劳务的单位或个人是平等的合同关系，只对劳动成果做出要求，个人可以自行安排劳动时间、地点。

三是报酬计算方式不同。工资、薪金所得以劳动时间为基础，根据劳动绩效进行上下浮动，但劳动报酬受国家最低工资标准的约束；劳务报酬以合同约定价款为基础，违反约定者承担违约责任，劳务提供者有可能因为违约承担违约责任而赔付违约金，即劳务报酬有可能为负数。

四是成本付出不同。取得劳务报酬的纳税人除了消耗劳动力以外，一般还需要付出附随成本，比如，自行购买辅助材料的成本、自备劳动工具的损耗等，而取得工资、薪金所得的纳税人除了消耗劳动力以外，基本没有其他成本发生，因此，劳务报酬所得以收入减除20%的费用后的余额为收入额，而收入额不足4 000元的统一扣除800元。工资、薪金所得通常以全部收入为收入额。

上述是依据法理和实务对两种所得进行区分，《国家税务总局关于印发〈征收个人所得税若干问题的规定〉的通知》（国税发〔1994〕89号）也曾专门阐述了两者的区别："工资、薪金所得是属于非独立个人劳务活动，即在机关、团体、学校、部队、企事业单位及其他组织中任职、受雇而得到的报酬；劳务报酬所得则是个人独立从事各种技艺、提供各项劳务取得的报酬。两者的主要区别在于，前者存在雇佣与被雇佣关系，后者则不存在这种关系。"

可是，在实际生活中，准确区分劳务报酬所得与工资、薪金所得，具有一定难度。

案例：李佳敏是甲房产开发公司的销售经理，每月税前收入为18 000元，由甲房产开发公司为其缴纳社会保险和住房公积金；他还同时是隶属同一集团的乙地产销售公司的销售总监，乙地产销售公司并不为其缴纳社会保险和住房公积金，每月只是向其支付15 000元的收入。对此，李佳敏如何认定工资薪金所得呢？

解析：对此，存在两种观点。

观点一：从甲房产开发公司和乙地产销售公司取得的收入均属于工资、薪金所得。

无论是新旧《个人所得税法》[①]，还是新旧《个人所得税法实施条例》[②]，还是新出台的纳税申报办法[③]，都明确纳税人可以从两处以上取得工资、薪金所得，因此他从甲房产开发公司和乙地产销售公司取得的收入均应属于工资、薪金所得。

李佳敏全年工资、薪金所得为（18 000+15 000）×12=396 000元，如果全年无其他所得，假设其基本减除费用额及专项扣除、专项附加扣除和依法确定的其他扣除总金额为81 200元，李佳敏应纳税所得额为314 800元，在七级超额累进税率适用第四级25%的税率，速算扣除数为31 920元，需缴纳个人所得税税款为：314 800×25%−31 920=46 780元。

观点二：从甲房产开发公司取得的收入为工资、薪金所得，从乙地产销售公司取得的收入为劳务报酬所得。

《国家税务总局关于个人兼职和退休人员再任职取得收入如何计算征收个人所得税问题的批复》（国税函〔2005〕382号）规定："个人兼职取得的收入应按

---

① 新《个人所得税法》第十条："（六）非居民个人在中国境内从两处以上取得工资、薪金所得。"旧《个人所得税法》第八条："个人所得超过国务院规定数额的，在两处以上取得工资、薪金所得或者没有扣缴义务人的，以及具有国务院规定的其他情形的，纳税义务人应当按照国家规定办理纳税申报。"

② 新《个人所得税法实施条例》第二十八条："纳税人同时从两处以上取得工资、薪金所得，并由扣缴义务人减除专项附加扣除的，对同一专项附加扣除项目，在一个纳税年度内只能选择从一处取得的所得中减除。"原《个人所得税法实施条例》第三十九条："在中国境内两处或者两处以上取得税法第二条第一项、第二项、第三项所得的，同项所得合并计算纳税。"

③ 《国家税务总局关于印发〈个人所得税自行纳税申报办法（试行）〉的通知》（国税发〔2006〕162号）第二条：从中国境内两处或者两处以上取得工资、薪金所得的

照'劳务报酬所得'应税项目缴纳个人所得税。"如果将李佳敏为乙地产销售公司工作视为兼职，那么他从该公司取得的收入属于劳务报酬所得。

李佳敏全年综合所得为：（18 000+15 000×80%）×12=360 000 元。

如果全年无其他所得，假设基本减除费用及专项扣除、专项附加扣除和依法确定的其他扣除总金额为 81 200 元，李佳敏应纳税所得额为 278 800 元。在七级超额累进税率适用第三级 20% 的税率，速算扣除数为 16 920 元，需缴纳个人所得税税款为：278 800×20%-16 920=38 840 元，比上一种方法少缴纳 7 940 元。

在《个人所得税法》修订前，工资、薪金所得适用 3%～45% 不等的超额累进税率，可以每月扣除基本减除费用 3 500 元以及专项扣除、依法确定的其他扣除，劳务报酬所得适用 20% 的固定比例税率，对高收入者进行加成征收，同时可以按照收入 20% 的比例减除费用。在修订前，高收入纳税人往往倾向于适用劳务报酬所得，而低收入纳税人往往倾向于适用工资薪金所得。

《个人所得税法》修订后，两项所得都并入综合所得，按照合并后的总额确定适用税率，而过去专属于工资、薪金所得的各项扣除也统一作为综合所得的扣除项，但劳务报酬所得依然可以按照收入减除20%的费用后来确定收入额，而工资、薪金所得需要按照全额确认为收入额，因此，目前无论是高收入者，还是低收入者，将界定不清的收入均确定为劳务报酬，税负无疑会更轻一些。

按照惯例，在两处以上取得工资、薪金所得的纳税人，岗位往往会有主次之分，如果是将一处界定为全职，而另一处界定为兼职，可以通过将某一处收入认定为劳务报酬所得。鉴于此，纳税人为了自身利益，有可能会依据不同文件对同一项收入做出不同的性质界定。

目前，非常有必要出台相关文件，准确区分工资、薪金所得和劳务报酬所得，从而堵塞避税的种种路径，尤其是对国税函〔2005〕382 号文件中所提的"兼职"，要进行准确界定，以免被极个别纳税人滥用。

二、保险营销员、证券经纪人佣金[1]

保险营销员、证券经纪人取得的佣金收入由展业成本和劳务报酬两部分构成，由于保险营销员、证券经纪人在开展业务时承担了一定的展业成本，对其佣金收入全额计税会加重其负担，因此在《个人所得税法》修订前，经原保监会、证监

---

[1] 详见《财政部 国家税务总局关于个人所得税法修改后有关优惠政策衔接问题的通知》（财税〔2018〕164号）第三条

会同意后，为适当减轻保险营销员、证券经纪人的税负，将其佣金收入的 40% 视为展业成本，不予征税。

修订后，保险营销员、证券经纪人的佣金收入属于劳务报酬所得，纳入综合所得之中，可以扣除每年 6 万元的基本生活费用减除额、"三险一金"等专项扣除、专项附加扣除、其他扣除等扣除项目，为了保持税收政策的连续稳定，只是对操作方式进行了微调。

保险营销员、证券经纪人取得的佣金收入以不含增值税的收入减除 20% 的费用后的余额为收入额，收入额减去展业成本以及附加税费后，并入当年综合所得，计算缴纳个人所得税。

保险营销员、证券经纪人展业成本按照收入额的 25% 计算，（1-20%）× 25%=20%，相当于减除基本生活费用前的不含增值税的收入的 20%，再加上准予减除的 20% 的费用，因此实际税负与之前直接减除 40% 的展业成本相一致。

为最大程度减轻保险营销员、证券经纪人税收负担，扣缴义务人向保险营销员、证券经纪人支付佣金收入时，应按照规定[①]，即按照累计预扣法计算预扣税款。保险营销员、证券经纪人佣金虽然属于劳务报酬所得，但其征收方式比照工资、薪金所得预扣率表计算当期应预扣预缴税额，以该纳税人截至当期在单位从业月份的累计收入减去累计减除费用、累计其他扣除后的余额，进行预扣预缴。

需要注意的是，预扣预缴时可以减除基本生活费费用，却不能扣除专项扣除和专项附加扣除，待年度终了后进行年度汇算清缴申报时，可以办理扣除事宜。这种政策安排，一方面是因为其他劳务报酬所得均是在汇算清缴时办理专项附加扣除；另一方面，保险营销员、证券经纪人大多数是自行缴纳"三险一金"，因此支付佣金的单位难以准确掌握其缴纳情况并为其办理扣除。另外，有的保险营销员、证券经纪人还在其他单位任职受雇，由支付佣金单位办理扣除可能会重复扣除。

案例： 2020年4月11日，大海财产保险公司代扣代缴保险营销员佣金收入的个人所得税。1～3月，保险营销员甄能的佣金收入为 378 512 元，主管税务机关核定其为增值税小规模纳税人，按季申报，公司对甄能1～2月佣金收入已扣缴个人

---

① 详见《个人所得税扣缴申报管理办法（试行）》（国家税务总局公告2018年第61号）

所得税税款15 284元，3月甄能应该预缴多少税款？

解析：

1. 计算增值税税款

甄能为增值税小规模纳税人，征收率为3%。一季度佣金收入换算为不含税收入：378 512÷（1+3%）= 367 487.38元。

第一季度应缴增值税税额= 367 487.38×3% = 11 024.62元。

2. 计算城建税及附加

应缴城建税及附加=11 024.62×（7%+3%+2%）= 1 322.95元，由于实行减半征收，实际缴纳的城建税及附加为：1 322.95÷2=661.48元。

3. 计算收入额

收入额为不含增值税的收入减除20%的费用后的余额。

收入额=367 487.38×（1−20%）=293 989.9元。

4. 计算展业成本

展业成本按照收入额的25%计算。

展业成本=293 989.9×25%=73 497.48元。

5. 计算应纳税所得额

应纳税所得额为收入额减去展业成本以及附加税费后的余额。增值税属于价外税，不需要进行扣除，而附加税费可以在计算应纳税所得额时予以扣除。

第一季度应纳税所得额=293 989.9−73 497.48−661.48−5 000×3= 204 830.94元。

6. 计算个人所得税预扣额

甄能在第一季度应纳税所得额为204 830.94元，对照《个人所得税预扣率表（居民个人工资、薪金所得预扣预缴适用）》，注意，并非适用居民个人劳务报酬所得预扣预缴的个人所得税预扣率表，该所得额适用税率为20%，速算扣除数为16 920。

第一季度应预缴税额= 204 830.94×20% − 16 920 = 24 046.19元。

由于1月和2月对其佣金收入已扣缴个人所得税税款15 284元，3月甄能应缴纳税款= 24 046.19−15 284 = 8 762.19元。

个人所得税预扣率表
（居民个人工资、薪金所得预扣预缴适用）

级数	累计预扣预缴应纳税所得额	预扣率（%）	速算扣除数
1	不超过36 000元的部分	3	0

续上表

级数	累计预扣预缴应纳税所得额	预扣率（%）	速算扣除数
2	超过36 000元至144 000元的部分	10	2 520
3	超过144 000元至300 000元的部分	20	16 920
4	超过300 000元至420 000元的部分	25	31 920
5	超过420 000元至660 000元的部分	30	52 920
6	超过660 000元至960 000元的部分	35	85 920
7	超过960 000元的部分	45	181 920

　　需要注意，假如保险公司员工在工作之余卖保险，那么他取得的佣金收入不再属于劳务报酬所得，而是应与其领取的工资一起并入"工资、薪金所得"，合并缴纳个人所得税。

◉　第三节　稿酬所得

　　扣缴义务人向居民个人支付稿酬所得，按次预缴个人所得税。稿酬以收入减除费用后的余额为收入额，收入额减按 70% 计算，以每次收入额为预扣预缴应纳税所得额，适用 20% 的比例预扣率。

　　稿酬所得应预扣预缴税额 = 预扣预缴应纳税所得额 ×20%。

一、稿酬所得的界定

　　新修订的《个人所得税法实施条例》将稿酬所得的适用范围进行了适当延展，个人因其作品以图书、报刊等形式出版、发表而取得的所得，均属于稿酬所得。

　　修订前的《个人所得税法实施条例》认定稿酬所得，是指个人因其作品以图书、报刊形式出版、发表而取得的所得，将出版发表的载体仅仅限定为图书、报刊。可是随着互联网和移动互联网的迅速发展，将互联网和移动互联网等新媒体上开展文学创作的所得纳入稿酬范围势在必行，也是税法公平原则的体现。

　　稿酬所得相对于其他所得税负要更低一些，与劳务报酬所得一样可以按照收入的 20% 减除相关费用，同时收入额还可以减按 70% 计算，因此实际税率只有11.2%。

　　因为稿酬所得的实际税率相对较低，所以在实际征管过程中会发现原本并不符合稿酬所得认定条件的所得，也按照稿酬所得缴纳税款。

在某次税务稽查时，某公司员工创作的文学作品在公司简报、内部刊物、公司网站上刊载，甚至在宣传走廊和黑板报上予以刊发，公司给员工发放的"新闻稿费"等不同名目的费用，而员工也按照稿酬所得缴税。这个稽查案例发生在个人所得税法修订之前，稿酬所得限定为以图书、报刊形式出版、发表而取得的所得。

按照原来的规定，上述"新闻稿费"显然不符合稿酬所得的认定条件，可如今稿酬的范围相应扩展了，以图书、报刊等形式出版、发表而取得的所得均属于稿酬所得，多了一个"等"字，自然也就不再局限于图书和报刊。

刊登在公司简报、公司网站，或者发表在宣传走廊和黑板报上，显然不符合稿酬关于载体的要求，但如果是内部发行的刊物，经国家新闻出版主管部门批准并取得内部刊号，是否属于允许的范围，目前还存在一定的争议。

其实问题的关键并不仅仅在于此，即便是职工受单位委派在国家正规报刊上刊载自己的作品，也不能认定为稿酬，因为那是一种职务行为。领取"新闻稿费"的员工是公司雇员，均有固定的工作岗位，因采写相关稿件获得相应的补偿虽然是合情合理的，却都属于因任职、受雇而取得的收入，应并入"工资、薪金所得"，合并征收个人所得税。

目前，互联网和移动互联网成为重要的传播载体，但发表在上述载体所取得收入的性质，目前仍存在一定的争议。

二、稿酬所得次数的确定

稿酬所得"次数"的判定极为重要，比如，一个作者取得了2 000元的稿酬，如果认定为1次只能扣除800元的费用，如果被认定为2次，则可以扣除1 600元的费用，因此次数在很大程度上影响着应纳税款的多少。

按照规定[①]，个人每次以图书、报刊方式出版、发表同一作品（文学作品、书画作品、摄影作品以及其他作品），不论出版单位是预付还是分笔支付稿酬，或者加印该作品后再付稿酬，均应合并其稿酬所得按一次所得计算缴纳个人所得税。在两处或两处以上出版、发表或再版同一作品而取得的稿酬所得，其在各处取得的所得或再版所得按分次所得计算缴纳个人所得税。

这个规定是为了避免个别纳税人利用稿酬的次数来避税，于是对稿酬的次数

---

① 详见《国家税务总局关于印发〈征收个人所得税若干问题的规定〉的通知》（国税发〔1994〕89号）

进行了明确的界定，从而堵塞了税收征管的漏洞，但在实际执行中存在一定的困难，主要集中在图书出版方面，作者将作品授权出版方的期限一般是五至十年，在授权期限内出版方按照实际销售册数向作者支付稿酬，若是该作品持续畅销，那么在长达数年的时间内出版方可能要向作者支付几次，甚至十几次稿酬。可是按照文件规定，个人每次以图书、报刊方式出版、发表同一作品，不论出版单位是预付还是分笔支付稿酬，或者加印该作品后再付稿酬，均应合并其稿酬所得按一次所得计算缴纳个人所得税，也就是只要是一本书的稿酬在授权期限内不管支付多少次均应合并为一次。这样做时间跨度未免有些太大，次数未免有些太多。为了切实减轻纳税人的税负，同时与综合所得年度汇算制度相配套，建议在一年内出版单位预付或者分笔支付的稿酬，或者加印该作品后再付的稿酬，合并按一次所得计算缴纳个人所得税。

个人同一作品在报刊上连载，应合并其因连载而取得的所有稿酬所得为一次所得，计算缴纳个人所得税。在其连载之后又出书而取得稿酬所得，或者先出书后连载而取得稿酬所得的，应视同再版稿酬分次计征个人所得税。

三、特殊人群的稿酬所得筹划[①]

任职、受雇于报纸、杂志等单位的记者、编辑等专业人员，因在本单位的报纸、杂志上发表作品取得的所得，属于因任职、受雇而取得的所得，应与其当月工资收入合并，按照"工资、薪金所得"项目征收个人所得税，不得按照稿酬所得缴纳税款。

除上述专业人员以外，其他人员在本单位的报刊、杂志上发表作品取得的所得，应按照"稿酬所得"项目征收个人所得税。

出版社的专业作者撰写、编写或翻译的作品，由本社以图书形式出版而取得的稿费收入，应按照"稿酬所得"项目计算缴纳个人所得税。

案例： 著名作家大卫文博长期从事自由撰稿工作，苦心钻研历史，文笔出众，构思巧妙，受到大量读者的追捧，也拥有大量粉丝。大卫文博每月为《人物采风》《史海钩沉》等多个报纸杂志撰写16篇左右的稿件，其中每篇2 000字左右的稿件10篇，每篇可获得400元的稿酬；每篇5 000字左右的稿件5篇，每篇可获得

[①] 详见《国家税务总局关于个人所得税若干业务问题的批复》（国税函〔2002〕146号）

800元稿酬；每篇10 000字左右的稿件1篇，每篇可获得1 500元稿酬，每月总计可获得9 500元的收入。

鉴于大卫文博超高的人气，《人物采风》杂志社想邀请大卫文博来杂志社担任记者兼编辑，每月工资9 500元。如果大卫文博不愿意受拘束，双方还可以签订合作协议，由其负责民国人物专栏的编排和稿件撰写工作，每月给予其9 500元的劳务报酬。

单纯从经济利益方面考虑，大卫文博可否接受《人物采风》杂志社的邀请呢？

解析一：大卫文博继续维持自由撰稿人身份

大卫文博每月所得依旧是稿酬所得，由于每篇稿件都低于4 000元，因此每次均可定额扣除800元的费用。

计算每月应缴税款：

小于等于800元的稿酬不用先纳税。

（1 500−800）×20%×（1−30%）=98元。

大卫文博每月的税后收入：9 500−98=9 402元。

解析二：选择成为杂志社的编辑兼记者

大卫文博选择成为《人物采风》杂志社的员工，每月所得便成为"工资、薪金所得"。

假设大卫文博没有其他收入，也没有依法确定的其他扣除，大卫文博已经大学毕业，尚未结婚，与父母住在一起，母亲58岁已办理内部退养，父亲59岁已办理提前退休，当年未发生医疗支出。

大卫文博工作当地基本养老保险，单位缴纳16%，个人缴纳8%；基本医疗保险，单位缴纳6%，个人缴纳2%；失业保险，单位和个人各缴纳0.5%；住房公积金，单位和个人各缴纳12%。（注：为了降低企业负担，各地纷纷降低单位缴纳的社会保险和住房公积金比例，目前各地实际缴存标准不统一。）

专项扣除额：9 500×8%+9 500×2%+9 500×0.5%+9 500×12%=2 137.5元。

注：很多地区住房公积金的缴费基数为上年7月1日至当年6月30日的平均月工资，假设大卫文博每月工资始终维持在9 500元，没有全年一次性奖金等其他一次性所得。

关于专项附加扣除，目前大卫文博并没有可抵扣项目。

每月税款预缴额：（9 500−2 137.5−5 000）×3%=2 362.5×3%=70.88元。

每月的税后收入：9 500-70.88-2 137.5=7 291.62 元。

解析三：选择成为杂志社的劳务提供者

大卫文博选择与《人物采风》杂志社签订合作协议，负责有关版面编排和撰稿工作，那么他每月所得需要按照"劳务报酬所得"来缴纳个人所得税。

每月应缴税款：[9 500×（1-20%）]×20%=1 520 元。

每月的税收收入：9 500-1 520=7 980 元。

综合分析：如果单从每月的税后收入看，继续维持自由撰稿人身份对大卫文博最为有利，其次是选择成为劳务提供者，在杂志社任职受雇，反而成了最差的选择。

其实算到此处，还忽略了一个问题，自由撰稿人和劳务提供者还需要额外缴纳社会保险和公积金，而且费用全部由自己承担，而选择成为杂志社雇员，单位缴费部分由单位承担，个人缴费部分可以在税前扣除。

此外，还有一个关键问题就是社会保险和住房公积金的归属问题。个人缴纳的基本养老保险部分计入个人账户；个人缴纳的基本医疗保险部分全部计入个人账户，而一些地方单位缴纳部分的一小部分也会计入个人账户，缴税人是否年满45 周岁也会有所差异，假设计入个人账户的总额度为5% 左右；住房公积金单位和个人缴存额全部计入个人账户。

计入大卫文博个人账户的"三险一金"总金额为：9 500×8%+9 500×5%+9 500×24%=3 515 元。

这其中计入基本养老保险个人账户的资金变现能力较差一些，在很多地方计入基本医疗保险个人账户的金额可以提取部分现金，剩余部分可以在看病时使用，而住房公积金可以在买房或者还贷时使用。

大卫文博选择任职受雇后每月实际所得：7 291.62+3 515=10 806.62 元 >9 402 元。

上述金额还不包括基本社会保险中计入社会统筹账户的部分，这部分金额让职工可以享受社会保险的基本待遇，因此选择成为杂志社员工无疑对其更为有利，况且随着他的父母年满六十周岁、自己买房还贷，他可以抵扣的专项附加扣除会变得越来越多，因此选择任职受雇无论是从当前看，还是从长远看，无疑更符合他的个人利益，而这也体现了个人所得税鼓励就业的政策导向。

四、特殊稿费的纳税规定

案例： 著名专栏作家雄霸天下的新作《××之恋》在交付出版社出版过程中，本人因病去世，雄霸天下的妻子成为其唯一法定继承人。那么，出版社向雄霸天下的妻子支付稿酬时，是否需要缴纳个人所得税？

解析： 有人认为，我国并未开征遗产税，稿酬属于遗产，因此法定继承人继承遗产，不应缴纳税款。被继承人的房屋被转移到继承人名下便免征个人所得税，因此对遗作的稿酬所得也应该免税。

根据《国家税务总局关于印发〈征收个人所得税若干问题的规定〉的通知》（国税发〔1994〕89号）规定，作者去世后，对取得其遗作稿酬的个人，按稿酬所得征收个人所得税，因此，出版社在向雄霸天下的妻子支付稿酬时，应该依法扣缴个人所得税。

之所以如此规定，是因为对遗作的稿酬所得征税并不牵涉继承问题，因为这笔稿酬从本质上来说，在雄霸天下去世时还不属于他，只有按规定缴纳个人所得税税款，出版社将该笔款项打入其银行账号之后，这笔稿费才真正归雄霸天下所有，这些均属于继承的前置环节。

其实，继承过程本身并未缴纳税款。以房屋为例，如果有欠税，继承人也不能直接将该房产过户到自己名下，而应先缴纳相关欠税，虽然这发生在继承过程中，但这笔欠税并非因继承而产生，实质上这笔税款的应纳税时间要早于继承时间，只是迟迟未交而已。

第四节　特许权使用费所得

特许权使用费所得是指个人提供专利权、商标权、著作权、非专利技术以及其他特许权的使用权取得的所得。特许权使用费所得包括提供著作权的使用权取得的所得，注意区分其与稿酬所得的区别。

比如，某作家创作的小说出版发行后从出版社或者文化公司获得的收入应认定为稿酬所得，由于该小说构思巧妙、文笔出众而获得大量粉丝追捧，后被某影视公司买下影视改编权，那么该作家从影视公司获得的收入便属于特许权使用费所得，也就是授权影视公司对自己的小说进行影视改编而获得的所得。

扣缴义务人向居民个人支付特许权使用费所得，按次预扣预缴个人所得税。特许权使用费以收入减除费用后的余额为收入额，每次收入不超过 4 000 元的，减除费用按 800 元计算；每次收入 4 000 元以上的，减除费用按收入的 20% 计算。

特许权使用费以每次收入额为预扣预缴应纳税所得额，适用 20% 的比例预扣率。

特许权使用费所得应预扣预缴税额 = 预扣预缴应纳税所得额 × 20%。

一、拍卖手稿原件或复印件[①]

个人拍卖取得的收入一般按照"财产转让所得"缴纳税款，但作者将自己的文字作品手稿原件或复印件拍卖取得的所得，却按照"特许权使用费所得"缴纳税款。

"特许权使用费所得"和"财产转让所得"都适用 20% 的税率，而且转让收入 4 000 元以下，以转让收入减除 800 元为费用额；转让收入 4 000 元以上的，以转让收入的 20% 为费用额。收入减去费用额后的余额为应纳税所得额。既然计算出来的税额一模一样，还有必要进行区分吗？

"特许权使用费所得"属于综合所得，预缴税款后还需与其他三类综合所得合并后进行年度汇算清缴，而"财产转让所得"属于分类所得，交易后缴纳完税款，纳税义务便完成了，不需要再进行年度汇算，也不存在退税或者补税的问题。

二、转让影视改编权所得

随着"IP"热的兴起，小说的影视改编权的价格也随之水涨船高，甚至一部小说的影视改编权的售价高达数百万元，甚至上千万元，但随着个人所得税的改革，那些卖出影视改编权的作者面临着新的烦恼。

特许权使用费以收入减除费用后的余额为收入额。每次收入不超过 4 000元，实际不用缴纳税款；每次收入 4 000 元以上的，费用按 20% 计算，税率为20%，实际税负为 16%。之前按照这个税率交完税，纳税义务便完成了，但如今这只是预缴，年度终了时并入综合所得进行汇算清缴，而且最高那档税率为45%。

---

① 详见《国家税务总局关于印发〈征收个人所得税若干问题的规定〉的通知》（国税发〔1994〕89号）

个人所得税税率表（综合所得适用）

级数	全年应纳税所得额	税率（%）	速算扣除数
1	不超过36 000元的部分	3	0
2	超过36 000元至144 000元的部分	10	2 520
3	超过144 000元至300 000元的部分	20	16 920
4	超过300 000元至420 000元的部分	25	31 920
5	超过420 000元至660 000元的部分	30	52 920
6	超过660 000元至960 000元的部分	35	85 920
7	超过960 000元的部分	45	181 920

出售影视改编权的所得往往会比较高，甚至高得惊人，对高收入者课征重税无可厚非，但与工资、薪金高收入者相比，尤其是伴随着"IP"降温，同时影视行业步入低谷，绝大多数因出售影视改编权而取得高收入具有较大的偶然性，不具有可持续性。

卖出影视改编权的作者，好不容易获得一笔高收入，如今要被课以重税，即他们付出极大心血创作的作品卖出影视改编权后所获得的收入却面临着30%，甚至45%的高税率。

问题的关键是，对于很多作者而言，高收入很难维持下去，甚至有人一辈子只有一部作品能卖出影视改编权，而他之所以会在当年取得高收入，是因为他将作品的影视改编权让渡给影视公司的时间是5~10年，甚至更长时间。

针对上述问题，建议对售出影视改编权所得的征税方式进行适当调整。影视改编权是作品的一种衍生权利，与稿酬所得具有同源性，既然稿酬所得适用相对优惠的条件，那么影视改编权也应与其他特许权在征税方式上有所差异。

为了促进文化大发展、大繁荣，建议按照合同约定确定影视改编权的售出期限，采用全年一次性奖金的类似计算方法，用收入总额除以售出期限来查找适用税率。

某作者售出自己小说的影视改编权，取得了100万元收入，合同期限是5年，假设没有其他所得和扣除，该所得额适用税率为45%，速算扣除数为181 920，应纳所得税额为1 000 000×45%-181 920=268 080元，实际税负率为26.8%。

如果允许在查找适用税率时将100万元的收入除以授权许可期限，那么税负便会大幅下降。1 000 000÷5=200 000元，适用税率为20%，速算扣除数为16 920，应按所得税额为：（200 000×20%-16 920）×5=115 400元，应缴纳的税款会降低 56.95%。

不过,这种方案需要提前进行合同备案,也容易诱发合同造假等不法行为,无疑会使得征管难度大幅增加,因此期待着能够平衡各方利益的更优方案的出台。

● 第五节　经营所得

一、经营所得概念界定

经营所得是指个体工商户从事生产、经营活动取得的所得;个人独资企业投资人、合伙企业的个人合伙人来源于境内注册的个人独资企业、合伙企业生产、经营的所得;个人依法从事办学、医疗、咨询以及其他有偿服务活动取得的所得;个人对企业、事业单位承包经营、承租经营以及转包、转租取得的所得;个人从事其他生产、经营活动取得的所得。

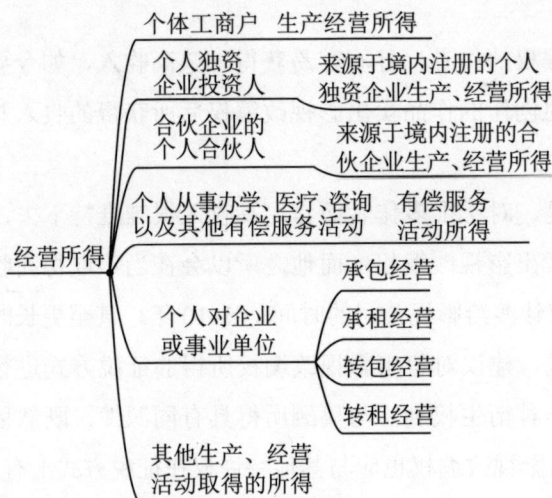

纳税人取得经营所得,按年计算个人所得税,由纳税人在月度或者季度终了后15 日内向税务机关报送纳税申报表,并预缴税款;在取得所得的次年 3 月 31 日前办理汇算清缴。经营所得汇算清缴完成期限要比综合所得年度汇算早完成 3 个月。

(一)与生产、经营无关的所得不属于经营所得

以贩鱼为生的个体工商户孙大渔与终点网站签约,撰写网络小说《洛阳二十四时辰》,其取得的上述收入应按照"稿酬所得"计征个人所得税;该小说版权被明天影视公司买走,支付给他的费用属于特许权使用费所得,不属于经营

所得。假如孙大渔注册的工商个体户为文学策划和推广，那么他取得的上述收入也可以归入经营所得。

（二）属于劳务报酬所得范畴的不属于经营所得

经营所得与企业所得税的法人经营活动类似，经营所得与其他各项所得相比，有三个明显特征：第一，机构的稳定性；第二，经营的持续性；第三，不是单一个人活动，可能存在雇佣关系。

凡是不符合上述三个特征的所得不构成经营所得。劳务报酬所得在稳定性、持续性方面均不如经营所得，而且往往体现出较强的个人特征。

（三）取得经营所得的个人是否能减除相关费用和扣除

取得经营所得的个人可以扣除相关费用，但是有个限定条件，就是没有综合所得。

《个人所得税实施条例》第十五条第二款规定："取得经营所得的个人，没有综合所得的，计算其每一纳税年度的应纳税所得额时，应当减除费用6万元、专项扣除、专项附加扣除以及依法确定的其他扣除。专项附加扣除在办理汇算清缴时减除。"

在实际操作中，有人认为《个人所得税实施条例》指的是没有综合所得应纳税所得额，也就是纳税人取得四项综合所得所对应的收入额减去基本生活减除费用6万元、专项扣除、专项附加扣除和其他扣除后是零或者负数，应视为其没有综合所得，若其有经营所得，仍然可以扣除费用6万元、专项扣除、专项附加扣除和其他扣除。上述观点显然是对所得定义的认识出现了偏差。

《个人所得税实施条例》的上述规定是为了最大限度地让利于纳税人，同时也是为了避免相关扣除项目同时在综合所得、经营所得扣除，造成重复抵税的现象。其实上述条款提到的费用6万元、专项扣除、专项附加扣除以及依法确定的其他扣除原本在计算综合所得应纳税所得额时扣除项目，可是很多个体工商户、个人独资企业投资人、合伙企业合伙人只有经营所得，并没有综合所得，为了减轻他们的实际税负，才准予其抵扣经营所得，如果重复抵扣，明显是有违立法原意！

（四）经营所得不属于扣缴申报的范围

根据《个人所得税扣缴申报管理办法（试行）》（国家税务总局公告2018年第61号）第四条的规定，实行个人所得税全员全额扣缴申报的应税所得并不包括经营所得，而是包括其他八类所得。

为何偏偏将经营所得排除在扣缴申报之外呢？经营所得与其他八类所得有一个巨大的不同，那就是经营所得并非是实际所得，而是账面所得。其他所得，无论是现金所得，还是实物、有价证券等非现金所得，均是实实在在到手的所得，唯独经营所得只是停留在账面上的所得，并非分配给业主、自然人合伙人或投资人的实际收益。

缴纳企业所得税的法人组织有了经营利润，需要就此缴纳企业所得税。法人组织将税后利润分配给法人股东，法人股东不需要为此再缴纳企业所得税，但如果分配给自然人股东，需要按照"股息、利息、红利所得"项目缴纳个人所得税。

个体工商户、合伙企业、个人独资企业却并非法人组织，与自然人股东的个人财产不能做到有效区分，因此其既不是企业所得税的纳税人，也不是个人所得税的纳税人。在税制设计上，个体工商户、合伙企业、个人独资企业的经营利润先分配给自然人股东后，与其个人所得合并后一并缴纳个人所得税。

扣缴义务人是指向个人支付所得的单位或者个人，但实际上个体工商户、合伙企业、个人独资企业可能并未支付或者并未完全按照分配的经营所得支付相应款项，因此个体工商户、合伙企业、个人独资企业并非是经营所得的扣缴义务人。

注意： 个体工商户、合伙企业、个人独资企业并非不能成为扣缴义务人，比如，向雇员支付工资，向自然人房东支付房租时，依旧负有扣缴义务。

（五）出租车运营行为的界定

经营单位对出租车驾驶员采取"单车承包或承租方式运营"，驾驶员收入按照"工资、薪金所得"缴纳个人所得税。出租车在实质上属于个人所有，只是挂靠出租车经营单位缴纳管理费，或出租车经营单位将出租车所有权转移给驾驶员，驾驶员收入按照"经营所得"缴纳个人所得税。

（六）企业为个人购置房屋及其他财产

合伙企业或个人独资企业出资购买房屋及其他财产，将所有权登记为投资者个人、投资者家庭成员或企业其他人员；投资者个人、投资者家庭成员或企业其他成员向企业"借款"用于购买房屋及其他财产，将所有权登记为投资者和个人合伙人、投资者和个人合伙人家庭成员或企业其他人员，且借款年度终了后未归还借款。对个人独资企业、合伙企业的投资者和个人合伙人或其家庭成员取得的上述所得，视为企业对个人投资者的利润分配，按照"经营所得"项目计征个人所得税；对除个人独资企业、合伙企业以外其他企业的个人投资者或其家庭成员取得的上述所得，视为企业对个人投资者的红利分配，按照"利息、股息、红利所得"项目计征个人所得税；对企业其他人员取得的上述所得，按照"工资、薪金所得"项目计征个人所得税。

二、个体工商户经营所得[①]

此处所指的个体工商户不仅包括依法取得个体工商户营业执照并从事生产经营的个体工商户，还包括经政府有关部门批准，从事办学、医疗、咨询等有偿服务活动的个人以及其他从事个体生产、经营的个人，也就是没有办理个体工商户登记，实质上属于个体经营性质的上述个人取得相应所得也属于经营所得。

目前，对个体工商户采取三种征收模式：查账征收、定期定额征收和定率征收。定期定额征收和定率征收是一种特殊的核定征收，是纳税申报之前的一种预先核定，也就是一种事先的推定，因此有的学者将定期定额征收和定率征收作为与核定征收并列的征收方式。

经主管税务机关认定和县级以上税务机关批准的因生产、经营规模小而达不到设置账簿标准的个体工商户实行定期定额征收和定率征收。在实际征管中，规模较大的个体工商户一般实行查账征收，规模稍小的个体工商户实行定率征收，中小型的个体工商户实行定期定额征收，目前对绝大多数个体工商户实行定期定额征收。

税务机关采集实行定期定额征收的纳税人相关信息，包括定额项目、资产投资总额（元）、经营面积（m^2）、年房屋租金（元）、仓储面积（m^2）、所属乡镇和街道、所属集贸市场、从业人数、经营方式、兼营情况、代理品牌数量、淡季旺季情况、代理区域、交通工具、所属路段、经营年限、广告类别、信誉程度、应纳消费税经营收入占总收入比例（%）、其他项目等20项内容，综合核定其下一年度生产经营收入总额，并且在固定期限（通常为1年）内予以执行。在上述期限内，如果其实际生产经营收入额高于核定出的生产经营收入额，按照实际生产经营收入额缴纳税款。

定期定额核定的"额"是收入额，具体又可分为所得率征收方式和征收率征收方式。

---

① 详见《国家税务总局个体工商户个人所得税计税办法》（国家税务总局令第35号），根据2018年6月15日《国家税务总局关于修改部分税务部门规章的决定》对有关条款进行修正

所得率征收方式：

被投资单位经营所得（即应纳税所得额）＝收入总额 × 所得率，计算得出的经营所得与查账征收方式一样，适用个人所得税税率表（经营所得适用）。

所得率征收方式与核定应税所得率征收（能准确核算收入总额）的计算方法看似一致，为何要对两者进行区分呢？两者的区别在于收入总额的确定，核定应税所得率征收的收入总额是实际发生收入总额，而所得率征收方式的收入总额为核定的收入额，如果实际收入额超过核定收入额，以实际收入额为准。

比如，实行定期定额征收的个体工商户大解商铺被税务机关核定的收入总额为每月 100 000 元，所得率为 5%。

目前深圳等地除娱乐行业外，其他行业的所得率均为 5%。但深圳定期定额征收均采用征收率征收方式，基本不采用所得率征收方式。

2020 年 1 月，大解商铺收入总额为 80 000 元，低于核定额，按照核定额确定收入总额，那么其 1 月应纳税所得额为：100 000×5%=5 000 元。

对照《个人所得税税率表（经营所得适用）》，适用 5% 税率。应纳所得税额为：5 000×5%=250 元。

2020 年 2 月，大解商铺收入总额为 110 000 元，高于核定额，按照实际发生额确定收入总额，那么其 1 月应纳税所得额为：120 000×5%=6 000 元。

对照《个人所得税税率表（经营所得适用）》，适用 5% 税率。应纳所得税额为：6 000×5%=300 元。

个人所得税税率表
（经营所得适用）

级数	全年应纳税所得额	税率（%）	速算扣除数
1	不超过30 000元的部分	5	0
2	超过30 000元至90 000元的部分	10	1 500
3	超过90 000元至300 000元的部分	20	10 500
4	超过300 000元至500 000元的部分	30	40 500
5	超过500 000元的部分	35	65 500

征收率征收方式：

应纳个人所得税税额＝收入总额（不含增值税）× 征收率。

注意：征收率与税率的区别，征收率直接乘以收入总额，计算得出应纳所得税额，而税率不能直接乘以收入总额，而是乘以应纳税所得额。

实行定期定额征收的个体工商户大解商铺被税务机关核定的收入总额为每月100 000 元，征收率为 0.8%。

2020 年 1 月，大解商铺收入总额为 80 000 元，低于核定额，按照核定额确定收入总额，那么其 1 月应纳个人所得税税额：100 000×0.8%=800 元。

2020 年 2 月，大解商铺收入总额为 110 000 元，高于核定额，按照实际发生额确定收入总额，那么其 2 月应纳个人所得税税额：110 000×0.8%=880 元。

目前全国各地个人所得税征收率基本上都与增值税政策相衔接，对每月不含税销售额 10 万元（含）以下的个体工商户、合伙企业、个人独资企业的业主、个人合伙人、投资人，征收率为 0。对于超过 10 万元的如何确定征收，各地政策并不统一，青海统一按照 0.4% 的征收率征收；深圳根据收入情况划分为 0.8% 和 1% 两档征收率。

深圳市个人所得税核定征收率表（按月）①

序号	月度经营收入	征收率（%）
1	10万元（含）以下的部分	0
2	10万元以上至30万元（含）以下的部分	0.8
3	30万元以上的部分	1

注：按季申报的纳税人按照月度征收率表换算为季度征收率表

实行定率征收的个体工商户的收入额以其实际的收入总额为准，而并非是核定的收入总额，也可以选择所得率征收方式或征收率征收方式，但在征管实践中，不同地方对上述两种方式有不同的偏好。

查账征收方式较为复杂，以权责发生制为原则，属于当期的收入和费用，不论款项是否收付，均作为当期的收入和费用；不属于当期的收入和费用，即使款项已经在当期收付，均不作为当期收入和费用，有特殊规定的除外。

（一）计税基本规定

个体工商户的生产、经营所得，以每一纳税年度的收入总额，减除成本、费用、税金、损失、其他支出以及允许弥补的以前年度亏损后的余额，为应纳税所得额。

个体工商户从事生产经营以及与生产经营有关的活动取得的货币形式和非货

---

① 详见《国家税务总局深圳市税务局关于经营所得核定征收个人所得税有关问题的公告》（国家税务总局深圳市税务局公告2019年第3号）

币形式的各项收入，为收入总额。包括销售货物收入、提供劳务收入、转让财产收入、利息收入、租金收入、接受捐赠收入、其他收入。其他收入包括个体工商户资产溢余收入、逾期一年以上的未退包装物押金收入、确实无法偿付的应付款项、已作坏账损失处理后又收回的应收款项、债务重组收入、补贴收入、违约金收入、汇兑收益等。

成本是指个体工商户在生产经营活动中发生的销售成本、销货成本、业务支出以及其他耗费。

费用是指个体工商户在生产经营活动中发生的销售费用、管理费用和财务费用，已经计入成本的有关费用除外。

税金是指个体工商户在生产经营活动中发生的除个人所得税和允许抵扣的增值税以外的各项税金及其附加。

损失是指个体工商户在生产经营活动中发生的固定资产和存货的盘亏、毁损、报废损失，转让财产损失，坏账损失，自然灾害等不可抗力因素造成的损失以及其他损失。个体工商户发生的损失，减除责任人赔偿和保险赔款后的余额，参照财政部、国家税务总局有关企业资产损失税前扣除的规定扣除。个体工商户已经作为损失处理的资产，在以后纳税年度又全部收回或者部分收回时，应当计入收回当期的收入。

其他支出是指除成本、费用、税金、损失外，个体工商户在生产经营活动中发生的与生产经营活动有关的、合理的支出。

个体工商户发生的支出应当区分收益性支出和资本性支出。收益性支出在发生当期直接扣除；资本性支出应当分期扣除或者计入有关资产成本，不得在发生当期直接扣除。

除税收法律法规另有规定外，个体工商户实际发生的成本、费用、税金、损失和其他支出，不得重复扣除。

个体工商户的下列支出不得扣除：

（1）个人所得税税款；

（2）税收滞纳金；

（3）罚金、罚款和被没收财物的损失；

（4）不符合扣除规定的捐赠支出；

（5）赞助支出；

（6）用于个人和家庭的支出；

（7）与取得生产经营收入无关的其他支出；

（8）国家税务总局规定不准扣除的支出。

上述不允许扣除的范围与企业所得税基本一致，个体工商户的特殊规定是，在生产经营活动中，应当分别核算生产经营费用和个人、家庭费用。对于生产经营与个人、家庭生活混用而难以分清的费用，其40%视为与生产经营有关费用，准予扣除。

个体工商户纳税年度发生的亏损，准予向以后年度结转，用以后年度的生产经营所得弥补，但结转年限最长不得超过5年。

个体工商户使用或者销售存货，按照规定计算的存货成本，准予在计算应纳税所得额时扣除。

个体工商户转让资产，该项资产的净值，准予在计算应纳税所得额时扣除。

（二）扣除项目及标准

1. **工资薪金支出**

个体工商户实际支付给从业人员的合理工资、薪金支出，准予扣除，但个体工商户业主的工资、薪金支出不得在税前扣除。

2. **社会保险**

个体工商户按规定为其业主和从业人员缴纳的基本养老保险费、基本医疗保险费、失业保险费、生育保险费、工伤保险费和住房公积金，准予扣除。

个体工商户为从业人员缴纳的补充养老保险费、补充医疗保险费，分别在不超过从业人员工资总额5%标准内的部分据实扣除；超过部分，不得扣除。

个体工商户业主本人缴纳的补充养老保险费、补充医疗保险费，以当地（地级市）上年度社会平均工资的3倍为计算基数，分别在不超过该计算基数5%标准内的部分据实扣除；超过部分，不得扣除。

3. **商业保险**

个体工商户参加财产保险的，按照规定缴纳的保险费，准予扣除。

除个体工商户依照国家有关规定为特殊工种从业人员支付的人身安全保险费和财政部、国家税务总局规定可以扣除的其他商业保险费外，个体工商户业主本人或者为从业人员支付的商业保险费，不得扣除。

目前，法律法规规定的需要为其支付人身安全保险的特殊工种，主要包括以下四类。

第一类是保安人员。 根据《保安服务管理条例》第二十条规定，保安从业单位应当根据保安服务岗位的风险程度，为保安员投保意外伤害保险。

第二类是建筑危险作业人员。 根据《建筑法》第四十八条规定，鼓励企业为从事危险作业的职工办理意外伤害保险，支付保险费。

第三类是煤炭井下作业人员。 根据《煤炭法》第三十九条规定，煤矿企业应当依法为职工参加工伤保险缴纳工伤保险费。鼓励企业为井下作业职工办理意外伤害保险，支付保险费。

第四类是高危行业人员。 根据《高危行业企业安全生产费用财务管理暂行办法》第十八条规定，企业应当为从事高空、高压、易燃、易爆、剧毒、放射性、高速运输、野外、矿井等高危作业的人员办理团体人身意外伤害保险或个人意外伤害保险。所需保险费用直接列入成本（费用），不在安全费用中列支。

4. 借款费用

个体工商户在生产经营活动中发生的合理的不需要资本化的借款费用，准予扣除。

个体工商户为购置、建造固定资产、无形资产和经过 12 个月以上的建造才能达到预定可销售状态的存货发生的借款，在有关资产购置、建造期间发生的合理的借款费用，应当作为资本性支出计入有关资产的成本，通过固定资产折旧、无形资产摊销等形式予以扣除。

向金融企业借款的利息支出准予据实扣除；向非金融企业和个人借款的利息支出，不超过按照金融企业同期同类贷款利率计算的数额的部分，准予扣除。

5. 汇兑损失

个体工商户在货币交易中以及纳税年度终了时，将人民币以外的货币性资产、负债按照期末即期人民币汇率中间价折算为人民币时产生的汇兑损失，除已经计入有关资产成本部分外，准予扣除。

6. 三项经费

个体工商户向当地工会组织拨缴的工会经费、实际发生的职工福利费支出、职工教育经费支出分别在工资薪金总额的 2%、14%、2.5% 的标准内据实扣除。

工资、薪金总额是指允许在当期税前扣除的工资、薪金支出数额。职工教育经费的实际发生数额超出规定比例当期不能扣除的数额，准予在以后纳税年度结转扣除。

个体工商户向当地工会组织缴纳的工会经费、实际发生的职工福利费支出、职工教育经费支出，以当地（地级市）上年度社会平均工资的 3 倍为计算基数，在规定比例内据实扣除。

7. 业务招待费

个体工商户发生的与生产经营活动有关的业务招待费，按照实际发生额的60% 扣除，但最高不得超过当年销售（营业）收入的 5‰。

个体工商户自申请营业执照之日起至开始生产经营之日止所发生的业务招待费，按照实际发生额的 60% 计入个体工商户的开办费。

8. 广告费和业务宣传费

个体工商户每一纳税年度发生的与其生产经营活动直接相关的广告费和业务宣传费，不超过当年销售（营业）收入 15% 的部分，可以据实扣除；超过部分，准予在以后纳税年度结转扣除。

9. 租赁费支出

个体工商户根据生产经营活动的需要，以经营租赁方式租入固定资产而发生的租赁费支出，按照租赁期限均匀扣除；以融资租赁方式租入固定资产而发生的租赁费支出，按照规定构成融资租入固定资产价值的部分，应当提取折旧费用，分期扣除。

10. 开办费

个体工商户自申请营业执照之日起至开始生产经营之日止所发生符合规定的费用，除为取得固定资产、无形资产的支出以及应计入资产价值的汇兑损益、利息支出外，作为开办费，个体工商户可以选择在开始生产经营的当年一次性扣除，也可自生产经营月份起在不短于 3 年期限内摊销扣除，但一经选定，不得改变。

开始生产经营之日为个体工商户取得第一笔销售（营业）收入的日期。

11. 公益事业捐赠

个体工商户通过公益性社会团体或者县级以上人民政府及其部门，用于《公益事业捐赠法》规定的公益事业的捐赠，捐赠额不超过其应纳税所得额30%的部分，可以据实扣除。财政部、国家税务总局规定可以全额在税前扣除的捐赠支出项目，按照有关规定执行。

个体工商户直接对受益人的捐赠不得扣除。

12. 技术开发费用和设备

个体工商户研究开发新产品、新技术、新工艺所发生的开发费用以及研究开发新产品、新技术而购置单台价值在 10 万元以下的测试仪器和试验性装置的购置费，准予直接扣除；单台价值在 10 万元以上（含 10 万元）的测试仪器和试验性装置，按照固定资产管理，不得在当期直接扣除。

13. 其他支出

个体工商户代其从业人员或者他人负担的税款，不得在税前进行扣除。

个体工商户按照规定缴纳的摊位费、行政性收费、协会会费等，按照实际发生数额扣除。

个体工商户发生的合理的劳动保护支出，准予扣除。

三、个人独资企业、合伙企业经营所得

个人独资企业以投资者为纳税义务人，合伙企业以每一个合伙人为纳税义务人。对于上述两类企业而言，通常情况下需要采用建账征收方式，计税方式与采取查账征收的个体工商户基本一致。个人独资企业和合伙企业每一纳税年度的收入总额减除成本、费用以及损失后的余额，作为投资者个人的生产经营所得。

（一）职工教育经费扣除比例

2018 年之前，无论是企业所得税纳税人，还是个体工商户、个人独资企业、合伙企业，职工教育经费扣除比例均为不超过工资薪金总额 2.5% 的部分予以扣除。

《财政部　国家税务总局关于企业职工教育经费税前扣除政策的通知》（财税〔2018〕51 号）规定，自 2018 年 1 月 1 日起，企业发生的职工教育经费支出，不超过工资薪金总额 8% 的部分，准予在计算企业所得税应纳税所得额时扣除；超过部分，准予在以后纳税年度结转扣除。

上述规定是否适用于个人独资企业和合伙企业曾经引起过争议，上述规定适用主体是企业，因此有人认为，个人独资企业和合伙企业也应当可以适用，但该规定明确规定准予在计算企业所得税应纳税所得额时扣除，而个人独资企业和合伙企业并不缴纳企业所得税，因此不应适用上述规定。

（二）公益慈善事业捐赠支出

根据《财政部　税务总局关于公益慈善事业捐赠个人所得税政策的公告》（财政部　税务总局公告 2019 年第 99 号）规定，个体工商户发生的公益捐赠支出，

在其经营所得中予以扣除。

个人独资企业、合伙企业发生的公益捐赠支出，个人投资者应当按照捐赠年度合伙企业的分配比例（个人独资企业分配比例为100%），计算归属于每一个投资者的公益捐赠支出，个人投资者应将其归属的个人独资企业、合伙企业公益捐赠支出和本人需要在经营所得扣除的其他公益捐赠支出合并，在其经营所得中扣除。

在经营所得中扣除公益捐赠支出，可以选择在预缴税款时扣除，也可以选择在汇算清缴时扣除。

经营所得采取核定征收方式的，不得扣除公益捐赠支出。

（三）应纳税所得额的确定

个人独资企业的投资者以全部生产经营所得为应纳税所得额；合伙企业的投资者按照合伙企业的全部生产经营所得和合伙协议约定的分配比例确定应纳税所得额，合伙协议没有约定分配比例，以全部生产经营所得和合伙人数量平均计算每个投资者的应纳税所得额。上述生产经营所得，包括企业分配给投资者个人的所得和企业当年留存的所得（利润）。

（四）"四业"所得免税规定

《财政部　国家税务总局关于个人独资企业和合伙企业投资者取得种植业 养殖业饲养业捕捞业所得有关个人所得税问题的批复》（财税〔2010〕96号）和《财政部　国家税务总局关于农村税费改革试点地区有关个人所得税问题的通知》（财税〔2004〕30号）规定，对个人、个体工商户、个人独资企业和合伙企业从事种植业、养殖业、饲养业、捕捞业，其取得的"四业"所得暂不征收个人所得税。

四、律师行业特殊要求 [①]

律师事务所工作人员需要分为出资律师、雇员律师、其他从业人员三类人员，分别按照有关规定缴纳个人所得税。

律师事务所原则上不允许全行业核定征收，有条件查账征收的，一定要查账征收。根据有关规定 [②]，如果确实不符合查账征收条件的，应税所得率不得低于25%。

[①]　详见《国家税务总局关于律师事务所从业人员取得收入征收个人所得税有关业务问题的通知》（国税发〔2000〕149号）和《律师事务所从业人员有关个人所得税问题的公告》（国家税务总局公告2012年第53号）

[②]　详见《国家税务总局关于强化律师事务所等中介机构投资者个人所得税查账征收的通知》（国税发〔2002〕123号）

（一）出资律师

出资律师是指律师事务所的投资者或者合伙人，按照"经营所得"缴纳个人所得税。

出资律师在计算应纳税所得额时，应凭合法有效凭据按照个人所得税法和有关规定扣除费用；对确实不能提供合法有效凭据而实际发生与业务有关的费用，经当事人签名确认后，可再按下列标准扣除费用：个人年营业收入不超过 50 万元的部分，按 8% 扣除；个人年营业收入超过 50 万元至 100 万元的部分，按 6% 扣除；个人年营业收入超过 100 万元的部分，按 5% 扣除。

上述政策有效期是 2013 年 1 月 1 日至 2015 年 12 月 31 日，后续并未出台相关政策延期文件，2016 年之后经营所得计算时不能适用。

（二）雇员律师

雇员律师，包括专职的律师和兼职的律师，从律师事务所取得的收入按照"工资、薪金所得"缴纳个人所得税。

如果雇员律师和事务所采取收入分成的方式，取得的分成收入扣除一定比例的办案费后计入"工资、薪金所得"。上述比例由各省税务机关确定的，不超过分成收入的 30%。在 2013 年 1 月 1 日至 2015 年 12 月 31 日，不超过分成收入的 35%，但该政策到期后并没有延续，因此 2016 年之后仍旧执行 30% 的比例。

雇员律师的办案费支出，如交通费、资料费、通信费及聘请人员等费用，如果已经在律师事务所列支，其在计算个人所得税时便不允许按上述比例扣减办案费。收入分成办法的律师办案费用不得在律师事务所重复列支。

对于兼职雇员律师，律师事务所在扣缴个人所得税时不减除税法规定的各项费用，直接按收入确定适用税率扣缴个税。兼职律师工资薪金的各项扣除费用，应该由原派出单位来扣除。

律师如果从接受法律事务服务的当事人处取得法律顾问费或其他酬金等收入，应并入其从律师事务所取得的其他收入，一并计算缴纳个人所得税。

（三）其他从业人员

在律师事务所工作的其他人员，如后勤管理等人员，从律所取得的收入，按照"工资、薪金所得"缴纳个人所得税。

如果是雇员律师以个人名义再聘请人员，雇员律师应按照"劳务报酬所得"，扣缴再聘请人员的个人所得税。为了便于操作，这个扣缴税款可由其任职的律师事务所代扣代缴。

案例： 张律师于2021年1月从任职的律师事务所取得了工资7000元，其他形式的补贴1000元，专项扣除800元，专项附加扣除3000元，业务分成收入25000元。在案件办理过程中，张律师以个人名义聘请了兼职律师李律师协助办理有关事务，支付李律师报酬4000元。张律师为一家公司提供法律咨询，当月取得法律顾问费10000元。当地分成收入的扣除比例是30%。请问，2021年1月张律师应缴纳的个人所得税是多少元？

解析： 张律师以个人名义支付李律师的报酬4000元，不允许在税前扣除。

张律师应纳税所得额 =7 000+1 000+25 000×（1-30%）+10 000-5 000-800-3 000=26 700 元。

律师事务所应预扣预缴个人所得税 =26 700×3%=801 元。

五、经营所得自行上门申报

虽然个体工商户、个人独资企业、合伙企业的征收模式不尽相同，但主要分为查账征收和核定征收。核定征收包括核定应税所得率征收、核定应税所得额征收、定期定额征收和定率征收。

定期定额征收和定率征收是事先的核定征收方式，而核定应税所得率征收和核定应税所得额征收是事后的核定征收方式，比如，依照法律、行政法规的规定应当设置但未设置账簿的；擅自销毁账簿或者拒不提供纳税资料的；虽设置账簿，但账目混乱或者成本资料、收入凭证、费用凭证残缺不全，难以查账的；发生纳税义务，未按照规定的期限办理纳税申报，经税务机关责令限期申报，逾期仍不申报的；纳税人申报的计税依据明显偏低，又无正当理由的等情形。

实行核定征收的纳税人按月或者按季缴纳个人所得税后，年度应缴纳税款与预缴税款一般不会存在差异，如果没有其他经营所得，无须进行年度汇缴；实行查账征收的纳税人按月或者按季缴纳个人所得税后，该年度应缴纳的税款与预缴税款往往会存在差异，需要进行年度汇缴。

《个人所得税经营所得纳税申报表》分为 A 表、B 表和 C 表三种，纳税人按月度或者按季度预缴时用 A 表；实行查账征收的纳税人在年度终了的次年 3 月 31 日前进行年度汇缴时用 B 表；如果在中国境内两处以上取得经营所得，于取得所得的次年 3 月 31 日前办理合并计算个人所得税的年度汇总纳税申报时用 C 表。

（一）按月或者按季预缴的自行上门申报

1. 表头

个人所得税经营所得纳税申报表（A表）

税款所属期：　　　年　月　日至　　　年　月　日

纳税人姓名：

纳税人识别号：□□□□□□□□□□□□□□□□□□

金额单位：　　人民币元（列至角分）

纳税人取得经营所得，应当在月度或者季度终了后15日内，向税务机关办理预缴纳税申报。

关于表头项目，**税款所属期**需要填写纳税人取得经营所得应纳个人所得税款的所属期间，即填写具体的起止年月日。**纳税人姓名**需要填写自然人纳税人姓名，而并非是工商个体户、个人独资企业、合伙企业名称。**纳税人识别号**是指有中国公民身份证号码，即填写中华人民共和国居民身份证上载明的"公民身份证号码"；没有中国公民身份证号码的，填写税务机关赋予的纳税人识别号。

2. 被投资单位信息和征收方式

被投资单位信息	名称		纳税人识别号（统一社会信用代码）	
征收方式	□查账征收（据实预缴）		□查账征收（按上年应纳税所得额预缴）	
	□核定应税所得率征收		□核定应纳税所得额征收	
	□税务机关认可的其他方式＿＿＿＿			

关于被投资单位信息，名称需要填写被投资单位法定名称的全称。纳税人识别号（统一社会信用代码），需要填写被投资单位的纳税人识别号或者统一社会信用代码。

关于征收方式，主要包括查账征收和核定征收两类，个体工商户的定期定额征收是一种特殊的核定征收。

采用查账征收的纳税人可以采取两种方式进行预缴，可以选择据实预缴，也就是根据月度或者季度终了时实际经营情况进行预缴；也可以选择按上年应纳税所得额进行预缴，这样既缓解了财务结算的压力，也保持了应纳税额的稳定，年度汇缴时再多退少补。

采用核定征收的纳税人可以采取两种方式进行预缴，也就是核定应税所得率和核定应纳税所得额。

实行定期定额征收的个体工商户。

3. 申报表主体部分

项　　目	行次	金额/比例
一、收入总额	1	
二、成本费用	2	
三、利润总额（3=1-2）	3	
四、弥补以前年度亏损	4	
五、应税所得率（%）	5	
六、合伙企业个人合伙人分配比例（%）	6	
七、允许扣除的个人费用及其他扣除（7=8+9+14）	7	
（一）投资者减除费用	8	
（二）专项扣除（9=10+11+12+13）	9	
1.基本养老保险费	10	
2.基本医疗保险费	11	
3.失业保险费	12	
4.住房公积金	13	
（三）依法确定的其他扣除（14=15+16+17）	14	
1.	15	
2.	16	
3.	17	
八、应纳税所得额	18	
九、税率（%）	19	
十、速算扣除数	20	
十一、应纳税额（21=18×19-20）	21	
十二、减免税额（附报《个人所得税减免税事项报告表》）	22	
十三、已缴税额	23	
十四、应补/退税额（24=21-22-23）	24	

（1）收入总额

填写本年度开始经营月份起截至本期从事经营以及与经营有关的活动取得的货币形式和非货币形式的各项收入总金额。包括销售货物收入、提供劳务收入、转让财产收入、利息收入、租金收入、接受捐赠收入、其他收入。

（2）成本费用

填写本年度开始经营月份起截至本期实际发生的成本、费用、税金、损失及其他支出的总额。

（3）利润总额

填写本年度开始经营月份起截至本期的利润总额。

（4）弥补以前年度亏损

填写可在税前弥补的以前年度尚未弥补的亏损额，最长弥补年限是 5 年。

（5）应税所得率

按照核定应税所得率方式纳税的纳税人，填写税务机关确定的核定征收应税所得率。按照其他方式纳税的纳税人不填写本行。

（6）合伙企业个人合伙人分配比例

纳税人为合伙企业个人合伙人的需要填写，其他则不填写。对于个体工商业务和个人独资企业投资人对经营所得享有的比例默认为 100%。

《财政部　国家税务总局关于合伙企业合伙人所得税问题的通知》（财税〔2008〕第 159 号）规定，合伙企业生产经营所得和其他所得应"先分后税"，合伙人按照"协议约定、协商决定、出资比例、合伙人数"四个原则依序分配并确定应纳税所得额。

合伙企业个人合伙人分配比例按照合伙协议约定的比例填写；合伙协议未约定或不明确的，按照合伙人协商决定的比例填写；协商不成的，按照合伙人实缴出资比例填写；无法确定出资比例的，按照合伙人平均分配。

（7）允许扣除的个人费用及其他扣除

投资者减除费用填写根据本年实际经营月份数计算的可在税前扣除的投资者本人每月 5 000 元减除费用的合计金额。注意，在该纳税人没有综合所得的情况下才准予扣除，不允许重复扣除。

专项扣除填写按规定允许扣除的基本养老保险费、基本医疗保险费、失业保险费、住房公积金的金额。

依法确定的其他扣除填写商业健康保险、税延养老保险以及其他按规定允许扣除项目的金额。其中，税延养老保险可在申报四季度或12月税款时填报扣除。

子女教育等专项附加扣除和准予扣除的个人捐赠支出在办理年度汇缴时扣除，预缴时不做扣除。

（8）应纳税所得额的计算填报

①查账征收（据实预缴）

应纳税所得额（第18行）＝〔利润总额（第3行）－弥补以前年度亏损（第4行）〕×合伙企业个人合伙人分配比例（第6行）－允许扣除的个人费用及其他扣除第7行。

案例： 合伙企业四海商行截至2020年11月，销售货物取得收入102万元，提供劳务取得收入5万元，转让机器设备取得收入23万元，存入银行取得利息收入8万元，出租厂房取得收入25万元，某海外研究院捐赠给该合伙企业12万元，上述收入合计175万元。

截至2020年11月，货物成本52万元，发生期间费用35万元，支付税金12万元，损失11万元，上述成本费用合计110万元。以前年度末弥补亏损5万元。

四海商行由张大和刘三各占50%的份额，张大本年度无综合所得，全年缴纳基本养老保险24 000元，基本医疗保险3 600元，失业保险3 000元，住房公积金36 000元，此外还购买了符合要求的商业健康保险，共计支付保费5 600元，其本人的申报表如下。

项　目	行次	金额/比例
一、收入总额	1	1 750 000
二、成本费用	2	1 100 000
三、利润总额（3=1-2）	3	650 000
四、弥补以前年度亏损	4	50 000
五、应税所得率（%）	5	
六、合伙企业个人合伙人分配比例（%）	6	50%
七、允许扣除的个人费用及其他扣除（7=8+9+14）	7	128 800
（一）投资者减除费用	8	60 000
（二）专项扣除（9=10+11+12+13）	9	66 600
1.基本养老保险费	10	24 000

续上表

项　目	行次	金额/比例
2.基本医疗保险费	11	3 600
3.失业保险费	12	3 000
4.住房公积金	13	36 000
（三）依法确定的其他扣除（14=15+16+17）	14	2 200
1.商业健康保险	15	2 200
2.	16	
3.	17	
八、应纳税所得额	18	171 200

②查账征收（按上年应纳税所得额预缴）

应纳税所得额（第18行）＝上年度的应纳税所得额 ÷12× 月份数。

如果是按月度申报，预缴1～5月的经营所得时就乘以5；如果按季度申报，预缴第二季度经营所得时就乘以6。

假如合伙企业四海商行选择按照上年度应纳税所得额预缴，2019年应纳税所得额为780 000元，归属张大的份额为390 000元。其2020年11月预缴时应纳税所得额为：390 000÷12×11=357 500元。

③核定应税所得率征收（能准确核算收入总额）

应纳税所得额（第18行）＝收入总额（第1行）× 应税所得率（第5行）× 合伙企业个人合伙人分配比例（第6行）。

假如合伙企业四海商行选择按照收入总额核定应税所得率征收，应税所得率为22%。

2020年11月张大预缴时应纳税所得额为：1 750 000×22%×50%=192 500元。

④核定应税所得率征收（能准确核算成本费用）

应纳税所得额（第18行）＝成本费用（第2行）÷〔1-应税所得率（第5行）〕× 应税所得率（第5行）× 合伙企业个人合伙人分配比例（第6行）。

如果合伙企业四海商行选择按照成本费用核定应税所得率征收，应税所得率为22%。

2020年11月张大预缴时应纳税所得额为：1 100 000÷（1-22%）×22%×50%=155 128.21元。

⑤核定应纳税所得额征收：直接根据其有关经营数据核定应纳税所得额，目前这种方式很少使用。

⑥税务机关认可的其他方式：主要针对的是实行定期定额征收和定率征收的纳税人，定期定额征收只适用于个体工商户，合伙企业和个人独资企业可采用定率征收模式，具体征收方式可分为按所得率征收和按征收率征收两种。

（9）应补／退税额的计算

根据应纳税所得额，查找适用税率和速算扣除数，计算出应纳税额。

如果存在减免税额，填写符合税法规定可以减免的税额，并附报《个人所得税减免税事项报告表》。

计算已缴税额，填写本年度在月（季）度申报中累计已预缴的经营所得个人所得税的金额。

应补／退税额＝应纳税额（第22行）－减免税额（第23行）－已缴税额（第24行）。

（二）年度汇缴的自行上门申报

1. 单位经营情况

案例：王亮投资的个人独资企业五洲商行五年来持续盈利，2020年度财务数据如下。

1. 收入

销售收入1 000万元。

出租房产收入300万元。

无法支付的应付款转为营业外收入104万元。

国债利息收入19万元。

2. 成本

销售成本785万元。

3. 费用

（1）营业费用220万元

其中，广告费和业务宣传费200万元；

固定资产折旧20万元（因经营场所面积缩小，购置的一批办公家具无法放置在营业场所，而是一直闲置在仓库中，当年折旧10

万元）。

（2）管理费用 229.8 万元

其中，业务招待费 20 万元；

工资薪金 110 万元（支付投资者王亮工资 10 万元）；

职工福利费 38 万元；

职工教育经费 3 万元；

工会经费 1.5 万元；

社会保险费用 37.5 万元；

商业保险费 1.8 万元（为本单位承保财产保险 0.8 万元，为柜台销售人员承保人身意外伤害险 1 万元）；

党组织工作经费 1.9 万元；

商城摊位费 10.1 万元；

行政性收费 3 万元；

区个人投资者协会会费 1.2 万元；

无发票的办公经费 1.8 万元。

（3）财务费用

向自然人借款 100 万元，年利率 9.5%，偿还的利息 9.5 万元计入财务费用，假设同期银行贷款利率为 5%。

4. 税金 48.5 万元

其中，为投资者王亮所有的车辆支付车辆购置税 1 万元。

5. 损失

经营过程中发生的损耗 1 万元计入损失。

6. 其他支出 50 万元

其中，通过公益组织向希望工程捐款 30 万元；

直接向某贫困山村捐赠 5 万元；

向某残疾人企业赞助 5 万元；

合同违约金 6 万元；

行政罚款 0.5 万元；

税收滞纳金 0.5 万元；

法院判处罚金 1 万元；

银行罚息2万元。

2020年，五洲商行共预缴经营所得税款25.36万元。

解析：

1. 计算该企业利润总额

利润总额＝收入总额－成本费用。

收入总额：1 000+300+104+19=1 423万元。

成本费用：785+220+229.8+9.5+48.5+1+50=1 343.8万元。

利润总额：1 423−1 343.8=79.2万元。

2. 各项目纳税调整

（1）广告费和业务宣传费

广告费和业务宣传费不超过当年销售（营业）收入15%的部分准予扣除。

准予扣除额＝1 300×15%=195万元。

广告费和业务宣传费应调增金额=200-195=5万元。

注意：扣除限额的计算基数为销售（营业）收入，一般不包含营业外收入和资本利得收入，只有从事股权投资业务法人企业（包括集团公司总部、创业投资企业等），从被投资企业取得的股息、红利以及股权转让收入，可以作为业务招待费抵扣限额计算基数。

（2）业务招待费

发生的与生产经营活动有关的业务招待费，按照实际发生额的60%扣除，但最高不得超过当年销售（营业）收入的5‰。

20×60%=12万元。

1 300×0.5%=6.5万元。

按照孰低的原则，业务招待费的扣除限额为6.5万元。

业务招待费应调增金额=20-6.5=13.5万元。

注意：自申请营业执照之日起至开始生产经营之日止所发生的业务招待费，按照实际发生额的60%计入个体工商户的开办费。

（3）三项经费

向当地工会组织拨缴的工会经费、实际发生的职工福利费支出、职工教育经费支出分别在工资薪金总额的2%、14%、2.5%的标准内据实扣除。

向投资者发放的工资、薪金10万元不得计入工资、薪金总额之中予以扣除，因此工资薪金总额应为100万元。

工会经费扣除限额：100×2%=2万元。

工会经费为1.5万，低于扣除限额，允许全额扣除。

职工福利费扣除限额：100×14%=14万元。

职工福利费应调增金额：38-14=24万元。

职工教育经费扣除限额：100×2.5%=2.5万元。

职工教育经费应调增金额：3-2.5=0.5万元，可以结转到以后年度扣除。

（4）商业保险费

该企业投保的财产保险，按照规定缴纳的保险费0.8万元准予扣除。

该企业投保的人身保险，除了特殊工种从业人员支付的人身安全保险费和财政部、国家税务总局规定可以扣除的其他商业保险费外，其他商业保险费不得扣除，为柜台销售人员承保的人身意外伤害险不允许扣除，因此需要调增1万元。

（5）党组织工作经费

根据《中共中央组织部 财政部 国家税务总局关于非公有制企业党组织工作经费问题的通知》（组通字〔2014〕42号）规定，非公有制企业党组织工作经费纳入企业管理费列支，不超过职工年度工资薪金总额1%的部分，可以据实在企业所得税前扣除。

党组织工作经费能否在个人所得税税前扣除，目前文件尚未明确，因此党组织工作经费1.9万元暂时不能扣除，应当调增1.9万元。

（6）利息费用

向金融企业借款的利息支出可以据实扣除，但向非金融企业和个人借款的利息支出，超过按照金融企业同期同类贷款利率计算的数额的部分，不允许扣除。

利息费用应当调增额=9.5-100×5%=4.5万元。

（7）无发票的办公经费

根据《发票管理办法》第二十条、第二十一条规定，所有单位和从事生产、经营活动的个人在购买商品、接受服务以及从事其他经营活动支付款项，应当向收款方取得发票。取得发票时，不得要求变更品名和金额。不符合规定的发票，不得作为财务报销凭证，任何单位和个人有权拒收。

无发票的办公经费不允许在税前扣除，应当调增1.8万元。

（8）代为支付的税款

代其从业人员或者他人负担的税款，不得在税前扣除，因此为投资者王亮所有的车辆支付的车辆购置税不得抵扣，因此需要调增1万元。

（9）其他营业外支出

合同违约金和罚息是正常业务活动发生的支出，可以据实扣除。

罚款、罚金和税收滞纳金不允许在税前扣除，因此应调增金额为：0.5+0.5+1=2万元。

（10）损失

生产经营活动中发生的固定资产和存货的盘亏、毁损、报废损失，转让财产损失，坏账损失，自然灾害等不可抗力因素造成的损失以及其他损失准予扣除，但生产经营过程中发生的正常损耗不得作为损失予以扣除，因此应调增1万元。

（11）固定资产折旧

根据归属，与生产经营相关的固定资产折旧分别计入成本、营业费用或管理费用，但因经营场所面积缩小，一批办公家具一直闲置在仓库中，与生产经营并无关联，因此这批办公家具计提的折旧不允许扣除，应调增10万元。

（12）摊位费、行政性收费、协会会费

按照规定缴纳的摊位费、行政性收费、协会会费等，允许按实际发生数额扣除。

（13）国债利息收入

国债利息收入19万元，为免税收入。

（14）捐赠和赞助支出

直接对受益人的捐赠和赞助支出不允许扣除。赞助支出是指发生的与生产经营活动无关的各种非广告性质支出，因此直接向贫困山村捐赠的5万元以及向某残疾人企业赞助的5万元不允许扣除，因此应当调增10万元。

通过公益性社会组织、县级以上人民政府及其部门等国家机关，向教育、扶贫、济困等公益慈善事业的捐赠发生的支出才可以在计算应纳税所得额时扣除。除了规定允许全额扣除的捐赠项目外，其他项目为不超过应纳税所得额的30%。

通过公益组织向希望工程捐款30万元符合扣除条件。需要注意的是，企业所得税纳税人公益捐赠扣除限额为年度利润总额，也就是会计利润额（也就是上面计算得出的90万元）的12%，计算相对比较简便，而经营所得的个人所得税税前扣除限额为应纳税所得额的30%，并非是利润总额的30%。因此，只有准确计算出应纳税所得额后，才能确定公益捐赠限额。

在假设符合条件的公益捐赠金额不做调整的情况下，应纳税所得额为：
79.2+48.5+37.7-19=146.4 万元。

公益捐赠抵扣限额：146.4×30%=43.92 万元。

符合条件的公益捐赠金额为 30 万元，小于抵扣限额，可以全额予以抵扣。

假如符合条件的公益捐赠金额为 50 万元，超过了公益捐赠抵扣限额，如果对公益捐赠金额进行调增，那么应纳税所得额也会相应增加，因此计算起来较为复杂。

假设准予抵扣的公益捐赠金额为 x 万元，该项目应纳税调增额为（50-x）。

$[146.4+（50-x）]×30\%=x$

$（196.4-x）×30\%=x$

$58.92-x×30\%=x$

$58.92=x×（1+30\%）$

$x=45.32$

允许扣除的公益捐赠金额为 45.32 万元，第 20 行教育和公益事业捐赠应填写：
50-45.32=4.68 万元。

第 38 行纳税调整后所得应填写：146.4+4.68=151.08 万元。

验证一下公益捐赠抵扣限额：151.08×30%=45.32 万元。

未抵扣公益捐赠金额：50-45.32=4.68 万元。由于经营所得的年度汇缴在次年 3 月 31 日前完成，此时尚未抵扣完毕的公益捐赠金额 4.68 万元，无法在分类所得中进行抵扣，只得在综合所得进行年度汇算时予以抵扣。

注意：上面所述均是以个体工商户、合伙企业、个人独资企业等单位名义进行的公益捐赠，如果以个人名义进行的捐赠填写在第 61 行准予扣除的个人捐赠支出。

个人所得税经营所得纳税申报表（B表）

项　目	行次	金额/比例
一、收入总额	1	1 423万
其中，国债利息收入	2	19万
二、成本费用（3=4+5+6+7+8+9+10）	3	1 343.8万
（一）营业成本	4	785万
（二）营业费用	5	220万
（三）管理费用	6	229.8万
（四）财务费用	7	9.5万
（五）税金	8	48.5万
（六）损失	9	1万

续上表

项　　目	行次	金额/比例
（七）其他支出	10	50万
三、利润总额（11=1-2-3）	11	79.2万
四、纳税调整增加额（12=13+27）	12	86.2万
（一）超过规定标准的扣除项目金额（13=14+15+16+17+18+19+20+21+22+23+24+25+26）	13	48.5万
1.职工福利费	14	24万
2.职工教育经费	15	0.5万
3.工会经费	16	0
4.利息支出	17	4.5万
5.业务招待费	18	13.5万
6.广告费和业务宣传费	19	5万
7.教育和公益事业捐赠	20	0
8.住房公积金	21	0
9.社会保险费	22	0
10.折旧费用	23	0
11.无形资产摊销	24	0
12.资产损失	25	1万
13.其他	26	0
（二）不允许扣除的项目金额（27=28+29+30+31+32+33+34+35+36）	27	37.7万
1.个人所得税税款	28	0
2.税收滞纳金	29	0.5万
3.罚金、罚款和被没收财物的损失	30	1.5万
4.不符合扣除规定的捐赠支出	31	5万
5.赞助支出	32	5万
6.用于个人和家庭的支出	33	1万
7.与取得生产经营收入无关的其他支出	34	10万
8.投资者工资薪金支出	35	10万
9.其他不允许扣除的支出	36	4.7万 （1+1.9+1.8）
五、纳税调整减少额	37	19万
六、纳税调整后所得（38=11+12-37）	38	146.4万
七、弥补以前年度亏损	39	0
八、合伙企业个人合伙人分配比例（%）	40	——

2. 个人抵扣情况

如果个体工商户业主、个人独资企业投资者和合伙企业自然人合伙人拥有综合所得，下表所述各项扣除应优先在综合所得年度汇算时进行扣除，只有在没有综合所得时才准予在经营所得中扣除。

注意： 同一扣除项目不允许分拆扣除，比如，基本生活减除费用6万元，不允许在综合所得之中扣除3万元，在经营所得之中扣除3万元，因为相关扣除项目原本就应在综合所得中扣除，为了让税收红利最大限度地惠及纳税人，在其没有综合所得时准予在经营所得之中扣除，因此严禁为了达到少缴税款而在两类所得中分拆扣除同一扣除项目。

接上案例，2020年度，投资者王亮无综合所得，按照当地政策规定，个人全年缴纳基本养老保险费14.4万元，基本医疗保险费3.6万元，失业保险费1.8万元，住房公积金21.6万元。

王亮的女儿正在上初中，儿子因未到3周岁，目前在某早教机构上课；其为家中独子，父母均已退休，父亲59周岁，母亲57周岁；王亮曾得了一场大病，全年共花费医疗费3万元，其中自费项目1.4万元，医保范围内项目1.6万元。在医保范围内的项目中，基金报销1.1万元，个人负担0.5万元。王亮曾经拥有两套住房，2020年3月将享受首套房利率的房屋卖出。

王亮购买某保险公司参照个人税收优惠型健康保险产品指引框架及示范条款开发的商业健康保险，全年缴纳保险费12 000元；购买税收递延型商业养老保险，全年缴纳保险费36 000元。

解析： 王亮按照规定缴纳的社会保险和公积金准予全额扣除。

关于专项附加扣除，王亮为女儿支付的教育费用符合抵扣条件，由于其儿子未满3周岁，不符合抵扣条件，因此其每月可抵扣子女教育1 000元；其父母虽然均已退休，但都未满60周岁，不符合抵扣赡养老人的相关要求；王亮虽然花费了3万元的医药费，但只有发生的与基本医保相关的医药费用支出，扣除医保报销后个人负担累计超过15 000元的部分才允许抵扣，而其医保范围内的项目个人负担额仅为0.5万元，未达到抵扣标准。王亮拥有一套享受首套房利率的房屋，可以每月抵扣1 000元的住房贷款利息，但由于该房屋于2020年3月被卖出，因此他从次月起便不得再享受该项扣除。

专项附加扣除总金额：1 000×12＋1 000×3＝15 000元。

购买符合条件的商业健康保险，每年最多抵扣 2 400 元；购买税收递延型商业养老保险，扣除限额按照不超过当年应税收入的 6% 和 12 000 元孰低办法确定，因为 $146.4 \times 6\% = 8.784$ 万元 $> 12\ 000$ 元，所以王亮 2020 年度可以扣除税收递延型商业养老保险 12 000 元。

第 60 行投资抵扣，主要针对的是享受创业投资税收优惠政策的有限合伙制创业投资企业个人合伙人和天使投资个人，由于相关政策较为复杂，将在第二章第四节进行详细介绍。

九、允许扣除的个人费用及其他扣除（41=42+43+48+55）	41	50.34万
（一）投资者减除费用	42	6万
（二）专项扣除（43=44+45+46+47）	43	41.4万
1.基本养老保险费	44	14.4万
2.基本医疗保险费	45	3.6万
3.失业保险费	46	1.8万
4.住房公积金	47	21.6万
（三）专项附加扣除（48=49+50+51+52+53+54）	48	1.5万
1.子女教育	49	1.2万
2.继续教育	50	0
3.大病医疗	51	0
4.住房贷款利息	52	0.3万
5.住房租金	53	0
6.赡养老人	54	0
（四）依法确定的其他扣除（55=56+57+58+59）	55	1.44万
1.商业健康保险	56	0.24万
2.税延养老保险	57	1.2万
3.	58	——
4.	59	——
十、投资抵扣	60	0
十一、准予扣除的个人捐赠支出	61	0
十二、应纳税所得额（62=38-39-41-60-61）或[62=（38-39）×40-41-60-61]	62	96.06万
十三、税率（%）	63	35%
十四、速算扣除数	64	65 500

续上表

十五、应纳税额（65=62×63-64）	65	27.071万
十六、减免税额（附报《个人所得税减免税事项报告表》）	66	0
十七、已缴税额	67	25.36万
十八、应补/退税额（68=65-66-67）	68	1.711万

个人所得税税率表
（经营所得适用）

级数	全年应纳税所得额	税率（%）	速算扣除数
1	不超过30 000元的部分	5	0
2	超过30 000元至90 000元的部分	10	1 500
3	超过90 000元至300 000元的部分	20	10 500
4	超过300 000元至500 000元的部分	30	40 500
5	超过500 000元的部分	35	65 500

（三）自行上门汇总申报

个体工商户、个人独资企业投资人、合伙企业个人合伙人、承包承租经营者个人以及其他从事生产、经营活动的个人在中国境内两处以上取得经营所得，办理合并计算个人所得税的年度汇总纳税申报时，需要向税务机关报送个人所得税经营所得纳税申报表（C表）。

由于经营所得实行超额累进税率，如果纳税人在两处以上取得经营所得，即便在各处均按时足额预缴了税款，但其两处以上的经营所得合并后也很可能存在纳税差异，一方面是因为合并后可能会适用高税率，另一方面是因为可能出现基本减除费用、专项扣除、专项附加扣除等重复扣除的情形。

案例： 2020年度，张大富在A市经营冬日商行（个体工商户）取得应纳税所得额33 250元，预缴个人所得税税款413.6元；他还是B市春天会计师事务所的合伙人，取得应纳税所得额89 568元，预缴了个人所得税税款652.5元；他还是C市个人独资企业秋分会计服务中心的投资人，取得应纳税所得额267 280元，预缴了个人所得税税款1 280元。张大富选择A市作为自己的个人所得税经营所得汇总地。

2020年度，张大富没有取得综合所得，现有一女儿在上初中，还有年过古稀的父亲，其为家中独子。张大富该年度共计缴纳基本养老保险75 384.96 元，基本医疗保险18 846.24 元，失业保险9 423.12 元，住房公积金113 077.44 元，没有其他扣除项目，也没有减免税事项。

需要特别注意的是，表第2行"应调整的个人费用及其他扣除"，应填写按规定需调整增加或者减少应纳税所得额的项目金额。调整减少应纳税所得额的，应用负数来表示，不过这种情形比较少见，而调整增加应纳税所得额的情形相对较为常见。

由于张大富的年度减除费用、专项扣除、专项附加扣除在两处预缴时均进行了扣除，因此需要进行调增。

个人所得税经营所得纳税申报表（C表）

税款所属期：2020年1月1日至2020年12月31日
纳税人姓名：张大富
纳税人识别号：□□□□□□□□□□□□□□□□□□（一般为身份证号）
金额单位：人民币元（列至角分）

被投资单位信息		单位名称		纳税人识别号（统一社会信用代码）	投资者应纳税所得额
	汇总地	冬日商行			33 250
	非汇总地	1	春天会计师事务所		89 568
		2	秋天会计服务中心		267 280
		3			
		4			
		5			

项　　目	行次	金额/比例
一、投资者应纳税所得额合计	1	390 098
二、应调整的个人费用及其他扣除（2=3+4+5+6）	2	312 731.76
（一）投资者减除费用	3	60 000
（二）专项扣除	4	216 731.76
（三）专项附加扣除	5	36 000
（四）依法确定的其他扣除	6	
三、应调整的其他项目	7	0
四、调整后应纳税所得额（8=1+2+7）	8	702 829.76
五、税率（%）	9	35

项 目	行次	金额/比例
六、速算扣除数	10	85 920
七、应纳税额（11=8×9-10）	11	160 070.42
八、减免税额（附报《个人所得税减免税事项报告表》）	12	0
九、已缴税额	13	2 346.1
十、应补/退税额（14=11-12-13）	14	157 724.32

谨声明：本表是根据国家税收法律法规及相关规定填报的，是真实的、可靠的、完整的

纳税人签字：
　　　　年　月　日

经办人： 经办人身份证件号码： 代理机构签章： 代理机构统一社会信用代码：	受理人： 受理税务机关（章）： 受理日期：　　年　月　日

六、经营所得网上申报

个体工商户、个人独资企业投资者和合伙企业自然人合伙人选择经营所得自行上门申报或邮寄申报，也可以自行通过自然人电子税务局（Web 端）进行申报，还可以委托所得来源单位通过自然人电子税务局（扣缴端）代为进行预缴纳税申报和年度汇缴申报。

注意：经营所得不存在代扣代缴，双方之间只是代为办理的关系，扣缴端不能进行经营所得汇总申报，只有 Web 端才能进行汇总申报。

自然人电子税务局分为税务局端、扣缴端、Web 端和 App 端，Web 端和 App 端均由纳税人自己使用，App 端也被称为手机 App"个人所得税"。Web 端和 App 端实现了数据实时同步和信息共享，目前综合所得年度汇算纳税人可通过 Web 端或 App 端进行申报，而经营所得目前主要通过扣缴端和 Web 端进行申报，虽然申报界面略有差异，但实质内容完全一致，为了节省篇幅，经营所得月度或季度预缴、年度汇缴以扣缴端为例，汇总申报以 Web 端为例。

打开自然人税务局（扣缴端），当单位类型为个体工商户、个人独资企业或合伙企业时，系统上方会显示生产经营申报通道。

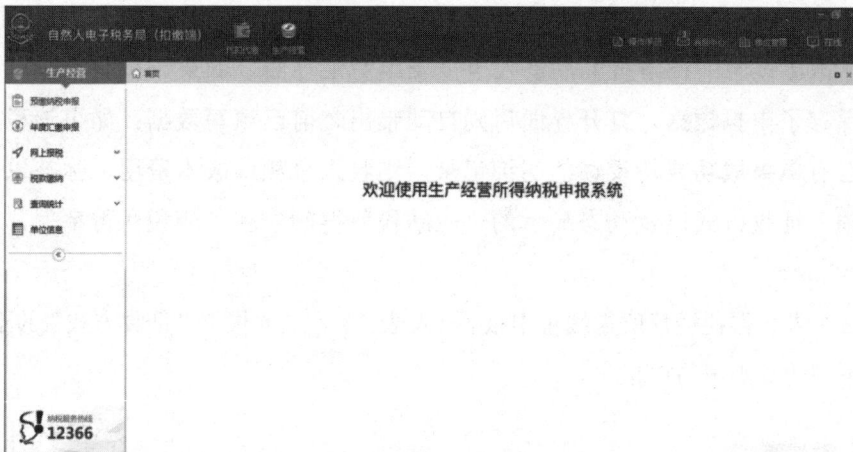

进入【生产经营】菜单时，系统会自动获取企业核定信息，包含企业类型、征收方式、投资者信息。也可点击【单位信息】→【征收方式】/【投资者信息】→【更新】，下载获取企业最新核定信息。

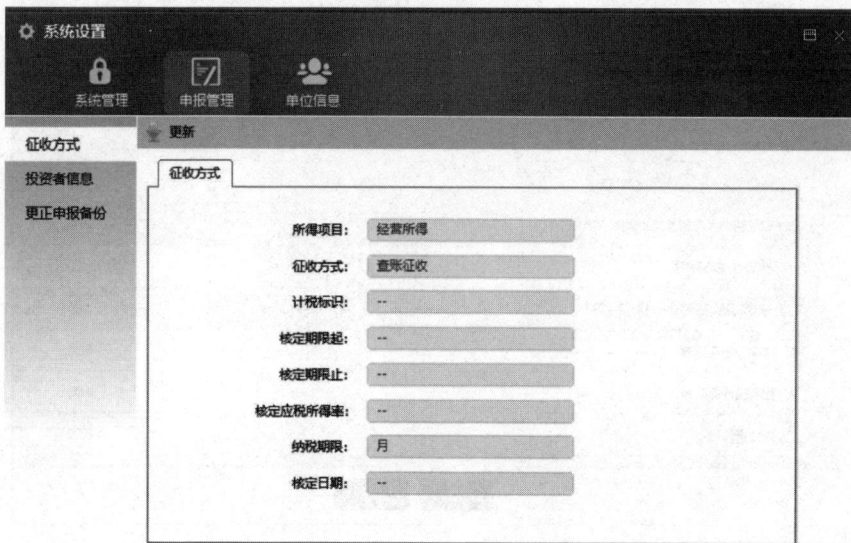

投资者需要在【代扣代缴】子系统的【人员信息采集】菜单下，有采集并报送成功过，否则系统将会自动提示。

请使用与提示信息中相同的姓名、证件类型和证件号码在【人员信息采集】中进行登记，如果无法登记，需前往办税服务厅通过【变更税务登记】更新投资者信息后，在客户端中重试。

（一）通过扣缴端进行经营所得个人所得税月（季）度申报

点击【预缴纳税申报】，进入申报表填写主界面。如果该税款所属期已填写并保存了申报数据，打开界面后则自动带出之前已填写数据；如果该税款所属期已有申报成功或待反馈的明细记录，则收入总额、成本费用、弥补以前年度亏损、征收方式以及动态显示的"应纳税所得额"和"应税所得率"，不允许修改。

《个人所得税经营所得纳税申报表（A表）》，主要根据"征收方式"的不同，按照不同的规则填写申报表。

预缴申报编辑界面   ×

姓名	蒙奇二	证照类型	中国护照	证照号码	ZGHZ07772
税款所属期	2020年01月01日 至 2020年01月31日	征收方式			据实预缴

项目	行次	金额（比例）
一、收入总额	1	0.00
二、成本费用	2	0.00
三、利润总额 (3=1-2)	3	0.00
四、弥补以前年度亏损	4	0.00
五、应税所得率（%）	5	0.00
六、合伙企业个人合伙人分配比例（%）	6	0.2788
七、允许扣除的个人费用及其他扣除 (7=8+9+14)	7	5000.00
（一）投资者减除费用	8	5000.00
（二）专项扣除 (9=10+11+12+13)	9	0.00
1、基本养老保险费	10	0.00
2、基本医疗保险费	11	0.00
3、失业保险费	12	0.00

确定   取消

【税款所属期】税款所属期起：如果当前时间为1月，则默认为去年1月1日与企业登记年月的1日孰大值；当前时间不为1月，则默认为当前系统年度1月1日与企业登记年月的1日孰大值。税款所属期止：默认为系统当前时间的上一月的最后一日。

【征收方式】根据下载的单位信息中征收方式自动带出。包括：查账征收（据实预缴、按上年应纳税所得额预缴）；核定应税所得率征收（能准确核算收入总额的、能准确核算成本费用的）；核定应纳税所得额征收；税务机关认可的其他方式（所得率、征收率）。

【收入总额】填写被投资单位本年度开始经营月起截至本期从事经营以及与经营有关的活动取得的货币形式和非货币形式的各项收入总金额。

征收方式为查账征收（据实预缴）、核定征收（能准确核算收入总额的）、税务机关认可的其他方式（所得率）或（征收率）可填写。

【成本费用】填写被投资单位本年度开始经营月起截至本期实际发生的成本、费用、税金、损失及其他支出的总额。

征收方式为查账征收（据实预缴）、核定征收（能准确核算成本费用的）可填写。

【利润总额】当收入总额和成本费用可录时，利润总额＝收入总额－成本费用，不可修改。征收方式为能准确核算成本费用的，利润总额置灰，不可修改。

【弥补以前年度亏损】填写企业可在税前弥补的以前年度尚未弥补的亏损额。仅征收方式为查账征收（据实预缴）时，弥补以前年度亏损可填写。

【被投资单位经营所得】征收方式为据实预缴时，被投资单位经营所得＝利润总额－弥补以前年度亏损。无特殊说明，不可修改。

征收方式为核定应税所得率征收（能准确核算收入总额的）及税务机关认可的其他方式（所得率）时，被投资单位经营所得＝收入总额×应税所得率（或所得率）。

征收方式为能准确核算成本费用的，被投资单位经营所得＝成本费用总额÷（1-应税所得率），不可改。

【应税所得率】征收方式为查账征收时，"应税所得率"不显示；征收方式为核定应税所得率征收（能准确核算收入总额的）或（能准确核算成本费用的）时由核定信息中获取，不允许修改，直接显示税务机关核定的数据。

征收方式为税务机关认可的其他方式（所得率）时，"应税所得率"数据项显示为"所得率"。税务机关认可的其他方式（征收率）时，"应税所得率"显示为"征收率"。

【分配比例】个人独资企业、个体工商户默认分配比例为100%，不可修改；合伙企业，根据投资者信息带出分配比例，可修改，但合计不能超过100%。

【投资者减除费用】征收方式为查账征收（据实预缴）、税务机关认可的其他方式（所得率）时，默认为（税款所属期止月份－税款所属期起月份＋1）×月度减除标准（默认是 5 000，西藏支持差异化配置）；其他征收方式时默认为 0，不可修改。

【基本养老保险】【基本医疗保险】【失业保险】【住房公积金】查账征收（据实预缴）时，默认为 0，可录入；其他征收方式，不可录入。

【商业健康险】填写按税法规定允许税前扣除的商业健康保险支出金额，扣除限额 2 400 元 / 年。实行核定应税所得率征收（能准确核算收入总额的、能准确核算成本费用的）、按税务机关认可的其他方式（所得率）的纳税人，在税款所属期止为 12 月时可录入，否则不可录入；其他征收方式，不可录入。企业注销时（状态为清算状态），也可减商业健康险。

【税延养老险】填写按税法规定允许税前扣除的税延商业养老保险支出金额，扣除限额为年度收入总额 × 分配比例的 6% 与 12 000 元之间的孰小值。非试点地区不可录入，试点地区实行核定应税所得率征收（能准确核算收入总额的、能准确核算成本费用的）、按税务机关认可的其他方式（所得率）的纳税人，在税款所属期止为 12 月时可录入，否则不可录入；其他征收方式的不可录入。企业注销时（状态为清算状态），也可减税延养老险。

【其他扣除】查账征收（据实预缴）时，默认为 0，可录入；其他征收方式，不可录入。

【准予扣除的捐赠额】查账征收（据实预缴）时，默认为 0，可录入；其他征收方式，不可录入。填写后，需要完善《捐赠扣除附表》。

【应纳税所得额】由计算公式计算而得，不可修改。

【税率】经营所得是 5 级超额累进税率，按应纳税所得额确定税率，不可修改。

【速算扣除数】按照税率对应速算扣除数默认带出，不可修改。

【应纳税额】应纳税额＝应纳税所得额 × 税率－速算扣除数，不可修改。

【减免税额】可填写，填写后需要完善《个人所得税减免事项报告表》。享受"减免税额"的需要补充减免信息；享受协定税率的，需要补充税收协定相关信息。

【已缴税额】自动带出，不可修改。

【应补 / 退税额】由计算公式计算而得，不可修改。

申报表填写无误后，点击【保存】，系统校验"投资者减除费用""专项扣除""依法确定的其他扣除"是否存在任意一项非0，如果有则弹出"有综合所得时，投资者减除费用、专项扣除、依法确定的其他扣除，只能在综合所得申报中扣除，是否继续申报？"提示框，可根据实际情况，点击【是】，保存报表，或者点击【否】，修改报表数据后，重新点击【保存】，确认保存时系统会对填写了商业健康保险、税延养老险和减免税额数据项的人员，进行对应的附表填写校验以及分配比例是否超过100%的校验。校验通过，则弹出"投资者预缴申报记录保存成功"提示框，点击【确定】即可。

（二）通过扣缴端进行经营所得个人所得税年度申报

《个人所得税经营所得纳税申报表（B表）》适用于查账征收的个体工商户业主、企事业单位承包承租经营者、个人独资企业投资者和合伙企业自然人合伙人在中国境内取得经营所得的个人所得税汇算清缴。

点击【年度汇缴申报】，进入申报表填写主界面。如果该税款所属期已有申报成功或待反馈的明细记录，则【收入、费用信息】不允许修改。

【税款所属期】税款所属期起：默认为系统当前年度上一年的1月1日。税款所属期止：默认为系统当前年度上一年的12月31日，不允许修改。

【企业类型】从"单位信息"中带出，不可修改。如果显示不正确，可重新至"单位信息"中更新，以获取最新信息。

【收入总额】填写本年度从事生产经营以及与生产经营有关的活动取得的货币形式和非货币形式的各项收入总金额。包括：销售货物收入、提供劳务收入、转让财产收入、利息收入、租金收入、接受捐赠收入、其他收入。

【国债利息收入】填写本年度已计入收入的因购买国债而取得的应予免税的利息。

【成本费用】填写本年度实际发生的成本、费用、税金、损失及其他支出的总额。

（1）"营业成本"：填写在生产经营活动中发生的销售成本、销货成本、业务支出以及其他耗费。

（2）"营业费用"：填写在销售商品和材料、提供劳务的过程中发生的各种费用。

（3）"管理费用"：填写为组织和管理企业生产经营发生的管理费用。

（4）"财务费用"：填写为筹集生产经营所需资金等发生的筹资费用。

（5）"税金"：填写在生产经营活动中发生的除个人所得税和允许抵扣的增值税以外的各项税金及其附加。

（6）"损失"：填写生产经营活动中发生的固定资产和存货的盘亏、毁损、报废损失，转让财产损失，坏账损失，自然灾害等不可抗力因素造成的损失以及其他损失。

（7）"其他支出"：填写除成本、费用、税金、损失外，生产经营活动中发生的与之有关的、合理的支出。

【利润总额】利润总额＝收入总额－国债利息收入－成本费用，不可修改。

【纳税调整增加额】根据相关行次计算填报。纳税调整增加额＝超过规定标准的扣除项目金额＋不允许扣除的项目金额，不可修改。

（1）"超过规定标准的扣除项目金额"：填写扣除的成本、费用和损失中，超过税法规定的扣除标准应予调增的应纳税所得额。

（2）"不允许扣除的项目金额"：填写按照规定不允许扣除但被投资单位已将其扣除的各项成本、费用和损失，应予调增应纳税所得额的部分。

【纳税调整减少额】填写在计算利润总额时已计入收入或未列入成本费用，但在计算应纳税所得额时应予扣除的项目金额。

【纳税调整后所得】根据相关行次计算填报。纳税调整后所得＝利润总额＋调整增加额－纳税调整减少额。

【弥补以前年度亏损】填写本年度可在税前弥补的以前年度亏损额。

【合伙企业个人合伙人分配比例】纳税人为合伙企业个人合伙人的，填写本栏；其他，则不填。分配比例按照合伙协议约定的比例填写；合伙协议未约定或不明确的，按照合伙人协商决定的比例填写；协商不成的，按照合伙人实缴出资比例填写；无法确定出资比例的，按照合伙人平均分配。

【允许扣除的个人费用及其他扣除】填写按税法规定可以税前扣除的各项费用、支出，包括如下内容。

（1）"投资者减除费用"：填写可在税前扣除的投资者本人减除费用6万元。如果本年度同时取得了综合所得并扣除了每月5 000元的减除费用，则此处不得重复减除。

（2）"专项扣除"：分别填写本年度按规定允许扣除的基本养老保险费、基本医疗保险费、失业保险费、住房公积金的合计金额。

（3）"专项附加扣除"：分别填写本年度纳税人按规定可享受的子女教育、继续教育、大病医疗、住房贷款利息或住房租金、赡养老人等专项附加扣除的合计金额。

（4）"依法确定的其他扣除"：分别填写按照规定允许扣除的商业健康保险、税延养老保险以及国务院规定其他可以扣除项目的合计金额。

【投资抵扣】填写按照税法规定的投资可以税前抵扣的金额。

【准予扣除的个人捐赠支出】填写本年度按照税法及相关法规、政策规定，可以在税前扣除的个人捐赠合计额。填写后，需要完善《捐赠扣除附表》。

【应纳税所得额】自动计算，不可修改。应纳税所得额＝（纳税调整后所得－弥补以前年度亏损）×合伙企业个人合伙人分配比例－允许扣除的个人费用及其他扣除－投资抵扣－准予扣除的个人捐赠支出。

【税率】经营所得5级超额累进税率，按照应纳税所得额确定税率，不可修改。

【速算扣除数】按照税率对应速算扣除数默认带出，不可修改。

【应纳税额】应纳税额＝应纳税所得额×税率－速算扣除数，不可修改。

【减免税额】可填写。填写后，需要完善《个人所得税减免事项报告表》。享受"减免税额"的需要补充减免信息；享受协定税率的，需要补充税收协定相关信息。

【已缴税额】填写本年度累计已预缴的经营所得个人所得税金额。

【应补/退税额】由公式计算而得，不可修改。

报表保存成功后，可进行申报表报送。

先后点击【网上报税】和【网上申报】，进入申报表报送界面，系统自动显示保存成功。未报送成功的报表，勾选报表记录后，点击【发送申报】，进行申报表报送，税务机关系统接收成功后，报表显示"申报处理中"状态。如果未能自动获取到申报反馈结果，可自行点击【获取反馈】，查看申报结果。如果申报失败，可根据反馈提示，修改申报表数据后，重新【发送申报】并【获取反馈】。

（三）通过扣缴端进行经营所得申报更正及作废

申报表报送成功后发现申报有误，可返回到申报菜单中进行修正。

申报成功未缴款时发现有误，可点击【启动更正】或【作废】，解锁报表状态后重新填写报送；申报成功并缴款成功后发现有误，可点击【启动更正】，启动更正后，对数据进行修改后更正申报，此时不能再进行作废处理。

启动更正后，如果发现申报数据无误，在未重新申报的前提下，可点击【撤销更正】，撤销更正。

1. 关于 A 表更正或作废的特殊事项

（1）同一纳税人、同一被投资单位、同一年度已进行经营所得（B 表）申报，则不允许更正或作废 A 表。

（2）A 表已申报信息中存在税款所属期止大于当前税款所属期止的申报记录，则属于后期已申报，存在后期已申报时，不允许更正或作废前期申报。

（3）被投资单位信息不可修改。

（4）如果点击了【立即缴费】并生成订单，在没有完成缴税或者订单未作废情况下，则不能进行更正。

2. 关于 B 表更正的特殊事项

（1）同一纳税人、同一被投资单位、同一年度已进行经营所得（C 表）申报，即 B 表的被投资单位在 C 表的被投资单位列表中存在，则不允许更正或作废 B 表。

（2）所得项目与被投资单位信息，不可修改。

（四）通过扣缴端进行经营所得申报缴款

申报表申报成功后，点击【税款缴纳】→【三方协议缴税】，界面下方显示欠税相关内容，包括投资人姓名、证照号码、税款所属期起止、申报表类型、应补（退）税额、个人三方协议账户等。

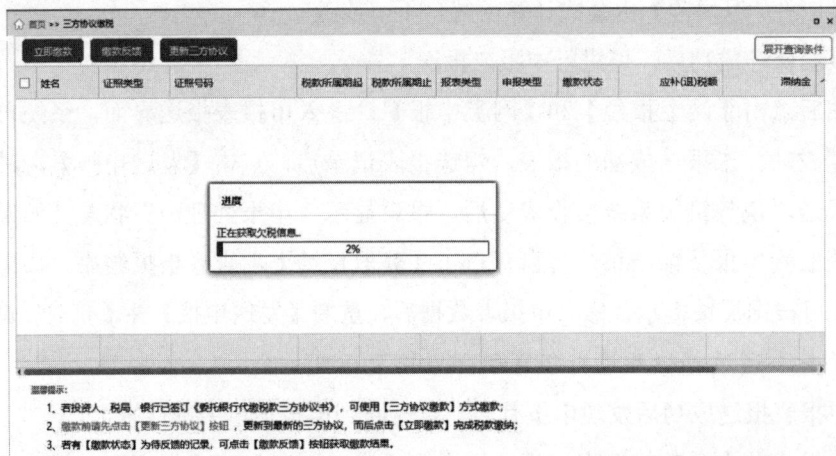

投资者只有一个三方协议账户时，默认为该账户，如果投资者存在多个三方协议账户，则在"三方协议账户"列中下拉选择需要使用的三方协议账户，选择

后点击【立即缴款】，完成缴款即可，如果缴款失败，会反馈失败提示。

注意：首次使用"三方协议"缴税或更新过三方协议账户的，先点击【更新三方协议】，获取最新协议信息，再进行缴款。如果有缴款状态为待反馈的记录，可点击【缴款反馈】，获取缴款结果。只针对本地申报成功且欠税的记录进行缴款，如果客户端重装，申报数据丢失，只能通过其他渠道缴款。

申报表申报成功后，点击【税款缴纳】→【银行端查询缴税】，界面下方显示欠税相关内容，包括投资人姓名、证照号码、税款所属期起止、申报表类型、应补（退）税额、滞纳金、缴款状态等。

选择投资人待缴税记录后，点击【打印】，携带打印出来的银行端查询缴税凭证，在凭证上注明的限缴期限前至商业银行柜台进行缴款，逾期作废，需要重新打印且可能产生滞纳金。如果需要重新打印，点击【作废】，作废成功后，状态变更为未打印，重新点击【打印】，携带最新银行端查询缴税凭证，至银行缴款。

申报表申报成功后，点击【税款缴纳】→【银联缴税】，进入银联缴款界面，页面按照姓名、证照类型、证照号码、税款所属期起止、报表类型、报表状态等待缴款信息显示。

勾选待缴款记录后，点击【立即缴款】，会弹出一个提示，点击确定后发起缴款请求，请求成功后，用浏览器打开银联缴款页面，同时在客户端银联缴税界面弹出对话框。

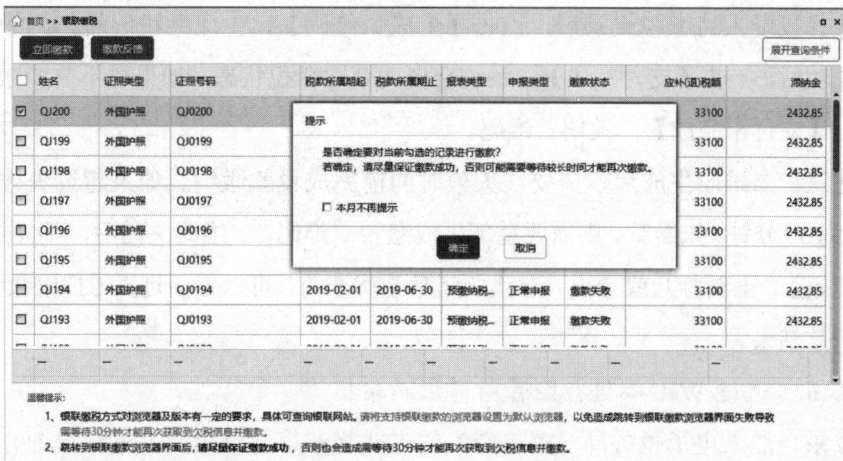

先在浏览器打开的银联缴款页面，录入该缴款银行卡办理时使用的姓名、证照号码和银行预留手机号等信息后，点击【确认付款】，缴款成功则会跳转至缴

款成功提示界面。

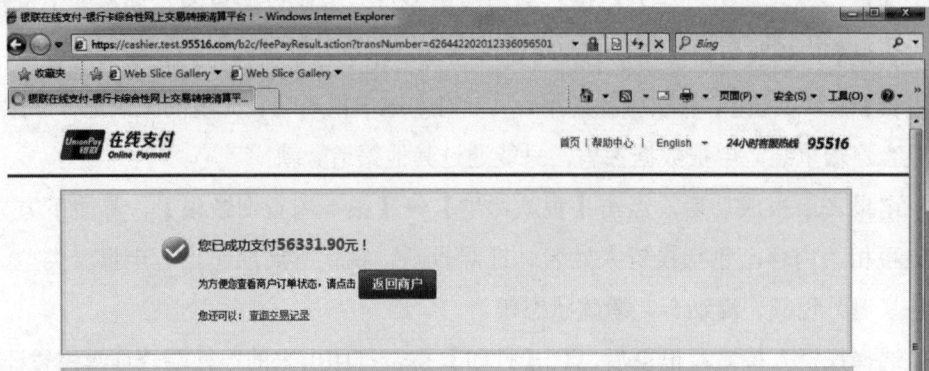

浏览器中完成缴款后，根据缴款结果，在客户端中点击【支付完成】或【支付未完成】（如果点击【支付完成】，客户端会检查缴款结果并在页面上显示）。

缴款结果在页面上显示后，点击【确定】即可。其他投资人若需缴款，按照以上步骤再次操作即可。

申报完成之后有欠税的，可以生成缴税二维码，纳税人可通过微信扫码缴税，目前仅在部分试点地区上线。

申报表申报成功后，点击【税款缴纳】→【扫码缴税】，界面下方显示欠税相关内容，包括投资人姓名、证照类型、证照号码、税款所属期起止、报表类型、申报类型、缴款状态、应补（退）税额、滞纳金、失效时间。

选择投资人待缴税记录后，点击【生成二维码】，生成缴税码后扫码缴税。缴税成功后，点击【支付完成】，系统会自动获取缴税状态；如果暂不需要缴税，可点击【支付未完成】，关闭二维码。

注意：二维码生成后，需要在失效时间前完成税款缴纳。如果超过失效时间（一般为30分钟）未缴款，则需要重新生成缴税二维码。二维码关闭后，可点击【生成二维码】，重新打开或导出。未获取到缴款状态的，可以重新进入【扫码缴税】，获取缴款结果。

（五）通过 Web 端进行经营所得汇总申报

登录自然人电子税务局（Web 端）的方式将在第九章第四节进行详细介绍，在此不再赘述。

点击【经营所得（C 表）】，选择对应需要申报的年份，本表自动获取税款所属期、被投资单位信息，汇缴地由纳税人从下拉菜单中自行选择。

确认申报信息，系统将根据历史申报数据，自动归集需要调增的数据，纳税人还可以额外补充需要调增的数据。其中，只有应调整的其他费用、可减免税额，可以在报表中直接修改，确认数据无误后点击提交，可在申报成功的页面立即缴款或查看申报记录。

【税款所属期】默认为所选申报年度的 1 ～ 12 月。

【汇总地】选择其中一处从事生产经营所在地。

【应纳税所得额】自动计算，不可修改。被投资单位应纳税所得额合计。

【应调整的个人费用及其他扣除】按规定需调整增加或者减少应纳税所得额的项目金额。

【应调整的其他费用】按规定应予调整的其他项目的合计金额。

【调整后应纳税所得额】应纳税所得额 + 应调整的个人费用及其他扣除 + 应调整的其他费用，不可修改。

【应纳税额】应纳税额＝调整后应纳税所得额 × 税率 − 速算扣除数，不可修改。

【可减免税额】可填写，减免税额≤应纳税额。

【已缴税额】填写本年度累计已预缴的经营所得个人所得税金额。

【应补（退）税额】由公式计算而得，不可修改。

● 第六节 利息、股息、红利所得

利息、股息、红利所得是指个人拥有债权、股权等而取得的利息、股息、红利所得，以每次收入额为应纳税所得额，适用税率为20%。

股息，即股票的利息，是指公司根据股东出资或者占股的比例，按照事先固定的比率向股东分配的公司盈余。红利则是指公司分派股息之后，按持股比例向股东分配的剩余利润。一般来说，股息是分配给优先股股东的股票收益；红利是股息分配完成以后，从公司剩余利润中分配给普通股股东的。一些公司也给普通股股东分配股息，但常常和红利一并结算，特别对于优先股而言，股息的利率是固定的，而红利的数额通常是不固定的，随着公司每年可分配盈余的多少而上下浮动。

一、国债和国家发行的金融债券利息所得

个人持有中华人民共和国财政部发行的债券而取得的国债利息，个人持有经国务院批准发行的金融债券而取得的国家发行的金融债券利息，免征个人所得税；持有其他中央部门或者地方政府及其部门批准发行的金融债券而取得的利息不享受免征政策，按照 20% 的利率缴纳个人所得税。

二、储蓄存款利息所得[①]

自 2008 年 10 月 9 日起，对储蓄存款利息所得暂免征收个人所得税。储蓄存款在 1999 年 10 月 31 日前孳生的利息所得，不征收个人所得税；储蓄存款在 1999 年 11 月 1 日至 2007 年 8 月 14 日孳生的利息所得，按照 20% 的比例税率征收个人所得税；储蓄存款在 2007 年 8 月 15 日至 2008 年 10 月 8 日孳生的利息所得，按照 5% 的比例税率征收个人所得税；储蓄存款在 2008 年 10 月 9 日后（含 10 月 9 日）孳生的利息所得，暂免征收个人所得税。

三、储蓄性专项基金或资金存款的利息所得[②]

按照国家或省级地方政府规定的比例缴付的住房公积金、医疗保险金、基本养老保险金、失业保险基金等专项基金或资金存入银行个人账户所取得的利息收入，免征个人所得税。

四、地方政府债券利息所得[③]

对企业和个人取得的 2012 年及以后年度发行的地方政府债券利息收入，免征企业所得税和个人所得税。上述地方政府债券是指经国务院批准同意，以省、自治区、直辖市、计划单列市政府为发行和偿还主体的债券。

五、铁路债券利息所得[④]

对个人投资者持有 2019 年至 2023 年发行的铁路债券取得的利息收入，减按 50% 计入应纳税所得额计算征收个人所得税。税款由兑付机构在向个人投资者兑付利息时代扣代缴。铁路债券特指以中国国家铁路集团有限公司为发行和偿还主体的债券，包括中国铁路建设债券、中期票据、短期融资券等债务融资工具。

---

① 详见《财政部　国家税务总局关于储蓄存款利息所得有关个人所得税政策的通知》（财税〔2008〕132号）

② 详见《财政部　国家税务总局关于住房公积金、医疗保险金、基本养老保险金、失业保险基金个人账户存款利息所得免征个人所得税的通知》（财税字〔1999〕267号）

③ 详见《财政部　国家税务总局关于地方政府债券利息免征所得税问题的通知》（财税〔2013〕5号）

④ 详见《财政部　国家税务总局关于铁路债券利息收入所得税政策的公告》（财政部税务总局公告2019年第57号）

为了平衡个人与单位利益，对企业投资者持有 2019 ～ 2023 年发行的铁路债券取得的利息收入，减半征收企业所得税。

六、证券交易结算资金利息所得 [①]

证券市场个人投资者在证券经纪商处开立证券交易结算资金账户并存入证券交易所需资金，上述资金孳生的利息按当期人民银行公布的活期利息计算。证券市场个人投资者取得的证券交易结算资金利息所得，暂免征收个人所得税。

七、上市公司的股息红利所得差别化缴税政策 [②]

个人因持有上市公司股票而取得股息红利在个人所得税上实行差别化缴税政策，上市公司仅指在上海证券交易所、深圳证券交易所挂牌交易的上市公司，不包括在境外上市的公司。

由于实行差别化个人所得税政策，因此上市公司股息红利缴税的关键因素便是持股期限，也就是指个人从公开发行和转让市场取得上市公司股票之日至转让交割该股票之日前一日的持有时间。

个人从公开发行和转让市场取得的上市公司股票的方式包括：

（1）通过证券交易所集中交易系统或大宗交易系统取得的股票；

（2）通过协议转让取得的股票；

（3）因司法扣划取得的股票；

（4）因依法继承或家庭财产分割取得的股票；

（5）通过收购取得的股票；

（6）权证行权取得的股票；

（7）使用可转换公司债券转换的股票；

（8）取得发行的股票、配股、股份股利及公积金转增股本；

（9）持有从代办股份转让系统转到主板市场（或中小板、创业板市场）的股票；

（10）上市公司合并，个人持有的被合并公司股票转换的合并后公司股票；

（11）上市公司分立，个人持有的被分立公司股票转换的分立后公司股票；

（12）其他从公开发行和转让市场取得的股票。

---

① 详见《财政部　国家税务总局关于证券市场个人投资者证券交易结算资金利息所得有关个人所得税政策的通知》（财税〔2008〕140号）

② 详见《财政部　国家税务总局证监会关于实施上市公司股息红利差别化个人所得税政策有关问题的通知》（财税〔2012〕85号）、《财政部　国家税务总局证监会关于上市公司股息红利差别化个人所得税政策有关问题的通知》（财税〔2015〕101号）

个人转让交割股票的方式包括：

（1）通过证券交易所集中交易系统或大宗交易系统转让股票；

（2）协议转让股票；

（3）持有的股票被司法扣划；

（4）因依法继承、捐赠或家庭财产分割让渡股票所有权；

（5）用股票接受要约收购；

（6）行使现金选择权将股票转让给提供现金选择权的第三方；

（7）用股票认购或申购交易型开放式指数基金（ETF）份额；

（8）其他具有转让实质的情形。

持股期限所指的年（月）是指自然年（月）。持股一年是指从上一年某月某日至本年同月同日的前一日连续持股；持股一个月是指从上月某日至本月同日的前一日连续持股。

案例：投资者孙静吉于2020年2月11日买入某公司A股，如果孙静吉于2020年3月12日卖出，则持有该股票的期限为1个月；如果于2020年3月12日以后卖出，则持有该股票的期限为1个月以上；如果于2021年3月12日卖出，则持有该股票的期限为1年；如果于2021年3月12日以后卖出，则认定持有该股票的期限为1年以上。

个人从公开发行和转让市场取得的上市公司股票，持股期限在1个月以内（含1个月）的，其股息红利所得全额计入应纳税所得额（实际税负20%）；持股期限在1个月以上至1年（含1年）的，暂减按50%计入应纳税所得额（实际税负10%）；持股期限超过1年的，股息红利所得，暂免征收个人所得税。上述所得统一适用20%的税率，计征个人所得税。

上市公司派发股息红利时，对个人持股1年以内（含1年）的，上市公司暂不扣缴个人所得税；待个人转让股票时，证券登记结算公司根据其持股期限计算应纳税额，由证券公司等股份托管机构从个人资金账户中扣收并划付证券登记结算公司，证券登记结算公司应于次月5个工作日内划付上市公司，上市公司在收到税款当月的法定申报期内向主管税务机关申报缴纳。

对个人持有的上市公司限售股①，解禁后取得的股息红利，也可以按照上述

---

① 指《关于个人转让上市公司限售股所得征收个人所得税有关问题的通知》（财税〔2009〕167号）和《财政部　国家税务总局　证监会关于个人转让上市公司限售股所得征收个人所得税有关问题的补充通知》（财税〔2010〕70号）规定的限售股

规定计算纳税，但持股时间自解禁日起计算；解禁前取得的股息红利继续暂减按50%计入应纳税所得额，适用20%的税率计征个人所得税。

证券投资基金从上市公司取得的股息红利所得，也按照上述规定计征个人所得税。

个人转让股票时，按照先进先出的原则计算持股期限，即证券账户中先取得的股票视为先转让。应纳税所得额以个人投资者证券账户为单位计算，持股数量以每日日终结算后个人投资者证券账户的持有记录为准，证券账户取得或转让的股份数为每日日终结算后的净增（减）股份数。

案例： 小张于2020年5月15日买入某上市公司股票8 000股，2021年4月3日又买入2 000股，2021年6月6日又买入5 000股，共持有该公司股票15 000股，2021年6月11日卖出其中的13 000股。按照先进先出的原则，视为依次卖出2020年5月15日买入的8 000股、2021年4月3日买入的2 000股和2021年6月6日买入的3 000股，其中8 000股的持股期限超过1年，2 000股的持股期限超过1个月且不足1年，3 000股的持股期限不足1个月。

八、全国中小企业股份转让系统挂牌公司的股息红利所得差别化缴税政策①

全国中小企业股份转让系统（简称新三板），是经国务院批准设立的全国性证券交易场所，组织安排非上市股份公司股份的公开转让；为非上市股份公司融资、并购等相关业务提供服务；为市场参与人提供信息、技术和培训服务；是加快我国多层次资本市场建设发展的重要举措；充分保护投资者及其他市场参与主体的合法权益，推动场外交易市场健康发展；促进民间投资和中小企业发展，有效服务实体经济。

全国中小企业股份转让系统挂牌公司在很多税收政策上与上市公司享有几乎相同的待遇。个人持有在全国中小企业股份转让系统公开转让的挂牌的非上市公众公司的股票所获得的股息红利的与从上市公司获得的股息红利同样实行差异化征税方式，所依据的就是持股期限，也就是个人取得挂牌公司股票之日至转让交割该股票之日前一日的持有时间，这其中有两个关键点分别是持有和转让交割。

---

① 《财政部　国家税务总局证监会关于继续实施全国中小企业股份转让系统挂牌公司股息红利差别化个人所得税政策的公告》（财政部公告2019年第78号）

持有挂牌公司的股票包括以下方式：

（1）在全国中小企业股份转让系统挂牌前取得的股票；

（2）通过全国中小企业股份转让系统转让取得的股票；

（3）因司法扣划取得的股票；

（4）因依法继承或家庭财产分割取得的股票；

（5）通过收购取得的股票；

（6）权证行权取得的股票；

（7）使用附认股权、可转换成股份条款的公司债券认购或者转换的股票；

（8）取得发行的股票、配股、股票股利及公积金转增股本；

（9）挂牌公司合并，个人持有的被合并公司股票转换的合并后公司股票；

（10）挂牌公司分立，个人持有的被分立公司股票转换的分立后公司股票；

（11）其他从全国中小企业股份转让系统取得的股票。

转让交割股票包括以下方式：

（1）通过全国中小企业股份转让系统转让股票；

（2）持有的股票被司法扣划；

（3）因依法继承、捐赠或家庭财产分割让渡股票所有权；

（4）用股票接受要约收购；

（5）行使现金选择权将股票转让给提供现金选择权的第三方；

（6）用股票认购或申购交易型开放式指数基金（ETF）份额；

（7）其他具有转让实质的情形。

个人转让股票时，按照先进先出的原则计算持股期限，即证券账户中先取得的股票视为先转让。

持股期限超过 1 年的，对股息红利所得暂免征收个人所得税。个人持有挂牌公司的股票，持股期限在 1 个月以内（含 1 个月）的，其股息红利所得全额计入应纳税所得额；持股期限在 1 个月以上至 1 年（含 1 年）的，其股息红利所得暂减按 50% 计入应纳税所得额；上述所得统一适用 20% 的税率，计征个人所得税。

挂牌公司派发股息红利时，对截至股权登记日个人持股 1 年以内（含 1 年）且尚未转让的，挂牌公司暂不扣缴个人所得税；待个人转让股票时，证券登记结算公司根据其持股期限计算应纳税额，由证券公司等股票托管机构从个人资金账户中扣收并划付证券登记结算公司，证券登记结算公司应于次月 5 个工作日内划付挂牌公司,挂牌公司在收到税款当月的法定申报期内向主管税务机关申报缴纳,并应办理全员全额扣缴申报。

应纳税所得额以个人投资者证券账户为单位计算,持股数量以每日日终结算后个人投资者证券账户的持有记录为准,证券账户取得或转让的股票数为每日日终结算后的净增(减)股票数。

对证券投资基金从挂牌公司取得的股息红利所得,计征个人所得税。

个人和证券投资基金从全国中小企业股份转让系统挂牌的原 STAQ、NET 系统挂牌公司,即"两网公司"以及全国中小企业股份转让系统挂牌的退市公司取得的股息红利所得,也按照上述规定计征个人所得税,但退市公司的限售股按照对个人持有的上市公司限售股,解禁后取得的股息红利,按照规定计算纳税,持股时间自解禁日起计算;解禁前取得的股息红利继续暂减按 50% 计入应纳税所得额,适用 20% 的税率计征个人所得税。

挂牌公司派发的股息红利与上市公司采用相同的差别化缴税政策,却有执行期限,也就是自 2019 年 7 月 1 日起至 2024 年 6 月 30 日止执行。挂牌公司、两网公司、退市公司派发股息红利,股权登记日在 2019 年 7 月 1 日至 2024 年 6 月 30 日的,股息红利所得按照此规定执行。2019 年 7 月 1 日之前个人投资者证券账户已持有的挂牌公司、两网公司、退市公司股票,其持股时间自取得之日起计算。

九、其他企业的股息红利

个人从除国内上市公司和全国中小企业股份转让系统挂牌公司之外的其他企业获得的股息红利收入全额,按照 20% 的税率缴纳个人所得税。

个体工商户与企业联营而分得的利润,按"利息、股息、红利所得"项目,征收个人所得税。

十、持有创新企业境内发行存托凭证的股息红利所得 [①]

创新企业境内发行存托凭证,即创新企业 CDR,是一种重要的金融衍生工具。注册地在境外、主要经营活动在境内的试点红筹企业按程序在境内资本市场发行存托凭证。存托凭证是指由存托人签发、以境外证券为基础,在中国境内发行、代表境外基础证券权益的证券。

存托凭证与股票虽然均属于权益性证券,却存在一定的差异:一是参与主体

---

① 详见《财政部　税务总局　证监会关于创新企业境内发行存托凭证试点阶段有关税收政策的公告》（财政部　税务总局　证监会公告2019年第52号）

增加了存托人和托管人，分别承担存托职能和托管职能；二是存托凭证的持有人尽管可以在实质上享受股票的分红、投票等基本权利，但因不是在册股东，不能直接行使股东权利，需要通过存托人代为行使。

自试点开始之日起，对个人投资者持有创新企业 CDR 取得的股息红利所得，3 年内参照上市公司实施股息红利差别化个人所得税政策，持股期限在 1 个月以内（含 1 个月）的，其股息红利所得全额计入应纳税所得额；持股期限在 1 个月以上至 1 年（含 1 年）的，暂减按 50% 计入应纳税所得额；持股期限超过 1 年的，股息红利所得暂免征收个人所得税。上述所得统一适用 20% 的税率，计征个人所得税。

由创新企业在其境内的存托机构代扣代缴税款，并向存托机构所在地税务机关办理全员全额明细申报。对于个人投资者取得的股息红利在境外已缴纳的税款，可按照《中华人民共和国个人所得税法》以及双边税收协定（安排）的相关规定，予以抵免。

十一、中小高新技术企业转增股本 [①]

注册在中国境内实行查账征收、经认定取得高新技术企业资格，且年销售额和资产总额均不超过 2 亿元、从业人数不超过 500 人的中小高新技术企业以未分配利润、盈余公积、资本公积向个人股东转增股本，应按照"利息、股息、红利所得"项目，适用 20% 税率征收个人所得税。

个人股东一次缴纳个人所得税确有困难，可根据实际情况自行制定分期缴税计划，在不超过 5 个（含）公历年度内分期缴纳，并将有关资料报主管税务机关备案。其他未上市，也未在全国中小企业股份转让系统挂牌的企业发生上述涉税业务，个人股东不允许分期缴纳。

不同类型公司转增股本个人所得税税负情况

企业类型	上市类型	规模情况	持股期限	2013年1月1日起	2015年9月8日起
高新技术企业	上市公司或挂牌公司	不区分类型	持有超过1年	暂减按25%计入应纳税所得额	暂免征收所得额
			持有1月至1年	暂减按50%计入应纳税所得额，适用20%税率	
			不超过1个月	全额计入应纳税所得额，适用20%税率	

---

① 详见《财政部 国家税务总局关于将国家自主创新示范区有关税收试点政策推广到全国范围实施的通知》（财税〔2015〕116号）、《国家税务总局关于股权奖励和转增股本个人所得税征管问题的公告》（国家税务总局公告2015年第80号）

续上表

企业类型	上市类型	规模情况	持股期限	2013年1月1日起	2015年9月8日起
高新技术企业	其他公司	中小型	2016年1月1日起，缴纳税款确有困难，在不超过5个公历年度内（含）分期缴纳，适用20%税率		
		大型	不可分期缴纳，适用20%税率		
非高新技术企业	上市公司或挂牌公司	不区分类型	持有超过1年	暂减按25%	暂免征
			持有1月至1年	暂减按50%计入应纳税所得额，适用20%税率	
			不超过1个月	全额计入应纳税所得额，适用20%税率	
	其他公司	不区分类型	不可分期缴纳，适用20%税率		

股东转让股权并取得现金收入，该现金收入应优先用于缴纳尚未缴清的税款。在股东转让该部分股权之前，企业依法宣告破产，股东进行相关权益处置后没有取得收益或收益小于初始投资额的，主管税务机关对其尚未缴纳的个人所得税，可不予追征。

如果中小高新技术企业上市或在全国中小企业股份转让系统挂牌，向个人股东转增股本，股东应纳的个人所得税，继续按照现行有关股息红利差别化个人所得税政策执行，不适用分期纳税政策。

办理转增股本分期缴税，企业应向主管税务机关报送高新技术企业认定证书、股东大会或董事会决议、《个人所得税分期缴纳备案表（转增股本）》、上年度及转增股本当月企业财务报表、转增股本有关情况说明等。高新技术企业认定证书、股东大会或董事会决议的原件，主管税务机关进行形式审核后退还企业，复印件及其他有关资料税务机关留存。

纳税人分期缴税期间需要变更原分期缴税计划的，应重新制定分期缴税计划，由企业向主管税务机关重新报送《个人所得税分期缴纳备案表》。

企业在填写《扣缴个人所得税报告表》时，应将纳税人取得股权奖励或转增股本情况单独填列，并在"备注"栏中注明"转增股本"字样。纳税人在分期缴税期间取得分红或转让股权的，企业应及时代扣股权奖励或转增股本尚未缴清的个人所得税，并于次月15日内向主管税务机关申报纳税。

十二、企业改组改制过程中个人取得的量化资产 [①]

根据国家有关规定，允许集体所有制企业在改制为股份合作制企业时可以将有

---

① 详见《国家税务总局关于企业改组改制过程中个人取得的量化资产征收个人所得税问题的通知》（国税发〔2000〕60号）

关资产量化给职工个人。对职工个人以股份形式取得的仅作为分红依据，不拥有所有权的企业量化资产，不征收个人所得税。对职工个人以股份形式取得的拥有所有权的企业量化资产，暂缓征收个人所得税；待个人将股份转让时，就其转让收入额，减除个人取得该股份时实际支付的费用支出和合理转让费用后的余额，按"财产转让所得"项目计征个人所得税。对职工个人以股份形式取得的企业量化资产参与企业分配而获得的股息、红利，应按"利息、股息、红利"项目计征个人所得税。

● 第七节　财产租赁所得

财产租赁所得是指个人出租不动产、机器设备、车船以及其他财产取得的所得。

一、财产租赁所得据实征收

按照规定[①]，个人出租财产取得的财产租赁收入采取据实征收方式计算应纳税所得额时，可凭有效、准确凭证，从其租金收入中依次减除。

（1）财产租赁过程中缴纳的税费，包括印花税、房产税、城建税、教育费附加、地方教育附加等。由于增值税是价外税，个人租赁财产的收入应换算为不含增值税收入，因此上述税费不包括出租过程中缴纳的增值税。如果是免征增值税，租金收入不应扣减增值税额。

（2）向出租方支付的租金，主要适用于转租情形。纳税人向财产出租方支付的租金及增值税额，凭财产租赁合同和合法支付凭据，允许在计算个人所得税时，从该项转租收入中予以扣除。

（3）由纳税人负担的租赁财产实际开支的修缮费用，以每次800元为限，一次扣除不完的，准予在下一次继续扣除，直至扣完为止。确定出租财产修缮费用时，纳税人提供的有关合法、有效凭证，包括完税凭证、套印税务机关发票监制章的发票以及经省级税务机关批准不套印发票监制章的专业发票和财政部门管理的行政性收费收据以及经财政部门、税务部门认可的其他凭证。发生修理费、建筑施工费、装修费等修缮费用的，纳税人必须提供有关合同、协议。

（4）税法规定的费用扣除标准。每次收入不超过4 000元的，减除费用800元；每次收入超过4 000元的，按照收入的20%减除费用。

---

① 详见《国家税务总局关于个人转租房屋取得收入征收个人所得税问题的通知》（国税函〔2009〕639号）、《国家税务总局关于个人所得税若干业务问题的批复国税函》（〔2002〕146号）

案例：我国居民王大花于2020年10～12月因出租商铺而取得租金收入189 000元。当月发生漏雨，修缮费用2 100元。10月王大花应缴纳多少元的个人所得税？

解析：平均每月租金 =189 000÷3=63 000元。

应缴纳增值税 =63 000÷（1+5%）×5%=3 000元。

应缴纳城建税及其附加 =3 000×（7%+3%+2%)=360元，减半征收后为180元。

应缴纳印花税 =60 000×0.1%=60元。

应缴纳房产税 =63 000÷（1+5%）×12%=7 200元。

漏雨，修缮费为2 100元，每月扣除额不超过800元，剩余金额在下月继续扣除。

应缴纳个人所得税税额：

[63 000÷（1+5%）－180－7 200－60－800]×（1－20%）×20%=8 281.6元。

二、财产租赁所得核定征收

个人不能提供合法、准确的成本费用凭证，不能准确计算财产租赁成本费用的，主管税务机关可按应税收入核定征收个人所得税财产租赁所得。

核定应纳税额的计算公式如下：**应纳税额 = 应税收入 × 核定征收率**。

各地核定征收率并不一致，一般为1.5%至2%不等。

三、特殊形式的财产租赁所得[①]

个人与单位签订协议，由个人出资购买相关仪器或设备交单位使用，取得的收入扣除有关费用后，剩余部分，双方按一定比例分成；相关仪器或设备使用达到一定年限后，产权归单位所有，但收入继续分成。

上述行为实际上是一种具有投资特征的融资租赁行为，个人取得的分成所得，应按照"财产租赁所得"项目征收个人所得税，具体计征办法为：自合同生效之日起至财产产权发生转移之日止，个人取得的分成所得可在上述年限内按月平均扣除设备投资后，就其余额按税法规定计征个人所得税；产权转移后，个人取得的全部分成收入应按税法规定计征个人所得税。税款由单位在向个人支付所得时代扣代缴。

---

① 详见《国家税务总局关于个人投资设备取得所得征收个人所得税问题的批复》（国税函〔2000〕540号）

案例： 张汉文购买一套医疗设备，总计投资60万元。张汉文将该医疗设备出租给民营医院华山医院，每月获得分成收入20 000元。双方约定租期为5年，租期期满后，该医疗设备的产权归华山医院所有，但每月仍需支付张汉文分成收入8 000元。

解析： 在5年租期内，60万元的设备投资额折算成每个月的成本，便是每月10 000元，准予从分成收入中扣除，张汉文每月应纳个人所得税税额为：

$$（20 000-10 000）×（1-20\%）×20\%=1 600 元。$$

租期期满后，张汉文每月应纳个人所得税税额为：

$$8 000×（1-20\%）×20\%=1 280 元。$$

需要注意的是，在计算财产租赁所得应纳税额时，需要区分是经营性租赁，还是融资性租赁。在会计上，按照实质重于形式的原则，华山医院虽然对于融资租入的医疗设备在名义上并不拥有所有权，但在实质上享受其带来的经济收益，因此可以作为自有固定资产计提折旧。在计算融资租赁收入应纳税额时，可以减去该医疗设备的投资额，而计算经营租赁收入应纳税额时，不允许减去该医疗设备的投资额。

● 第八节 财产转让所得

财产转让所得是指个人转让有价证券、股权、合伙企业中的财产份额、不动产、机器设备、车船以及其他财产取得的所得。

财产转让所得以转让财产的收入额减除财产原值和合理费用后的余额，为应纳税所得额，适用20%的税率。

转让房产和股票因较为复杂，将在第二章进行详细讲述。

一、非货币性资产投资 [①]

个人以非货币性资产进行对外投资，该非货币性资产的所有权发生了转移，视同转让了该非货币性资产的所有权，属于个人转让非货币性资产和投资同时发生。

---

① 详见《国家税务总局关于个人非货币性资产投资有关个人所得税征管问题的公告》（国家税务总局公告2015年第20号）、《财政部 国家税务总局关于个人非货币性资产投资有关个人所得税政策的通知》（财税〔2015〕41号）

非货币性资产是指现金、银行存款等货币性资产以外的资产，包括股权、不动产、技术发明成果以及其他形式的非货币性资产。以非货币性资产投资包括以非货币性资产出资设立新的企业以及以非货币性资产出资参与企业增资扩股、定向增发股票、股权置换、重组改制等投资行为。

个人以非货币性资产投资，应于非货币性资产转让、取得被投资企业股权时，确认非货币性资产转让收入的实现，应按照评估后的公允价值确认非货币性资产转让收入。纳税人非货币性资产投资应纳税所得额为非货币性资产转让收入减除该资产原值及合理税费后的余额，按照"财产转让所得"，适用20%税率进行缴纳。

非货币性资产原值为纳税人取得该项资产时实际发生的支出。纳税人无法提供完整、准确的非货币性资产原值凭证，不能正确计算非货币性资产原值的，主管税务机关可依法核定其非货币性资产原值。纳税人以股权投资的，该股权原值确认按照有关规定[①]执行。

合理税费是指纳税人在非货币性资产投资过程中发生的与资产转移相关的税金及合理费用。

纳税人对上述税款一次性缴税有困难的，可合理确定分期缴纳计划并报主管税务机关备案后，自发生上述应税行为之日起不超过5个公历年度内（含）分期缴纳个人所得税。

纳税人需要分期缴税，应于取得被投资企业股权之日的次月15日内，自行制定缴税计划并向主管税务机关报送《非货币性资产投资分期缴纳个人所得税备案表》、纳税人身份证明、投资协议、非货币性资产评估价格证明材料、能够证明非货币性资产原值及合理税费的相关资料。

以发生非货币性资产投资行为并取得被投资企业股权的个人为纳税人，由其向主管税务机关自行申报缴纳。纳税人以不动产投资，以不动产所在地税务机关为主管税务机关；纳税人以其持有的企业股权对外投资的，以该企业所在地税务机关为主管税务机关；纳税人以其他非货币资产投资的，以被投资企业所在地税务机关为主管税务机关。

纳税人分期缴税期间提出变更原分期缴税计划的，应重新制定分期缴税计划并向主管税务机关重新报送《非货币性资产投资分期缴纳个人所得税备案表》。

---

① 详见《股权转让所得个人所得税管理办法（试行）》（国家税务总局公告2014年第67号发布）

纳税人按分期缴税计划向主管税务机关办理纳税申报时，应提供已在主管税务机关备案的《非货币性资产投资分期缴纳个人所得税备案表》和本期之前各期已缴纳个人所得税的完税凭证。

纳税人在分期缴税期间转让股权的，应于转让股权之日的次月15日内向主管税务机关申报纳税。

被投资企业应将纳税人以非货币性资产投入本企业取得股权和分期缴税期间纳税人股权变动情况，分别于相关事项发生后15日内向主管税务机关报告。

二、个人取得拍卖收入[①]

个人拍卖除文字作品原稿及复印件之外的其他财产（包括字画、瓷器、玉器、珠宝、邮品、钱币、古籍、古董等物品），应以其转让收入额减除财产原值和合理费用后的余额为应纳税所得额，按照"财产转让所得"，适用20%税率缴纳个人所得税。

拍卖该项财产以最终拍卖成交价格为其转让收入额，计算应纳税所得额时，纳税人凭合法有效凭证（税务机关监制的正式发票、相关境外交易单据或海关报关单据、完税证明等），从其转让收入额中减除相应的财产原值、拍卖财产过程中缴纳的税金及有关合理费用。

拍卖财产过程中缴纳的税金是指在拍卖财产时纳税人实际缴纳的相关税金及附加。有关合理费用是指拍卖财产时纳税人按照规定实际支付的拍卖费（佣金）、鉴定费、评估费、图录费、证书费等费用。

财产原值是指售出方个人取得该拍卖品的价格（以合法有效凭证为准），具体如下：

（1）通过商店、画廊等途径购买的，为购买该拍卖品时实际支付的价款；

（2）通过拍卖行拍得的，为拍得该拍卖品实际支付的价款及交纳的相关税费；

（3）通过祖传收藏的，为其收藏该拍卖品而发生的费用；

（4）通过赠送取得的，为其受赠该拍卖品时发生的相关税费；

（5）通过其他形式取得的，参照以上原则确定财产原值。

纳税人如果不能提供合法、完整、准确的财产原值凭证，不能正确计算财产原值，按转让收入额的3%征收率计算缴纳个人所得税；拍卖品为经文物部门认

---

① 详见《国家税务总局关于加强和规范个人取得拍卖收入征收个人所得税有关问题的通知》（国税发〔2007〕38号）

定是海外回流文物，按转让收入额的 2% 征收率计算缴纳个人所得税。

纳税人的财产原值凭证内容填写不规范，或者一份财产原值凭证包括多件拍卖品且无法确认每件拍卖品一一对应原值的，不得将其作为扣除财产原值的计算依据，应视为不能提供合法、完整、准确的财产原值凭证，并按上述规定的征收率计算缴纳个人所得税。

纳税人能够提供合法、完整、准确的财产原值凭证，但不能提供有关税费凭证，不得按征收率计算纳税，应当就财产原值凭证上注明的金额据实扣除，并按照税法规定计算缴纳个人所得税。

个人财产拍卖所得应纳的个人所得税税款，由拍卖单位负责代扣代缴，并按规定向拍卖单位所在地主管税务机关办理纳税申报。

拍卖单位代扣代缴个人财产拍卖所得应纳的个人所得税税款时，应给纳税人开具完税凭证，并详细标明每件拍卖品的名称、拍卖成交价格、扣缴税款额。

三、开放式证券投资基金有关收入[①]

对个人投资者申购和赎回基金单位取得的差价收入，在对个人买卖股票的差价收入未恢复征收个人所得税以前，暂不征收个人所得税。目前，对转让流通股依旧暂免征收个人所得税，因此买卖开放式证券投资基金取得的差价收入，也暂不征收个人所得税。

为了实现增值，开放式证券投资基金要通过购买股票、债券、存款等获取投资收益，对于基金取得的股票的股息、红利收入，债券的利息收入、储蓄存款利息收入，由上市公司、发行债券的企业和银行等支付方在向基金支付上述收入时代扣代缴 20% 的个人所得税；基金再向投资者分配收入时，暂不征收个人所得税。

四、网络买卖虚拟货币[②]

个人通过网络收购玩家的虚拟货币，加价后向他人出售取得的收入，属于个人所得税应税所得，应按照"财产转让所得"项目计算缴纳个人所得税。

个人销售虚拟货币的财产原值为其收购网络虚拟货币所支付的价款和相关税

[①] 依据2016年8月18日发布的《财政部关于公布废止和失效的财政规章和规范性文件目录（第十二批）的决定》（财政部令第83号），《财政部 国家税务总局关于开放式证券投资基金有关税收问题的通知》（财税〔2002〕128号）全文废止，但随后发布的《财政部 国家税务总局关于继续有效的个人所得税优惠政策目录的公告》（财政部 税务总局公告2018年第177号），对上述法规标注为继续有效的个人所得税优惠政策，因此其他部分失效，个人所得税部分应该继续适用

[②] 详见《国家税务总局关于个人通过网络买卖虚拟货币取得收入征收个人所得税问题的批复》（国税函〔2008〕818号）

费。对于个人不能提供有关财产原值凭证的，由主管税务机关核定其财产原值。

应纳税所得额为出售价格减去虚拟财产的原值，适用税率为20%。

● 第九节 偶然所得

偶然所得，是指个人得奖、中奖、中彩以及其他偶然性质的所得，按照全额适用20%的税率缴纳个人所得税。

有些纳税人可能会有疑惑，偶然所得基本上都是偶然性的额外所得，理应适用高税率，为何其税率与很多所得项目一样依然是20%？这是因为偶然所得是全额计税，而其他项目要么可以减除原值，要么可以按照收入的20%计算减除费用，因此偶然所得的税负实际上高于其他所得。

一、奖金收入 ①

奖金分为两类，一类是中奖中彩奖金，比如，通过购买彩票、接受营销性质红包、取得有奖发票等途径获得的奖金，另一类是得奖奖金，即向在某一或某些领域做出突出贡献的特定人发放的奖金。

（一）中奖中彩奖金

目前，我国批准的彩票主要有两大类：一类是体育彩票，另一类是社会福利彩票。因为上述两类彩票资金的募集都是本着公益目的，为了鼓励百姓踊跃购买，均给予中彩者适当的税收优惠。

根据《财政部　国家税务总局关于个人取得体育彩票中奖所得征免个人所得税问题的通知》（财税字〔1998〕12号）规定，对个人购买体育彩票中奖收入凡一次中奖收入不超过1万元，暂免征收个人所得税；超过1万元的，应按税法规定全额征收个人所得税。

根据《国家税务总局关于社会福利有奖募捐发行收入税收问题的通知》（国税发〔1994〕127号）规定，对个人购买社会福利有奖募捐奖券一次中奖收入不超过10 000元的暂免征收个人所得税，对一次中奖收入超过10 000元的，应按税法规定全额征税。

除了中彩奖金之外，纳税人还可能获得中奖奖金，企业出于营销等目的设置

---

① 详见《财政部　国家税务总局关于继续有效的个人所得税优惠政策目录的公告》（财政部　税务总局公告2018年第177号）

若干奖项，中奖的纳税人一般应全额按照 20% 的税率缴纳税款，但个人取得有奖发票奖金可以享受一定的税收优惠。

根据《财政部 国家税务总局关于个人取得有奖发票奖金征免个人所得税问题的通知》（财税〔2007〕34 号）规定，个人取得单张有奖发票奖金所得不超过800 元（含 800 元），暂免征收个人所得税；个人取得单张有奖发票奖金所得超过 800 元，应按照个人所得税法规定的"偶然所得"项目征收个人所得税。

（二）得奖奖金

得奖奖金一般按照"偶然所得"，以全额适用 20% 的税率缴纳个人所得税。根据《个人所得税法》第四条第一款规定："下列各项个人所得，免征个人所得税：（一）省级人民政府、国务院部委和中国人民解放军军以上单位，以及外国组织、国际组织颁发的科学、教育、技术、文化、卫生、体育、环境保护等方面的奖金。"

根据上述规定，省部级或军级以上单位以及外国组织、国际组织颁发的奖金才准予免征个人所得税。为了鼓励广大人民群众见义勇为，维护社会治安，发给见义勇为者的奖金不受上述要求的限制。目前，仍继续执行的享受免税政策的奖金，包括以下 14 项。

（1）根据《国家税务总局关于曾宪梓教育基金会教师奖免征个人所得税的函》（国税函发〔1994〕376 号）规定，对个人获得曾宪梓教育基金会教师奖的奖金，可视为国务院部委颁发的教育方面的奖金，免予征收个人所得税。

（2）根据《财政部 国家税务总局关于发给见义勇为者的奖金免征个人所得税问题的通知》（财税字〔1995〕25 号）规定，对乡、镇（含乡、镇）以上人民政府或经县（含县）以上人民政府主管部门批准成立的有机构、有章程的见义勇为基金会或者类似组织，奖励见义勇为者的奖金或奖品，经主管税务机关核准，免予征收个人所得税。

（3）根据《财政部 国家税务总局关于国际青少年消除贫困奖免征个人所得税的通知》（财税字〔1997〕51 号）规定，考虑到"国际青少年消除贫困奖"是由联合国开发计划署和中国青少年发展基金会共同设立，旨在表彰奖励在与贫困作斗争中取得突出成绩的青少年，特对个人取得的"国际青少年消除贫困奖"，视同从国际组织取得的教育、文化方面的奖金，免予征收个人所得税。

（4）根据《国家税务总局关于"长江学者奖励计划"有关个人收入免征个人所得税的通知》（国税函〔1998〕632 号）规定，为了鼓励特聘教授积极履行岗位职责，带领本学科在其前沿领域赶超或保持国际先进水平，对特聘教授获得"长江学者成就奖"的奖金，可视为国务院部委颁发的教育方面的奖金，免予征收个人所得税。

（5）根据《国家税务总局关于"特聘教授奖金"免征个人所得税的通知》（国税函〔1999〕525号）规定，教育部与香港实业家李嘉诚先生及其领导的长江基建（集团）有限公司合作建立的"长江学者奖励计划"实施高等教育特聘教授岗位制度，对教育部颁发的"特聘教授奖金"，免予征收个人所得税。

（6）根据《国家税务总局关于"长江小小科学家"奖金免征个人所得税的通知》（国税函〔2000〕688号）规定，教育部和李嘉诚基金会主办、中国科协承办"长江小小科学家"活动，奖励全国（包括香港、澳门特别行政区）初中、高中、中等师范学校、中等专业学校、职业中学、技工学校的在校学生近年来完成的，并申报参加全国评选和展示的获奖优秀科技创新和科学研究项目，对学生个人参与"长江小小科学家"活动并获得的奖金，免予征收个人所得税。

（7）根据《国家税务总局关于个人取得"母亲河（波司登）奖"奖金所得免征个人所得税问题的批复》（国税函〔2003〕961号）规定，中国青年乡镇企业家协会是共青团中央直属的社会团体，其组织评选的"母亲河（波司登）奖"是经共青团中央、全国人大环资委、国家环保总局等九部门联合批准设立的环境保护方面的奖项，该奖项可以认定为国务院部委颁发的环境保护方面的奖金。个人取得的上述奖金收入，免予征收个人所得税。

（8）《国家税务总局关于陈嘉庚科学奖获奖个人取得的奖金收入免征个人所得税的通知》（国税函〔2006〕561号）规定，陈嘉庚基金会由中国科学院为业务主管部门，该基金会的主要职责是设立陈嘉庚科学奖，以奖励取得杰出科技成果的我国优秀科学家，促进中国科学技术事业的发展。对陈嘉庚科学奖获奖者个人取得的奖金收入，免予征收个人所得税。

（9）根据《国家税务总局关于刘东生青年科学家奖和刘东生地球科学奖学金获奖者奖金免征个人所得税的通知》（国税函〔2010〕74号）规定，对中国科学院严格按照刘东生地球科学基金章程及评奖办法评选出的"刘东生青年科学家奖""刘东生地球科学奖学金"的奖金收入，免予征收个人所得税。

（10）根据《关于全国职工职业技能大赛奖金免征个人所得税的通知》（国税函〔2010〕78号）规定，对中华全国总工会、科学技术部、人力资源和社会保障部严格按照规定评奖办法评选出的上述奖项奖金收入，一律按照个人所得税法的有关规定，直接免予征收个人所得税。

（11）根据《国家税务总局关于中华宝钢环境优秀奖奖金免征个人所得税问题的通知》（国税函〔2010〕130号）规定，对中华环境保护基金会严格按照中华环境奖评奖办法评选出的上述奖项奖金收入，免予征收个人所得税。

（12）根据《国家税务总局关于2011年度李四光地质科学奖奖金免征个人所得税的公告》（国家税务总局公告2011年第68号）的规定，对国土资源部和李四光地质科学奖基金会严格按照李四光地质科学奖章程和评奖办法评选出的上述奖项奖金收入，一律按照个人所得税法的有关规定，免予征收个人所得税。

（13）根据《国家税务总局关于第五届黄汲清青年地质科学技术奖奖金免征个人所得税问题的公告》（国家税务总局公告2012年第4号）的规定，对国土资源部和黄汲清青年地质科学技术奖基金管理委员会严格按照黄汲清青年地质科学技术奖基金章程、奖励条例和评奖办法评选出的上述奖项奖金收入，一律按照个人所得税法的有关规定，免予征收个人所得税。

（14）根据《国家税务总局关于"明天小小科学家"奖金免征个人所得税问题的公告》（国家税务总局公告2012年第28号）规定，对教育部、中国科学技术协会和香港周凯旋基金会依照"明天小小科学家"评奖办法评选出的"明天小小科学家"奖金收入，按照个人所得税法的有关规定，免予征收个人所得税。

二、个人为单位或他人提供担保获得报酬

个人为单位或他人提供担保获得报酬原本属于"其他所得"，此次改革后取消了"其他所得"，归入偶然所得。

偶然所得是全额计税，可是担保的收入虽然是确定事项，但支出是或有事项。比如，张大富为某皮包公司借款提供担保，皮包公司并未按期还款，那么债权人有权要求张大富代为偿还。按照现行政策，代偿支出是不允许从收入中进行抵扣的，因为代偿支出是可以向被担保人追偿的，但也有时会因无法追偿而造成损失。

三、企业向个人支付不竞争款项[①]

不竞争款项是指资产购买方企业与资产出售方企业自然人股东之间在资产购买交易中，通过签订保密和不竞争协议等方式，约定资产出售方企业自然人股东

① 详见《财政部　国家税务总局关于企业向个人支付不竞争款项征收个人所得税问题的批复》（财税〔2007〕102号）

在交易完成后一定期限内，承诺不从事有市场竞争的相关业务，并负有相关技术资料的保密义务，资产购买方企业则在约定期限内，按一定方式向资产出售方企业自然人股东所支付的款项。

鉴于资产购买方企业向个人支付的不竞争款项，属于个人因偶然因素取得的一次性所得，为此，资产出售方企业自然人股东取得的所得，应按"偶然所得"项目按照 20% 税率计算缴纳个人所得税，税款由资产购买方企业在向资产出售方企业自然人股东支付不竞争款项时代扣代缴。

四、企业促销展业赠送礼品[①]

企业在销售商品（产品）和提供服务过程中经常采用折扣折让、赠品、抽奖等营销手段，向个人赠送现金、消费券、物品、服务等礼品。对下列行为，不征收个人所得税。

（1）企业通过价格折扣、折让方式向个人销售商品（产品）和提供服务，或者赠送具有价格折扣或折让性质的消费券、代金券、抵用券、优惠券等礼品。

（2）企业在向个人销售商品（产品）和提供服务的同时给予赠品，比如，通信企业对个人购买手机赠话费、入网费，或者购话费赠手机等。

（3）企业对累积消费达到一定额度的个人，按消费积分反馈礼品。

上述三种行为均是针对消费者的某种营销手段，第一种方式是通过直接的或者变相的价格折扣、折让方式以某种相对优惠的价格，使得消费者可以购得商品和服务；第二种方式是在购买商品或服务时额外得到某种赠品；第三种方式是对长期消费客户以某种物质进行的奖励。

对于商家的上述三种行为，消费者看似额外获得了某种利益，其实都与其消费活动紧密相关，鉴于在消费过程中已经缴纳了相关税费，因此不宜再征收个人所得税。

对下列行为，要按照"偶然所得"全额，按照 20% 税率征收个人所得税。

（1）企业在业务宣传、广告等活动中，随机向本单位以外的个人赠送礼品（包括网络红包）。

网络红包是企业发放的具有中奖性质的网络红包，获奖个人应缴纳个人所得

---

① 详见《财政部　国家税务总局关于企业促销展业赠送礼品有关个人所得税问题的通知》（财税〔2011〕50号）和《财政部　税务总局关于个人取得有关收入适用个人所得税应税所得项目的公告》（财政部　税务总局公告2019年第74号）第三条

税，但具有销售折扣或折让性质的网络红包，不征收个人所得税。亲戚朋友之间互相赠送的礼品（包括网络红包），不在个人所得税征税范围之内。

（2）企业在年会、座谈会、庆典以及其他活动中向本单位以外的个人赠送礼品，个人取得的礼品收入，按照"偶然所得"征收个人所得税。

上述两种营销行为，针对的并非直接消费者，要么是可能的潜在消费者，要么是非特定公关对象，并没有进行消费而获取相应礼品。这些额外所得自然，应该缴纳个人所得税。

第三章 境内特殊所得的税收筹划

本章所述的特殊所得并非单独一类所得，仍属于国家所列的九种法定所得，只是由于其具有一定特殊性，因此才另辟出一章单独进行深入介绍，以便广大读者充分掌握其中的关键点。

● 第一节 非上市公司股权转让所得筹划 [①]

自然人股东，也就是个人投资者转让在中国境内成立的企业或组织（不包括个人独资企业和合伙企业）的股权或股份，按照"财产转让所得"缴纳个人所得税。

股份与股权犹如物与物权的关系，既有联系，又有所区别。股份代表在公司拥有的份额，而股权代表拥有相应份额所衍生出的相应权利，股票是股份公司发行的股权凭证并借以取得股息和红利的一种有价证券。

习惯上，有限责任公司一般称为转让股权，而股份有限公司一般称为转让股份，而在证券交易时，则说买卖股票。为了表述简单，税法中习惯性统称为"股权"。

一、股权转让方式

股权转让是指个人将股权转让给其他个人或法人的行为，包括以下方式。

（1）出售股权。

（2）公司回购股权。

（3）发行人首次公开发行新股时，被投资企业股东将其持有的股份以公开发行方式一并向投资者发售。

（4）股权被司法或行政机关强制过户。

---

① 详见《国家税务总局关于发布〈股权转让所得个人所得税管理办法（试行）〉的公告》（国家税务总局公告2014年第67号）

（5）以股权对外投资或进行其他非货币性交易。

（6）以股权抵偿债务。

（7）其他股权转移行为。

二、股权转让收入的确认

股权转让收入是指转让方因股权转让而获得的现金、实物、有价证券和其他形式的经济利益。转让方取得与股权转让相关的各种款项，包括违约金、补偿金以及其他名目的款项、资产、权益等，均应当并入股权转让收入。纳税人按照合同约定，在满足约定条件后取得的后续收入，应当作为股权转让收入。

转让的股权以人民币以外的货币结算的，按照结算当日人民币汇率中间价，折算成人民币计算应纳税所得额。

绝大多数股权转让收入是按照公平交易原则来确定，因此税务机关认可双方达成的股权协议，如果是出于逃避缴纳税款等目的而违背了公平交易原则，税务机关可以核定股权转让收入。

1. 核定股权转让收入的情形

出现以下情形，主管税务机关可以依据职权核定股权转让收入。

（1）申报的股权转让收入明显偏低且无正当理由的。

（2）未按照规定期限办理纳税申报，经税务机关责令限期申报，逾期仍不申报的。

（3）转让方无法提供或拒不提供股权转让收入的有关资料。

（4）其他应核定股权转让收入的情形。

上述四种情形之中，最常见的情形是第一种。税务机关认定股权转让收入明显偏低且有充足证据，有以下情形视为股权转让收入明显偏低。

（1）申报的股权转让收入低于股权对应的净资产份额的。其中，被投资企业拥有土地使用权、房屋、房地产企业未销售房产、知识产权、探矿权、采矿权、股权等资产的，申报的股权转让收入低于股权对应的净资产公允价值份额的。

（2）无正当理由，申报的股权转让收入低于初始投资成本或低于取得该股权所支付的价款及相关税费的。

（3）申报的股权转让收入低于相同或类似条件下同一企业同一股东或其他股东股权转让收入的。

（4）申报的股权转让收入低于相同或类似条件下同类行业的企业股权转让收入的。

（5）不具合理性的无偿让渡股权或股份。

（6）主管税务机关认定的其他情形。

针对税务机关对股权转让收入明显偏低的怀疑，纳税人可以进行申辩，有以下情形的，视为有正当理由。

（1）能出具有效文件，证明被投资企业因国家政策调整，生产经营受到重大影响，导致低价转让股权。

（2）继承或将股权转让给其能提供具有法律效力身份关系证明的配偶、父母、子女、祖父母、外祖父母、孙子女、外孙子女、兄弟姐妹以及对转让人承担直接抚养或者赡养义务的抚养人或者赡养人。

（3）相关法律、政府文件或企业章程规定，并有相关资料充分证明转让价格合理且真实的本企业员工持有的不能对外转让股权的内部转让。

（4）股权转让双方能够提供有效证据证明其合理性的其他合理情形。

如果纳税人申辩理由不成立，税务机关便依法对股权转让收入进行核定。

2. 核定股权转让收入的方法

主管税务机关应依次按照净资产核定法、类比法、其他合理方法来核定股权转让收入，不能随意颠倒顺序。

（1）净资产核定法

股权转让收入按照每股净资产或股权对应的净资产份额核定。

被投资企业的土地使用权、房屋、房地产企业未销售房产、知识产权、探矿权、采矿权、股权等资产占企业总资产比例超过20%的，主管税务机关可参照纳税人提供的具有法定资质的中介机构出具的资产评估报告核定股权转让收入。

6个月内再次发生股权转让且被投资企业净资产未发生重大变化的，主管税务机关可参照上一次股权转让时被投资企业的资产评估报告核定此次股权转让收入。

（2）类比法

参照相同或类似条件下同一企业同一股东或其他股东股权转让收入核定；参照相同或类似条件下同类行业企业股权转让收入核定。

（3）其他合理方法

主管税务机关采用以上方法核定股权转让收入存在困难的，可以采取其他合理方法核定。

三、股权原值的确认

个人转让股权的原值，依照以下方法确认。

（1）以现金出资方式取得的股权，按照实际支付的价款与取得股权直接相关的合理税费之和确认股权原值。

（2）以非货币性资产出资方式取得的股权，按照税务机关认可或核定的投资入股时非货币性资产价格与取得股权直接相关的合理税费之和确认股权原值。

（3）通过无偿让渡方式取得股权，即继承或将股权转让给其能提供具有法律效力身份关系证明的配偶、父母、子女、祖父母、外祖父母、孙子女、外孙子女、兄弟姐妹以及对转让人承担直接抚养或者赡养义务的抚养人或者赡养人，按照取得股权发生的合理税费与原持有人的股权原值之和确认股权原值。

（4）被投资企业以资本公积、盈余公积、未分配利润转增股本，个人股东已依法缴纳个人所得税的，以转增额和相关税费之和确认其新转增股本的股权原值。

（5）除以上情形外，由主管税务机关按照避免重复征收个人所得税的原则合理确认股权原值。

股权转让人已被主管税务机关核定股权转让收入并依法征收个人所得税的，该股权受让人的股权原值以取得股权时发生的合理税费与股权转让人被主管税务机关核定的股权转让收入之和确认。

个人转让股权未提供完整、准确的股权原值凭证，不能正确计算股权原值的，由主管税务机关核定其股权原值。

对个人多次取得同一被投资企业股权的，转让部分股权时，采用"加权平均法"，确定其股权原值。

个人转让股权以股权转让收入减除股权原值和合理费用后的余额为应纳税所得额，合理费用是指股权转让时按照规定支付的有关税费。

个人股权转让所得个人所得税，以股权转让方为纳税人，以受让方为扣缴义务人。扣缴义务人应于股权转让相关协议签订后 5 个工作日内，将股权转让的有关情况报告主管税务机关。

被投资企业应当详细记录股东持有本企业股权的相关成本，如实向税务机关提供与股权转让有关的信息，协助税务机关依法执行公务。

四、税款计算

个人转让股权，以股权转让收入减除股权原值和合理费用后的余额为应纳税所得额。合理费用是指股权转让时按照规定支付的有关税费。

五、征管要求

个人股权转让所得个人所得税，以股权转让方为纳税人，以受让方为扣缴义务人。扣缴义务人应于股权转让相关协议签订后5个工作日内，将股权转让的有关情况报告主管税务机关。

个人股权转让所得个人所得税以被投资企业所在地税务机关为主管税务机关。遇到下列情形之一的，扣缴义务人或者纳税人应当依法在次月15日内向主管税务机关申报纳税。

（1）受让方已支付或部分支付股权转让价款。

（2）股权转让协议已签订生效。

（3）受让方已经实际履行股东职责或者享受股东权益。

（4）国家有关部门判决、登记或公告生效。

（5）股权被司法或行政机关强制过户、以股权对外投资或进行其他非货币性交易、以股权抵偿债务或其他股权转移行为已经完成。

（6）税务机关认定的其他有证据表明股权已发生转移的情形。

无论是否需要缴纳个人所得税，股权转让方必须要按照上述时限进行纳税申报，申报时必须填报《个人股东股权转让信息表》或《个人所得税股权转让明细表》。

◉ 第二节　上市公司、挂牌公司股票或其他权益性证券转让所得的税收筹划

一、上市公司限售股转让所得[①]

为进一步完善股权分置改革后的相关制度，发挥税收对高收入者的调节作用，促进资本市场长期稳定健康发展，国家税务总局专门出台了财税〔2009〕167号文件，对个人转让上市公司限售流通股，即限售股，取得的所得征收个人所得税。限售股具体包括如下内容：

（1）上市公司股权分置改革完成后股票复牌日之前，股东所持原非流通股股份，以及股票复牌日至解禁日期间由上述股份孳生的送、转股，也就是"股改限售股"；

---

① 详见《财政部　国家税务总局　证监关于个人转让上市公司限售股所得征收个人所得税有关问题的通知》（财税〔2009〕167号）、《财政部　国家税务总局　证监会关于个人转让上市公司限售股所得征收个人所得税有关问题的补充通知》（财税〔2010〕70号）

（2）2006年股权分置改革新老划断后，首次公开发行股票并上市的公司形成的限售股，以及上市首日至解禁日期间由上述股份孳生的送、转股，也就是"新股限售股"。

自2010年1月1日起，对个人转让限售股取得的所得，按照"财产转让所得"，适用20%的税率征收个人所得税。

个人转让限售股以每次限售股转让收入，减除股票原值和合理税费后的余额，为应纳税所得额。即应纳税所得额＝限售股转让收入－限售股原值－合理税费。

应纳税额＝应纳税所得额×20%。

限售股转让收入是指转让限售股股票实际取得的收入。限售股原值是指限售股买入时的买入价及按照规定缴纳的合理税费，具体是指转让限售股过程中发生的印花税、佣金、过户费等与交易相关的税费。

如果纳税人未能提供完整、真实的限售股原值凭证，不能准确计算限售股原值，主管税务机关一律按照限售股转让收入的15%核定限售股原值及合理税费。

限售股转让所得以限售股持有者为纳税人，以个人股东开户的证券机构为扣缴义务人。限售股个人所得税由证券机构所在地主管税务机关负责征收管理。

限售股转让所得需要缴纳的个人所得税税款，采取证券机构预扣预缴、纳税人自行申报清算和证券机构直接扣缴相结合的方式征收。证券机构预扣预缴的税款，于次月7日内以纳税保证金形式向主管税务机关缴纳。主管税务机关在收取纳税保证金时，应向证券机构开具《纳税保证金收据》，并纳入专户存储。

根据证券机构技术和制度准备完成情况，对不同阶段形成的限售股，采取如下不同的征收管理办法。

1. 证券机构技术和制度准备完成前形成的限售股

证券机构按照股改限售股股改复牌日收盘价，或新股限售股上市首日收盘价计算转让收入，按照计算出的转让收入的15%确定限售股原值和合理税费，以转让收入减去原值和合理税费后的余额，适用20%的税率，计算预扣预缴个人所得税额。

纳税人按照实际转让收入与实际成本计算出的应纳税额，与证券机构预扣预缴税额有差异的，纳税人应自证券机构代扣并解缴税款的次月1日起3个月内，持加盖证券机构印章的交易记录和相关完整、真实凭证，向主管税务机关提出清算申报并办理清算事宜。主管税务机关审核确认后，按照重新计算的应纳税额，办理退（补）税手续。纳税人在规定期限内未到主管税务机关办理清算事宜的，税务机关不再办理清算事宜，已预扣预缴的税款从纳税保证金账户全额缴入国库。

2. 证券机构技术和制度准备完成后新上市公司的限售股[①]

自 2012 年 3 月 1 日起，网上发行资金申购日在 2012 年 3 月 1 日（含）之后的首次公开发行上市公司，按照证券登记结算公司业务规定做好各项资料准备工作，在向证券登记结算公司申请办理股份初始登记时一并申报由个人限售股股东提供的有关限售股成本原值详细资料，以及会计师事务所或税务师事务所对该资料出具的鉴证报告。限售股成本原值是指限售股买入时的买入价及按照规定缴纳的有关税费。

每位持有限售股的个人股东应仅申报一个成本原值。个人取得的限售股如果有不同成本，应对所持限售股以每次取得股份数量为权重进行成本加权平均，以计算出每股的成本原值，即分次取得限售股的加权平均成本＝（第一次取得限售股的每股成本原值 × 第一次取得限售股的股份数量 +……+ 第 n 次取得限售股的每股成本原值 × 第 n 次取得限售股的股份数量）÷ 累计取得限售股的股份数量。

证券登记结算公司收到上述相关资料后，应及时将有关成本原值数据植入证券结算系统。个人转让新上市公司限售股，证券登记结算公司应根据实际转让收入和植入证券结算系统的标的限售股成本原值，以实际转让收入减去成本原值和合理税费后的余额，适用 20% 税率，直接计算缴纳个人所得税额。

纳税人同时持有限售股及该股流通股，其股票转让所得，按照限售股优先原则，即转让股票视同为先转让限售股，按规定计算缴纳个人所得税。

后来，财政部、国家税务总局、证监会又联合下发了《关于个人转让上市公司限售股所得征收个人所得税有关问题的补充通知》（财税〔2010〕70 号）。该文件在财税〔2009〕167 号文的基础上，又增加了以下七类限售股情形。

（1）财税〔2009〕167 号文件规定的限售股。

（2）个人从机构或其他个人受让的未解禁限售股。

（3）个人因依法继承或家庭财产依法分割取得的限售股。

（4）个人持有的从代办股份转让系统转到主板市场（或中小板、创业板市场）

[①] 详见《财政部　国家税务总局关于证券机构技术和制度准备完成后个人转让上市公司限售股有关个人所得税问题的通知》（财税〔2011〕108号）

的限售股。

（5）上市公司吸收合并中，个人持有的原被合并方公司限售股所转换的合并方公司股份。

（6）上市公司分立中，个人持有的被分立方公司限售股所转换的分立后公司股份。

（7）其他限售股。

个人转让限售股或发生具有转让限售股实质的其他交易，取得现金、实物、有价证券和其他形式的经济利益均应缴纳税款。限售股在解禁前被多次转让的，转让方对每一次转让所得均应按照规定缴纳个人所得税。

对具有下列情形的，也应按照规定征收个人所得税。

（1）个人通过证券交易所集中交易系统或大宗交易系统转让限售股。

（2）个人用限售股认购或申购交易型开放式指数基金（ETF）份额。

（3）个人用限售股接受要约收购。

（4）个人行使现金选择权，将限售股转让给提供现金选择权的第三方。

（5）个人协议转让限售股。

（6）个人持有的限售股被司法扣划。

（7）个人因依法继承或家庭财产分割让渡限售股所有权。

（8）个人用限售股偿还上市公司股权分置改革中由大股东代其向流通股股东支付的对价。

（9）其他具有转让实质的情形。

个人发生上述 1 ～ 4 项情形并由证券机构扣缴税款，纳税人申报清算时，实际转让收入按照下列原则计算。

（1）个人通过证券交易所集中交易系统或大宗交易系统转让限售股的转让收入以转让当日该股份实际转让价格计算。证券公司在扣缴税款时，佣金支出统一按照证券主管部门规定的行业最高佣金费率计算。

（2）个人用限售股认购或申购交易型开放式指数基金（ETF）份额的转让收入，通过认购 ETF 份额方式转让限售股的，以股份过户日的前一交易日该股份收盘价计算，通过申购 ETF 份额方式转让限售股的，以申购日的前一交易日该股份收盘价计算。

（3）个人用限售股接受要约收购的转让收入，以要约收购的价格计算。

（4）个人行使现金选择权将限售股转让给提供现金选择权的第三方的转让收入，以实际行权价格计算。

个人发生上述 5 ～ 8 项情形，需向主管税务机关申报纳税，转让收入按照下列原则计算。

（1）个人协议转让限售股的转让收入按照实际转让收入计算，转让价格明显偏低且无正当理由的，主管税务机关可以依据协议签订日的前一交易日该股收盘价或其他合理方式核定其转让收入。

（2）个人持有的限售股被司法扣划的转让收入以司法执行日的前一交易日该股收盘价计算。

（3）个人因依法继承或家庭财产分割让渡限售股所有权、个人用限售股偿还上市公司股权分置改革中由大股东代其向流通股股东支付的对价的转让收入以转让方取得该股时支付的成本计算。

个人转让因协议受让、司法扣划等情形取得未解禁限售股的，成本按照主管税务机关认可的协议受让价格、司法扣划价格核定，无法提供相关资料的，按照计算出的转让收入的 15% 确定限售股原值和合理税费，以转让收入减去原值和合理税费后的余额，适用 20% 税率，计算预扣预缴个人所得税额。

个人转让因依法继承或家庭财产依法分割取得的限售股的成本，按照该限售股前一持有人取得该股时实际成本及税费计算。

在证券机构技术和制度准备完成后形成的限售股，自股票上市首日至解禁日期间发生送、转、缩股的，证券登记结算公司应依据送、转、缩股比例对限售股成本原值进行调整；而对于其他权益分派的情形（如现金分红、配股等），不对限售股的成本原值进行调整。

因个人持有限售股中存在部分限售股成本原值不明确，导致无法准确计算全部限售股成本原值的，证券登记结算公司一律以实际转让收入的 15％作为限售股成本原值和合理税费。

限售股在解禁前被多次转让的，转让方对每一次转让所得均应按规定缴纳个人所得税，个人通过证券交易所集中交易系统或大宗交易系统转让限售股、个人用限售股认购或申购交易型开放式指数基金（ETF）份额等方式均属于纳税的范围，从而将一度猖獗的常用避税模式彻底堵死。

二、上市公司流通股转让所得 [①]

为了配合企业改制，促进股票市场的稳健发展，从 1997 年 1 月 1 日起，对个人转让上市公司股票取得的所得，继续暂免征收个人所得税。

对内地个人投资者通过沪港通、深港通投资香港联交所上市股票取得的转让差价所得和通过基金互认买卖香港基金份额取得的转让差价所得，自 2019 年 12 月 5 日起至 2022 年 12 月 31 日止，继续暂免征收个人所得税。除此之外，个人转让其他境外上市公司股票按照"财产转让所得"，适用 20% 的税率，缴纳个人所得税。

三、转让全国中小企业股份转让系统挂牌公司股票 [②]

从 2018 年 11 月 1 日（含）开始，对个人转让新三板挂牌公司非原始股取得的所得，暂免征收个人所得税。非原始股是指个人在新三板挂牌公司挂牌后取得的股票以及由上述股票孳生的送、转股。

对个人转让新三板挂牌公司原始股取得的所得，按照"财产转让所得"，适用 20% 的税率，征收个人所得税。原始股是指个人在新三板挂牌公司挂牌前取得的股票，以及在该公司挂牌前和挂牌后由上述股票孳生的送、转股。

中国证券登记结算公司在登记结算系统内明确区分新三板原始股和非原始股，从而适用不同税款征收办法。

2019 年 9 月 1 日之前，个人转让新三板挂牌公司原始股的个人所得税，以股票受让方为扣缴义务人，由被投资企业所在地税务机关负责征收管理。

自 2019 年 9 月 1 日（含）起，个人转让新三板挂牌公司原始股的个人所得税，以股票托管的证券机构为扣缴义务人，由股票托管的证券机构所在地主管税务机关负责征收管理。

四、转让创新企业境内发行存托凭证所得 [③]

自试点开始之日起，个人投资者转让创新企业 CDR 取得的差价所得，三年（即 36 个月）内暂免征收个人所得税。

[①] 详见《关于个人转让股票所得继续暂免征收个人所得税的通知》（财税字〔1998〕61 号）、《财政部　税务总局　证监会关于继续执行沪港、深港股票市场交易互联互通机制和内地与香港基金互认有关个人所得税政策的公告》（财政部　税务总局　证监会公告 2019 年第 93 号）
[②] 详见《财政部　税务总局　证监会关于个人转让全国中小企业股份转让系统挂牌公司股票有关个人所得税政策的通知》（财税〔2018〕137 号）
[③] 《财政部　税务总局　证监会关于创新企业境内发行存托凭证试点阶段有关税收政策的公告》（财政部　税务总局　证监会公告 2019 年第 52 号）

五、境内转让技术成果投资入股取得的股票（权）

纳税人将技术成果所有权让渡给被投资企业、取得该企业股票（权）的行为属于技术成果投资入股。技术成果是指专利技术（含国防专利）、计算机软件著作权、集成电路布图设计专有权、植物新品种权、生物医药新品种以及科技部、财政部、国家税务总局确定的其他技术成果。

个人以技术成果投资入股到境内居民企业，被投资企业支付的对价全部为股票（权），这时技术成果的所有权完成了转移，应该按照财产转让所得征税。同时为了鼓励技术创新，个人可选择继续按现行税收政策执行，也可选择适用递延纳税优惠政策。不论个人选择适用哪一项政策，均允许被投资企业按技术成果投资入股时的评估值入账并在企业所得税前摊销扣除。

选择技术成果投资入股递延纳税政策，经向主管税务机关备案，投资入股当期可暂不纳税，允许递延至转让股权时，按股权转让收入减去技术成果原值和合理税费后的差额，计算缴纳所得税。

个人转让股权时，视同享受递延纳税优惠政策的股权优先转让。递延纳税的股权成本按照加权平均法计算，不与其他方式取得的股权成本合并计算。

持有递延纳税的股权期间，因该股权产生的转增股本收入以及以该递延纳税的股权再进行非货币性资产投资的，应在当期缴纳税款。取得技术成果的企业为个人所得税扣缴义务人。递延纳税期间，扣缴义务人应在每个纳税年度终了后向主管税务机关报告递延纳税有关情况，而工商登记部门已经与税务部门建立股权变动信息共享机制，成为支持递延纳税机制的有力信息支撑。

◉ 第三节　股权激励所得的税收筹划

一、上市公司员工股票期权税收筹划 [①]

（一）上市公司的界定 [②]

本节一至四部分的适用范围为上市公司（含所属分支机构）和上市公司控股

[①] 详见《财政部　国家税务总局关于个人股票期权所得征收个人所得税问题的通知》（财税〔2005〕35号）、《国家税务总局关于个人股票期权所得缴纳个人所得税有关问题的补充通知》（国税函〔2006〕902号）

[②] 详见《国家税务总局关于股权激励有关个人所得税问题的通知》（国税函〔2009〕461号）、《国家税务总局关于个人所得税有关问题的公告》（国家税务总局公告2011年第27号）

企业的员工，其中上市公司占控股企业股份比例最低为30%。

案例： 上市甲公司持有非上市乙公司52%的股份，乙公司持有非上市丙公司32%的股份，丙公司持有非上市丁公司36%的股份。哪家公司员工可以适用上市公司股权激励的相关税收政策？

解析： 甲公司为上市公司，该公司员工自然可以享受相关税收政策。

乙公司为上市公司一级子公司，持股比例超过30%，该公司员工也可以享受相关税收政策。

丙公司为上市公司甲公司的间接持股公司，甲公司对乙公司的持股比例超过50%，根据规定可以按照100%计算，因此甲公司对丙公司的间接持股比例为：100%×32%=32%，超过30%，该公司员工也可以享受相关税收政策。

丁公司为上市公司甲公司的间接持股三级子公司。原本规定间接控股限于上市公司的二级子公司，但《国家税务总局关于个人所得税有关问题的公告》（国家税务总局公告2011年第27号）取消了相关限制，但持股比例必须不得低于30%。

乙公司对丙公司的持股比例未超过50%，只得据实计算，因此甲公司对丁公司的间接持股比例为：100%×32%×36%=11.52%，未达到最低持股要求，该公司员工不得享受相关税收政策。

注意： 除了上述不符合要求的上市公司直接或者间接持股的子公司的员工外，上市公司的法人股东的员工也不在适用范围之内。公司上市之前设立股权激励计划，待公司上市后取得的股权激励所得以及上市公司未按照《国家税务总局关于股权激励有关个人所得税问题的通知》第六条规定向其主管税务机关报备有关资料，也不得适用相关政策。

非上市公司员工取得的股权激励所得，见本节第六部分的相关规定。

（二）股票期权所得的性质确认

员工股票期权是指上市公司按照规定的程序授予本公司及其控股企业员工的权利，允许被授权员工在未来时间内以某一特定价格购买本公司一定数量的股票。股票期权是上市公司给予企业高级管理人员和技术骨干在一定期限内以一种事先约定的价格购买公司普通股的权利，是一种不同于职工股的崭新激励机制，它能有效地把个人与企业利益很好地结合起来。

"某一特定价格"，也被称为"授予价"或"施权价"，即根据股票期权计划可以购买股票的价格，一般为股票期权授予日的市场价格或该价格的折扣价格，也可以按照事先设定的计算方法约定的价格。

"授予日"，也称"授权日"，是指公司授予员工上述权利的日期。

"行权"，也称"执行"，是指员工根据股票期权计划选择购买股票的过程；员工行使上述权利的当日为"行权日"，也称"购买日"。

员工股票期权是一种常见的股权激励方式，激励对象可以包括上市公司的董事、监事、高级管理人员、核心技术（业务）人员，以及公司认为应当激励的其他员工，但不应当包括独立董事。按照规定 [①]，下列人员不得成为激励对象。

（1）最近 3 年内被证券交易所公开谴责或宣布为不适当人选。

（2）最近 3 年内因重大违法违规行为被中国证监会予以行政处罚的人员。

（3）具有《公司法》规定的不得担任公司董事、监事、高级管理的人员。

股权激励计划经董事会审议通过后，上市公司监事会应当对激励对象名单予以核实，并将核实情况在股东大会上予以说明。

被激励的员工在未来时间内以某一特定价格所购买的本公司股票，可以是向激励对象发行的股份，也可以回购本公司股份，也可以采取法律、行政法规允许的其他方式。上市公司全部有效的股权激励计划所涉及的标的股票总数累计不得超过公司股本总额的 10%。

（三）股票期权所得的税款计算

员工接受实施股票期权计划企业授予的股票期权时，除另有规定外，一般不作为应税所得征税，因为这只是一种权利而并非是实际利益。

员工行权时，其从企业取得股票的实际购买价（施权价）低于购买日公平市场价（即该股票当日的收盘价）的差额，是因员工在企业的表现和业绩情况而取得的与任职、受雇有关的所得，应按"工资、薪金所得"适用的规定，计算缴纳个人所得税。

因特殊情况，员工在行权日之前将股票期权转让，以股票期权的转让净收入，按照"工资、薪金所得"征收个人所得税。如果员工是免费取得，转让净收入就

---

① 详见《中国证监会关于发布〈上市公司股权激励管理办法〉（试行）的通知》（证监公司字〔2005〕151号）

是股票期权转让收入；如果员工以折价购入方式取得股票期权，可以股票期权转让收入扣除折价购入股票期权时实际支付的价款后的余额，作为股票期权的转让净收入。

部分股票期权不用等到股票行权日，在授权时即约定可以转让，且在境内或境外存在公开市场及挂牌价格。员工取得该股票可公开交易的期权后，属于员工已实际取得有确定价值的财产，应按授权日股票期权的市场价格，作为员工授权日所在月份的工资薪金所得，计算缴纳个人所得税。

如果员工以折价购入方式取得股票期权的，可以授权日股票期权的市场价格扣除折价购入股票期权时实际支付的价款后的余额，作为授权日所在月份的工资薪金所得。转让该股票期权所取得的所得，属于"财产转让所得"，个人将境内股票期权转让而取得的所得，暂不征收个人所得税；个人转让境外股票期权而取得的所得，应按税法的规定，计算应纳税所得额和应纳税额，依法缴纳税款。

对于不存在公开市场和挂牌价格的股票期权，员工等到行权日按照约定价格购买股票，应认定为所在期间的工资薪金所得，按下列公式，计算工资薪金应纳税所得额。

股票期权形式的工资薪金应纳税所得额＝（行权股票的每股市场价 − 员工取得该股票期权支付的每股施权价）× 股票数量。

员工取得该股票期权支付的每股施权价，一般是指员工行使股票期权购买股票实际支付的每股价格。如果员工以折价购入方式取得股票期权的，可包括员工折价购入股票期权时实际支付的价格。

员工将行权后的股票再转让时获得的高于购买日公平市场价的差额，是因个人在证券二级市场上转让股票等有价证券而获得的所得，应按照"财产转让所得"适用的征免规定，计算缴纳个人所得税。个人将行权后的境内上市公司股票转让而取得的所得，暂不征收个人所得税；个人转让境外上市公司的股票而取得的所得，应按税法的规定，计算应纳税所得额和应纳税额，依法缴纳税款。

凡取得股票期权的员工在行权日不实际买卖股票，而按行权日股票期权所指定股票的市场价与施权价之间的差额，直接从授权企业取得价差收益，该项价差收益应作为员工取得的股票期权形式的"工资、薪金所得"，计算缴纳个人所得税。

员工因拥有股权而参与企业税后利润分配取得的所得，应按照"利息、股息、红利所得"适用的规定，计算缴纳个人所得税。除依照有关规定，可以免税或减税之外，应全额按规定税率计算纳税。

案例： 员工孙大于2020年1月取得某上市公司授予的股票期权18 950股，授予日股票价格为23元/股，施权价为21元/股，该股票期权自2021年2月起可行权。2021年2月28日，孙大行权11 325股，行权当天股票市价为28.5元/股；2021年12月31日，再次行使股票期权7 625股，施权价为21元/股，行权当日股票市价为31.8元/股。那么，孙先生此次行权应缴纳多少元的个人所得税？

解析： 员工接受实施股票期权计划企业授予的股票期权时，除在境内或境外存在公开市场及挂牌价格外，一般不作为应税所得征税。

2020年1月，孙大的施权价为21元/股，授予日股票价格为23元/股，因此每股可以赚取2元的差价，但此时不用缴纳个人所得税，一方面是因为并未实际行权，税收征管难度大；另一方面是股市瞬息万变，股价经常是大起大落，而此时孙大的所得并非实际所得，而是预期所得。

2021年2月，孙大行权时，其从企业取得股票的实际购买价（施权价）低于购买日公平市场价，也就是该股票当日的收盘价，这中间的差额是因员工在企业的表现和业绩情况而取得的，与任职、受雇有关的所得，应按"工资、薪金所得"适用的税率，计算缴纳个人所得税。

自2019年1月1日起，居民个人取得股票期权等股权激励，在2021年12月31日前，不并入当年综合所得，全额单独适用《个人所得税税率表(综合所得适用)》，计算应缴纳的税款。

股票期权形式的工资薪金应纳税所得额＝（行权股票的每股市场价—员工取得该股票期权支付的每股施权价）×股票数量。

2019年2月28日，孙大第一次行权时，应纳税所得额＝（28.5-21）×11 325＝84 937.5元。对照《个人所得税税率表（综合所得适用）》，适用税率为10%，速算扣除数2 520。

应纳个人所得税额＝84 937.5×10%-2 520＝5 973.75元。

根据规定，在2019年1月1日至2021年12月31日，居民个人在一个纳税年度内取得两次以上（含两次）股权激励，应将各次的所得合并后，不并入当年综合所得，全额单独适用《个人所得税税率表（综合所得适用）》，计算纳税。

2021年12月31日，孙大第二次行使股票期权时，与第一次行权均在同一个纳税年度内，两次股权激励所得应合并计税。

具体来说，第二次股权激励工资薪金应纳税所得额＝（31.8-21）×7 625 ＝ 82 350 元，两次股权激励所得额相加，即 82 350 ＋ 84 937.5 ＝ 167 287.5 元，对照《个人所得税税率表（综合所得适用）》，适用税率为 20%，速算扣除数 16 920 元。

第二次股权激励应纳税额＝167 287.5×20%-16 920-5 973.75 ＝ 10 563.75 元。

（四）股票期权所得的征收管理

实施股票期权计划的境内企业为个人所得税的扣缴义务人，应按税法规定履行代扣代缴个人所得税的义务。

员工从两处或两处以上取得股票期权形式的工资、薪金所得或者没有扣缴义务人，该个人应在纳税申报期限内，自行申报缴纳税款。

实施股票期权计划的境内企业，应在股票期权计划实施之前，将企业的股票期权计划或实施方案、股票期权协议书、授权通知书等资料报送主管税务机关；应在员工行权之前，将股票期权行权通知书和行权调整通知书等资料报送主管税务机关。

扣缴义务人和自行申报纳税的个人在申报纳税或代扣代缴税款时，应在税法规定的纳税申报期限内，将个人接受或转让的股票期权以及认购的股票情况（包括种类、数量、施权价格、行权价格、市场价格、转让价格等）报送主管税务机关。

实施股票期权计划的企业和因股票期权计划而取得应税所得的自行申报员工，未按规定报送上述有关报表和资料，未履行申报纳税义务或者扣缴税款义务的，按有关规定进行处理。

按照规定[①]，为了缓解缴税压力，上市公司授予个人的股票期权，经向主管税务机关备案，个人可自股票期权行权起，在不超过 12 个月的期限内，缴纳个人所得税。

二、上市公司股票增值权所得税收筹划[②]

股票增值权是上市公司授予公司员工在未来一定时期和约定条件下，获得规

---

① 详见《财政部　国家税务总局关于完善权激励和技术入股有关所得税政策的通知》（财税〔2016〕101号）

② 详见《财政部　国家税务总局关于股票增值权所得和限制性股票所得征收个人所得税有关问题的通知》（财税〔2009〕5号）

定数量的股票价格上升所带来收益的权利。

被授权人在约定条件下行权，上市公司按照行权日与授权日二级市场股票差价乘以授权股票数量，发放给被授权人现金。

案例： 2019年1月5日，某上市公司策划部王总监被授予该公司股票增值权20 000股，当日该公司股票收盘价为12元/股。双方约定股票增值期为2年。2021年1月5日，该公司股票收盘价为20元/股。

王总监应获得的股票增值权收入：（20-12）×20 000=160 000元。

股票增值权与股权奖励类似之处是无偿给予被激励者，所不同的是股票增值权使得被激励者享受一定时间内的公司股票增值，一般对其发放现金，而股权奖励是对业绩突出员工奖励一定数量的股份。

实施股票增值权计划的境内上市公司应在向中国证监会报备的同时，将企业股票增值权计划或实施方案等有关资料报送主管税务机关备案。实施股票增值权计划的境内上市公司，应在做好个人所得税扣缴工作的同时，向主管税务机关报送其员工行权等涉税信息。

股票增值权所得比照股票期权所得，计算征收个人所得税。

三、上市公司限制性股票所得税收筹划 [①]

限制性股票是上市公司按照股权激励计划约定的条件，授予公司员工一定数量本公司的股票。注意，限制性股票是一种股权激励方式，与限售股并非同一概念。

股票期权强调的是在未来某个时间点可以以约定的价格购买股票，而限制性股票强调的是被激励对象业绩目标、股价、任职时间等符合股权激励计划规定条件时，才会被授予限制性股票并从中获益。

目前限制性股票主要有两类：计提奖励基金回购型和授予新股型（定向发行）。

计提奖励基金回购型限制性股票是指上市公司业绩达到股权激励计划约定的奖励基金提取条件后，公司提取奖励基金，从二级市场购买本公司购买股票，再等到符合股票授予的条件时（如业绩或股价），公司将回购的股票无偿赠予被激励对象。

授予新股的限制性股票是指当上市公司业绩满足股权激励计划条件时，被激

---

① 详见《财政部 国家税务总局关于股票增值权所得和限制性股票所得征收个人所得税有关问题的通知》（财税〔2009〕5号）

励对象按照授予价格购买公司股票时，该价格一般比确定价格的市价要低。

实施限制性股票计划的境内上市公司，应在向中国证监会报备的同时，将限制性股票计划或实施方案等有关资料报送主管税务机关备案。实施限制性股票计划的境内上市公司，应在做好个人所得税扣缴工作的同时，向主管税务机关报送其员工行权等涉税信息。

限制性股票所得比照股票期权所得，计算征收个人所得税。按照规定[①]，为了缓解缴税压力，上市公司授予个人的限制性股票，经向主管税务机关备案，个人可自限制性股票解禁起，在不超过 12 个月的期限内缴纳个人所得税。

案例：华康公司为上交所上市公司，2020年4月8日经股东大会通过一项限制性股票激励计划，决定按每股5元的价格授予公司总经理王大发20 000股限制性股票，王经理支付价款100 000元。2020年8月12日，中国证券登记结算公司将这20 000股股票登记在王某的股票账户下。当日，该公司股票收盘价为15元/股。根据计划规定，自授予日起至2020年12月31日为禁售期。2021年2月15日，经考核，符合解禁条件，公司对其中的10 000股股票实行解禁。当日，公司股票市价为25元/股。

解析：限制性股票个人所得税的纳税义务发生时间为每一批次限制性股票解禁日期，因此王大发的纳税义务发生时间为2021年2月15日。需要注意的是，限制性股票的价格并非解禁当日市价，而是股票登记日股票市价和本批次解禁股票当日市价的加权平均值。

限制性股票应纳税所得额＝（股票登记日股票市价＋本批次解禁股票当日市价）÷2×本批次解禁股票份数－被激励对象实际支付的资金总额×（本批次解禁股票份数÷被激励对象获取的限制性股票总份数）。

上述所得暂时不并入当年综合所得，全额单独适用《个人所得税税率表（综合所得适用）》。

应纳个人所得税税额＝应纳税所得额×适用税率－速算扣除数。

应纳税所得额＝（15+25）÷2×10 000－100 000×10 000÷20 000=150 000元。

应纳税额＝150 000×20%－16 920=13 080元。

---

① 详见《财政部 国家税务总局关于完善股权激励和技术入股有关所得税政策的通知》（财税〔2016〕101号）

四、上市公司股权奖励所得税收筹划

上市公司股权奖励是指企业无偿授予被激励对象一定数量的股份。股权奖励所得比照股票期权所得计算征收个人所得税。

按照规定[①]，为了缓解纳税人缴税压力，上市公司授予个人的股票期权、限制性股票和股权奖励，经向主管税务机关备案，个人可自股票期权行权、限制性股票解禁或取得股权奖励之日起，在不超过 12 个月的期限内，缴纳个人所得税。

五、非上市公司股权激励递延纳税政策[②]

（一）股权激励措施种类

非上市公司（含全国中小企业股份转让系统挂牌公司）往往也会设立股权激励措施，主要包括以下三类。

（1）股票期权或股权期权。非上市公司给予被激励对象在一定期限内以事先约定的价格购买本公司股票或股权的权利。

（2）限制性股票。非上市公司按照预先确定的条件授予被激励对象一定数量的本公司股权，被激励对象只有工作年限或业绩目标符合股权激励计划规定条件时，才可以处置该股权。

（3）股权奖励。非上市公司无偿授予被激励对象一定份额的股权或一定数量的股份。

上述三种股权激励方式，也是上市公司经常采用的方式。

（二）享受递延纳税政策的条件

由于非上市公司的股票不能像上市公司在二级市场上自由买卖，因此非上市公司授予本公司员工的股权激励项目相对并不容易变现，因此非上市公司员工获得股权激励后可享受递延纳税政策，但必须同时满足以下条件。

（1）属于境内居民企业的股权激励计划。

（2）股权激励计划经公司董事会、股东（大）会审议通过。未设股东（大）会的国有单位，经上级主管部门审核批准。股权激励计划应列明激励目的、对象、标的、有效期、各类价格的确定方法、被激励对象获取权益的条件、程序等。

（3）激励标的应为境内居民企业的本公司股票（权）。股权奖励的标的可以

---

① 详见《财政部 国家税务总局关于完善股权激励和技术入股有关所得税政策的通知》（财税〔2016〕101号）
② 详见《财政部 国家税务总局关于完善股权激励和技术入股有关所得税政策的通知》（财税〔2016〕101号）

是技术成果投资入股到其他境内居民企业所取得的股权。激励标的股票（权）包括通过增发、大股东直接让渡以及法律法规允许的其他合理方式授予被激励对象的股票（权）。

（4）被激励对象应为公司董事会或股东（大）会决定的技术骨干和高级管理人员，被激励对象人数累计不得超过本公司最近6个月在职职工平均人数的30%。

（5）股票（权）期权自授予日起应持有满3年，且自行权日起持有满1年；限制性股票自授予日起应持有满3年，且解禁后持有满1年；股权奖励自获得奖励之日起应持有满3年。上述时间条件须在股权激励计划中列明。

（6）股票（权）期权自授予日至行权日的时间不得超过10年。

（7）实施股权奖励的公司及其奖励股权标的公司所属行业，均不属于《股权奖励税收优惠政策限制性行业目录》范围。公司所属行业，按公司上一纳税年度主营业务收入占比最高的行业确定。

股权奖励税收优惠政策限制性行业目录

门类代码	类别名称
A（农、林、牧、渔业）	（1）03畜牧业（科学研究、籽种繁育性质项目除外） （2）04渔业（科学研究、籽种繁育性质项目除外）
B（采矿业）	（3）采矿业（除第11类开采辅助活动）
C（制造业）	（4）16烟草制品业 （5）17纺织业（除第178类非家用纺织制成品制造） （6）19皮革、毛皮、羽毛及其制品和制鞋业 （7）20木材加工和木、竹、藤、棕、草制品业 （8）22造纸和纸制品业（除第223类纸制品制造） （9）31黑色金属冶炼和压延加工业（除第314类钢压延加工）
F（批发和零售业）	（10）批发和零售业
G（交通运输、仓储和邮政业）	（11）交通运输、仓储和邮政业
H（住宿和餐饮业）	（12）住宿和餐饮业
J（金融业）	（13）66货币金融服务 （14）68保险业
K（房地产业）	（15）房地产业
L（租赁和商务服务业）	（16）租赁和商务服务业
O（居民服务、修理和其他服务业）	（17）79居民服务业

续上表

门类代码	类别名称
Q（卫生和社会工作）	（18）84社会工作
R（文化、体育和娱乐业）	（19）88体育 （20）89娱乐业
S（公共管理、社会保障和社会组织）	（21）公共管理、社会保障和社会组织（除第9421类专业性团体和9422类行业性团体）
T（国际组织）	（22）国际组织

说明：以上目录按照《国民经济行业分类》（GB/T 4754-2011）编制。

股权激励计划所列内容不同时满足上述全部条件，或递延纳税期间公司情况发生变化，不再符合上述第 4 至 6 项条件，不得再享受递延纳税优惠，应按规定缴纳个人所得税。

（三）递延纳税政策内容

员工在取得股权激励时可暂不纳税，递延至转让该股权时纳税；股权转让时，按照股权转让收入减除股权取得成本以及合理税费后的差额，适用"财产转让所得"项目，按照 20% 的税率，缴纳个人所得税。

转让时，股票（权）期权取得成本按行权价确定，限制性股票取得成本按实际出资额确定，股权奖励取得成本为零。

凡不符合递延纳税条件，个人应在获得相应股票（权）时，对实际出资额低于公平市场价格的差额，按照"工资、薪金所得"项目，缴纳个人所得税。

个人因股权激励、技术成果投资入股取得股权后，非上市公司在境内上市，处置递延纳税的股权时，按照现行限售股有关征税规定执行。

个人转让股权时，视同享受递延纳税优惠政策的股权优先转让。递延纳税的股权成本按照加权平均法计算，不与其他方式取得的股权成本合并计算。

持有递延纳税的股权期间，因该股权产生的转增股本收入以及以该递延纳税的股权再进行非货币性资产投资，应在当期缴纳税款，不得再按照《财政部 国家税务总局关于将国家自主创新示范区有关税收试点政策推广到全国范围实施的通知》（财税〔2015〕116 号）和《财政部 国家税务总局关于个人非货币性资产投资有关个人所得税政策的通知》（财税〔2015〕41 号）的有关规定享受分期缴纳的政策，也就是说，递延税收政策不得重复享受。

（四）不同股权激励措施的税收处理方式

非上市公司股权（票）期权个人所得税处理方式

环节	递延税收政策	非递延税收政策
授予期权时	不征收个人所得税	不征收个人所得税
行权时	暂不征收个人所得税	以实际出资额与公平市场价格的差额，按照"工资、薪金所得"征税
参与利润分配	按照"股息、利息、红利所得"征税	按照"股息、利息、红利所得"征税
所在企业转增股本	按照"股息、利息、红利所得"在当期征税	按照"股息、利息、红利所得"征税，来自中小高新技术企业的所得可在不超过5年内分期缴纳
以股权（票）对外投资	以按评估后的公允价值确认的转让收入与行权价的差额，按照"财产转让所得"在当期征税	以按评估后的公允价值确认的转让收入与行权价的差额，按照"财产转让所得"征税，可在不超过5年内分期缴纳
行权日前转让期权	以实际出资额与公平市场价格的差额，按"工资、薪金所得"征税	以实际出资额与公平市场价格的差额，按照"工资、薪金所得"征税
行权日后上市前转让股权（票）	以转让价与行权价的差额，按照"财产转让所得"征税	以转让价与行权价的差额，按照"财产转让所得"征税
上市后转让股票	依照限售股的有关规定，按照"财产转让所得"征税	依照限售股的有关规定，按照"财产转让所得"征税

非上市公司限制性股票个人所得税处理方式

环节	递延税收政策	非递延税收政策
授予限制性股票时	不征收个人所得税	不征收个人所得税
限制性股票解禁时	暂不征收个人所得税	以实际出资额与公平市场价格的差额，按照"工资、薪金所得"征税
参与利润分配	按照"股息、利息、红利所得"征税	按照"股息、利息、红利所得"征税
所在企业转增股本	按照"股息、利息、红利所得"在当期征税	按照"股息、利息、红利所得"征税，来自中小高新技术企业的所得可在不超过5年内分期缴纳
以股权（票）对外投资	以按评估后的公允价值确认的转让收入与行权价的差额，按照"财产转让所得"在当期征税	以评估后的公允价值确认的转让收入与行权价的差额，按照"财产转让所得"征税，可在不超过5年内分期缴纳
上市前转让相关股权（票）	以转让价与行权价的差额，按照"财产转让所得"征税	以转让价与行权价的差额，按照"财产转让所得"征税
上市后转让股票	依照限售股的有关规定，按照"财产转让所得"征税	依照限售股的有关规定，按照"财产转让所得"征税

非上市公司股权奖励个人所得税处理方式

环节	递延税收政策	非递延税收政策
取得股权奖励时	暂不征收个人所得税	以公平市场价格，按照"工资、薪金所得"征税
股权转让时（其他人员）	因成本为零，以转让价格按照"财产转让所得"征税	以转让价格与取得时的公平市场价格之间的差额，按照"财产转让所得"征税
股权转让时（高新技术企业技术与管理人员）	适用上述规定，可在不超过5个公历年度内（含5年）分期缴纳	适用上述规定，可在不超过5年内分期缴纳

六、高新技术企业技术与管理人员股权奖励所得税收筹划 [①]

经高新技术企业公司董事会和股东大会决议，批准获得股权奖励的以下两类人员，可以获得税款延期缴纳的资格。

（1）对企业科技成果研发和产业化作出突出贡献的技术人员，包括企业内关键职务科技成果的主要完成人、重大开发项目的负责人、对主导产品或者核心技术、工艺流程作出重大创新或者改进的主要技术人员。

（2）对企业发展作出突出贡献的经营管理人员，包括主持企业全面生产经营工作的高级管理人员，负责企业主要产品（服务）生产经营合计占主营业务收入（或者主营业务利润）50% 以上的中、高级经营管理人员。

企业面向全体员工实施的股权奖励，不包括在内，不享受延期缴纳的待遇。

高新技术企业转化科技成果，给予本企业上述人员的股权奖励，个人获得股权奖励时，按照"工资薪金所得"项目参照个人股票期权所得的有关规定缴纳个人所得税。

股权奖励的计税价格参照获得股权时的公平市场价格确定，上市公司股票的公平市场价格，按照取得股票当日的收盘价确定。取得股票当日为非交易时间的，按照上一个交易日收盘价确定。非上市公司股权的公平市场价格，依次按照净资产法、类比法和其他合理方法确定。

之前计算股权奖励应纳税额时，规定月份数按员工在企业的实际工作月份数确定。员工在企业工作月份数超过 12 个月，按 12 个月计算。改革后综合所得按年征收，股权奖励按照年度单独计税缴纳，年度内获得其他股权激励的应合并计算。

---

① 详见《财政部 国家税务总局关于将国家自主创新示范区有关税收试点政策推广到全国范围实施的通知》（财税〔2015〕116号）、《国家税务总局关于股权奖励和转增股本个人所得税征管问题的公告》（国家税务总局公告2015年第80号）

个人一次缴纳税款有困难的，可根据实际情况自行制定分期缴税计划，在不超过 5 个公历年度内（含 5 年）分期缴纳。获得股权奖励的企业技术人员需要分期缴纳个人所得税的，应自行制定分期缴税计划。由企业在发生股权奖励、转增股本的次月 15 日内，向主管税务机关办理分期缴税备案手续。

办理股权奖励分期缴税，企业应向主管税务机关报送高新技术企业认定证书、股东大会或董事会决议、《个人所得税分期缴纳备案表（股权奖励）》、相关技术人员参与技术活动的说明材料、企业股权奖励计划、能够证明股权或股票价格的有关材料、企业转化科技成果的说明、最近一期企业财务报表等。

纳税人分期缴税期间需要变更原分期缴税计划的，应重新制定分期缴税计划，由企业向主管税务机关重新报送《个人所得税分期缴纳备案表》。

企业在填写《扣缴个人所得税报告表》时，应将纳税人取得股权奖励或转增股本情况单独填列，并在"备注"栏中注明"股权奖励"字样。

纳税人在分期缴税期间取得分红或转让股权的，企业应及时代扣股权奖励或转增股本尚未缴清的个人所得税，并于次月 15 日内向主管税务机关申报纳税。

技术人员在转让奖励的股权之前企业依法宣告破产，技术人员进行相关权益处置后没有取得收益或资产，或取得的收益和资产不足以缴纳其取得股权尚未缴纳的应纳税款的部分，税务机关可不予追征。

● 第四节　创业投资税收优惠政策 [①]

创业投资是促进大众创业、万众创新的重要资本力量，是促进科技创新成果转化的助推器，为促进创业投资做大、做强、做优，明确了对投资种子期、初创期科技型企业或未上市的中小高新技术企业的投资额抵扣的税收优惠政策。

一、投资未上市的中小高新技术企业的投资额抵扣政策

（一）时间要求

（1）有限合伙制创业投资企业法人合伙人间接投资符合条件的未上市中小高新技术企业的时间要求

---

① 详见《国家税务总局关于创业投资企业和天使投资个人税收政策有关问题的公告》（国家税务总局公告2018年第43号）、《财政部　国家税务总局关于创业投资企业和天使投资个人有关税收政策的通知》（财税〔2018〕55号），观点参考：《创投20号公告税收政策解析及案例讲解》，来源：财税星空，作者：赵国庆

根据《国家税务总局关于有限合伙制创业投资企业法人合伙人企业所得税有关问题的公告》（国家税务总局公告 2015 年第 81 号）规定："有限合伙制创业投资企业采取股权投资方式投资于未上市的中小高新技术企业满 2 年（24 个月）的，其法人合伙人可按照对未上市中小高新技术企业投资额的 70% 抵扣该法人合伙人从该有限合伙制创业投资企业分得的应纳税所得额，当年不足抵扣的，可以在以后纳税年度结转抵扣。所称满 2 年是指从 2015 年 10 月 1 日起，有限合伙制创业投资企业投资于未上市中小高新技术企业的实缴投资满 2 年，同时，法人合伙人对该有限合伙制创业投资企业的实缴出资也应满 2 年。"

根据上述政策，法人合伙人间接投资未上市的中小高新技术企业需要两个时间且均应满 2 年，也就是有限合伙制创业投资企业直接投资未上市的中小高新技术企业满 2 年，同时法人合伙人对该有限合伙制创业投资企业的实缴出资也应满 2 年。

（2）创业投资企业直接投资符合条件的未上市中小高新技术企业的时间要求

根据《国家税务总局关于实施创业投资企业所得税优惠问题的通知》（国税发〔2009〕87 号）规定，创业投资企业采取股权投资方式投资于未上市的中小高新技术企业 2 年（24 个月）以上，凡符合相关条件，可以按照其对中小高新技术企业投资额的 70%，在股权持有满 2 年的当年抵扣该创业投资企业的应纳税所得额；当年不足抵扣的，可以在以后纳税年度结转抵扣。

上述"创业投资企业"是否包括有限合伙制创业投资企业呢？上述文件第一条规定："创业投资企业是指依照《创业投资企业管理暂行办法》（国家发展和改革委员会等 10 部委令 2005 年第 39 号）和《外商投资创业投资企业管理规定》（商务部等 5 部委令 2003 年第 2 号）在中华人民共和国境内设立的专门从事创业投资活动的企业或其他经济组织。"

《创业投资企业管理暂行办法》第六条第一款规定："创业投资企业可以以有限责任公司、股份有限公司或法律规定的其他企业组织形式设立。"有限合伙制创业投资企业属于其他企业组织形式，似乎可以享受投资额抵扣政策，但《国家税务总局关于实施创业投资企业所得税优惠问题的通知》（国税发〔2009〕87 号）第二条第一项规定，创业投资企业经营范围符合《创业投资企业管理暂行办法》规定，且工商登记为"创业投资有限责任公司""创业投资股份有限公司"等专业性法人创业投资企业。有限合伙制创业投资企业显然不属于法人组织，因此，不得享受投资额抵扣的税收优惠政策。

梳理一下：有限合伙制创业投资企业直接投资符合条件的中小高新技术企

业，不可以享受上述投资额抵扣政策，但有限合伙制创业投资企业的法人合伙人通过投资该有限合伙企业对其进行间接投资，或者直接投资符合条件的中小高新技术企业，均可以享受上述投资额抵扣政策；有限合伙制创业投资企业的个人合伙人无论是通过投资该有限合伙企业间接投资符合条件的中小高新技术企业，还是直接投资符合条件的中小高新技术企业，均不得享受上述抵扣政策，因此符合条件的中小高新技术企业的投资额抵扣政策目前仅适用于企业所得税的纳税人，并不适用于个人所得税的纳税人。

（二）资格条件

中小高新技术企业需要符合的条件	投资者需要符合的条件	投资方式需要符合的条件
①应按照《财政部 国家税务总局 科学技术部关于修订印发〈高新技术企业认定管理办法〉的通知》（国科发火〔2016〕32号）和《科技部 财政部 国家税务总局关于修订印发〈高新技术企业认定管理工作指引〉的通知》（国科发火〔2016〕195号）的规定，通过高新技术企业认定。 ②职工人数不超过500人，年销售（营业）额不超过2亿元，资产总额不超过2亿元。 ③中小企业接受创业投资之后，经认定符合高新技术企业标准的，应自其被认定为高新技术企业的年度起，计算创业投资企业的投资期限。该期限内中小企业接受创业投资后，企业规模超过中小企业标准，但仍符合高新技术企业标准的，不影响创业投资企业享受有关税收优惠	创业投资企业： ①经营范围符合《创业投资企业管理暂行办法》规定，且工商登记为"创业投资有限责任公司""创业投资股份有限公司"等专业性法人创业投资企业。 ②按照《创业投资企业管理暂行办法》规定的条件和程序完成备案，经备案管理部门年度检查核实，投资运作符合《创业投资企业管理暂行办法》的有关规定。 有限合伙制创业投资企业： ①有限合伙制创业投资企业必须是依照《创业投资企业管理暂行办法》（国家发展和改革委员会等10部委令2005年第39号）和《外商投资创业投资企业管理规定》（商务部等5部委令2003年第2号）设立的专门从事创业投资活动的有限合伙企业。 ②有限合伙制创业投资企业的法人合伙人，是指依照《企业所得税法》及其实施条例以及相关规定，实行查账征收企业所得税的居民企业	采取股权投资方式投资（不要求必须是现金形式的投资）

中小高新技术企业需要通过高新技术企业认定，相较于种子期、初创期科技型企业认定，无疑更为严格。虽然新修订的《高新技术企业认定管理办法》和《高新技术企业认定管理工作指引》，相较于2008年出台的办法和指引，适当放宽了

认定条件，简化了认定流程，扩充了重点支持的高新技术领域，但依然要经历企业申请、专家评审和审查认定等三个程序，基本申请条件如下。

（1）企业申请认定时须注册成立一年以上。

（2）企业通过自主研发、受让、受赠、并购等方式，获得对其主要产品（服务）在技术上发挥核心支持作用的知识产权的所有权。

（3）对企业主要产品（服务）发挥核心支持作用的技术属于《国家重点支持的高新技术领域》规定的范围。

（4）企业从事研发和相关技术创新活动的科技人员占企业当年职工总数的比例不低于10%。

（5）企业近三个会计年度（实际经营期不满三年的，按照实际经营时间计算）的研究开发费用总额占同期销售收入总额的比例符合如下要求：最近一年销售收入小于5 000万元（含）的企业，比例不低于5%；最近一年销售收入在5 000万元至2亿元（含）的企业，比例不低于4%；最近一年销售收入在2亿元以上的企业，比例不低于3%。其中，企业在中国境内发生的研究开发费用总额占全部研究开发费用总额的比例不低于60%。

（6）近一年高新技术产品（服务）收入占企业同期总收入的比例不低于60%。

（7）企业创新能力评价应达到相应要求。

（8）企业申请认定前一年内未发生重大安全、重大质量事故或严重环境违法行为。

（三）优惠政策

创业投资企业（不含有限合伙制创业投资企业）采取股权投资方式投资于未上市的中小高新技术企业2年（24个月）以上，凡符合上述条件的，可以按照其对中小高新技术企业投资额的70%，在股权持有满2年的当年抵扣该创业投资企业的应纳税所得额；当年不足抵扣的，可以在以后纳税年度结转抵扣。

有限合伙制创业投资企业采取股权投资方式投资于未上市的中小高新技术企业满2年（24个月，下同）的，其法人合伙人可按照对未上市中小高新技术企业投资额的70%抵扣该法人合伙人从该有限合伙制创业投资企业分得的应纳税所得额，当年不足抵扣的，可以在以后纳税年度结转抵扣。

由于相关征管要求均属于企业所得税范畴，在此不进行相关介绍。

二、投资种子期、初创期科技型企业的投资额抵扣政策

（一）时间要求

（1）创业投资企业直接投资符合条件的种子期、初创期科技型企业的时间要求

　　根据《财政部　国家税务总局关于创业投资企业和天使投资个人有关税收政策的通知》（财税〔2018〕55 号）规定，公司制创业投资企业采取股权投资方式直接投资于种子期、初创期科技型企业满 2 年（24 个月），可以按照投资额的 70% 在股权持有满 2 年的当年抵扣该公司制创业投资企业的应纳税所得额；当年不足抵扣的，可以在以后纳税年度结转抵扣。

　　注意：上述公司制创业投资企业不包括有限合伙制创业投资企业，虽然有限合伙制创业投资企业相比普通合伙企业，具有了某些公司制的特征，但本质上仍属于合伙企业，并不属于公司制企业，上述规定与符合条件的未上市中小高新技术企业投资额抵扣政策相一致。

　　（2）天使投资个人直接投资符合条件的种子期、初创期科技型企业的时间要求

　　天使投资个人采取股权投资方式直接投资于种子期、初创期科技型企业实缴投资满 2 年，可按照投资额的 70% 抵扣来自该企业的股权转让所得。投资时间从种子期、初创期科技型企业接受投资并完成工商变更登记的日期算起。

　　（3）有限合伙制创业投资企业合伙人间接投资符合条件的种子期、初创期科技型企业的时间要求

　　有限合伙制创业投资企业采取股权投资方式直接投资于种子期、初创期科技型企业满 2 年，该合伙创投企业的法人合伙人和个人合伙人均可以按照对种子期、初创期科技型企业投资额的 70% 抵扣法人合伙人从合伙创投企业分得的所得；当年不足抵扣的，可以在以后纳税年度结转抵扣。

　　有限合伙制创业投资企业必须是采取股权投资方式直接投资于种子期、初创期科技型企业，而且必须要满 2 年，投资时间从初创科技型企业接受投资并完成工商变更登记的日期算起。

个人合伙人 —无限制→ 有限合伙制创业投资企业 —满2年→ 种子期、初创期科技型企业

法人合伙人 —满2年→ 有限合伙制创业投资企业 —满2年→ 未上市中小高新技术企业

需要注意的是，上述规定仅强调有限合伙制创业投资企业投资于种子期、初创期科技型企业实缴投资满2年，而个人合伙人、法人合伙人对该有限合伙制创业投资企业的实缴出资年限没有作出明确要求，因此，如果合伙人在投资期间发生变动，无论新的合伙人持有合伙企业份额是否满2年，均不影响该新入伙的合伙人享受此项税收优惠政策，但在实际操作中可能会遇到一些问题。

案例： 2018年5月，投资人李大飞和王小天成立飞天有限创投合伙企业，分别实缴出资400万元和600万元。飞天有限创投合伙企业于2018年12月出资900万元投资于初创科技企业大江公司。2019年3月，合伙人张大壮入伙，实缴出资200万元。根据合伙协议约定，后入伙的张大壮不享有，也不承担包括大江公司在内的前期项目的收益和亏损。

至2020年5月，飞天有限创投合伙企业对大江公司的投资已满2年，虽然新合伙人张大壮入伙尚未满2年，却依然可以享受投资额抵扣税收优惠，但他不享有该项目的收益，因此并无法实际抵扣投资额。2021年1月，大江公司分配给飞天有限创投合伙企业投资收益120万元，由李大飞和王小天按照40%、60%的比例分享。

解析： 李大飞可以抵扣的投资额限额＝合伙创投企业对初创科技公司的投资额×李大飞对合伙创投企业的实缴出资额÷所有合伙人全部实缴出资额×70%=900×400÷（400+600+200）×70%=210万元。

王小天可以抵扣的投资额限额＝合伙创投企业对初创科技公司的投资额×王小天对合伙创投企业的实缴出资额÷所有合伙人全部实缴出资额×70%=900×600÷（400+600+200）×70%=315万元。

后期入伙的张大壮可抵扣的投资额限额=900×200÷（400+600+200）×70%=105万元。

根据合伙协议，张大壮不享有大江公司的收益，也不承担相应的风险，但其可以在105万元的限额内抵扣投资额。实际上，对大江公司的900万元的投资全部来自于最初的两位合伙人李大飞和王小天，而且三位合伙人约定来自该项目的收益也由两人享有，但两人的投资额抵扣限额合计只有525万元，而剩余105万元虽然归属后期入伙的张大壮，但其无法实际抵扣。

建议如果新进入伙的合伙人在合伙协议中明确约定不参与某创投项目的投资，也就不应再享有该项目的抵扣限额，应由实际出资的合伙人享受该项目的限额抵扣政策，按照原实缴出资比例计算抵扣限额，比如，由实际享有该项目的李大飞和王小天分摊总的投资额限额，即 900×70%=630 万元为宜。

（二）资格条件

种子期、初创期科技型企业需要符合的条件	投资者需要符合的条件	投资方式需要符合的条件
①在中国境内（不包括港、澳、台地区）注册成立、实行查账征收的居民企业 ②接受投资时，从业人数不超过200人，其中具有大学本科以上学历的从业人数不低于30%。资产总额和年销售收入均不超过3 000万元 从业人数和资产总额指标，按照企业接受投资前连续12个月的平均数计算，不足12个月的，按实际月数平均计算。接受投资前连续12个月平均数＝接受投资前连续12个月平均数之和÷12，月平均数＝（月初数＋月末数）÷2 年销售收入指标，按照企业接受投资前连续12个月的累计数计算，不足12个月的，按实际月数累计计算 年销售收入包括主营业务收入和其他业务收入，按照企业接受投资前连续12个月的累计数计算，不足12个月的，按照实际月数累计数计算 ③接受投资时设立时间不超过5年（即60个月） ④接受投资时以及接受投资后2年内未在境内外证券交易所上市 ⑤接受投资当年及下一纳税年度，研发费用总额占成本费用支出的比例不低于20%。该口径按照财税〔2015〕119号文的规定执行，以两年研发费用的总额占比来计算。成本费用包括主营业务成本、其他业务成本、销售费用、管理费用、财务费用	**公司制创业投资企业：** ①在中国境内（不含港、澳、台地区）注册成立、实行查账征收的居民企业或合伙创投企业，且不属于被投资初创科技型企业的发起人 ②符合《创业投资企业管理暂行办法》（发展改革委等10部门令第39号）规定或者《私募投资基金监督管理暂行办法》（证监会令第105号）关于创业投资基金的特别规定，按照上述规定完成备案且规范运作 ③投资后2年内，创业投资企业及其关联方持有被投资初创科技型企业的股权比例合计应低于50% **天使投资个人：** ①不属于被投资初创科技型企业的发起人、雇员或其亲属（包括配偶、父母、子女、祖父母、外祖父母、孙子女、外孙子女、兄弟姐妹，下同），且与被投资初创科技型企业不存在劳务派遣等关系 ②投资后2年内，本人及其亲属持有被投资初创科技型企业股权比例合计应低于50% **有限合伙制创业投资企业：** ①在中国境内（不含港、澳、台地区）注册成立、实行查账征收的有限合伙制创业投资企业，且不属于被投资初创科技型企业的发起人 ②符合《创业投资企业管理暂行办法》（发展改革委等10部门令第39号）规定或《私募投资基金监督管理暂行办法》（证监会令第105号）关于创业投资基金的规定，并完成相关备案且规范运作 ③投资后2年内，创业投资企业及其关联方持有被投资初创科技型企业的股权比例合计应低于50%	仅限于通过向被投资初创科技型企业直接支付现金方式取得的股权投资。 注意不包括受让其他股东的存量股权，也不包括合伙企业通过其他合伙企业进行的间接投资，"层层嵌套"的合伙架构不能享受投资额抵扣的税收优惠

（三）投资额抵扣优惠政策

1. 公司制创业投资企业的投资额抵扣优惠政策

公司制创业投资企业采取股权投资方式直接投资于种子期、初创期科技型企业满 2 年（24 个月），可以按照投资额的 70% 在股权持有满 2 年的当年抵扣该公司制创业投资企业的应纳税所得额；当年不足抵扣的，可以在以后纳税年度结转抵扣。

公司制创业投资企业直接投资可以抵扣本企业的应纳税所得额，如果通过有限合伙制创业投资企业间接投资，只能抵扣从符合条件的有限合伙制创业投资企业分得的所得；当年不足抵扣的，可结转以后纳税年度继续抵扣，不得直接冲抵本企业的应纳税所得额。

2. 天使投资个人的投资额抵扣优惠政策

天使投资个人可以按照投资额的 70% 抵扣转让该种子期、初创期科技型企业股权取得的应纳税所得额；当期不足抵扣的，可以在以后取得转让该种子期、初创期科技型企业股权的应纳税所得额时结转抵扣。

天使投资个人投资抵扣的仅仅是股权转让所得的应纳税所得额。与被投资企业其他相关的所得，例如，持有股权环节中取得的股息、红利所得和经营所得，均不能抵扣。

天使投资个人投资多个种子期、初创期科技型企业，对其中办理注销清算的种子期、初创期科技型企业，天使投资个人对其投资额的 70% 尚未抵扣完的，可自注销清算之日起 36 个月内抵扣天使投资个人转让其他种子期、初创期科技型企业股权取得的应纳税所得额。

3. 有限合伙制创业投资企业的法人合伙人的投资额抵扣优惠政策

符合上述要求的有限合伙制创业投资企业法人合伙人可以按照对种子期、初创期科技型企业投资额的 70% 抵扣法人合伙人从合伙创投企业分得的所得。

注意：由于企业所得税实行综合税制，对不同性质所得采取相同的征税方法，因此法人合伙人可以抵扣来自该合伙创投企业分得的相关所得，包括经营所得和股息、利息所得等所得。

法人合伙人投资于多个符合条件的有限合伙制创业投资企业，可合并计算其可抵扣的投资额和分得的所得。当年不足抵扣的，可结转以后纳税年度继续抵扣；当年抵扣后有结余，应按照企业所得税法的规定，计算缴纳企业所得税。

4. 有限合伙制创业投资企业的个人合伙人的投资额抵扣优惠政策

符合上述要求的有限合伙制创业投资企业的个人合伙人，可以按照该有限合伙制创业投资企业对种子期、初创期科技型企业投资额的 70% 抵扣从该有限合伙制创业投资企业分得的经营所得；当年不足抵扣的，可以在以后纳税年度结转抵扣。

注意：由于个人所得税实行综合与分类相结合的税制，对不同性质所得采取不同的征税方法，即使同为综合所得，预扣预缴方式也不尽相同，因此对于个人合伙人的抵扣范围仅限经营所得，不包括股息、利息所得等其他所得。

有限合伙制创业投资企业投资额抵扣原则，按照"先分、再抵、后税"的方式进行操作。

先分，首先，按照约定比例计算合伙人分配的经营所得。其次，按照有限合伙制创业投资企业投至种子期、初创期科技型企业的全部实缴投资额的 70%，乘以每名合伙人实缴出资额占比，计算可抵扣的投资额。

再抵，是指在合伙人层面抵扣可抵扣的投资额，此处可抵扣的仅是经营所得，不包含合伙企业分配的股息、红利所得，而且可抵扣的是有限合伙制创业投资企业的所得，不仅包括有限合伙制创业投资企业投资该初创型科技企业的所得，还包括该有限合伙制创业投资企业投资其他企业或者通过其他方式取得的经营所得。

后税，是指个人合伙人以投资额抵扣完经营所得后，再按照投资抵扣后的应纳税所得额计算应缴纳个人所得税。

与法人合伙人的合并抵扣有所不同，个人合伙人投资多家有限合伙制创业投资企业，不得汇总计算抵扣额。

案例：甲有限合伙制创业投资企业于 2017 年 9 月实缴投资乙初创科技型企业 458 万元，该投资符合投资抵扣税收优惠相关条件，合伙人王强于 2020 年 9 月入股，对该有限合伙制创业投资企业实缴出资 542 万元，占全部合伙人实缴出资比例的 54.2%。该创投企业于 2020 年实现年度经营所得 228 万元，按照协议对王强的分配比例为 61.5%。

解析：虽然王强入股时间较晚，但根据与其他合伙人协商可以分享前期收益。

（1）王强从有限合伙制创业投资企业分得的经营所得 =228×61.5%=140.22 万元。

（2）王强分得的可抵扣投资额 =458×70%×54.2%=173.77 万元。

因此，王强可抵扣的投资额为 140.22 万元，剩余 33.55 万元结转以后年度进行抵扣。

注意：计算可抵扣投资额时，使用的是该合伙人对有限合伙企业的实缴出资比例。在计算各合伙人应分配的经营所得时，应当采用合伙协议中约定比例分配；合伙协议未约定或不明确，按照合伙人协商决定的比例分配；协商不成的，按照合伙人实缴出资比例，即合伙份额占比分配；无法确定出资比例，按照合伙人平均分配。

（四）有限合伙制创业投资企业的征管要求

1. 个人所得税范畴

有限合伙制创业投资企业的个人合伙人符合享受优惠条件的，有限合伙制创业投资企业应在投资种子期、初创期科技型企业满 2 年的年度终了后 3 个月内，向有限合伙制创业投资企业主管税务机关办理备案手续，备案时应报送《合伙创投企业个人所得税投资抵扣备案表》，同时将有关资料留存备查。有限合伙制创业投资企业多次投资同一种子期、初创期科技型企业，应按年度分别备案。

有限合伙制创业投资企业应在投资种子期、初创期科技型企业满 2 年后的每个年度终了后 3 个月内，向有限合伙制创业投资企业主管税务机关报送《合伙创投企业个人所得税投资抵扣情况表》。

个人合伙人在个人所得税年度申报时，应将当年允许抵扣的投资额填至《个人所得税生产经营所得纳税申报表（B 表）》，该表修订后，在第 60 行专门设有"投资抵扣"项。

2. 企业所得税范畴

有限合伙制创业投资企业法人合伙人按照《国家税务总局关于发布修订后的〈企业所得税优惠政策事项办理办法〉的公告》（国家税务总局公告 2018 年第 23 号）规定，采取"自行判别、申报享受、相关资料留存备查"的办理方式。企业根据经营情况以及相关税收规定，自行判断是否符合优惠事项规定的条件，符合条件的可以按照《企业所得税优惠事项管理目录》自行计算减免税额，并通过填报企业所得税纳税申报表享受税收优惠，同时按照规定归集和留存相关资料备查。

有限合伙制创业投资企业的法人合伙人符合享受优惠条件的，有限合伙制创业投资企业应在投资种子期、初创期科技型企业满 2 年的年度以及分配所得的年度终了后，及时向法人合伙人提供《合伙创投企业法人合伙人所得分配情况明细表》。

公司制创业投资企业参照法人合伙人的上述操作执行。

（五）天使投资个人的征管要求

1. 投资抵扣备案

天使投资个人应在投资种子期、初创期科技型企业满 24 个月的次月 15 日内，与种子期、初创期科技型企业共同向种子期、初创期科技型企业主管税务机关办理备案手续。备案时，应报送《天使投资个人所得税投资抵扣备案表》。

被投资企业符合种子期、初创期科技型企业条件的有关资料留存企业备查，备查资料包括初创科技型企业接受现金投资时的投资合同（协议）、章程、实际出资的相关证明材料以及被投资企业符合种子期、初创期科技型企业条件的有关资料。多次投资同一初创科技型企业的，应分次备案。

2. 投资抵扣申报

天使投资个人转让符合条件的种子期、初创期科技型企业股权，按照规定享受投资抵扣税收优惠时，应于股权转让次月 15 日内，向主管税务机关报送《天使投资个人所得税投资抵扣情况表》。同时，天使投资个人还应一并提供投资种子期、初创期科技型企业后税务机关受理的《天使投资个人所得税投资抵扣备案表》。

其中，天使投资个人转让种子期、初创期科技型企业股权需同时抵扣前 36 个月内投资其他注销清算种子期、初创期科技型企业尚未抵扣完毕的投资额，申报时，应一并提供注销清算企业主管税务机关受理并注明注销清算等情况的《天使投资个人所得税投资抵扣备案表》以及前期享受投资抵扣政策后税务机关受理的《天使投资个人所得税投资抵扣情况表》。

接受投资的种子期、初创期科技型企业，应在天使投资个人转让股权纳税申报时，向扣缴义务人（即后续取得所转让股权的法人或者自然人）提供相关信息。

天使投资个人投资种子期、初创期科技型企业满足投资抵扣税收优惠条件后，种子期、初创期科技型企业在上海证券交易所、深圳证券交易所上市，天使投资个人在转让种子期、初创期科技型企业股票时，有尚未抵扣完毕的投资额，应向证券机构所在地主管税务机关办理限售股转让税款清算，抵扣尚未抵扣完毕的投资额。清算时，应提供投资种子期、初创期科技型企业后税务机关受理的《天使投资个人所得税投资抵扣备案表》和《天使投资个人所得税投资抵扣情况表》。

3. 股权变动报告

被投资企业发生个人股东变动或者个人股东所持股权变动的，应在次月 15 日内向主管税务机关报送含有股东变动信息的《个人所得税基础信息表（A 表）》。

对天使投资个人，应在备注栏标明"天使投资个人"字样。

4. 转让股权时税款扣缴

天使投资个人转让股权时，扣缴义务人应分别将当年允许抵扣的投资额填至《个人所得税扣缴申报表》"其他扣除"中的"其他"栏，并同时标明"投资抵扣"字样。如果扣缴义务人未及时对相关税款进行代扣代缴，天使投资个人应将当年允许抵扣的投资额填至《个人所得税自行纳税申报表（A表）》"其他扣除"中的"其他"栏，并同时标明"投资抵扣"字样。

5. 企业注销

天使投资个人投资的种子期、初创期科技型企业注销清算，应及时持《天使投资个人所得税投资抵扣备案表》到主管税务机关办理情况登记。

案例： 天使投资个人沈思棋2015年6月直接投资初创科技企业斗鱼网络公司，实缴出资1 015万元，占股比例为35%，符合投资额抵扣税收优惠条件。

2016年9月，沈思棋获得斗鱼网络公司派发的股息18万，当年10月沈思棋转让斗鱼网络公司12%的股权，获得股权转让所得923万元，缴纳印花税4 750元。

2017年10月，斗鱼网络公司因经营不善而破产。

2018年3月，沈思棋再度转让其投资的另一家初创科技企业香蕉科技公司5%的股份，其对香蕉科技公司投资抵扣额已经在第一次转让其股权时全部予以抵扣，此次转让扣除原值和相关税费的净所得为134万元，2021年6月再次转让香蕉科技公司3%的股权，取得126万元的股权转让净所得。

解析：（1）沈思棋对斗鱼网络公司可以抵扣的投资额为：1 015×70%=710.5万元，但其对初创科技企业的直接投资额只有在转让其股权时才允许抵扣，因此暂时不能实际抵扣，而通过有限合伙制创业投资企业间接投资，可以抵扣来自该合伙企业的经营所得。

（2）2016年9月，沈思棋获得股息18万元，该项所得无法享受投资额抵扣政策，需按照"利息、股息、红利所得"项目缴纳个人所得税：应纳税所得额＝18×20%=3.6万元。

（3）2016年10月，沈思棋转让斗鱼网络公司股权，需要按照"财产转让所得"缴纳个人所得税。应纳税所得额为股权转让收入减去股权原值和合理费用后的余额：923-1 015÷35%×12%-0.475=923-348-0.475=574.525万元。

上述应纳税所得额可用投资抵扣额来进行抵扣，抵扣后剩余金额为：710.5-

574.525=135.975 万元。

上述 135.975 万元可结转以后年度转让斗鱼网络公司股权时进行抵扣。

（4）2017 年 8 月斗鱼网络公司破产清算。2018 年 3 月，沈思棋转让另一家初创科技企业香蕉科技公司股权时，因距离斗鱼网络公司注销清算尚不足 36 个月，其取得的股权转让所得 134 万元，可以用剩余的 135.975 万元的投资抵扣额进行抵扣，该项所得不用缴纳个人所得税，此次抵扣后剩余的 1.975 万元可结转到以后年度，再度转让香蕉科技公司股权时可以继续抵扣。

（5）2021 年 6 月，沈思棋转让香蕉科技公司 3% 的股权时，因为距离斗鱼网络公司注销清算已经超过 36 个月，沈思棋投资斗鱼网络公司剩余的 1.975 万元投资额将不能再进行抵扣。

对于天使投资个人来说，一定要把握其所投资的种子期、初创期科技型企业注销清算后，与其有关的剩余股权投资额度最长不得超过 36 个月，若是在此期间内未转让其投资的其他种子期、初创期科技型企业，或者虽然有转让，但股权转让收入小于剩余股权投资额度，相关额度将不会再予以结转。

三、关于创业投资的综合计算和纳税申报

案例：天使投资个人贾富贵是颇为活跃的投资人，既独立投资于初创科技企业，也会与其他法人投资人共同出资成立合伙创投企业，间接对初创科技公司和未上市中小高新技术企业进行投资。

2018 年发生如下业务：

2018 年 1 月 1 日，贾富贵、耀天公司成立合伙创投企业 FIST 投资中心，实缴出资额分别为 200 万元和 800 万元。1 月 23 日，FIST 投资中心投资初创科技公司 WEST 科技公司，实缴出资额为 1 000 万元。其中 WEST 科技公司接受投资时的从业人数为 125 人，本科以上学历人数占比为 55%，资产总额 2 150 万元，年销售收入 1 385 万元，研发费用总额占成本费用支出的比例为 62.5%。

2018 年 2 月 15 日，贾富贵、耀天公司成立合伙创业投资企业飞天创业营，实缴出资额分别为 400 万元和 600 万元。3 月 5 日，飞天创业营投资未上市中小高新技术企业洪城高科公司，实缴出资额为 900 万元。洪城高科公司当年职工人数 457 人，年销售额 1.95 亿元，资产总额 1.97 亿元。

2018 年 3 月 12 日，贾富贵、yes 科技公司成立合伙创投企业梦之家，实缴出

资额分别为 100 万元和 900 万元。4 月 8 日合伙创投资企业梦之家投资未上市中小高新技术企业飞达汽车科技公司，实缴出资额为 500 万元。

2018 年 9 月 6 日，贾富贵作为天使投资个人投资初创科技企业立天建筑科技公司，实缴出资额为 215 万元，拥有 100% 股权。其中立天建筑科技公司接受投资时的从业人数为 81 人，本科以上学历人数占比为 42%，资产总额 2 213 万元，年销售收入 2 535 万元，研发费用总额占成本费用支出的比例为 47%。

2018 年年底，创投投资关系如下：

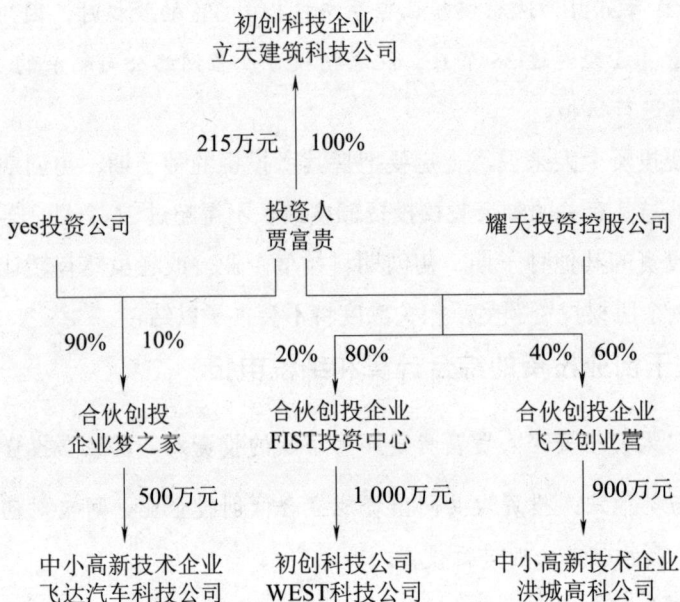

```
                            初创科技企业
                            立天建筑科技公司
                                  ↑
              215万元 │ 100%

yes投资公司            投资人                耀天投资控股公司
                       贾富贵

    90%   10%      20%    80%          40%    60%

  合伙创投          合伙创投企业          合伙创投企业
  企业梦之家        FIST投资中心         飞天创业营

   │ 500万元        │ 1 000万元         │ 900万元
   ↓                ↓                   ↓
中小高新技术企业    初创科技公司        中小高新技术企业
飞达汽车科技公司    WEST科技公司        洪城高科公司
```

2019 年发生如下业务：

2019 年 1 月 28 日，合伙创投资企业 FIST 投资中心投资初创科技型企业蓝天科技，认缴出资 310 万元，但实缴出资 295 万元。其中蓝天科技接受投资时的从业人数为 98 人，本科以上学历人数占比为 49%，资产总额 2 298 万元，年销售收入 1 956 万元，研发费用总额占成本费用支出的比例为 39.5%。

2019 年 2 月 7 日，贾富贵、耀天投资控股公司联合成立合伙创投资企业芝麻街公社，实缴出资额分别为 300 万元和 700 万元。3 月 20 日，合伙创投资企业芝麻街公社投资初创科技企业启动动力科技公司，投资额为 415 万元。启动动力科技公司接受投资时的从业人数为 90 人，本科以上学历人数占比为 45%，资产总额 2 600 万元，年销售收入 1 800 万元，研发费用总额占成本费用支出的比例为 45%。

2019 年 4 月 25 日，yes 投资公司向耀天投资控股公司转让其持有的有限合伙制创业投资企业梦之家全部份额，此时耀天投资控股公司对合伙创投企业梦之家的实缴出资额也为 900 万元。

2019 年 6 月 30 日，耀天投资控股公司单独投资初创科技公司天力士科技公司，实缴投资额为 361 万元，拥有 100% 股权。

2019 年年底，创投投资关系如下：

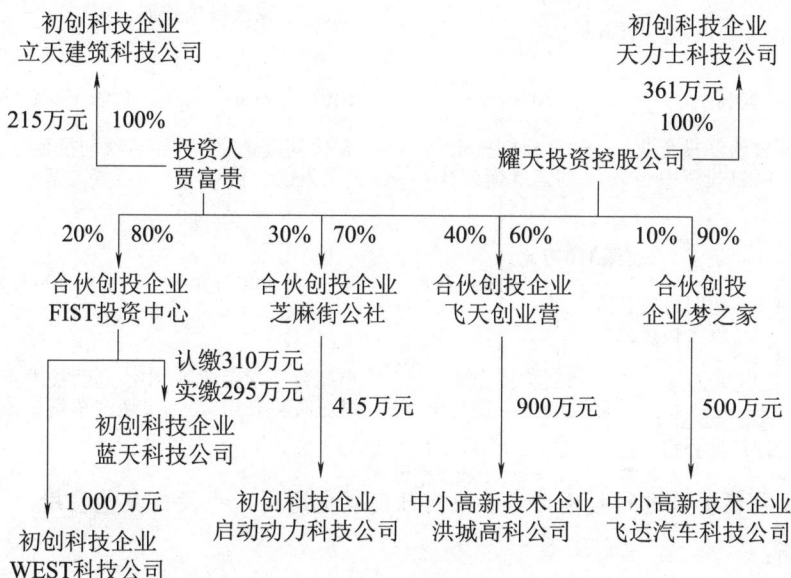

初创科技企业 立天建筑科技公司　——　215万元　100%

初创科技企业 天力士科技公司　——　361万元　100%

投资人 贾富贵　——　耀天投资控股公司

20% 80%　——　合伙创投企业 FIST投资中心

30% 70%　——　合伙创投企业 芝麻街公社

40% 60%　——　合伙创投企业 飞天创业营

10% 90%　——　合伙创投企业 梦之家

认缴310万元 实缴295万元　——　初创科技企业 蓝天科技公司

1 000万元　——　初创科技企业 WEST科技公司

415万元　——　初创科技企业 启动动力科技公司

900万元　——　中小高新技术企业 洪城高科公司

500万元　——　中小高新技术企业 飞达汽车科技公司

2020 年发生如下业务：

2020 年 1 月，合伙创投企业 FIST 投资中心补齐投资初创科技型企业蓝天科技公司剩余出资额 15 万元。

2020 年度，各合伙创投企业经调整后的生产经营所得如下。

单位：万元

项目 企业	股息红利所得	经营所得
合伙创投FIST投资中心	0	−312
合伙创投芝麻街公社	102	513
合伙创投飞天创业营	0	552
合伙创投梦之家	0	574
合计	102	1 327

此外，初创科技企业立天建筑科技公司分配给天使投资个人贾富贵经营所得 125 万元；初创科技公司天力士科技公司分配给耀天投资控股公司股息、红利 312 万元。

2020 年年底创投投资关系如下。

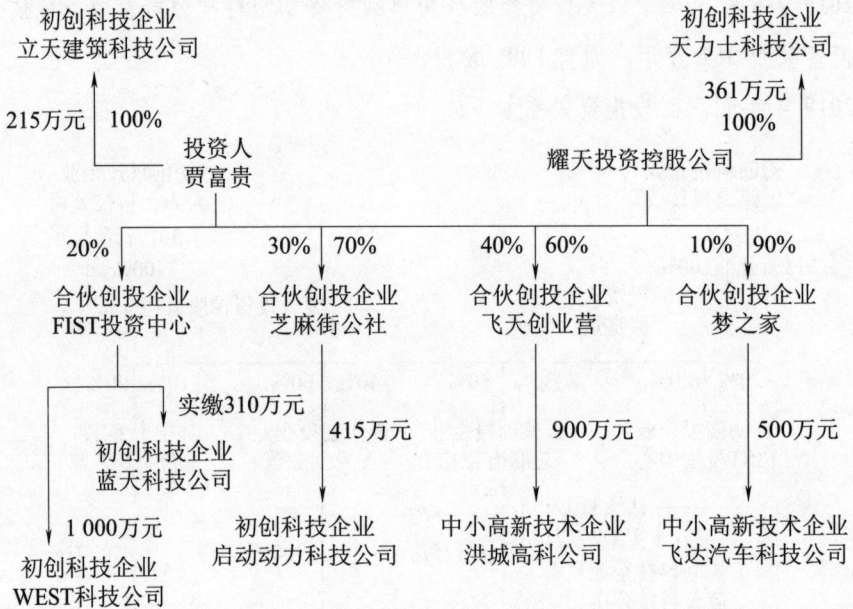

初创科技企业
立天建筑科技公司

初创科技企业
天力士科技公司

215万元　100%

361万元
100%

投资人
贾富贵

耀天投资控股公司

20%　　30% 70%　　40% 60%　　10% 90%

合伙创投企业
FIST投资中心

合伙创投企业
芝麻街公社

合伙创投企业
飞天创业营

合伙创投企业
梦之家

实缴310万元

415万元

900万元

500万元

初创科技企业
蓝天科技公司

1 000万元

初创科技企业
WEST科技公司

初创科技企业
启动动力科技公司

中小高新技术企业
洪城高科公司

中小高新技术企业
飞达汽车科技公司

假设贾富贵只进行投资业务，没有任何其他所得，也没有其他费用。

解析：

第一步：按照合伙协议的约定，将合伙创投企业经营所得进行税前分配。

对各合伙企业的应纳税所得额分配情况进行台账登记，如下表。

单位：万元

项目　　企业	合伙企业应纳税所得额		个人合伙人贾富贵应分配所得		法人合伙人耀天投资控股公司应分配所得	
	股息红利所得	经营所得	股息红利所得	经营所得	股息红利所得	经营所得
合伙创投FIST投资中心	0	−312	0	0	0	0
合伙创投芝麻街公社	102	513	35	218	67	295
合伙创投飞天创业营	0	552	0	172	0	380
合伙创投梦之家	0	574	0	62	0	512
合计	102	1 327	35	452	67	1 187

需要注意：经营所得是指个人独资企业、合伙企业分配给投资者或合伙人的所得和企业当年留存的所得（利润）或者归属于个体工商户业主的所得，如果出现经营亏损，便不再进行分配，个人不得用某处经营所得亏损来冲减同期来自其他单位的经营所得，法人合伙人也不得用合伙企业的亏损来抵减其盈利。

第二步：计算合伙人和天使投资个人投资额，可抵扣限额。

1. 贾富贵的投资额可抵扣限额

天使投资个人直接投资初创科技公司的投资额可抵扣限额，按照个人投资各个初创科技企业分别计算，但只有换让该企业股权时才实际进行抵扣。如果某一初创科技公司在完全抵扣之前注销清算，自其注销清算之日起36个月内，剩余可抵扣额可以抵扣其转让其他初创科技企业股权取得的应纳税所得额。

2018年9月6日，贾富贵作为天使投资个人直接投资初创科技型企业立天建筑科技公司，至2020年9月5日已满2年，因此其可以抵扣的投资额为215×100%×70%=150.5万元，但是其并没有转让上述公司股权，不可以在限额内抵扣投资额。

个人合伙人通过合伙创投企业间接投资初创科技公司的可抵扣投资限额，只能抵扣符合条件的合伙创投企业分得的营业所得。

2018年3月5日，贾富贵通过合伙创投企业飞天创业营间接投资未上市中小高新技术企业洪城高科公司。2018年4月8日，通过合伙创投企业梦之家间接投资中小高新技术企业飞达汽车科技公司，至2020年底之前，上述投资均已满2年，但个人间接投资符合条件的中小高新技术企业不享受投资额抵扣的优惠政策。

2019年3月20日，贾富贵通过合伙创投企业芝麻街公社间接投资初创科技型企业启动动力科技公司，但至2020年底未满2年，不允许抵扣投资额。

2018年1月23日，贾富贵通过合伙创投企业FIST投资中心间接投资的初创科技公司WEST科技公司，至2020年1月19日，已满2年，可以在限额内抵扣投资额。合伙创投企业FIST投资中心对WEST科技公司的实缴投资额为1 000万元，贾富贵对合伙创投企业FIST投资中心的实缴出资比例20%，因此其可以抵扣的投资额为1 000×20%×70%=140万元。

2. 耀天投资控股公司的投资额可抵扣限额

创投公司直接投资初创科技公司和未上市中小高新技术企业的可抵扣限额，可以抵扣法人合伙人的全部应纳税所得额。

2019年6月30日，耀天投资控股公司作为创投公司单独投资初创科技公司天力士科技公司，至2020年末投资期间未满2年，因此暂时不能抵扣。耀天投资控股公司可以在股权持有满 2 年的当年抵扣该创业投资企业的应纳税所得额；当年不足抵扣的，可以在以后纳税年度结转抵扣，而天使投资个人却只能在股权转让时才准予抵扣。

根据《国家税务总局关于有限合伙制创业投资企业法人合伙人企业所得税有关问题的公告》（国家税务总局公告 2015 年第 81 号）规定，法人合伙人通过多个合伙创投企业间接投资符合条件的未上市中小高新技术企业的投资额抵扣限额，可合并计算其可抵扣的投资额和分得的所得。当年不足抵扣，可结转以后纳税年度继续抵扣；当年抵扣后有结余的，应按照企业所得税法的规定计算缴纳企业所得税。

根据《国家税务总局关于创业投资企业和天使投资个人税收政策有关问题的公告》（国家税务总局公告 2018 年第 43 号）规定，法人合伙人通过多个合伙创投企业间接投资符合条件的初创科技公司的投资额抵扣限额，可合并计算其可抵扣的投资额和分得的所得。当年不足抵扣的，可结转以后纳税年度继续抵扣；当年抵扣后有结余的，应按照企业所得税法的规定计算缴纳企业所得税。

如果间接投资的项目中，既有未上市中小高新技术企业，又有初创科技公司，是否也能进行合并呢？从相关文件精神判断，应该可以合并计算。

2019 年 4 月 25 日，yes 投资公司向耀天投资控股公司转让其持有的合伙创投企业梦之家全部份额，而梦之家投资的是未上市中小高新技术企业飞达汽车科技公司。注意，间接投资符合抵扣条件的中小高新技术企业需要满足两个 2 年的条件，即合伙创投企业梦之家对飞达汽车科技公司实缴投资满 2 年，合伙创投企业的法人合伙人对该合伙创投企业实缴投资满 2 年，至 2020 年年末，耀天投资控股公司对梦之家实缴投资不满 2 年，因此相关投资额暂时不能抵扣。

2019 年 1 月 28 日，耀天投资控股公司通过合伙创投资企业 FIST 投资中心间接投资初创科技型企业蓝天科技，至 2020 年年末，耀天投资控股公司对梦之家实缴投资不满 2 年，因此相关投资额暂时不能抵扣。

2019 年 3 月 20 日，耀天投资控股公司通过合伙创投企业芝麻街公社间接投资初创科技型企业启动动力科技公司，但至 2020 年年底未满 2 年，因此相关投资额暂时不能抵扣。

2018 年 1 月 23 日，耀天投资控股公司通过合伙创投企业 FIST 投资中心间接投资的初创科技公司 WEST 科技公司，至 2020 年 1 月 22 日，已满 2 年，可以在限额内抵扣投资额。

2018 年 3 月 5 日，耀天投资控股公司通过合伙创投企业飞天创业营投资未上市中小高新技术企业洪城高科公司，至 2020 年 3 月 4 日，已满 2 年，可以在限额内抵扣投资额。

耀天投资控股公司对合伙创投企业 FIST 投资中心和飞天创业营的实缴出资比例分别为 80%、60%，合伙创投企业 FIST 投资中心对初创科技公司 WEST 科技公司以及合伙创投企业飞天创业营对初创科技公司洪城高科公司的投资额分别为 1 000 万元、900 万元，因此耀天投资控股公司可抵扣投资额限额 ＝ 1 000×80%×70%+900×60%×70%=938 万元。

第三步：计算应纳税所得额

1. 贾富贵的应纳税所得额

2020 年，贾富贵从合伙创投企业芝麻街公社分得股息 35 万元，应当按照"利息、股息、红利所得"缴纳个人所得税。

合伙创投企业 FIST 投资中心当年亏损 200 万元，未分配经营所得，因此，该企业可抵扣投资限额 140 万元当期不能抵扣来自其他合伙创投企业的经营所得，只能结转下期抵扣。

贾富贵通过芝麻街公社、飞天创业营、梦之家的间接投资行为均不符合投资额抵扣政策。根据《合伙企业应纳税所得额分配表》，贾富贵从上述 3 家合伙创投企业分得的经营所得 452 万元，不允许抵扣。贾富贵通过合伙创投企业 FIST 投资中心间接投资的初创科技公司 WEST 科技公司符合抵扣条件，可抵扣投资额为 140 万元。

注意：贾富贵作为天使投资个人投资初创科技企业立天建筑科技公司，取得可抵扣投资限额 150.5 万元不能抵扣来自该企业的经营所得，只能抵扣转让该企业股权的所得。

2020 年，贾富贵经营所得应纳税所得额为：218+172+62+125=577 万元。

"利息、股息、红利所得"应纳税所得额为 35 万元。

2. 耀天投资控股公司的应纳税所得额

截至 2020 年年底，耀天投资控股公司对合伙创投企业 FIST 投资中心和飞天创业营的投资额可以抵扣，而且抵扣限额可以合并计算。

耀天投资控股公司对合伙创投企业飞天创业营的投资比例是 60%，飞天创业营对洪城高科公司的实缴投资额是 900 万，因此该项目的可抵扣投资额限额为：900×60%×70%=378 万元。

耀天投资控股公司从合伙创投企业飞天创业营分得经营所得 380 万元，未分到其他所得，可以使用上述抵扣额进行抵扣，但抵扣后尚有 2 万元额度未抵扣。如果是个人合伙人，只能结转到以后年度。作为法人合伙人，耀天投资控股公司投资于多个符合条件的合伙创投企业，可合并计算其可抵扣的投资额和分得的所得。

FIST 投资中心间接投资 WEST 科技公司，符合投资额抵扣条件，但由于合伙创投企业 FIST 投资中心出现了经营亏损。2020 年度，耀天投资控股公司从合伙创投企业 FIST 投资中心未分到任何所得，但其抵扣额可以抵扣从飞天创业营分得的所得。

2020 年度，耀天投资控股公司从上述两家合伙创投企业分得所得合计为 380 万元，均为经营所得。根据上一步计算可知，来自上述两家合伙创投企业的投资额抵扣限额合并后为 938 万元，因此其当期经营所得 380 万元全部予以抵扣，剩余 558 万元可结转到以后年度继续抵扣来自符合条件的合伙创投企业的经营所得。

截至 2020 年年底，耀天投资控股公司对合伙创投企业芝麻街公社、梦之家的投资额暂时不能抵扣，从上述两家合伙创投企业分得的经营所得合计为 807 万元，计入 2020 年度耀天投资控股公司实际应纳税所得额之中。

关于股息、红利所得，耀天投资控股公司作为创投企业直接投资初创科技公司天力士科技公司，2020 年分配给其股息、红利 312 万元。居民企业在向股东分配股息、红利之前需要缴纳企业所得税，因此天力士科技公司分配给耀天投资控股公司的股息、红利是税后所得，不需要再缴纳个人所得税。合伙企业既不是企业所得税纳税人，也不是个人所得税纳税人，因此芝麻街公社分配给耀天投资控股公司股息、红利所得 67 万元需要缴纳企业所得税。假如芝麻街公社符合投资额抵扣条件，那么这 67 万元股息、红利所得也可以进行抵扣，但是其并不符合抵扣条件，因此需要与分配给其的 807 万元经营所得合并后，纳入应纳税所得额之中。个人所得税实行综合与分类相结合的税制，而企业所得税实行综合税制，各种不同性质所得汇总缴纳企业所得税，不用区分所得的种类。

在不考虑耀天投资控股公司其他所得的前提下，耀天投资控股公司应纳税所得额：807+67=874 万元。

第四步：创投相关涉税业务实务操作

（一）合伙创投企业相关备案和申报手续

1. 投资初创科技企业的有关手续

（1）关于个人合伙人的备案和申报

注意时间节点：合伙创投企业应在投资种子期、初创期科技型企业满 2 年的年度终了 3 个月内，向合伙创投企业主管税务机关办理备案手续，备案时应报送《合伙创投企业个人所得税投资抵扣备案表》并将有关资料留存备查，备查资料与公司制创投企业相同。合伙创投企业多次投资同一初创科技型企业的，应按年度分别备案。

合伙创投企业个人所得税投资抵扣备案表
（2020年度）

备案编号（主管税务机关填写）：××××××

单位：%，人民币元（列至角分）

合伙创投企业基本情况				
企业名称	FIST投资中心		纳税人识别号（统一社会信用代码）	略
备案管理部门	合伙创投企业根据《创业投资企业管理暂行办法》《私募投资基金监督管理暂行办法》等规定，办理备案的主管部门名称全称		备案时间	填写合伙创投企业向备案管理部门完成备案的时间
联系人	合伙创投企业联系人姓名		联系电话	该企业联系人的联系电话

对初创科技型企业投资情况										
初创科技型企业名称	纳税人识别号	注册地	设立时间	投资日期	从业人数	本科以上学历人数占比	资产总额	年销售收入	研发费用总额占成本费用支出的比例	投资2年内与关联方合计持股比例是否超50%	投资额
WEST科技公司	略	注册登记的具体地址	设立登记的具体时间	工商变更登记的日期	125	55%	2 150万	1 385万	62.5%	否	1 000万

　　从业人数：填写与初创科技型企业建立劳动关系的职工及企业接受的劳务派遣人员人数。具体按照初创科技型企业接受投资前连续12个月的平均数填写；不足12个月的，按照实际月数平均计算填写。

　　本科以上学历人数占比：填写初创科技型企业接受投资时本科以上学历人数占企业从业人数的比例。

　　资产总额：填写初创科技型企业的资产总额。具体按照初创科技型企业接受投资前连续12个月的平均数填写；不足12个月的，按照实际月数平均计算填写。

　　年销售收入：填写初创科技型企业的年销售收入。具体按照初创科技型企业接受投资前连续12个月的累计数填写；不足12个月的，按照实际月数累计计算填写。

研发费用总额占成本费用支出的比例：填写企业接受投资当年及下一年两个纳税年度的研发费用总额合计占同期成本费用总额合计的比例。

投资额：填写合伙创投企业以现金形式对初创科技型企业的实缴出资额。

合伙创投企业应在投资初创科技企业满 2 年后的每个年度终了 3 个月内，向合伙创投企业主管税务机关报送《合伙创投企业个人所得税投资抵扣情况表》。

合伙创投企业个人所得税投资抵扣情况表
（2020年度）

单位：%，人民币元（列至角分）

合伙创投企业情况										
企业名称	FIST投资中心				纳税人识别号（统一社会信用代码）				略	
投资情况备案编号	上表中的编号									
当年新增符合条件的投资额合计	1 000万元				新增可抵扣投资额				700万元	
个人合伙人相关情况										
姓名	身份证件类型	身份证件号码	出资额	出资比例	分配比例	当年度分配的经营所得	结转上年可抵扣投资额	当年新增可抵扣投资额	当年实际抵扣投资额	结转抵扣投资额
贾富贵	身份证	略	200万元	20%	20%	0	0	140万元	0	140万元

当年新增符合条件的投资额合计：填写当年《合伙创投企业个人所得税投资抵扣备案表》投资额合计。如果当年无新增符合投资抵扣税收优惠条件的投资，则无须填写。

新增可抵扣投资额：新增可抵扣投资额 = 当年新增符合条件的投资额合计 × 70%。

（2）关于法人合伙人的备案

合伙创投企业法人合伙人符合享受优惠条件的，合伙创投企业应在投资初创科技型企业满 2 年的年度以及分配所得的年度终了后 3 个月，内向合伙创投企业主管税务机关报送《合伙创投企业法人合伙人所得分配情况明细表》。

合伙创投企业法人合伙人所得分配情况明细表

所属期间：2020年1月1日至2020年12月31日

单位：%、人民币元（列至角分）

创投企业统一社会信用代码（纳税人识别号）	创投企业名称	主管税务机关	本期新增符合优惠条件的实缴投资额合计（a）	本期所得（b）	法人合伙人应得的所得
略	FIST投资中心	××税务局	1 000万元	0	0

法人合伙人统一社会信用代码（纳税人识别号）	法人合伙企业名称	主管税务机关	实缴出资额	投资时间	实缴出资额占全部实缴出资额比例 1	本期新增符合优惠条件的投资额 2=a×1	本期新增可抵扣的投资额 3=2×70%	所得的分配比例 4	5=b×4
略	耀天投资控股公司	××税务局	800万元	2018年1月1日	80%	800万元	560万元	80%	0

初创科技型企业统一社会信用代码（纳税人识别号）	初创科技型企业名称	主管税务机关	成立日期	接受投资日期	接受创业投资额	从业人数	具有大学本科以上学历的从业人数所占比例	资产总额	年销售收入	研发费用占成本费用比例	是否已上市	征收方式
略	WEST科技公司	××税务局	略	2018年1月3日	1 000万元	125人	55%	2 150万元	1 385万元	62.5%	否	查账征收

2. 投资未上市中小高新技术企业的有关手续

有限合伙制创业投资企业法人合伙人符合享受优惠条件的，应在符合条件的年度终了后 3 个月内，向其主管税务机关报送《有限合伙制创业投资企业法人合伙人应纳税所得额分配情况明细表》。

有限合伙制创业投资企业法人合伙人应纳税所得额分配情况明细表

所属期间：2020 年 1 月 1 日至 2020 年 12 月 31 日

单位：%，人民币元（列至角分）

创投企业名称	主管税务机关	本期新增符合优惠条件的实缴投资额合计（a）					本期应纳税所得额（b）			
飞天创业营	××税务局	900万元					552万元			
法人合伙人企业名称	主管税务机关	实缴出资额	投资持有时间	实缴出资额占全部实缴出资额比例	本期新增符合优惠条件的投资额	本期新增可抵扣的投资额	应纳税所得额的分配比例		法人合伙人应分得的应纳税所得额	
				1	2=a×1	3=2×70%	4		5=b×4	
耀天投资控股公司	××税务局	600万元	2年	60%	540万元	378万元	68.84%		380万元	
高新技术企业名称	投资日期	投资额	投资持有时间	投资年度职工人数	投资年度年销售（营业）额	投资年度资产总额	认定高新技术企业年度	是否已上市	上市日期	是否符合优惠条件
洪城高科公司	2018年3月5日	900万元	2年	457人	1.95亿元	1.97亿元	2017年	否	—	是

（二）合伙创投企业个人合伙人的相关备案和申报手续

个人合伙人贾富贵的个人所得税年度申报，应将当年允许抵扣的投资额填至《个人所得税生产经营所得纳税申报表（B 表）》相应位置。该表修订后第 60 行专门设立了"投资抵扣"一栏，用于填写按照税法规定可以税前抵扣的投资金额。

投资初创科技型企业满 2 年的合伙创投企业个人合伙人，在办理年度个人所得税纳税申报时，以其符合条件的投资额的 70% 抵扣个人合伙人当年自合伙创投企业分得的经营所得。2020 年，贾富贵实际可以抵扣的投资额为 0，因此并不需要填报此栏。

（三）合伙创投企业法人合伙人的备案和申报

（1）投资初创科技公司的有关手续

根据《国家税务总局关于发布修订后的〈企业所得税优惠政策事项办理办法〉

的公告》（国家税务总局公告 2018 年第 23 号）规定，企业享受优惠事项采取"自行判别、申报享受、相关资料留存备查"的办理方式。企业应当根据经营情况以及相关税收规定自行判断是否符合优惠事项规定的条件，符合条件的可以按照《企业所得税优惠事项管理目录》列示的时间自行计算减免税额，并通过填报企业所得税纳税申报表享受税收优惠，同时，按照规定归集和留存相关资料备查，因此需要将法人合伙人投资于合伙创投企业的出资时间、出资金额、出资比例及分配比例的相关证明材料、合伙创投企业主管税务机关受理后的《合伙创投企业法人合伙人所得分配情况明细表》及其他有关资料留存备查。

（2）投资未上市中小高新技术企业的有关手续

法人合伙人向其所在地主管税务机关备案享受投资抵扣应纳税所得额时，应提交《法人合伙人应纳税所得额抵扣情况明细表》（见下表）以及有限合伙制创业投资企业所在地主管税务机关受理后的《有限合伙制创业投资企业法人合伙人应纳税所得额分配情况明细表》，同时将《国家税务总局关于实施创业投资企业所得税优惠问题的通知》（国税发〔2009〕87 号）规定报送的备案资料留存备查。

法人合伙人应纳税所得额抵扣情况明细表

法人合伙人纳税人识别号：略

法人合伙人企业名称：耀天投资控股公司

所属期间：2020 年 1 月 1 日至 2020 年 12 月 31 日

单位：元

创投企业纳税人识别号	创投企业名称	主管税务机关	本期新增的可抵扣投资额	本期应分得的应纳税所得额	上期结转的可抵扣投资额	本期实际可抵扣投资额	结转下期可抵扣投资额
			1	2	3	4（若1+3<2，则4=1+3；若1+3>2，则4=2）	5=1+3-4
略	飞天创业营	××税务局	378万元	380万元	—	—	
	合　计						
企业声明	我单位已知悉本事项全部相关政策和管理要求。此表是根据《中华人民共和国企业所得税法》及其实施条例和国家税收规定填报的，是真实、完整的，提交的资料真实、合法、有效。 （企业公章） 财务负责人：　　　　　　　　　　法定代表人（负责人）： 　　　　　　　　　　　　　　　　　　　年　　月　　日						

（四）天使投资个人的备案和申报

按照税法规定，天使投资个人应在投资初创科技型企业满 24 个月的次月 15 日内，与初创科技型企业共同向初创科技型企业主管税务机关办理备案手续。备案时，应报送《天使投资个人所得税投资抵扣备案表》、天使投资个人身份证件等相关资料。

贾富贵对初创科技公司立天建筑科技公司的投资于 2020 年 9 月 4 日已满 2 年，因此，贾富贵应在 2020 年 10 月 15 日前进行备案，并提交下表。

天使投资个人所得税投资抵扣备案表

备案编号（主管税务机关填写）：

单位：%，元（列至角分）

天使投资个人基本情况					
姓名	贾富贵	身份证件类型	身份证	身份证件号码	略
国籍（地区）	中国	联系电话	略	联系地址	略
初创科技型企业基本情况					
企业名称	立天建筑科技公司	纳税人识别号（统一社会信用代码）		略	
设立时间	设立登记的具体日期	注册地址		注册登记的具体地址	
初创科技型企业及天使投资个人投资情况					
投资日期	从业人数	本科以上学历人数占比	资产总额	年销售收入	研发费用总额占成本费用支出的比例	投资2年内与其亲属合计持股比例是否超过50%	投资额
2018年9月6日	81	42%	2 213万元	2 535万元	47%	否	215万元

谨声明：本人（单位）知悉并保证本表填报内容及所附证明材料真实、完整，并承担因资料虚假而产生的法律责任。

天使投资个人签章：　　　　　　　　　　　　　初创科技型企业负责人签章：

　　　　　　　　　　　　　　　　　　　　　　　　　　　　年　　月　　日

代理机构印章： 联系人： 填报日期：	主管税务机关印章： 受理人： 受理日期：

初创科技型企业注销清算情况（税务机关填写）	
注销清算时间	清算前已抵扣投资额
主管税务机关印章： 受理人： 受理日期：	

第五步：缴纳税款

公司制创投企业和法人合伙人缴纳企业所得税具体过程，在此不详述。

贾富贵作为个人合伙人或天使投资个人取得的收入可以由创投合伙企业或者直接投资的初创科技企业代扣代缴或者代为办理，也可以自行申报缴纳个人所得税。

贾富贵选择自行申报"股息、利息、红利所得"，需要报送《个人所得税自行纳税申报表（A表）》，由于贾富贵没有综合所得，相关扣除项目从经营所得中扣除。

个人所得税自行纳税申报表（A表）

税款所属期：2020年1月1日 至2020年12月31日

纳税人姓名：贾富贵

纳税人识别号：□□□□□□□□□□□□□□□□□□（略）

金额单位：人民币元（列至角分）

自行申报情形	□居民个人取得应税所得，扣缴义务人未扣缴税款 □非居民个人取得应税所得，扣缴义务人未扣缴税款 □非居民个人在中国境内从两处以上取得工资、薪金所得 □其他 _____	是否为非居民个人	□是 □否	非居民个人本年度境内居住天数	□不超过90天 □超过90天不超过183天

序号	所得项目	收入额计算			专项扣除				其他扣除			减按计税比例	准予扣除的捐赠额	税款计算						备注
		收入	费用	免税收入	减除费用	基本养老保险费	基本医疗保险费	失业保险费	住房公积金	财产原值	允许扣除的税费	其他			应纳税所得额	税率	速算扣除数	应纳税额	减免税额	已缴税额	应补/退税额	
1	2	3	4	5	6	7	8	9	10	11	12	13	14	15	16	17	18	19	20	21	22	23
1	股息、利息、红利所得	35万	0	0	0	0	0	0	0	0	0	0	0	0	35万	20%	0	7万	0	0	7万	

谨声明：本表是根据国家税收法律法规及相关规定填报的，是真实的、可靠的、完整的。

纳税人签字：贾富贵

年　　月　　日

贾富贵选择自行申报"经营所得"，按月或者按季度预缴时填写《个人所得税生产经营所得纳税申报表（A 表）》，年度汇缴时填写《个人所得税生产经营所得纳税申报表（B 表）》，具体填报要求，参见第一章第五节的相关内容。

第五节　房屋相关所得税收筹划

一、个人转让住房 [①]

个人转让住房，对于能够提供相关凭证的，以其转让收入额减除财产原值和合理费用后的余额为应纳税所得额，按照"财产转让所得"项目，按照 20% 的税率缴纳个人所得税。

以实际成交价格为转让收入，但纳税人申报的住房成交价格明显低于市场价格且无正当理由的，征收机关根据有关信息，依法核定其转让收入。

计算个人所得税应纳税所得额时，纳税人可凭原购房合同、发票等有效凭证，经税务机关审核后，允许从其转让收入中减除房屋原值、转让住房过程中缴纳的税金及有关合理费用。

纳税人未提供完整、准确的房屋原值凭证，不能正确计算房屋原值和应纳税额，税务机关可对其实行核定征税 [②]，即按照纳税人住房转让收入的一定比例核定应纳个人所得税额。具体比例由省税务局或者省税务局授权的市税务局根据纳税人出售住房的所处区域、地理位置、建造时间、房屋类型、住房平均价格水平等因素，在住房转让收入 1% ～ 3% 的幅度内确定。

个人转让住房按照住房转让收入征收个人所得税，只是纳税人未提供完整、准确的房屋原值凭证时的一种补充手段。如果能提供相关凭证的，应当按照财产转让所得进行征收。

1. 房屋原值的确定

（1）商品房：购置该房屋时实际支付的房价款及交纳的相关税费。

（2）自建住房：实际发生的建造费用及建造和取得产权时实际交纳的相关税费。

---

① 详见《国家税务总局关于个人住房转让所得征收个人所得税有关问题的通知》（国税发〔2006〕108号）
② 根据《税收征收管理法》第三十五条规定

（3）经济适用房（含集资合作建房、安居工程住房）：原购房人实际支付的房价款及相关税费以及按规定交纳的土地出让金。

（4）已购公有住房：已购公有住房是指城镇职工根据国家和县级（含县级）以上人民政府有关城镇住房制度改革政策规定，按照成本价（或标准价）购买的公有住房。已购公有住房标准面积按当地经济适用房价格计算的房价款，加上已购公有住房超标准面积实际支付的房价款以及按规定向财政部门（或原产权单位）交纳的所得收益及相关税费。

经济适用房价格按照县级（含县级）以上地方人民政府规定的标准确定。

（5）城镇拆迁安置住房的原值分别按照以下方法确定。

①房屋拆迁取得货币补偿后购置房屋的，为购置该房屋实际支付的房价款及交纳的相关税费。

②房屋拆迁采取产权调换方式的，所调换房屋原值为《房屋拆迁补偿安置协议》注明的价款及交纳的相关税费。

③房屋拆迁采取产权调换方式，被拆迁人除取得所调换房屋，又取得部分货币补偿的，所调换房屋原值为《房屋拆迁补偿安置协议》注明的价款和交纳的相关税费，减去货币补偿后的余额。

④房屋拆迁采取产权调换方式，被拆迁人取得所调换房屋，又支付部分货币的，所调换房屋原值为《房屋拆迁补偿安置协议》注明的价款，加上所支付的货币及交纳的相关税费。

2. 转让住房过程中缴纳的税金

纳税人在转让住房时实际缴纳的营业税、城市维护建设税、教育费附加、土地增值税、印花税等税金，准予在计算所得时予以扣除。

3. 合理费用

纳税人按照规定，实际支付的住房装修费用、住房贷款利息、手续费、公证费等费用，准予在计算所得时予以扣除。

（1）支付的住房装修费用。纳税人能提供实际支付装修费用的税务统一发票，并且发票上所列付款人姓名与转让房屋产权人一致的，经税务机关审核，其转让的住房在转让前实际发生的装修费用，可在规定比例内扣除。已购公有住房、经济适用房：最高扣除限额为房屋原值的15%；商品房及其他住房：最高扣除限额为房屋原值的 10%。

纳税人已购房为装修房，即合同注明房价款中含有装修费（铺装了地板，装配了洁具、厨具等）的，不得再重复扣除装修费用。

（2）支付的住房贷款利息。纳税人出售以按揭贷款方式购置的住房的，其向贷款银行实际支付的住房贷款利息，凭贷款银行出具的有效证明据实扣除。

（3）纳税人按照有关规定实际支付的手续费、公证费等，凭有关部门出具的有效证明据实扣除。

4. 税收优惠政策

对出售自有住房并拟在现住房出售 1 年内按市场价重新购房的纳税人，其出售现住房所缴纳的个人所得税，先以纳税保证金形式缴纳，再视其重新购房的金额与原住房销售额的关系，全部或部分退还纳税保证金。

税务机关建立个人所得税纳税保证金专户，为缴纳纳税保证金的纳税人建立档案，加强对纳税保证金信息的采集、比对、审核；向纳税人宣传解释纳税保证金的征收、退还政策及程序；认真做好纳税保证金退还事宜，符合条件的及时办理。

对个人转让自用 5 年以上，并且是家庭唯一生活用房取得的所得，免征个人所得税。

这中间有个重要问题，便是购得时间[1]，如果房屋产权证和契税完税证明所注明的时间不一致的，按照"孰先"的原则，确定购买房屋的时间。即房屋产权证上注明的时间早于契税完税证明上注明的时间的，以房屋产权证注明的时间为购买房屋的时间；契税完税证明上注明的时间早于房屋产权证上注明的时间的，以契税完税证明上注明的时间为购买房屋的时间。

5. 征管要求

根据规定[2]，个人转让住房应缴纳的个人所得税，应与转让环节应缴纳的增值税、契税、土地增值税等税收一并办理；税务机关暂没有条件在房地产交易场所设置税收征收窗口的，应委托契税征收部门一并征收个人所得税等税收，在房屋拍卖后缴纳增值税、契税、土地增值税等税收的同时，一并申报缴纳个人所得税。

---

① 详见《国家税务总局关于房地产税收政策执行中几个具体问题的通知》（国税发〔2005〕172号）
② 详见《国家税务总局关于进一步加强房地产税收管理的通知》（国税发〔2005〕82号）和《国家税务总局关于实施房地产税收一体化管理若干具体问题的通知》（国税发〔2005〕156号）

二、房屋无偿赠与 [①]

1. 不征税的房屋产权无偿赠与

房屋产权所有人将房屋产权无偿赠与配偶、父母、子女、祖父母、外祖父母、孙子女、外孙子女、兄弟姐妹；房屋产权所有人将房屋产权无偿赠与对其承担直接抚养或者赡养义务的抚养人或者赡养人；房屋产权所有人死亡，依法取得房屋产权的法定继承人、遗嘱继承人或者受遗赠人。上述情形的房屋产权无偿赠与，对当事双方不征收个人所得税。

赠与双方办理免税手续时，应向税务机关提交以下材料。

（1）属于继承不动产的，继承人应当提交公证机关出具的"继承权公证书"、房产所有权证和《个人无偿赠与不动产登记表》；属于遗嘱人处分不动产的，遗嘱继承人或者受遗赠人须提交公证机关出具的"遗嘱公证书"和"遗嘱继承权公证书"或"接受遗赠公证书"、房产所有权证以及《个人无偿赠与不动产登记表》；属于其他情况无偿赠与不动产的，受赠人应当提交房产所有人"赠与公证书"和受赠人"接受赠与公证书"，或持双方共同办理的"赠与合同公证书"以及房产所有权证和《个人无偿赠与不动产登记表》。上述证明材料必须提交原件 [②]。

（2）赠与双方当事人的有效身份证件。

（3）房屋产权所有人将房屋产权无偿赠与配偶、父母、子女、祖父母、外祖父母、孙子女、外孙子女、兄弟姐妹，还须提供公证机构出具的赠与人和受赠人亲属关系的公证书（原件）。

（4）房屋产权所有人将房屋产权无偿赠与对其承担直接抚养或者赡养义务的抚养人或者赡养人，还须提供公证机构出具的抚养关系或者赡养关系公证书（原件），或者乡镇政府或街道办事处出具的抚养关系或者赡养关系证明。

税务机关应当认真审核赠与双方提供的上述材料，材料齐全并且填写正确的，在提交的《个人无偿赠与不动产登记表》上签字盖章后复印留存，原件退还提交人，同时办理个人所得税不征税手续。

2. 征税的房屋产权无偿赠与

除了上述人员范围之外，房屋产权所有人将房屋产权无偿赠与他人，受赠人

[①] 详见《财政部　税务总局关于个人取得有关收入适用个人所得税应税所得项目的公告》（财政部　税务总局公告2019年第74号）第二条
[②] 详见《国家税务总局关于加强房地产交易个人无偿赠与不动产税收管理有关问题的通知》（国税发〔2006〕144号）第一条

因无偿受赠房屋取得的受赠所得，按照"偶然所得"项目缴纳个人所得税，税率为20%。

对受赠人无偿受赠房屋计征个人所得税时，其应纳税所得额为房地产赠与合同上标明的赠与房屋价值减除赠与过程中受赠人支付的相关税费后的余额。赠与合同标明的房屋价值明显低于市场价格或房地产赠与合同未标明赠与房屋价值的，税务机关可依据受赠房屋的市场评估价格或采取其他合理方式，确定受赠人的应纳税所得额。

3. 转让接受无偿捐赠的房屋

受赠人转让受赠房屋，以其转让受赠房屋的收入减除原捐赠人取得该房屋的实际购置成本以及赠与和转让过程中受赠人支付的相关税费后的余额，为受赠人的应纳税所得额，依法计征个人所得税。受赠人转让受赠房屋价格明显偏低且无正当理由的，税务机关可以依据该房屋的市场评估价格或其他合理方式确定的价格核定其转让收入。

三、个人出租房屋 [①]

1. 计税方式

自然人出租房屋取得的租金收入应按照"财产租赁所得"，计算缴纳个人所得税，税率为20%。自2001年1月1日起，对个人出租房屋取得的所得，暂减按照10%的税率征收个人所得税。

财产租赁过程中缴纳的税费、向出租方支付的租金（适用于房屋转租）、由纳税人负担的租赁财产实际开支的修缮费用以及税法规定的费用扣除标准，可以据实扣除。

如果无法提供合法、准确凭证，实行核定征收方式，按照租金收入直接乘以征收率计算应缴个人所得税，不同地方的征收率也会有所不同，一般为1.5%～2%。

个体工商户、个人独资企业、合伙企业出租房屋并不按照"财产租赁所得"，而是按照"经营所得"，缴纳个人所得税。

2. 征管现状

出租房屋一直是税收征收管理的一个薄弱环节，如果出租方为自然人房东，不主动进行申报，税务机关难以掌握房租出租的具体情况。

---

① 详见《财政部　国家税务总局关于廉租住房、经济适用住房和住房租赁有关税收政策的通知》（财税〔2008〕24号）

　　过去税务机关只得利用房地产转让及保有环节有关税种的征管信息，跟踪掌握出租房屋的税源情况，重点查找漏征漏管户并核实其出租房屋的面积和租金情况，同时加强与公安、街道办事处、居（家）委会、房屋土地管理部门以及房屋中介机构和住宅小区物业管理部门的沟通，增加税源信息获取渠道，建立税源信息传递制度，特别是通过外来人口管理部门掌握外地人员承租房屋的情况，进而掌握居民住房的出租情况；通过对写字楼、商住楼开展全面的摸底调查，掌握办公用房的出租情况；通过对企业经营场所情况进行登记，掌握工商业用房的出租情况，将从各种渠道获得的信息与税务机关掌握的信息进行比对，分析、查找管理的薄弱环节，切实加强税源的监控。

　　随着新增了专项附加扣除，房屋租金可以抵扣，按照城市类型可以分别扣除每月 800 元、1 100 元、1 500 元不等，而纳税人如果想享受该项扣除，必须如实准确填写出租房信息，对于加强自然人出租房屋的个人所得税征收，无疑起到极大的促进作用。

四、个人转租房屋 [①]

　　自然人将承租房屋转租取得的租金收入，属于个人所得税应税所得，应按照"财产租赁所得"，计算缴纳个人所得税。

　　取得转租收入的个人向房屋出租方支付的租金，凭房屋租赁合同和合法支付凭据允许在计算个人所得税时，从该项转租收入中扣除。

　　税前相关税费的扣除次序调整为财产租赁过程中缴纳的税费、向出租方支付的租金、由纳税人负担的租赁财产实际开支的修缮费用。

五、个人转让离婚析产房屋 [②]

　　通过离婚析产的方式分割房屋产权是夫妻双方对共同共有财产的处置，个人因离婚办理房屋产权过户手续，不征收个人所得税。

　　个人转让离婚析产房屋所取得的收入，允许扣除其相应的财产原值和合理费用后，余额按照规定的税率，缴纳个人所得税；其相应的财产原值，为房屋初次购置全部原值和相关税费之和乘以转让者占房屋所有权的比例。

　　个人转让离婚析产房屋所取得的收入，符合家庭生活自用五年以上唯一住房

---

① 详见《国家税务总局关于个人转租房屋取得收入征收个人所得税问题的通知》（国税函〔2009〕639号）
② 详见《国家税务总局关于明确个人所得税若干政策执行问题的通知》（国税发〔2009〕121号）

的，可以申请免征个人所得税。

六、企业为个人购买房屋或其他财产[①]

企业出资购买房屋及其他财产，将所有权登记为投资者个人、投资者家庭成员或企业其他人员；企业投资者个人、投资者家庭成员或企业其他人员向企业借款用于购买房屋及其他财产，将所有权登记为投资者、投资者家庭成员或企业其他人员，且借款年度终了后未归还借款。符合上述情形的房屋或其他财产，不论所有权人是否将财产无偿或有偿交付企业使用，其实质均为企业对个人进行了实物性质的分配，应依法计征个人所得税。

对个人独资企业、合伙企业的个人投资者或其家庭成员取得的上述所得，视为企业对个人投资者的利润分配，按照"经营所得"，计征个人所得税；对除个人独资企业、合伙企业以外其他企业的个人投资者或其家庭成员取得的上述所得，视为企业对个人投资者的红利分配，按照"利息、股息、红利所得"，计征个人所得税；对企业其他人员取得的上述所得，按照"工资、薪金所得"，计征个人所得税。

七、关于单位低价向职工售房的税收政策[②]

根据住房制度改革政策的有关规定，国家机关、企事业单位及其他组织在住房制度改革期间，按照所在地县级以上人民政府规定的房改成本价格向职工出售公有住房，职工因支付的房改成本价格低于房屋建造成本价格或市场价格而取得的差价收益，免征个人所得税。目前该政策基本上已经不再适用。

除了上述情形之外，单位按照低于购置或建造成本价格出售住房给职工，职工因此而少支出的差价部分，属于个人所得税应税所得，应按照"工资、薪金所得"，缴纳个人所得税。差价部分是指职工实际支付的购房价款低于该房屋的购置或建造成本价格的差额。

对职工取得的上述应税所得，改革前比照全年一次性奖金的征税办法[③]，计算征收个人所得税，即先将全部所得数额除以 12，按其商数确定适用的税率和速算

---

① 详见《财政部　国家税务总局关于企业为个人购买房屋或其他财产征收个人所得税问题的批复》（财税〔2008〕83号）

② 详见《财政部　国家税务总局关于单位低价向职工售房有关个人所得税问题的通知》（财税〔2007〕13号）

③ 详见《国家税务总局关于调整个人取得全年一次性奖金等计算征收个人所得税方法问题的通知》（国税发〔2005〕9号）

扣除数，再根据全部所得数额、适用的税率和速算扣除数，按照税法规定计算征税。单独计算纳税。计算公式为：

应纳税额＝职工实际支付的购房价款低于该房屋的购置或建造成本价格的差额×适用税率－速算扣除数。

改革后，《财政部　国家税务总局关于继续有效的个人所得税优惠政策目录的公告》（总局公告 2018 年第 177 号）确认上述优惠政策继续执行，将税率表更换为《按月换算后的综合所得税率表》，其他计算方式保持不变。

自 2022 年 1 月 1 日起，居民个人取得全年一次性奖金，应并入当年综合所得计算缴纳个人所得税。届时上述优惠政策也将不会继续执行，也应并入综合所得合并计税。

八、与房地产开发企业签订有条件价格优惠协议购买商店[①]

房地产开发企业与商店购买者个人签订协议规定，房地产开发企业按优惠价格出售其开发的商店给购买者个人，但购买者个人在一定期限内必须将购买的商店无偿提供给房地产开发企业对外出租使用。其实质是购买者个人以所购商店交由房地产开发企业出租而取得的房屋租赁收入支付了部分购房价款。

对上述情形的购买者个人少支出的购房价款，应视同个人财产租赁所得，按照"财产租赁所得"，征收个人所得税。每次财产租赁所得的收入额，按照少支出的购房价款和协议规定的租赁月份数平均计算确定。

九、个人取得房屋拍卖收入[②]

个人通过拍卖市场取得的房屋拍卖收入在计征个人所得税时，其房屋原值应按照纳税人提供的合法、完整、准确的凭证予以扣除；不能提供完整、准确的房屋原值凭证，不能正确计算房屋原值和应纳税额的，统一按转让收入全额的 3% 计算缴纳个人所得税。

十、退房取得的补偿款[③]

房屋买受人在未办理房屋产权证的情况下，按照与房地产公司约定条件（如

[①] 详见《国家税务总局关于个人与房地产开发企业签订有条件优惠价格协议购买商店征收个人所得税问题的批复》（国税函〔2008〕576 号）

[②] 详见《国家税务总局关于个人取得房屋拍卖收入征收个人所得税问题的批复》（国税函〔2007〕1145 号）

[③] 详见《国家税务总局关于房屋买受人按照约定退房取得的补偿款有关个人所得税问题的批复》（税总函〔2013〕748 号）

对房屋的占有、使用、收益和处分权进行限制）在一定时期后无条件退房而取得的补偿款，应按照"利息、股息、红利所得"，缴纳个人所得税，税款由支付补偿款的房地产公司代扣代缴。

十一、棚户区改造有关收入 [①]

在棚户区改造中，个人因房屋被征收而取得货币补偿并用于购买改造安置住房，或因房屋被征收而进行房屋产权调换并取得改造安置住房，个人因此而取得的拆迁补偿款免征个人所得税。

棚户区是指简易结构房屋较多、建筑密度较大、房屋使用年限较长、使用功能不全、基础设施简陋的区域，具体包括城市棚户区、国有工矿（含煤矿）棚户区、国有林区棚户区和国有林场危旧房、国有垦区危房。

棚户区改造是指列入省级人民政府批准的棚户区改造规划或年度改造计划的改造项目。

改造安置住房是指相关部门和单位与棚户区被征收人签订的房屋征收（拆迁）补偿协议或棚户区改造合同（协议）中明确用于安置被征收人的住房或通过改建、扩建、翻建等方式实施改造的住房。

十二、易地扶贫搬迁贫困人口有关收入 [②]

对易地扶贫搬迁贫困人口按照规定取得的住房建设补助资金、拆旧复垦奖励资金等与易地扶贫搬迁相关的货币化补偿和易地扶贫搬迁安置住房，免征个人所得税。易地扶贫搬迁项目、项目实施主体、易地扶贫搬迁贫困人口、相关安置住房等信息由易地扶贫搬迁工作主管部门确定。县级易地扶贫搬迁工作主管部门将上述信息及时提供给同级税务部门。

---

① 详见《财政部　国家税务总局关于棚户区改造有关税收政策的通知》（财税〔2013〕101号）
② 详见《财政部 国家税务总局关于易地扶贫搬迁税收优惠政策的通知》（财税〔2018〕135号）

第四章 个人所得税扣除项目筹划

主要决定纳税人个人所得税缴纳税款的两个因素：一个是所得，一个是扣除。扣除项目越多，扣除数额越高，其所缴纳的税款自然也就越少。目前，个人所得税准许扣除的项目包括专项扣除、专项附加扣除、依法确定的其他扣除和公益慈善事业捐赠支出。

◉ 第一节 专项扣除和依法确定的其他扣除

一、专项扣除

专项扣除包括居民个人按照国家规定的范围和标准缴纳的基本养老保险、基本医疗保险、失业保险等社会保险费和住房公积金等。

按照规定[①]，单位为员工实际缴付的基本养老保险费、基本医疗保险费和失业保险费，免征个人所得税；个人按照国家或省（自治区、直辖市）人民政府规定的缴费比例或办法实际缴付的基本养老保险费、基本医疗保险费和失业保险费，允许在个人应纳税所得额中扣除。超过规定的比例和标准缴付的基本养老保险费、基本医疗保险费和失业保险费，应将超过部分并入个人当期的工资、薪金收入，计征个人所得税。

单位和个人分别在不超过职工本人上一年度月平均工资12%的幅度内实际缴存的住房公积金，允许在个人应纳税所得额中扣除。单位和职工个人缴存住房公积金的月平均工资不得超过职工工作地所在设区城市上一年度职工月平均工资的3倍，具体标准按照各地有关规定执行。单位和个人超过上述规定比例和标准缴付的住房公积金，应将超过部分并入个人当期的工资、薪金收入，计征个人所得税。

---

① 详见《财政部 国家税务总局关于基本养老保险费 基本医疗保险费 失业保险费 住房公积金有关个人所得税政策的通知》（财税〔2006〕10号）

个人实际领（支）取原提存的基本养老保险金、基本医疗保险金、失业保险金和住房公积金时，免征个人所得税。

民间一直有"五险一金"的说法，但《个人所得税法》只列举了基本养老保险、基本医疗保险、失业保险等"三险"，这是因为上述"三险"既需要单位缴费，又需要个人缴费，个人缴纳相关费用后可以从工资、薪金所得中扣除，而生育保险和工伤保险只需由单位按照工资总额缴纳，不需要个人再缴费，因此也就不存在个人所得税扣除的问题。生育保险并入基本医疗保险后只是合并经单位办理，依旧独立存在，而且仍不需要个人缴费，自然也就不需要列入专项扣除。

根据《财政部　国家税务总局关于补充养老保险费、补充医疗保险费有关企业所得税政策问题的通知》（财税〔2009〕27号）规定，企业为投资者或者职工支付的补充养老保险费、补充医疗保险费，在国务院财政、税务主管部门规定的范围和标准内，准予扣除。自2008年1月1日起，企业根据国家有关政策规定，为在本企业任职或者受雇的全体员工支付的补充养老保险费、补充医疗保险费，分别在不超过职工工资总额5%标准内的部分，在计算应纳税所得额时准予扣除；超过的部分，不予扣除。

随着企业年金和职业年金制度的确立，补充养老保险会慢慢退出历史，而补充医疗保险在很多地方目前还在执行。

二、依法确定的其他扣除

依法确定的其他扣除包括个人缴付符合国家规定的企业年金、职业年金，个人购买符合国家规定的商业健康保险、税收递延型商业养老保险的支出以及国务院规定可以扣除的其他项目。

企业年金是企业及其职工在依法参加基本养老保险的基础上，自主建立的补充养老保险制度，是对基本养老保险的重要补充，是我国正在完善的由基本养老保险、企业年金（职业年金）和商业性养老保险三部分组成的养老保险体系中的"第二支柱"。按照《企业年金办法》[①]，企业缴费每年不超过本企业职工工资总额的8%。企业和职工个人缴费合计不超过本企业职工工资总额的12%。具体所需费用，由企业和职工双方协商确定。《企业年金办法》只规定了两个上限，也就是企业缴费不能超过8%，企业和职工个人缴费合计不能超过12%，却并未规定具体的个人缴费比例，但按照国家税务总局的规定[②]，在不超过本人缴费工资计税基数的4%

---

① 详见《企业年金办法》（人力资源和社会保障部　财政部令第36号）
② 详见《财政部　人力资源和社会保障部　国家税务总局关于企业年金　职业年金个人所得税有关问题的通知》（财税〔2013〕103号）

标准内的部分，暂从个人当期的应纳税所得额中扣除，超过的部分则不能扣除。纳税人月平均工资超过职工工作地所在设区城市上一年度职工月平均工资300%以上的部分，不计入个人缴费工资计税基数。单位缴费部分，在计入个人账户时，个人暂不缴纳个人所得税。

职业年金是机关事业单位及其工作人员在参加机关事业单位基本养老保险的基础上，建立的补充养老保险制度。按照《机关事业单位职业年金办法》规定[1]，职业年金所需费用由单位和工作人员个人共同承担。单位缴纳职业年金费用的比例为本单位工资总额的8%，个人缴费比例为本人缴费工资的4%。个人按照缴费工资的4%缴纳的企业年金可以据实扣除，但其工资超过职工工作地所在设区城市上一年度职工月平均工资300%以上的部分，不计入个人缴费工资计税基数。单位缴费部分，在计入个人账户时，个人暂不缴纳个人所得税。

按照规定[2]，取得连续所得的个人可以享受商业健康保险抵扣政策，即取得工资薪金所得、连续性劳务报酬所得〔指3个月（含）以上为同一单位提供劳务而取得的劳务报酬所得〕的个人以及取得个体工商户生产经营所得、对企事业单位的承包承租经营所得的个体工商户业主、个人独资企业投资者、合伙企业合伙人和承包承租经营者。只有财产转让所得、偶然所得等非连续性所得的个人不享受此政策。纳税人购买保险公司参照个人税收优惠型健康保险产品指引框架及示范条款开发的、符合抵扣条件的健康保险产品，允许在当年（月）计算应纳税所得额时予以税前扣除，扣除限额为每年2 400元或每月200元。个人未续保或退保的，应于未续保或退保当月告知扣缴义务人终止商业健康保险税前扣除。购买其他商业健康保险不享受此项政策。

税收递延型商业养老保险是指缴纳的保险费允许税前列支，养老金积累阶段免税，领取养老金时再缴纳相关税款的商业养老保险，是养老保险体系中的"第三支柱"。根据规定[3]，取得工资薪金、连续性劳务报酬所得〔连续6个月（含）以上为同一单位提供劳务而取得的劳务报酬所得〕的个人，其缴纳的个人税收递延型商业养老保险保费准予在申报扣除当月计算应纳税所得额时予以限额据实扣除，扣除限额按照当月工资薪金、连续性劳务报酬收入的6%和1 000元孰低办法确定。

---

[1] 详见《国务院办公厅关于印发机关事业单位职业年金办法的通知》（国办发〔2015〕18号）
[2] 详见《国家税务总局关于将商业健康保险个人所得税试点政策推广到全国范围实施的通知》（财税〔2017〕39号）
[3] 详见《关于开展个人税收递延型商业养老保险试点的通知》（财税〔2018〕22号）

取得经营所得的个体工商户业主、个人独资企业投资者、合伙企业自然人合伙人和承包承租经营者，其缴纳的保费准予在申报扣除当年计算应纳税所得额时予以限额据实扣除，扣除限额按照不超过当年应税收入的 6% 和 12 000 元孰低办法确定。

案例： 官欣是拉达设计公司职工，每月工资薪金所得为 5 000 元，5 000 × 6%=300 元 < 1 000 元，那么官欣购买的税收递延型商业养老保险支出抵扣限额便是 300 元。如果购买该保险每月需支付 350 元，那么他在每月计算应纳税所得额时可以扣除 300 元；如果购买该保险每月需支付 280 元，那么他在每月计算应纳税所得额时可以扣除 280 元。

专项扣除和依法确定的其他扣除这两类扣除在此次个人所得税改革之前已经存在，而专项附加扣除则是此次改革后新增的扣除项目，也成为改革的亮点之一。目前专项附加扣除包括子女教育、继续教育、大病医疗、住房贷款利息、住房租金、赡养老人等六项。这种制度安排较好地兼顾了公平和效率，相关支出得到合理扣除，减负力度明显，同时具体操作力求简便易行，方便纳税人缴税，使得个人所得税制度更加公平合理，纳税人在享受减税红利的同时，也刺激了消费、扩大了需求。

● 第二节　专项附加扣除

综合所得计算应纳税所得额时准予抵扣专项附加扣除，对于取得经营所得的个人，没有综合所得的，计算其每一纳税年度的应纳税所得额时，符合规定的专项附加扣除应当在办理经营所得个人所得税年度汇算清缴时减除。

专项附加扣除以居民个人一个纳税年度的应纳税所得额为限额，一个纳税年度扣除不完的，不结转以后年度进行扣除。之所以设计这样的制度安排，主要是七项扣除中除了大病医疗，其他六项扣除并非是实际发生额，而是按照标准进行定额扣除，但同时目前因病致贫、因病返贫现象还比较突出，因此政策修订时可以适当考虑对患有大病的个人给予适度倾斜，比如，准予大病医疗进行跨年结转。

一、子女教育

子女接受学前教育和全日制学历教育时往往并没有收入来源，或者虽有收入但不足以满足其正常学习生活需要，一般均需要依靠父母提供经济资助才能完成学业，因此子女教育费用也成为很多纳税人重要的经济负担，因此该项支出准予在税前抵扣，可以适当减轻父母的实际税负。

1. 子女的范围

子女既包括婚生子女，也包括非婚生子女（俗称"私生"子女），还包括继子女和养子女。继父母、养父母与子女在法律上属于拟制血亲，与亲生父母在法律上享有相同的法律地位，均有资格抵扣相关的子女教育专项附加扣除。父母之外的其他人担任未成年人的监护人，也可以比照执行，也就意味着子女的范围根据实际情况进行了适当扩展，将纳税人抚养的非子女也涵盖在内。这是很有必要、也很有人情味的制度设计。

未成年人的父母死亡、失踪或者因为疾病、负伤等原因丧失监护能力，该未成年人的祖父母、外祖父母，该未成年人的哥哥姐姐以及经未成年人住所地的居民委员会、村民委员会或者民政部门同意的其他愿意担任监护人的个人（包括该未成年人的舅舅、姑姑、叔叔、伯伯、姨等亲属以及该未成年人父母生前好友等）或者组织均可成为该未成年的监护人。这些监护人与该未成年人虽不构成法律上的父母与子女的关系，却在实际上负责照顾被监护人的生活，资助未成年人学习，因此准予扣除与被其监护的该未成年人相关的子女教育费用是合情合理的，同时如果该监护人的子女也在接受全日制学历教育，也可同时扣除其子女的教育费用。

子女教育还可以按子女数量进行累加，这与赡养老人存在很大不同。这种制度安排与目前国家放开三胎的政策是相互衔接的。

2. 教育的界定

子女教育可分为学前教育和学历教育两种。学前教育允许抵扣的期间为子女年满3周岁当月至小学入学前一月。年满3岁至小学入学前处于学前教育阶段的子女，按照每个子女每月1 000元的标准定额扣除，强调的是子女的年龄，并未提及其是否实际接受学前教育，接受的究竟是何种学前教育，是公立幼儿园，私立幼儿园还是民营早教机构？

幼儿园放寒暑假期间，纳税人在此期间内虽不用再缴纳学费，却仍可以抵扣子女教育。比如，张三的儿子于7月份结束幼儿园教育，9月份才入小学，那么8月份张三仍旧可以以学前教育的名义进行抵扣。

学历教育允许抵扣的期间为子女接受全日制学历教育入学的当月至全日制学历教育结束的当月。学历教育包括义务教育（小学至初中）、高中阶段教育（含普通高中、中等职业教育）和高等教育（大学专科、大学本科、硕士研究生、博士研究生教育）。因病或其他非主观原因休学但学籍继续保留的休学期间、学校按规定组织实施的寒暑假等假期并不用单独剔除，仍要归入允许抵扣的期间。不同学历教育之间的衔接期，比如，初中毕业至高中开学的这段时间，性质类似于暑假，也应归入允许抵扣的期间。

孩子在大学期间响应国家号召参军，学校为其保留学籍，在其服役期间，父母仍旧可以抵扣子女教育。

案例： 甄雪因在大学期间学习成绩优异而被保送本校硕士研究生，当年7月份本科毕业后便回家休暑假，而其父甄雷一直抵扣与甄雪相关的子女教育专项附加扣除。9月底，甄雪参加当地事业人员招录并被顺利录取。甄雪认为，这个工作机会难得，于是便向学校表示自己不再继续攻读硕士研究生。如此一来甄雪从7月份便已结束学历教育，可是甄雷却已抵扣了8月和9月的子女教育。该如何操作呢？

解析： 甄雷抵扣8月和9月的子女教育专项附加扣除是基于其女甄雪继续攻读硕士研究生的打算，可甄雪中途改变了主意，造成甄雷多抵扣了该项专项附加扣除。甄雷如果有工作单位，年度中间相关信息发生变化的，应当及时更新《个人所得税专项附加扣除信息表》相应栏次，并报送给扣缴义务人，也就是其所在单位。扣缴义务人应当将纳税人报送的专项附加扣除信息，在次月办理扣缴申报时一并报送至主管税务机关。如果甄雷是自由职业者，并无工作单位，应当在次年3月1日至6月30日内，自行向汇缴地主管税务机关报送新《个人所得税专项附加扣除信息表》，并在办理汇算清缴申报时据实扣除。

子女在境外接受学历教育，父母依然可以在境内抵扣，但应当留存境外学校录取通知书、留学签证等相关教育的证明资料备查。参加"跨校联合培养"的学生需要分别在境内、境外学习一段时间，无论是在哪里学习，父母均可以进行抵扣。

对于子女教育中子女的具体年龄，目前政策并没有具体的限定，从幼儿园一直到全日制博士研究生的教育费用，父母均可以进行抵扣。残障儿童接受的特殊教育也可以抵扣。

3. 子女的继续教育问题

子女中的学历教育必须是全日制教育，假如子女因为学习成绩较差，并非考入普通院校接受全日制学历教育，同时又想不断提升自己，于是参加了继续教育，但该子女本人又没有工作，此时该如何抵扣呢？

个人接受本科及以下学历（学位）继续教育，符合规定扣除条件的，可以选择由其父母扣除，也可以选择由本人扣除，但同一学历教育不能同时扣除。注意本科以上的继续教育不能自由选择，只能由本人抵扣，因为接受硕士研究生、博士研究生继续教育的人的年龄往往会比较大，一般情况下也会有一定的收入来源，由其本人从继续教育项目进行抵扣，无疑更为合理。

对于本科及以下学历（学位）继续教育，可以由当事人自主进行选择，可是继续教育的抵扣标准是每月 400 元，而子女教育的抵扣标准是每人每月 1 000 元，若是选择由其父母抵扣，到底是抵扣 1 000 元还是 400 元呢？文件虽然对此并未明确，但该条款在继续教育项下，而并非在子女教育项下，而且子女教育中所指教育明确为全日制教育，不含继续教育，因此其父母只能扣除 400 元。

在这种情况之下，选择由谁来扣除要结合各自收入进行统筹考虑，如果父母的年龄均未满 60 周岁，母亲没有收入，父亲每月工资薪金所得减去专项扣除等扣除项后为 4 500 元，无论其是否抵扣属于继续教育的 400 元，均无须缴税。而儿子每月工资薪金所得减去专项扣除等扣除后为 5 400 元，原本应该每月预缴 12 元的个人所得税税款，如果由其抵扣继续教育，那么他便不再需要每月进行预缴；如果不考虑其他因素，年度汇算清缴时也不需要补缴税款。

4. 抵扣的方式

考虑到教育形式的多样化和教育费用的差异化，子女教育扣除并非按照实际发生额扣除，而是按照每人每月 1 000 元的标准进行定额扣除，不同区域、不同教育阶段实行统一扣除标准，从而降低了征纳成本，也防范了道德风险。子女教育到底是由父亲或母亲一方抵扣 1 000 元，还是由父亲和母亲各扣除 500 元，由父母双方协商决定，但具体扣除方式一经确定，一个纳税年度内不得变更。

纳税人享受子女教育专项附加扣除时，应当填报配偶及子女的姓名、身份证件类型及号码、子女当前受教育阶段及起止时间、子女就读学校以及本人与配偶之间扣除分配比例等信息。

5. 特殊问题探讨

《个人所得税专项附加扣除暂行办法》对子女教育规定较为详尽，考虑的也较为周全，却也有一些空白点，比如，年度中间子女死亡，究竟是从死亡次月起停止抵扣，还是可以像赡养老人那样可以抵扣到当年年底，对此并没有予以明确。

对一些疑难的民事问题更是缺乏具体规定，只能由当事人协商解决。若是当事人因利益冲突难以达成一致意见，只得应用民法相关原则来进行判定。

案例： 幼儿园放学时，男孩小明被人贩子哄骗走，带至另一城市，而居住在该城市的姜姓夫妇结婚后一直都未曾生育，于是便从人贩子手中将小明买下，并为其办理落户，供养其上学，而小明的教育费用也一直由其姜姓夫妇抵扣。小明的亲生父母张姓夫妇一直在苦苦追寻儿子的下落，同时也继续抵扣他的教育费用。警方发现了小明的踪迹并通过DNA比对后确定其就是失踪的小明。小明丢失期间的教育费用应该由谁来抵扣？小明被警方找到后，他的教育费用究竟是由养父母，还是亲生父母来抵扣？

解析： 收买被拐卖儿童属于犯罪行为，应当处3年以下有期徒刑、拘役或者管制。法定最高刑不满5年的，诉讼时效为5年。警方发现小明时，如果收买时间已经超过5年，警方便不会再追究姜姓夫妇的刑事责任，但小明与姜姓夫妇之间并不存在合法的收养关系，自然也就不受法律保护，从这种意义上讲，姜姓夫妇并非是小明的合法养父母，自然也就不能按照《个人所得税专项附加扣除暂行办法》第二十九条的规定比照执行，因此姜姓夫妇自然也就无权抵扣与小明相关的子女教育费用。

张姓夫妇在丢失小明后还可以继续抵扣与小明有关的子女教育费用吗？现有文件对此并没有明确规定，但从法理上来判断不应再进行抵扣，应当及时更新《个人所得税专项附加扣除信息表》相应栏次，从丢失次月起停止扣除。如果孩子在当年找到了，也就意味着张姓夫妇未足额享受专项附加扣除，可以在当年内向支付工资、薪金的扣缴义务人申请在剩余月份发放工资、薪金时补充扣除，也可以在次年3月1日至6月30日内，向汇缴地主管税务机关办理汇算清缴时申报扣除。当然也可对此做出某种照顾性安排，比如，如果子女在年度中间丢失可以抵扣到当年年底，因为丢失的孩子还有找回的可能，而且丢失孩子的父母处在巨大的悲痛之中，往往顾不上及时修改相关信息。

小明被警方找到后，其教育费用应该由谁来抵扣呢？如果小明被找到时已年满十八周岁，那么他已经具有完全行为能力，有权自主决定是继续生活在养父母家庭，还是回到亲生父母身边。如果小明继续选择与养父母生活，而养父母也继续供养其上学，那么此时养父母是否有权抵扣子女教育费用吗？目前，相关政策也不太明确，如果从收养关系不合法的角度看，似乎不应予以抵扣；可此时继续留在养父母的家庭生活是具有独立思考能力的成年子女自主且真实的意思表示，而且考虑到成年子女的教育费用较未成年时会更高，如果该成年子女已经在养父母家庭之中取得相关户籍而且得知亲生父母存在的消息后并没有变更的意图，建议养父母可以抵扣子女教育。

二、继续教育

1. 学历（学位）继续教育的认定标准

准予抵扣的学历继续教育只包括在中国境内接受的教育，如果在境外接受的学历教育暂时不允许抵扣，允许抵扣的时间为接受学历（学位）继续教育入学的当月至学历（学位）继续教育结束的当月，在学历（学位）教育期间，本人可以按照每月 400 元的定额来进行扣除。继续教育的定额扣除标准低于子女教育主要是因为继续教育并非必需品，而接受继续教育，尤其是硕士以上继续教育的纳税人一般都有着一定的收入，学费承担能力更强一些，给家庭带来的负担更小一些。

继续教育期间，因病或者其他原因休学但保留学籍，可以继续抵扣；学校按照规定组织实施的寒、暑假期间也可以抵扣，但同一学历（学位）继续教育的扣除期限不能超过 48 个月，这主要是为了督促纳税人按时完成学业，因个人怠学等原因迟迟无法完成学业，那么超过 4 年的相关费用将不允许抵扣。

如果结束一项学历（学位）继续教育，又开始另一项学历（学位）继续教育，比如，先攻读管理学在职硕士，后又攻读管理学在职博士，那么可以分别最多扣除 48 个月。如果同时读取两项学历（学位）继续教育，比如，某网络写手为写好历史小说，在攻读文学在职硕士的同时，又攻读历史学在职硕士，且两者期间完全重合，可以选择其中一项填报即可；如果二者时间不完全重合，那么在重合期间内选择一项填报，在不重合期间内按实际情况分别填报。

2. 学历（学位）继续教育与子女教育的区别

若想精确区分某项教育支出究竟是按继续教育抵扣，还是按子女教育抵扣，最关键的便是科学界定继续教育和全日制教育。继续教育是已参加工作和负有成人责任的人所接受的再教育，是终身学习体系的重要组成部分，是对专业技术人员进行知识更新、补充、拓展和能力提高的一种追加教育，目前主要包括五类，分别是成人高等教育、高等教育自学考试、电大现代远程开放教育、网络大学和普通高校在职教育。

成人高等教育、高等教育自学考试、电大现代远程开放教育等三种方式都曾经在历史上发挥过重要作用，当时人们的教育水平普遍偏低，很多人参加工作时都是初中生、高中生或者中专生，通过上述方式可以取得大专学历或者大学本科学历，但随着越来越多的人有机会接受普通高等教育，而且成人高等教育、高等教育自学考试、电大现代远程开放教育等方式又相对落后，更多的人倾向于选择网络大学，主流也变为专科起点升本科，即专升本。

上述四种继续教育方式的共同特点是最高教育层次一般为本科。由于只有在中国境内接受的继续教育才准予抵扣，对于境内本科及以下教育，区分继续教与全日制教育无疑更简单一些，以本科和专科为例，如果参加高考并被普通高等院校录取所受的教育是全日制教育，通过高考以外的形式，比如，成人高考、高自考、电大、网络大学等形式接受的教育，均为继续教育。

普通高校在职教育类型更为多样，主要有研究生班（只发放结业证）、研究生学位教育（只发放学位证）、研究生学历教育（同时发放学位证和毕业证）。对于研究生教育，尤其是硕士研究生教育，区分全日制教育和继续教育会有些困难，因为毕业后同时取得学位证和毕业证的人并非都是全日制，因为两者的证件几乎没有任何区别，甚至一模一样，个别高校还会在在职双证硕士研究生的证书上注明"全日制"字样。

教育部办公厅曾专门下发了《关于统筹全日制和非全日制研究生管理工作的通知》（教研厅〔2016〕2 号），对全日制和非全日制研究生加以明确。

全日制研究生是指符合国家研究生招生规定，通过研究生入学考试或者国家承认的其他入学方式，被具有实施研究生教育资格的高等学校或其他高等教育机构录取，在基本修业年限或者学校规定年限内，全脱产在校学习的研究生。

非全日制研究生是指符合国家研究生招生规定，通过研究生入学考试或者国家承认的其他入学方式，被具有实施研究生教育资格的高等学校或其他高等教育机构录取，在基本修业年限或者学校规定的修业年限（一般应适当延长基本修业年限）内，在从事其他职业或者社会实践的同时，采取多种方式和灵活时间安排进行非脱产学习的研究生。

两者最本质的区别是否是全脱产，而并非是否取得双证，也并非是证书上是否注明"全日制"字样。

个人接受本科及以下学历（学位）继续教育，符合扣除条件的，可以选择由其父母扣除，也可以选择由本人扣除。对于归属继续教育范畴的研究生教育，却只能由本人扣除，不能由其父母扣除。

3. 职业资格继续教育

技能人员职业资格继续教育、专业技术人员职业资格继续教育，在取得相关证书的当年，按照 3 600 元定额扣除，同时应当留存相关证书等资料备查。艺术、体育运动等属于个人兴趣爱好的培训与职业技能关联度不高，暂不纳入抵扣范畴。

职业资格继续教育必须取得相关证书，且该证书必须列入公布的国家职业资格目录[①]之中，共计 139 项。专业技术人员职业资格共计 58 项。其中，准入类 35 项，

---

① 详见《国家职业资格目录（2021年版）》，共计72项职业资格。其中，专业技术人员职业资格59项，含准入类33项，水平评价类26项；技能人员职业资格13项

水平评价类 23 项；技能人员职业资格共计 81 项。其中，准入类 5 项，水平评价类 76 项。纳税人抵扣之前先要看看是否在国家职业资格目录之中，在境外接受的职业资格继续教育不允许抵扣。

4. 子女教育与继续教育能否同时抵扣

同一教育事项自然不能重复抵扣，但两者也并非如后面提到的住房贷款利息和住房租金那样绝对不能同时享受！

比如，学霸甲正在攻读法学博士研究生，那么他的父母自然可以抵扣子女教育，而他在学习之余在某律师事务所从事辅助性工作，取得劳务报酬所得，同年取得法律职业资格，那么他在年度汇算清缴时便可抵扣继续教育 3 600 元。

学霸甲的同班同学学霸乙硕士研究生毕业后便在律师事务所工作，他后来为了继续深造考取了在职博士，那么他便可以抵扣学习继续教育，同时又取得法律职业资格，那么他可以享受叠加扣除，在每月扣除 400 元的同时，还可以在当年扣除属于职业资格继续教育的 3 600 元。

三、3 岁以下婴幼儿照护[①]

1. 适用范围

扣除主体为 3 岁以下婴幼儿的监护人，该婴幼儿的亲生父母、继父母、养父母可以抵扣，其他人员担任婴幼儿的监护人也可以比照执行。这项抵扣政策坚持"实质重于形式"的原则，由婴幼儿的实际监护人享受，婴幼儿的亲生父母因疾病、伤残等原因丧失监护人资格或者因遗弃、虐待等原因被剥夺监护人资格则不能享受，这种制度设计有利于婴幼儿的健康茁壮成长。

之前 3 岁以下婴幼儿的监护支出不能抵扣，但照护这类婴幼儿的费用支出常常是比子女教育的开支还要大，在国家鼓励"三胎"的大背景之下，这也是国家积极为父母减负的系列政策之一。

无论婴幼儿在国内出生，还是国外出生，其监护人都可以享受扣除相关政策。

2. 抵扣方式

从婴幼儿出生的当月至满 3 周岁的前一个月，其监护人都可以享受这项专项附加扣除，比如 2022 年 5 月出生的婴幼儿，一直到 2025 年 4 月，其父母都可以按规定享受此项专项附加扣除政策。满 3 周岁便可抵扣子女教育，两项专项附加扣除相互衔接，能够有效减轻父母的纳税负担。

---

① 详见《国务院关于设立3岁以下婴幼儿照护个人所得税专项附加扣除的通知》（国发〔2022〕8号）

按照每个婴幼儿每月 1 000 元的标准进行定额扣除，自 2022 年 1 月 1 日起便可抵扣。父母可以选择由其中一方按扣除标准的 100% 扣除，也可以选择由双方分别按扣除标准的 50% 扣除，具体扣除方式在一个纳税年度内不能变更。

有多个婴幼儿的父母，可以对不同婴幼儿选择不同的扣除方式，比如，对婴幼儿甲可以选择由一方按照每月 1 000 元的标准进行扣除，对婴幼儿乙可以选择由双方分别按照每月 500 元的标准扣除。对于重组家庭，具体扣除方法由父母双方协商决定，但一个孩子扣除总额不能超过每月 1 000 元，扣除主体不能超过两人。

如果纳税人在婴幼儿出生当月没有享受专项附加扣除，可以在当年的后续月份发工资时追溯享受专项附加扣除，也可以在次年办理汇算清缴时一次性享受。

四、大病医疗

1. 大病认定标准以实际支付的金额为准

大病的判定并非是按病种和病情来判定，而是按一个纳税年度内医保目录范围内自付金额的多少来确定。比如，癌症虽然是大病，如果纳税年度内实际支付的金额未达到相关标准，也不能认定为大病，而某人患上流感，因引起并发症而住院，如果实际支付金额达到标准便可以认定为大病。在一个纳税年度内，无论患什么病，只要个人医保账户中医保目录范围内自付部分的金额超过了 15 000 元，便认定达到了大病医疗专项附加扣除所规定的"大病"标准，便可以扣除该项专项附加扣除。

2. 以医保目录范围内自付的金额为计算依据

在一个纳税年度内，纳税人发生的与基本医保相关的医药费用支出，扣除医保报销后个人负担累计超过 15 000 元的部分，由纳税人在办理年度汇算清缴时，在 80 000 元限额之内，在医疗保障信息系统记录的医药费用实际支出的金额可以据实扣除，不过要把握以下两个关键点。

一是通过个人医保账户记账并支付的医药费支出才符合要求，其他未通过个人医保账户支付且支出后也未按规定在个人医保账户报销的支出，不计为大病医疗专项附加扣除的计算基础。

二是在"医保目录范围内"并由纳税人自付的医药费用支出，才准许计入计算基数之中。虽然是通过个人医保账户支付，但超出医保目录范围的医药费用支出，也不能作为大病医疗专项附加扣除的计算基础。

案例：刘冰于 2020 年因为心脏手术共支付医药费用 25.25 万元，其中未使用个人医保账户自费购药 3.89 万元，使用个人医保账户支付医药费用 21.36 万元，其中医保报销费用11.28万元，自费部分10.08万元。在10.08万元的自费部分中，属于医保目录范围内的为1.79万元，非医保目录范围内的为8.29万元。刘冰于2021年3月1日到6月30日对其 2020年度综合所得个人所得税进行汇算清缴时，可以作为大病医疗计算基数的支出仅为1.79万元。

目前，对此项专项附加扣除争议较大的地方也在此，文件规定的个人负担仅仅指医保目录范围内的自付部分。虽然各地医保报销比例不尽相同，不但实际报销比例要明显低于名义报销比例，这主要是因为在接受医疗救治过程中很多药品和医疗服务在医保目录范围之外，需要患者全额自费承担。

各地报销比例不一致，按照住院报销比例90%计算，那么医保目录范围内的自付部分要达到15 000元，也就意味着医保目录范围内的总费用要达到15万元，才可以进行抵扣。由于不同疾病、不同医疗方案，实际负担比例也会存在较大差异。一般而言，住院费用实际自己负担的比例在40%～50%，医保目录范围之外的药品和医疗服务在总费用之中的占比也往往在30%～40%，也就是住院总费用一般要达到20万元左右时才能抵扣大病医疗，而自己承担的费用往往在10万元左右，这时医保目录范围内的自付部分只有1.5万元左右，刚刚过了门槛。这个门槛对于普通工薪阶层而言，未免有些偏高。

其实当时政策制定时，主要考虑的是对医保目录范围外的医药费难以进行有力管控，哪些是合理的必要支出，哪些是不合理的非必要支出，税务部门是难以进行判定的，因此才将自付范围仅仅限定为医保目录范围之内。

3. 在限额之内据实扣除

其他五项扣除均不是据实扣除，而是定额扣除。在六类专项附加扣除之中，只有大病医疗专项附加扣除采用的是限额内据实扣除的方式，设定了上限和下限，也就是纳税人在一个纳税年度内医保目录范围内自付金额15 000元之上的部分可以扣除，但扣除额度不能超过80 000元。之所以设定下限，是因为此项扣除是"大病医疗"，而并非"医疗"，况且基本医疗保险之中也有门槛费，设置下限是通用做法。设置上限是为了堵塞征管漏洞，以免被极少数别有用心的高收入者所利用。

4. 按照个人医保账户分别计算并确定扣除额

我国基本医疗保险采取的是个人账户核算的方式负担保险支出。基本医疗保险基金由社会统筹基金和个人账户构成[①]。职工个人缴纳的基本医疗保险费，全部

---

① 详见《国务院关于建立城镇职工基本医疗保险制度的决定》（国务院令第44号）

计入个人账户。统筹基金和个人账户要划定各自的支付范围，分别核算，不得互相挤占。机关事业单位职工基本医疗保险、城镇居民基本医疗保险也采取这种个人账户核算方式。

基于上述模式，大病医疗专项附加扣除是按人来分别确定扣除额的，扣除额的计算以每个个人账户为单位，而不是以家庭为单位。一个家庭中参加基本医疗保险的人员，在大病医疗保险专项附加扣除计算中，是按照每个参保人员分别进行计算。

5. 实际扣除人可由家庭成员自主决定

虽然确定大病医疗专项附加扣除的扣除额时要分人来计算，但考虑到大病医疗费支出因花费大，额度高，往往由家庭资产进行支付的客观现实，可以选择由家庭成员来进行扣除。纳税人发生的医药费用支出可以选择由本人扣除，也可以选择由其配偶扣除。未成年子女发生的医药费用支出可以选择由其父母一方来扣除。若是纳税人及其配偶、未成年子女当年均发生医药费用支出，且医保目录内的自负部分均达到了 15 000 元，三人的大病医疗专项附加扣除可以统一由一个人来进行抵扣。这样可以使得医疗费用支出在个人所得税前进行充分扣除，但是不能像子女教育专项附加扣除那样各自扣除 50%。

6. 只能在个人所得税年度汇算清缴时扣除

其他五项扣除既可以选择在每月预缴税款时扣除，也可以选择在年度汇算清缴时扣除，而大病医疗专项附加扣除只能在综合所得年度汇算时在限额内据实扣除，其扣除额是以实际的医疗费用支出为准，因为只能在年度终了后，纳税人才能准确得知该纳税年度内实际的医药费支出，因此大病医疗专项附加扣除从具体操作层面上只能在年度汇算时予以扣除。纳税人应当留存医药服务收费及医保报销相关票据原件（或者复印件）等资料备查。医疗保障部门向患者提供在医疗保障信息系统记录的本人年度医药费用信息查询服务。

五、住房贷款利息

1. 适用范围

纳税人本人或者配偶单独或者共同使用商业银行或者住房公积金个人住房贷款为本人或者其配偶购买中国境内住房，发生的首套住房贷款利息支出，准予扣除，不过需要把握以下四个关键点。

第一个关键点是"境内"，从个人所得税 App 提供的"房屋坐落地址省市地区"下拉选项来看，"境内"不仅包括中国大陆地区，还包括我国港澳台地区。

第二个关键点是"住房"，仅仅指自住房。商铺等投资类房屋以及商住两用房的贷款利息支出不可以扣除。

第三个关键点是"首套"，指的其实并非是房产，而是贷款，也就是购买住房享受首套住房贷款利率的住房贷款。纳税人若是对房屋贷款性质界定不清，可以去咨询贷款银行或住房公积金中心。

第四个关键点是"购买主体"，纳税人本人或者配偶单独或者共同使用商业银行或者住房公积金个人住房贷款为本人或者其配偶购买而发生首套住房贷款的利息支出可以抵扣。如果是父母为子女买房，房屋产权证明登记为子女，贷款合同贷款人为父母，则不符合上述规定，父母和子女均不可以享受住房贷款利息扣除。

2. "认贷"问题

纳税人只能享受一次首套住房贷款的利息扣除，体现了中央"房住不炒"的政策精神，旨在保障公众基本居住需求。

首套住房贷款是指购买住房享受首套住房贷款利率的住房贷款。根据中国人民银行的规定①，对于贷款购买首套普通自住房的家庭，贷款最低首付款比例为30%，贷款利率下限为贷款基准利率的 0.7 倍，具体由银行业金融机构根据风险情况自主确定。对拥有 1 套住房并已结清相应购房贷款的家庭，为改善居住条件再次申请贷款购买普通商品住房，银行业金融机构执行首套房贷款政策。放贷主体必须是境内商业银行（包括在境内注册经营的外资商业银行）或公积金中心，向个人或者财务公司等非银行金融机构贷款买房的，不允许抵扣。

3. 抵扣政策

在实际发生贷款利息的年度，按照每月 1 000 元的标准定额扣除，扣除期限最长不超过 240 个月。

婚后夫妻双方只买了一套住房，经夫妻双方约定，可以选择由其中一方扣除，而不能像子女教育专项附加扣除那样选择各自按照 50% 进行抵扣。根据现行政策，夫妻任意一方婚前买房，婚后继续还贷且婚后夫妻仅有这一套房的，经夫妻双方约定，可以选择由另外一方扣除，而不是只能由购买方扣除。

夫妻双方婚前分别购买住房，均发生首套住房贷款，其贷款利息支出，婚后可以选择其中一套购买的住房，由购买方按扣除标准的 100% 扣除；也可以由夫妻双方对各自购买的住房分别按扣除标准的 50% 扣除。

父母与子女共同购房，房屋产权证明和贷款合同上均登记为父母和子女，那

---

① 详见《中国人民银行中国银行业监督管理委员会关于进一步做好住房金融服务工作的通知》

么此时该由谁来扣除呢？父母、子女肯定不能同时扣除，应该由房屋的主贷人来扣除，如果主贷人是父母，可由父母任意一方来享受。

上述具体扣除方式在一个纳税年度内不能变更。

纳税人应当留存住房贷款合同、贷款还款支出凭证备查。

案例：丈夫宋国在北京工作，买了一套房子，享受首套房贷款利息并且他已经开始抵扣住房贷款利息。之后，宋国与在天津工作的英子结婚，两人婚前在天津又购置了一套房屋，登记在英子名下，享受首套房贷款利率。英子可以抵扣与天津房屋有关的住房贷款利息吗？

解析：一个家庭一般只能抵扣一套房屋的住房贷款利息，只有夫妻双方在婚前分别购置房屋且都享受首套房贷款利息时，才可以分别抵扣各自房屋，但每人只能抵扣 50%。如果宋国继续抵扣北京那套房屋，英子便不能再抵扣天津的房屋。若两人协商由英子来抵扣，而且宋国本人已经停止抵扣，英子才可以抵扣住房贷款利息。

六、住房租金

1. 适用条件

纳税人在主要工作城市没有自有住房而发生住房租金支出，可以进行抵扣，需要满足以下三个条件。

一是主要工作城市，也就是纳税人任职受雇的直辖市、计划单列市、副省级城市、地级市（地区、州、盟）全部行政区域范围。任职受雇地与实际工作地不符，按照实际工作地来确定主要工作城市，比如，某人在廊坊某公司任职，但因工作需要，长期派驻北京，那么北京就是他的主要工作城市。住房租金扣除标准也按照北京的标准。假设某特殊行业的员工流动性很大，一年多次更换工作地点，在不同地点分别租住房屋。只要纳税人及时向扣缴义务人或者税务机关及时更新专项附加扣除相关信息，允许一年内按照不同城市的扣除标准进行扣除。若是纳税人无任职受雇单位，也就是自由职业者，其主要工作城市为受理其综合所得汇算清缴的税务机关所在城市。只有在主要工作城市发生的租金支出才能抵扣，旅游等非工作原因租房子产生的支出不允许抵扣。考虑到夫妻往往合住在一起，同时抵扣很容易产生重复扣除的问题，夫妻双方的主要工作城市为同一城市，只能由一方扣除住房租金支出，若是分别在两地工作，可以同时扣除。

二是没有自有住房，不仅是纳税人自己，纳税人的配偶在该纳税人的主要工作城市也没有自有住房。

三是发生住房租金支出，与承租人租赁合同（协议）并按约定支付租金。

合租房屋的纳税人，只要并非夫妻关系，且均与房主签订了规范的租房合同，可以同时享受房屋租金。

员工租住单位提供的宿舍，如果支付租金，便可以抵扣；如果是免费租住，则不可以抵扣。

2. 扣除标准

住房租金抵扣数额并非按照实际发生额进行抵扣，与实际支付的租金数额并没有关联，依旧采用的是定额扣除，但并非采取全国统一的标准，而是根据市辖区户籍人口多少来确定的，而市辖区户籍人口以国家统计局公布的数据为准。

（1）大城市，也就是直辖市、省会（首府）城市、计划单列市以及国务院确定的其他城市，扣除标准为每月 1 500 元。

（2）中型城市，除上述以外市辖区（不包括所属县）户籍人口超过 100 万的城市，扣除标准为每月 1 100 元。

（3）小城市，市辖区户籍人口不超过 100 万的城市，扣除标准为每月 800 元。

除了小城市外，大城市和中型城市的租金定额扣除标准均高于住房贷款利息，体现了政策更多地向租房群体倾斜，而租房群体与有房一族相比往往收入更低、负担更重。

3. 扣除方式

住房租金的抵扣期间为租赁合同（协议）约定的房屋租赁期开始的当月至租赁期结束的当月。提前终止合同（协议）的，以实际租赁期限为准。纳税人应当留存住房租赁合同、协议等有关资料备查。

夫妻双方主要工作城市相同，只能由一方扣除，不能选择各自按照 50% 扣除。

夫妻双方主要工作城市不同，且各自在其主要工作城市都没有住房的，可以分别扣除。

4. 特殊事项

纳税人及其配偶在一个纳税年度内不能同时分别享受住房贷款利息和住房租金专项附加扣除。

案例： 某公司高管大卫在A城市工作，公司免费提供公寓供其居住，其本人在A城市并不产生租金支出，但在B城市有一套房产，而且符合首套房标准，大卫该如何抵扣呢?

解析: 扣除住房租金受主要工作城市的限制,而住房贷款利息却并不受主要工作城市的限制,只要是符合首套住房标准,在没有抵扣住房租金的前提下,大卫可以抵扣住房贷款利息。

七、赡养老人

1. 扣除政策

赡养老人专项附加扣除按照每月 2 000 元的标准进行定额扣除,允许扣除的期限为被赡养人年满 60 周岁的当月至赡养义务终止的年末。假如被赡养人在 1 月份去世,纳税人可以抵扣到当年的 12 月份,次年重新调整《个人所得税专项附加信息表》时再予以调整。

2. 老人范围

赡养老人专项附加扣除的定额并不会随着纳税人所赡养老人数量的增加而增加。与子女教育不同,赡养老人支出未必与所赡养的老人的数量呈正比,比如,子女购买的电视,所有老人都可以使用,这也是赡养老人与子女教育制度设计有所差异的原因。

正因为赡养老人定额扣除标准不会随着纳税人所赡养的老人的数量增加而改变,赡养老人所指的"老人"的范围也仅仅限定为纳税人所赡养的年满 60 周岁的父母以及子女均已去世的年满 60 岁的祖父母、外祖父母。

其实,在实际生活中需要赡养的老人往往并不局限于此。比如,《民法典》第一千一百二十九条规定:"丧偶儿媳对公婆,丧偶女婿对岳父母,尽了主要赡养义务的,作为第一顺序继承人。"既然尽了主要赡养义务的丧偶儿媳和女婿可以与子女一样作为第一顺序继承人,按理说也可以顺理成章地扣除赡养老人费用,但目前的政策并未被允许。从目前政策来看,老人的子女死亡,又没有孙子女,那么涉及该老人的赡养费用便无法扣除,可老人依然需要有人去赡养。

3. 扣除方式

若纳税人为独生子女,按照每月 2 000 元的标准进行定额扣除;纳税人为非独生子女,由其与兄弟姐妹或者其他赡养人分摊每月 2 000 元的扣除额度,可以由赡养人均摊或者约定分摊,也可以由被赡养人指定分摊。约定或者指定分摊的须签订书面分摊协议,指定分摊优先于约定分摊。具体分摊方式和额度在一个纳税年度内不能变更。

《个人所得税专项附加扣除暂行办法》第二十二条第二项规定:"每人分摊

的额度不能超过每月 1 000 元。"如果某个家庭生育有两个子女，两人便只能按照各自 50% 的份额进行扣除，没有其他选择，此时被赡养人的指定分摊也丧失了意义，只能指定两人各按 50%。如果一人拒不履行赡养义务，这个限制性条件将会使得实际承担唯一赡养人职责的人难以足额抵扣赡养老人支出。

4. 特殊问题探讨

案例： 张大夫妇生育有一子一女，而张大的弟弟张二结婚多年始终未曾婚育，于是张大便将女儿张美丽过继给弟弟张二，并办理了合法的收养手续。张美丽与弟弟张英俊该如何抵扣赡养老人费用？

解析： 张美丽被叔叔收养之后，便与叔叔成为法律上的父女，在法律上没有赡养生父张大的义务，也没有继承生父张大财产的权利，因此张美丽便成为张二家庭的独生女，而张英俊也成为张大家庭的独生子。若是张大夫妇至少有一人年满 60 周岁，张二夫妇至少有一人年满 60 周岁，两人均可以每月抵扣 2 000 元赡养老人费用。

5. 相关的建议

上述问题的解决，只能期待于政策调整，尤其改变赡养老人抵扣定额确定方式。一对夫妇赡养四位老人将越来越成为主流，按照目前政策，若夫妇双方均为独生子女，也就是两人赡养四位老人，每月共计抵扣 4 000 元，赡养每位老人的扣除标准平均为 1 000 元，可以参照该标准将赡养老人的抵扣方式改为子女教育那样，按照每人每月 1 000 元的标准进行累加。出于全社会对老年人生活关爱的考虑，在赡养老人这个专项附加扣除项目中，纳税人所赡养的老人数量最好也不设上限，同时出台相对严格的认定标准，每多赡养一位老人，每月的扣除额度便增加 1 000 元，同时有效拓宽"老人"的外延。

纳税人的祖父母、外祖父母的子女全都丧失赡养能力并由其赡养的，准予其抵扣与祖父母、外祖父母有关的赡养老人费用。丧偶儿媳对超过 60 周岁的公、婆履行赡养义务，丧偶女婿对超过 60 周岁的岳父、岳母履行赡养义务也可以抵扣。纳税人的其他近亲属（包括舅舅、姑姑、叔叔、伯伯、姨等）超过 60 周岁无子女或有子女丧失赡养能力由其赡养的，也可以酌情准予抵扣。纳税人的哥哥、姐姐超过 60 周岁且无子女或有子女丧失赡养能力由其抚养的，也可以酌情或者减半予以抵扣。

六项专项附加扣除几乎涵盖了纳税人主要支出项目，相对之前的个人所得税制度是一个重大进步，但有必要增加子女抚养的扣除期间，扣除期间设定为出生后（或母亲产假、哺乳假结束的当月）至接受学前教育的前一个月。这个年龄段的孩子虽然并未发生教育费用支出，但抚养成本越来越大。

八、综合性案例

案例： 张先生和王女士是夫妻，在同一城市上班，两人婚前各有一套住房，办理贷款时均享受首套房贷款利率，双方约定各按50%进行扣除，张先生婚前房产已还款并扣除了241个月，王女士婚前房产已还款并扣除了240个月。两人育有两子两女，大儿子是武汉某大学大二学生，二儿子参加高考落榜，现在北京某大学网络学院学习。大女儿和小女儿均为超生，但夫妇两人均已缴纳社会抚养费，大女儿4岁在某民营培训机构接受早教，小女儿2岁在某民营幼儿园接受教育。张先生还有个侄子，自幼父母双亡，由张先生担任其监护人，因嫌工作待遇差辞职后出国，因语言未过关只得在巴拿马某大学函授学院进行半脱产学习。夫妻约定子女教育均由张先生扣除。张先生是某单位会计，今年取得了税务师证书，因酷爱茶艺，还参加相关培训取得茶艺师资格证书；王女士正在就读在职硕士，入学后便开始抵扣相关费用，因忙于工作和家庭事务，读了五年仍未毕业。张先生因工作地点而离家太远，便在单位附近租赁了一套住宅，每月支付租金1200元。当年张先生因劳累过度得了一场大病，医保报销后个人负担16 000元，其中医保目录范围内的自付部分为10 000元，医保目录范围外的自费部分为6 000元。张先生的父亲78周岁，母亲61周岁，还有一个哥哥，不过却早已去世了；王女士的父母均已过世，王女士的祖父在其祖母过世后迎娶了比其小三十岁的孙女士，后其祖父也去世。由于孙女士未生育子女，一直由王女士对其进行赡养，现年59周岁。王女士还有一个妹妹，因病成为植物人。基于上述情况，张先生和王女士每月各自可享受多少专项附加扣除？

解析： 张先生可以享受的专项附加扣除如下。

住房贷款利息一般只能由夫妻其中一方扣除，但双方在婚前各有一套住房且均为首套房，夫妻两人可以约定各按50%的比例进行扣除。张先生婚前所购住房的抵扣期限已经超过了240个月，因此不能再继续抵扣，但一年内不能变更分摊方式，王女士依然只能按照事先的约定抵扣50%。

子女教育按照每个子女每月1 000元的标准进行定额扣除，张先生的大儿子正在大学学习，与其相关的费用可以扣除；二儿子是在境内接受继续教育，尚未工作而无法自己抵扣，可以选择由张先生按照每月400元的标准进行抵扣。两个女儿虽都是超生，但张先生已经缴纳社会抚养费，与其他婚生子女享受相等权利，两人发生符合规定的教育费用，张先生可以扣除。4岁的大女儿虽然并未进入幼儿园，却已经在某民营培训机构接受早教，因此与其有关的学前教育可以抵扣。小女儿虽然上了幼儿园，但因未满3周岁，不可抵扣与其有关的学前教育费用；张先生是侄子的合法监护人，可以扣除与其有关的子女教育，如果本人同意也可扣除与其有关的本科及以下的继续教育，可侄子是在境外参加继续教育，无法抵扣与其有关的学前教育。

张先生取得税务师证书，可在当年扣除3 600元，参加相关培训取得茶艺师资格与工作无关，相关费用不允许抵扣。

住房租金与住房贷款利息不能同时享受，因此，张先生不能抵扣住房租金。

关于大病医疗，张先生医保报销后个人负担16 000元，貌似是超过了15 000元的标准，但专项附加扣除所指个人负担，仅仅包括医保目录范围内的自付费用，不包括医保目录范围外的自付费用，因此张先生不能抵扣大病医疗。

张先生的父亲78周岁，超过了60岁，因此他可以抵扣赡养老人费用，虽然他并非是独生子女，但他的哥哥已经去世，按照目前政策，每月可以抵扣2 000元。

综上所述，张先生可以抵扣的专项附加扣除为1 000+400+1 000+2 000=4 400元，其在当月可抵扣4 400元，另外，因考取税务师而产生的继续教育费用，可以在当年扣除3 600元。

王女士可以享受的专项附加扣除如下。

夫妻两人约定各按50%比例扣除住房贷款利息，王女士婚前所购房产已还款并扣除了240个月，当月可以扣除500元，次月起便不能再抵扣相关费用。

双方约定子女教育均由张先生进行抵扣，因此王女士便不得再重复抵扣。

王女士正在就读在职硕士，但抵扣期限已经超过了48个月，因此不能继续抵扣。

王女士的外祖母孙女士虽然与其并无血缘关系，但在法律上属于拟制血亲，可以扣除与其相关的赡养费用，但王女士还有个植物人妹妹，完全丧失行为能力，即便其没有能力赡养老人，但王女士因自己并非独生子女，最多可以抵扣1 000元，关键是孙女士尚未年满60周岁，因此并不符合相关条件。

综上所述，王女士当月可以抵扣500元。

● 第三节　公益慈善事业捐赠支出

公益慈善事业捐赠支出也可以从个人所得税中进行扣除，财政部、税务总局对此专门下发了《关于公益慈善事业捐赠个人所得税政策的公告》（财政部　税务总局公告 2019 年第 99 号），对有关事宜进行了较为详细的规定。

一、接受捐赠的组织

个人通过中国境内公益性社会组织、县级以上人民政府及其部门等国家机关，向教育、扶贫、济困等公益慈善事业的捐赠，发生的公益捐赠支出，可以在计算应纳税所得额时予以扣除。

个人直接向教育、扶贫、济困等公益慈善事业进行捐赠不允许抵扣，主要是难以确定其真实性和具体数额，因此必须通过法律认可的第三方进行捐赠，主要有以下两类。

第一类是公益性社会组织，依法设立或登记并按规定条件和程序取得公益性捐赠税前扣除资格的慈善组织、其他社会组织和群众团体；每年财政部门、税务部门和民政部门都要联合公布获得公益性捐赠税前扣除资格的公益性社会团体名单，通过上述公益性社会团体进行捐赠的相关支出可以进行税前扣除。

第二类是县级以上人民政府及其部门等国家机关，政府层级必须是县级以上，并不包括乡镇一级政府，县级以上人民政府的部门也允许作为接受捐赠的单位，比如，县民政局，虽然县民政局与乡镇政府均为乡科级单位，但两者所处的层级不同，因此要予以区分。

特殊情况下，也可能会适度突破相关限制，财政部、税务总局下发的《关于支持新型冠状病毒感染的肺炎疫情防控有关捐赠税收政策的公告》（财政部 税务总局公告 2020 年第 9 号）规定："企业和个人直接向承担疫情防治任务的医院捐赠用于应对新型冠状病毒感染的肺炎疫情的物品，允许在计算应纳税所得额时全额扣除。"为了疫情防控需要，企业和个人可以直接向承担疫情防治任务的医院进行捐赠，但不能是捐款，而应是医院较为短缺的新型冠状病毒感染的肺炎疫情的物品，准予全额扣除。

个人捐赠住房作为公租房，符合税收法律法规规定的，对其公益性捐赠支出未超过其申报的应纳税所得额 30% 的部分，准予从其应纳税所得额中扣除[①]。

捐赠给党委及其工作部门能抵扣吗？根据工作职能，党委及其工作部门一般不接受公益慈善事业的捐赠，但也存在特殊情形。根据《国家税务总局关于中国共产党党员交纳抗震救灾"特殊党费"在个人所得税前扣除问题的通知》（国税

---

① 详见《财政部　国家税务总局关于公共租赁住房税收优惠政策的公告》（财政部　税务总局公告2019年第61号）

发〔2008〕60 号）规定，四川汶川特大地震发生后，广大党员响应党组织的号召以"特殊党费"的形式积极向灾区捐款。党员个人通过党组织交纳的抗震救灾"特殊党费"，属于对公益、救济事业的捐赠。党员个人的该项捐赠额，可以按照个人所得税法及其实施条例的规定，依法在缴纳个人所得税前扣除。

二、公益捐赠支出金额确定

（1）捐赠货币性资产，按照实际捐赠金额确定。

（2）捐赠股权、房产，按照个人持有股权、房产的财产原值确定。

（3）捐赠除股权、房产以外的其他非货币性资产，按照非货币性资产的市场价格确定。

非货币性资产只有股权和房产按照原值确定，其他均按市场价格确定。这主要是因为股权和房产价格波动频繁，估价难度大而且变动幅度剧烈。如果在价格最高点时将其捐出，不仅获得了慈善的名声，也获取了抵扣的利益。捐赠慈善事业本应不求名利，因此股权和房产按原值确定，应该较为合理。

三、公益捐赠支出扣除限额

居民个人发生的公益捐赠支出可以在分类所得、综合所得或者经营所得中予以扣除。在当期一个所得项目扣除不完的公益捐赠支出，可以按规定在其他所得项目中继续扣除。扣除限额分别为当年综合所得、当年经营所得应纳税所得额的30%；当月分类所得应纳税所得额的30%。

居民个人根据各项所得的收入、公益捐赠支出、适用税率等情况，自行决定在综合所得、分类所得、经营所得中的扣除顺序。

个人公益捐赠一般都要受捐赠限额的限制，这主要是为了与企业捐赠相衔接，企业捐赠限额为利润总额的12%，但对于有特殊规定的捐赠项目，可以在税前全额扣除，不受扣除限额的限制。个人同时发生按30%扣除和全额扣除的公益捐赠支出，自行选择扣除次序。

目前可以进行全额税前扣除的项目主要包括以下九个方面。

1. 公益性青少年活动场所

《财政部　国家税务总局关于对青少年活动场所、电子游戏厅有关所得税和营业税政策问题的通知》（财税〔2000〕21 号）第一条规定："对公益性青少年活动场所暂免征收企业所得税；对企事业单位、社会团体和个人等社会力量，通过非营利性的社会团体和国家机关对公益性青少年活动场所（其中包括新建）的捐赠，在缴纳企业所得税和个人所得税前准予全额扣除。

本通知所称公益性青少年活动场所，是指专门为青少年学生提供科技、文化、德育、爱国主义教育、体育活动的青少年宫、青少年活动中心等校外活动的公益性场所。"

2. 老年服务机构

《财政部　国家税务总局关于对老年服务机构有关税收政策问题的通知》（财税〔2000〕97号）第二条规定："对企事业单位、社会团体和个人等社会力量，通过非营利性的社会团体和政府部门向福利性、非营利性的老年服务机构的捐赠，在缴纳企业所得税和个人所得税前准予全额扣除。

本通知所称老年服务机构，是指专门为老年人提供生活照料、文化、护理、健身等多方面服务的福利性、非营利性的机构，主要包括：老年社会福利院、敬老院（养老院）、老年服务中心、老年公寓（含老年护理院、康复中心、托老所）等。"

3. 符合条件的基金会

《财政部　国家税务总局关于向中华健康快车基金会等5家单位的捐赠所得税税前扣除问题的通知》（财税〔2003〕204号）规定："对企业、事业单位、社会团体和个人等社会力量，向中华健康快车基金会和孙冶方经济科学基金会、中华慈善总会、中国法律援助基金会和中华见义勇为基金会的捐赠，准予在缴纳企业所得税和个人所得税前全额扣除。"

《财政部　国家税务总局关于向宋庆龄基金会等6家单位捐赠所得税政策问题的通知》（财税〔2004〕172号）规定："对企业、事业单位、社会团体和个人等社会力量，通过宋庆龄基金会、中国福利会、中国残疾人福利基金会、中国扶贫基金会、中国煤矿尘肺病治疗基金会、中华环境保护基金会用于公益救济性的捐赠，准予在缴纳企业所得税和个人所得税前全额扣除。"

《财政部　国家税务总局关于中国老龄事业发展基金会等8家单位捐赠所得税政策问题的通知》（财税〔2006〕66号）规定："对企业、事业单位、社会团体和个人等社会力量，通过中国老龄事业发展基金会、中国华文教育基金会、中国绿化基金会、中国妇女发展基金会、中国关心下一代健康体育基金会、中国生物多样性保护基金会、中国儿童少年基金会和中国光彩事业基金会用于公益救济性捐赠，准予在个人所得税前全额扣除。"

《财政部　国家税务总局关于中国医药卫生事业发展基金会捐赠所得税政策问题的通知》（财税〔2006〕67号）规定："对企业、事业单位、社会团体和个人等社会力量，通过中国医药卫生事业发展基金会用于公益救济性捐赠，准予在缴纳个人所得税前全额扣除。"

《财政部　国家税务总局关于中国教育发展基金会捐赠所得税政策问题的通知》（财税〔2006〕68号）规定："对企业、事业单位、社会团体和个人等社会力量，通过中国教育发展基金会用于公益救济性捐赠，准予在缴纳个人所得税前全额扣除。"

4. 教育事业

《财政部　国家税务总局关于教育税收政策的通知》（财税〔2004〕39号）第一条第八款规定："纳税人通过中国境内非营利的社会团体、国家机关向教育事业的捐赠，准予在企业所得税和个人所得税前全额扣除。"

《财政部　国家税务总局关于纳税人向农村义务教育捐赠有关所得税政策的通知》（财税〔2001〕103号）第一条规定："企事业单位、社会团体和个人等社会力量通过非营利的社会团体和国家机关向农村义务教育的捐赠、准予在缴纳企业所得税和个人所得税前的所得额中全额扣除。"

上述规定中的农村义务教育是指政府和社会力量举办的农村乡镇（不含县和县级市政府所在地的镇）、村的小学和初中以及属于这一阶段的特殊教育学校。纳税人对农村义务教育与高中在一起的学校的捐赠，也享受本通知法规的所得税前扣除政策。

5. 灾情、疫情应对

《财政部　海关总署 国家税务总局关于支持舟曲灾后恢复重建有关税收政策问题的通知》（财税〔2010〕107号）、《财政部 海关总署 国家税务总局关于支持鲁甸地震灾后恢复重建有关税收政策问题的通知》（财税〔2015〕27号）规定，对企业、个人通过公益性社会团体、县级以上人民政府及其部门向灾区的捐赠，允许在当年企业所得税前和当年个人所得税前全额扣除。

另外，前面提及的财政部 税务总局2020年第9号公告，企业和个人直接向承担疫情防治任务的医院捐赠用于应对新型冠状病毒感染的肺炎疫情的物品，允许在计算应纳税所得额时全额扣除。

6. 技术开发研究

《财政部　国家税务总局关于贯彻落实〈中共中央国务院关于加强技术创新，发展高科技，实现产业化的决定〉有关税收问题的通知》（财税〔1999〕273号）第三条第一项规定："对社会力量，包括企业单位（不含外商投资企业和外国企业）、事业单位、社会团体、个人和个体工商户，资助非关联的科研机构和高等学校研究开发新产品、新技术、新工艺所发生的研究开发经费，经主管税务机关审核确定，其资助支出可以全额在当年度应纳税所得额中扣除。当年度应纳税所得额不足抵扣的,不得结转抵扣。"

《国家税务总局关于贯彻落实〈中共中央 国务院关于加强技术创新,发展高科技,实现产业化的决定〉有关所得税问题的通知》(国税发〔2000〕24号)第三条第一项规定:"社会力量资助科研机构、高等院校的研究开发经费税前扣除问题:个人的所得(不含偶然所得)用于资助的,可以全额在下月(工资、薪金所得)或下次(按次计征的所得)或当年(按年计征的所得)计征个人所得税时,从应纳税所得额中扣除,不足抵扣的,不得结转抵扣。

非关联的科研机构和高等学校是指不是资助企业所属或投资的,并且其科研成果不是唯一提供给资助企业的科研机构和高等学校。"

7. 红十字事业

《财政部 国家税务总局关于企业等社会力量向红十字事业捐赠有关问题的通知》(财税〔2001〕28号)第二条规定,鉴于现阶段各级地方红十字会机构管理体制多元化的情况,为使接受的捐赠真正用于发展红十字事业,维护国家正常的税收秩序,对受赠者、转赠者的资格认定如下:

(1)完全具有受赠者、转赠者资格的红十字会

县级以上(含县级)红十字会的管理体制及办事机构、编制经同级编制部门核定,由同级政府领导联系者为完全具有受赠者、转赠者资格的红十字会。捐赠给这些红十字会及其"红十字事业",捐赠者准予享受在计算缴纳企业所得税和个人所得税时全额扣除的优惠政策。

(2)部分具有受赠和转赠资格的红十字会

由政府某部门代管或挂靠在政府某一部门的县级以上(含县级)红十字会为部分具有受赠者、转赠者资格的红十字会。这些红十字会及其"红十字事业",只有在中国红十字会总会号召开展重大活动(以总会文件为准)时接受的捐赠和转赠,捐赠者方可享受在计算缴纳企业所得税和个人所得税时全额扣除的优惠政策。除此之外,接受定向捐赠或转赠,必须经中国红十字会总会认可,捐赠者方可接受在计算缴纳企业所得税和个人所得税时全额扣除的优惠政策。

8. 体育事业

《财政部 税务总局 海关总署关于北京2022年冬奥会和冬残奥会税收政策的通知》(财税〔2017〕60号)第三条第三项规定:"个人捐赠北京2022年冬奥会、冬残奥会、测试赛的资金和物资支出可在计算个人应纳税所得额时予以全额扣除。"

四、如何在所得中扣除公益捐赠支出

1. 居民个人在综合所得中扣除公益捐赠支出

居民个人在综合所得中扣除公益捐赠支出，可以选择在预扣预缴时扣除，也可以选择在年度汇算清缴时扣除。选择在预扣预缴时扣除的，应按照累计预扣法计算扣除限额，其捐赠当月的扣除限额为截至当月累计应纳税所得额的30%。个人从两处以上取得工资薪金所得，选择其中一处扣除，选择后当年不得变更。

居民个人取得劳务报酬所得、稿酬所得、特许权使用费所得，预扣预缴时不扣除公益捐赠支出，统一在办理年度汇算时扣除。

居民个人取得全年一次性奖金、股权激励等所得，且按规定采取不并入综合所得而单独计税方式处理的，公益捐赠支出扣除比照分类所得的扣除规定处理。

2. 居民个人在分类所得中扣除公益捐赠支出

居民个人发生的公益捐赠支出可在捐赠当月取得的分类所得中扣除。当月分类所得应扣除未扣除的公益捐赠支出，可以追补扣除。

扣缴义务人已经代扣但尚未解缴税款的，居民个人可以向扣缴义务人提出追补扣除申请，退还已扣税款。

扣缴义务人已经代扣且解缴税款的，居民个人可以在公益捐赠之日起90日内提请扣缴义务人向征收税款的税务机关办理更正申报追补扣除，税务机关和扣缴义务人应当予以办理。

居民个人自行申报纳税，可以在公益捐赠之日起90日内向主管税务机关办理更正申报追补扣除。

居民个人捐赠当月有多项多次分类所得的，应先在其中一项一次分类所得中扣除。已经在分类所得中扣除的公益捐赠支出，不再调整到其他所得中扣除。

3. 居民个人在经营所得中扣除公益捐赠支出

个体工商户发生的公益捐赠支出，在其经营所得中扣除。合伙企业发生的公益捐赠支出，其个人投资者应当按照捐赠年度合伙企业的分配比例，计算归属于每一个人投资者的公益捐赠支出；个人独资企业分配比例为百分之百，全部归属该投资人。个人投资者应将其归属的个人独资企业、合伙企业公益捐赠支出和本人需要在经营所得扣除的其他公益捐赠支出合并，在其经营所得中扣除。

在经营所得中扣除公益捐赠支出，可以选择在预缴税款时扣除，也可以选择在汇算清缴时扣除。

经营所得采取核定征收方式的，不扣除公益捐赠支出。

4. 非居民个人扣除公益捐赠支出

非居民个人发生的公益捐赠支出，未超过其在公益捐赠支出发生的当月应纳税所得额30%的部分，可以从其应纳税所得额中扣除。扣除不完的公益捐赠支出，可以在经营所得中继续扣除。

非居民个人按规定可以在应纳税所得额中扣除公益捐赠支出而未实际扣除的，可按照规定追补扣除。

五、公益捐赠支出扣除时限和要求

公益捐赠支出当年在限额内无法完全扣除，之前的规定是不允许结转，但2016年9月1日实施的《慈善法》第八十条第一款规定："自然人、法人和其他组织捐赠财产用于慈善活动的，依法享受税收优惠。企业慈善捐赠支出超过法律规定的准予在计算企业所得税应纳税所得额时当年扣除的部分，允许结转以后三年内在计算应纳税所得额时扣除。"

为了使得《慈善法》相关条款顺利落地，《财政部 国家税务总局关于公益性捐赠支出企业所得税税款结转扣除有关政策的通知》（财税〔2018〕15号）规定，从2017年1月1日起，超过年度利润总额12%的部分，准予结转以后三年内在计算应纳税所得额时予以扣除。

虽然企业的公益捐赠支出超出限额的部分可以在三年内结转，但个人的公益捐赠支出目前尚未出台相关规定，目前还不允许结转至以后年度。

个人向公益性社会组织、国家机关进行捐赠时应索取捐赠票据。个人发生公益捐赠时不能及时取得捐赠票据的，可以暂时凭公益捐赠银行支付凭证扣除，并向扣缴义务人提供公益捐赠银行支付凭证复印件。个人应在捐赠之日起90日内向扣缴义务人补充提供捐赠票据，如果个人未按规定提供捐赠票据的，扣缴义务人应在30日内向主管税务机关报告。

机关、企事业单位统一组织员工开展公益捐赠的，纳税人可以凭汇总开具的捐赠票据和员工明细单扣除。

个人通过扣缴义务人享受公益捐赠扣除政策，应当告知扣缴义务人符合条件可扣除的公益捐赠支出金额，并提供捐赠票据的复印件，其中捐赠股权、房产的还应出示财产原值证明。扣缴义务人应当按照规定在预扣预缴、代扣代缴税款时予以扣除，并将公益捐赠扣除金额告知纳税人。

无论是个人自行办理，还是扣缴义务人为个人代为办理公益捐赠扣除事宜，均应在申报时一并报送《个人所得税公益慈善事业捐赠扣除明细表》。个人应留存捐赠票据，留存期限为5年。

第五章 居民个人的境外所得税收筹划

第一节 境外所得的判定标准

一、因任职、受雇、履约等在中国境外提供劳务取得的所得属于境外所得

此处指的劳务，涵盖非独立劳务和独立劳务。非独立劳务所得指的是任职、受雇而取得的所得，也就是工资、薪金所得；独立劳务所得指的是履约等取得的所得，也就是劳务报酬所得。

纳税人取得的工资、薪金所得和劳务报酬所得认定为境外所得的标准是劳务提供地在境外，至于支付单位究竟是位于境内，还是境外，与所得性质判定无关。

例如，国内某工程设计公司的设计师受本公司指派，为某德国企业设计工程图纸，其工作地点仍在中国境内，只是通过电话、网络等形式与该德国企业有关工作人员进行联络，不管其因此而取得的工资或报酬是其所在的境内公司支付，还是该德国企业支付，该所得均应认定为中国境内所得。

二、中国境外企业以及其他组织支付且负担的稿酬所得属于境外所得

纳税人取得的稿酬所得认定为境外所得的标准是支付并且实际负担的单位位于境外。

例如，作家四毛受国内大麦文化传媒公司的委托，创作完成书稿《法国五百年》，该书在法国凡尔赛出版公司出版发行。四毛因此而取得的稿酬所得是否被认定为境外所得的关键是是谁向其支付该笔稿费。如果是法国凡尔赛出版公司将有关费用支付给大麦文化传媒公司，再由大麦文化传媒公司支付给作家四毛，那么这笔稿酬便应认定为境内所得。如果法国凡尔赛出版公司将稿费支付给四毛，将代理

费支付给大麦文化传媒公司，那么四毛所得的稿费是由境外企业支付且负担，那么这笔稿酬便应认定为境外所得。

判断标准需要满足两个条件：支付和负担。如果仅仅是境外单位支付，也不能认定为境外所得。

例如，著名作家月明创作的书稿《清朝没有事》的版权签约忠鑫出版集团，该书的英国出版事宜全部交由忠鑫出版集团在国外的全资子公司运作。忠鑫出版（英国）公司支付月明《清朝没有事》英文版稿费45万英镑，但集团内部核算时，该笔支出由忠鑫出版集团予以清算，实际上是由集团来承担该笔支出，那么月明获得的45万英镑的稿费虽然是由境外单位支付，但实际负担的是境内公司，因此应认定为境内所得。

三、许可各种特许权在中国境外使用而取得的所得属于境外所得

特许权使用费所得是指个人提供专利权、商标权、著作权、非专利技术以及其他特许权的使用权取得的所得，那么判断境内、境外所得的关键是该特许权使用的具体地点。

例如，某职业发明家将自己拥有的发明专利授权给境内企业万事达集团公司使用，但万事达集团公司将该发明专利交由该集团的越南工厂使用。那么该职业发明家取得特许权使用费所得应认定为境外所得。

四、在中国境外从事生产、经营活动而取得的与生产、经营活动相关的所得属于境外所得

经营所得境内、境外所得判断的标准是生产、经营活动地点在境内还是境外，而并非注册是境内还是境外。在现实中，生产、经营活动地点有时会与注册地不一致，那么，如何确定生产、经营活动地点呢？

目前，国际上判断某地是否是生产、经营活动地点的通用标准——是否在该地设有常设机构，也就是进行全部或部分营业的固定营业场所，包括管理场所、分支机构、办事处、工厂、作业场所以及矿场、油井或气井、采石场或者其他开采自然资源的场所。

此外，还包括建筑工地，建筑、装配或安装工程，或者与其有关的监督管理活动，并且以该工地、工程或活动连续六个月以上的为限；通过雇员或雇佣的其他人员提供劳务活动，同一项目或相关联的项目在任何12个月中连续或累计超过6个月以上。

五、从中国境外企业、其他组织以及非居民个人取得的利息、股息、红利所得属于境外所得

利息、股息、红利所得境内、境外所得判断的标准是支付者是否是境外单位或者非居民个人。

六、将财产出租给承租人在中国境外使用而取得的所得属于境外所得

财产租赁所得境内、境外所得判断的标准是使用地点是在境内还是在境外，与承租人位于境内还是境外无关。

例如，出租人大东设备租赁公司将建筑设备租给承租人大方建筑公司，即使出租人和承租人均为中国企业，但该建筑公司将该建筑设备用于"一带一路"沿线国家厂房建设，那么出租人取得的租赁收入应认定为境外所得。

在一个纳税年度内，如果大方建筑公司用所租赁的设备，既用于"一带一路"沿线国家厂房建设，也用于国内厂房建设，那么出租人的租赁所得又该如何界定呢？

目前尚无专门文件对此作出详细规定，通常做法是按日或者按月对所得进行划分。

例如，出租人大东设备租赁公司当月取得财产租赁所得 30 万元，而该建筑设备 10 日在境外施工，10 日在境内施工，那么境外所得和境内所得分别为 10 万元和 20 万元。目前的难点是在途时间如何计算，比如，设备从境内运到境外需要 5 天，那么这 5 天是归属境外天数还是境内天数，尚无统一标准。

七、转让不动产、权益性资产和其他财产所得判定标准

转让中国境外的不动产、转让对中国境外企业以及其他组织投资形成的股票、股权以及其他权益性资产或者在中国境外转让其他财产取得的所得，一般应当认定为境外所得，但也存在特殊情形。

转让对中国境外企业以及其他组织投资形成的权益性资产，该权益性资产被转让前三年（连续 36 个月）内的任一时间，被投资企业或其他组织的资产公允价值 50% 以上直接或间接来自位于中国境内的不动产的，取得的所得为来源于中国境内的所得。

这一条比较难理解，先来看下面的例子。

转让投资形成的权益性资产	• 中国居民个人
36个月内	• 德国居民企业
该企业50%的公允价值来自中国境内不动产	• 中国境内不动产

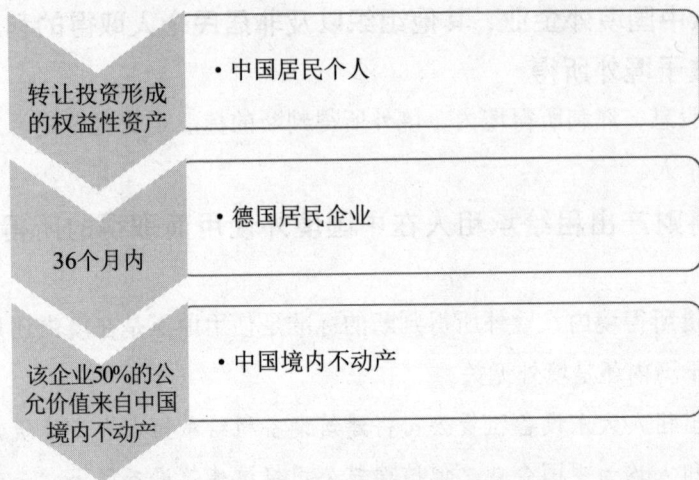

中国居民个人转让德国某公司股权所得，通常情况下应视为来自中国境外所得，但是如果该企业股权估值超过 50% 的部分是由中国境内不动产构成，也就是说该境外企业过半数价值来自中国境内不动产，那么转让股权所得应视为来源于中国境内，而并非是境外所得。

之所以做出这项规定，是因为上述境外企业的价值与中国境内不动产价值高度相关，而转让中国境内不动产属于境内所得，因此转让上述公司的股权也应被视为境内所得。

上述制度安排主要是为了防范个人通过转让境外公司股权的名义转让境内不动产等个人跨境避税行为，避免我国税基受到不法侵蚀。

如果股权转让所得被认定为境外所得，在抵免限额内可以抵免已经在境外缴纳的税款，如果认定为是境内所得，那么不能再进行抵免，而转让该德国公司股权很可能在德国已经缴纳过相关税款，但该笔税款不得不面临着无法抵免的窘境。

这就是境外所得排除条款，不被认定为境外所得的所得，即使在境外缴纳了个税，也不能进行抵免。今后企业或者投资者安排股权结构和资产出售时，需要重点关注这个条款。

八、中国境外企业、其他组织以及非居民个人支付且负担的偶然所得

偶然所得境内、境外所得判定的标准与稿酬所得基本一致，也就是支付且负担的单位和个人是位于境内还是境外，两者唯一的区别是稿酬只能由单位来支付，而偶然所得既可以由单位支付，也可以由个人支付。

综上所述，对于工资薪金所得、劳务报酬所得按劳务发生地原则来划分境内、

境外所得；对财产租赁所得、特许权使用费所得，按照使用地原则进行划分；对稿酬所得、偶然所得和利息、股息、红利所得，按照支付地原则进行划分；不动产转让所得和股权等权益性资产转让所得，按照财产所在地原则进行划分。

● 第二节　境外所得已缴纳税额抵免规则

为了避免重复征税，居民个人在一个纳税年度内来源于中国境外的所得，依照所得来源国家（地区）的相关税收法律规定，在中国境外已经缴纳的个人所得税税额允许在一定限度内进行抵免，但要符合相关抵免规则。

一、境外所得纳税年度的确定规则

我国按照公历年度来划分纳税年度，虽然这是国际通行做法，但不同国家在税收法律制度和会计核算等方面存在着较大差异，一些国家并非按照公历年度来划分纳税年度。这样就造成纳税年度不一致的问题。

对于境外纳税年度与本国纳税年度不一致问题，目前国际上的通用处理方法主要有以下三种。

第一种是按照取得境外所得所属纳税年度进行归属，并按照各年度所占比例进行划分。

第二种是将取得境外所得的境外纳税年度最后一日所在的公历年度为所对应的本国纳税年度。

第三种是将缴纳境外税款所属的纳税年度作为对应的本国纳税年度。

我国采取的是第二种办法，将取得境外所得的境外纳税年度最后一日所在的公历年度，作为该笔境外所得在我国的纳税年度。

假设 C 国的纳税年度为每年 3 月 8 日至次年 3 月 7 日，我国居民个人武先生在 2020 年 3 月 8 日至 2021 年 3 月 7 日期间从 C 国取得经营所得。按照我国纳税年度确定规则，上述所得应归属于我国的 2021 年度，与其在 2021 纳税年度取得的境内经营所得合并计算纳税，并于 2022 年 3 月 1 日至 3 月 31 日期间申报境外所得。

注意：虽然境外所得申报截止日为次年 6 月 30 日，但境内经营所得的截止日是次年 3 月 31 日前，因此纳税人有两种选择：3 月 31 日前，境内经营所得与境外所得、综合所得年度汇算一同进行申报；3 月 31 日前，先申报境内经营所得，然后于 6 月 30 日前，将包括经营所得在内的境外所得与综合所得年度汇算一同申报。

二、境外所得税收抵免凭证认定规则

目前，世界各国（地区）在个人所得税税制、纳税年度、征管方式、纳税凭证等方面均存在着较大差异，因此我国认定境外征税主体出具的完税证明、税收缴款书或者纳税记录等都是符合要求的纳税凭证。对境外所得税收抵免凭证的确定，主要基于以下方面的考虑。

一是居民个人申报境外缴纳的税款抵免时，应提供由境外征税主体开具或出具的税款所属年度的完税证明、税收缴款书或者纳税记录等具有法律效力纳税凭证，比如，美国国内收入局出具的个人所得税缴纳记录等。

二是目前经济合作与发展组织（OECD）主要成员国对境外所得抵免凭证，总体上遵循实质重于形式原则。从优化营商环境角度出发，在充分收集和梳理主要国家（地区）提供的纳税凭证的基础上，对可用于申报境外抵免的纳税凭证的范围进行了适当放宽。

三是对于境外征税主体确实无法提供具有法律效力的纳税凭证的情况，本着实质重于形式原则，采取凭境外所得年度纳税申报表和所对应的银行缴税凭证办理的方式，有利于避免因无法获取纳税凭证导致无法进行境外所得税收抵免的情形。

四是对境外部分国家（地区）申报后有评税审核周期，可能会发生补退税，从而导致实际缴纳税额发生变化的情况，应在取得该项境外所得的五个纳税年度内，按在境外实际缴纳的税额重新计算抵免限额并办理补退税，造成的补税不加收滞纳金、退税不退还利息。

三、境外所得追溯抵免规则

长期以来，由于各国（地区）征管制度差异较大，部分居民个人因无法及时获得纳税凭证，导致无法进行境外所得税收抵免。

在借鉴国际经验的基础上，我国引入了境外所得追溯抵免方式，对境外所得所属年度无法取得的境外纳税凭证，导致无法准确确认个人已在境外所缴纳的税额的情况，可在取得相关凭证后，通过申请修改境外所得所属年度纳税申报表的方式进行境外所得抵免。

各国（地区）对境外所得追溯抵免的计算方法和原则基本一致，即不改变税款所属年度，但不同国家（地区）的追溯抵免期限会有所不同，最短为两年，最长为十年。美国一般为三年，而加拿大、荷兰等部分欧美发达国家允许纳税人追溯修改申请表的年限大多为五年。本着权利与义务对等的原则，在借鉴国际经验基础上，我国将追溯抵免期限确定为五年，与企业所得税弥补亏损的年限相一致。

四、不得抵免的境外所得缴纳的税款

对我国居民已在境外针对个人所得缴纳的税款，不应只从表象判断是否应予抵免，还要看其实质是否是针对个人所得征收的税款。

基于维护我国税收主权和公平性原则的考虑，我国借鉴企业所得税境外所得税收抵免的成熟做法，对部分个人境外所得税额不予抵免，主要包括以下情形。

（1）按照境外所得税法律属于错缴或错征的境外所得税税额。

（2）按照我国政府签订的避免双重征税协定以及内地与香港、澳门签订的避免双重征税安排规定不应征收的境外所得税税额。

（3）因少缴或迟缴境外所得税而追加的利息、滞纳金或罚款。

（4）境外所得税纳税人或者其利害关系人从境外征税主体得到实际返还或补偿的境外所得税税款。

（5）按照我国个人所得税法及其实施条例规定，已经免税的境外所得负担的境外所得税税款。

五、税收饶让抵免规则

税收饶让抵免通常是居民国根据税收协定，对来源国税收优惠政策减免的税款予以认可，视同居民国居民已在来源国缴纳过相应税款，并允许纳税人在计算应纳税额时进行抵免，其实质是税收抵免的延伸。

目前，世界各国国内法均未单方面规定税收饶让抵免制度。鉴于我国与部分国家签订的税收协定中有税收饶让抵免安排，为保持境外所得税收饶让抵免政策的一致性，我国明确规定，居民个人从与我国订立税收协定的境外国家取得所得，可按照该国家税法享受免税或减税待遇。该所得已享受的免税或减税的数额应按照税收协定规定在其申报境外所得时视为已缴税额，在我国应纳税额中进行抵免，保证居民个人切实享受到其他国家提供的税收优惠待遇。

例如，我国居民个人李教授将自己持有的某项专业技术授权 M 国某公司在 M 国境内使用，取得特许权使用费所得 650 万元。M 国税法规定，特许权使用费所得个人所得税税率为 12%，但 M 国政府为促进高新技术发展，对李教授上述特许权使用费所得全额免征个人所得税。M 国与我国签订的税收协定中有相关饶让条款，规定特许权使用费限制税率为 12%。

李教授从与我国订立税收协定的境外 M 国取得所得，并按该国家税收法律享受免税或减税待遇，该所得已享受的免税或减税的数额按照税收协定规定，应视同已缴税额在我国的应纳税额中予以抵免。李教授在 M 国享受的免税额 78 万元

（650×12%），可在申报境外所得时视为已缴税额，在计算应纳税额时予以抵免。

六、境外所得外币折算原则

居民个人来源于境外的所得或实际已经在境外缴纳的所得税税额为人民币以外的货币，应依据申报情形不同，按照相应的月、年最后一日人民币汇率中间价换算应纳税所得额。采取这种折算方法的主要原因如下。

一是我国目前已形成参考一篮子货币的人民币汇率形成机制，人民币汇率不再仅仅与美元挂钩。

二是人民币汇率中间价是中国人民银行授权中国外汇交易中心，根据银行间外汇市场交易货币对人民币汇率的收盘价计算并公布的，具有权威性和公允性。

三是采取最后一日作为折算时点相对比较基准和公平，如果允许自由选择折算时点，可能导致因外币通货膨胀或通货紧缩造成的汇率差异对实际缴纳的所得税税额造成影响。

第三节　境外所得准予抵免额计算

一、不同境外所得的计税方式

1. 居民个人来源于中国境外的综合所得，应当与境内综合所得合并计算应纳税额

境外综合所得与境内综合所得合并后一并进行年度汇算。由于境内所得涉及抵免问题，目前涉及境外所得的年度汇算只能通过前往办税服务厅进行上门申报或者邮寄申报。

年度汇算应退或应补税额 =[（年度综合所得收入额 − 基本减除费用 60 000 元 − "三险一金" 等专项扣除 − 子女教育等专项附加扣除 − 依法确定的其他扣除 − 公益慈善事业捐赠）× 适用税率 − 速算扣除数]− 当年已预缴税额 − 准予抵免的境外缴纳的税额

2. 居民个人来源于中国境外的经营所得，应当与境内经营所得合并计算应纳税额

居民个人需要来源于境外的经营所得与境内所得进行合并，合并境外经营所得时必须要分国进行，比如，2020 年度，来自 A 国的经营所得为 98 万元，应与境内经营所得进行合并；如果来自 B 国的经营所得为 −90 万元，出现了经营亏损，

暂不与境内经营所得进行合并。除此之外，来自 A 国的经营所得不能与来自 B 国的经营所得发生混同后再进行合并，也就是不能两者相抵后，只将 8 万元与境内经营所得进行合并。

境外经营所得合并时还需要特别注意的是，来自不同国家的经营所得不能互相弥补亏损，比如，来自 B 国的经营亏损不能抵减中国境内的经营所得，也不能抵减来自其他国家 A 国的经营所得。B 国的经营亏损只能弥补今后年度来自 B 国的所得。如 2020 年度 B 国的经营所得为 -90 万元，2021 年度 B 国的经营所得为 100 万元，那么 2021 年度 B 国的经营所得可以按照弥补后的数额即 10 万元合并。

3. 居民个人来源于中国境外的利息、股息、红利所得、财产租赁所得、财产转让所得和偶然所得，不与境内所得合并，应当分别单独计算应纳税额

利息、股息、红利所得和财产租赁所得、财产转让所得和偶然所得等四类分类所得，均沿用此次个人所得税改革前的计税办法，按次或者按月缴纳个人所得税，缴纳完相应税款便意味着完成了纳税义务，不存在进行年度汇算清缴的问题，因此来自境外的这四类分类所得单独计算应纳税额即可，比综合所得和经营所得要相对简单一些。

二、不同所得的抵免限额的确定

此次个人所得税改革，境外所得已纳税款的税收抵免规则总体保持不变，继续实行"分国不分项"的计算方法，即计算抵免限额时，来源于境外一个国家或地区的抵免限额为综合所得抵免限额、经营所得抵免限额以及其他所得抵免限额之和，同一国不同所得不再按所得项目计算分项抵免限额。

鉴于我国对综合所得和经营所得都实行累进税率，在计算境内和境外所得的应纳税额时，需要将居民个人来源于境内、境外的综合所得、经营所得分别合并后计算其应纳税额。适用比例税率的分类所得，可以不合并计算，单独计算应纳税额即可。

虽然居民个人在我国境外已缴纳个人所得税税额允许抵免相应税额，但由于不同国家（地区）之间的税制存在着较大差异，因此并非全额抵免，而是在抵免限额内进行抵免。

由于境内、境外所得统一计算税额，需要采取一定的计算方法拆分出归属同一境外国家（地区）的应纳税额和抵免限额。

（1）综合所得抵免限额

来源于一国（地区）综合所得的抵免限额＝中国境内和境外综合所得依照规

定计算的综合所得应纳税额 × 来源于该国（地区）的综合所得收入额 ÷ 中国境内和境外综合所得收入额合计。

（2）经营所得抵免限额

来源于一国（地区）经营所得的抵免限额＝中国境内和境外经营所得依照规定计算的经营所得应纳税额 × 来源于该国（地区）的经营所得应纳税所得额 ÷ 中国境内和境外经营所得应纳税所得额合计。

（3）分类所得抵免限额

来源于一国（地区）分类所得的抵免限额＝该国（地区）分类所得依照规定计算的应纳税额。

虽然抵免限额分别计算，但具体应用抵免限额时，合并使用。

来源于一国（地区）所得的抵免限额＝来源于该国（地区）综合所得抵免限额 + 来源于该国（地区）经营所得抵免限额 + 来源于该国（地区）分类所得抵免限额

居民个人境外所得实际抵免境外已缴纳税额的计算方法，采用抵免限额和可抵免的境外所得税税额孰低原则来确定，也就是居民个人当期境外所得已缴纳税款低于按照我国《个人所得税法》及其实施条例计算出的境外所得抵免限额，应以已缴纳税款作为实际抵免税额进行抵免，同时补缴差额部分的税款；当期已缴纳税款高于境外所得抵免限额，应以抵免限额作为实际抵免税额进行抵免、超过抵免限额的部分可结转以后连续五个纳税年度内进行抵免。

由于各国税负之间的差异，来源于税负明显高于我国的国家（地区）的所得所实际缴纳的税额一般都会高于抵免限额，因此可能会造成剩余额度始终无法抵免的情形。

三、境外所得应缴纳税款的计算

1. 居民个人境外所得税收抵免计算方法

第一步，分别计算居民个人当年内取得的全部境内、境外所得所对应的应纳税额。注意，综合所得、经营所得和分类所得要分别计算。

第二步，计算来源于同一国家（地区）的上述三项所得的抵免限额。

第三步，将上述来源于同一国家（地区）的上述三类所得的抵免限额之和作为来源于该国或地区所得的抵免限额。

第四步，按照孰低原则确定来源于该国（地区）的税收抵免限额及结转抵免情况。

案例： 居民个人牛经理在本纳税年度内在中国境内工作期间取得工资薪金收入42万元，在甲国工作期间取得劳务报酬收入25万元。除此之外，并无其他综合所得。已知其综合所得可扣除基本生活费用减除额6万元、专项扣除（即三险一金）4.62万元、子女教育等专项附加扣除3.6万元，还可税前扣除公益性捐赠1.85万元。同时，牛经理当年取得来源于甲国的股息红利收入8万元，已按甲国税法规定缴纳个人所得税1.2万元。牛经理来源于中国境内的工资、薪金所得已经预缴了5.25万元的税款，从甲国取得的劳务报酬已经在甲国缴纳个人所得税3万元。在不考虑税收协定因素的情况下，牛经理需要缴纳多少万元税款？

解析：（1）计算牛经理本年度取得的全部境内、境外综合所得的应纳税所得额

$42+25×（1-20\%）-6-4.62-3.6-1.85=45.93$ 万元。

（2）根据应纳税所得额计算境内、境外所得应纳税额

按照我国税法规定，牛经理 2020 年度的境内、境外综合所得应纳税额：$45.93×30\%-5.292$（税率 30% 所对应的速算扣除数）$=8.487$ 万元。

股息红利所得应纳税额：$8×20\%=1.6$ 万元。

境内、境外所得应纳税额合计：$8.487+1.6=10.087$ 万元。

（3）计算分国抵免限额

来源于甲国综合所得可抵免限额为：

$8.487×20÷（42+20）=2.738$ 万元。

注意：计算综合所得和经营所得抵免额时，需要根据境外所得占境内、境外所得总额的比例来进行计算，此时注意使用口径的差异，综合所得用的是收入额，而经营所得使用的是应纳税所得额。

收入、收入额与应纳税所得额三者之间虽有关联，却不尽相同，居民个人的综合所得以每一纳税年度的收入额减除费用 6 万元以及专项扣除、专项附加扣除和依法确定的其他扣除后的余额，为应纳税所得额。非居民个人的工资、薪金所得，以每月收入额减除费用 5 000 元后的余额为应纳税所得额；经营所得以每一纳税年度的收入总额减除成本、费用以及损失后的余额，为应纳税所得额。

收入与收入额也并非同一概念，收入是纳税人实际收到的金额，收入额为收入减去相关法定费用后的余额。工资、薪金所得往往将收入作为收入额，而劳务报酬所得、稿酬所得、特许权使用费所得以收入减除20%的费用后的余额为收入额，稿酬所得的收入额减按70%计算。对于牛经理而言，计算抵免限额时所用的劳务

报酬所得收入额为 20 万元，而并非是 25 万元。

来源于甲国分类所得的可抵免限额为：8×20%=1.6 万元。

来源于甲国所得的税收抵免限额合计：2.738+1.6=4.338 万元。

（4）计算境外所得准予抵免额

牛经理在甲国实际已缴纳个人所得税税款为：3+1.2=4.2 万元。

4.2 万元小于计算得出的、来源于甲国所得的税收抵免限额 4.338 万元，按照两者孰低原则，牛经理在本年度来源于甲国的境外所得已经缴纳的税款 4.2 万元可以全额抵免，同时两者之间的差额 0.138 万元需要补缴税款。

假如在甲国缴纳的税额为 4.5 万元，按照两者孰低原则，可以抵免额为 4.338 万元，尚未抵免完的 0.162 万元可在以后 5 个纳税年度内，从甲国取得的境外所得抵免限额的余额中结转抵免。

注意：计算某国或地区抵免限额时需要按照综合所得、经营所得、分类所得分项计算，相加后计算出某国或地区抵免限额，然后再计算实际抵免额时不用再分项，而是合并计算。

（5）计算实际应纳税额

牛经理应在境内实际缴纳税款额为计算得出的应缴纳额减去境内预缴额，再减去境外所得准予抵免额。

实际应纳税额：8.487+1.6-5.25-4.2=0.637 万元。

注意： 有境外所得的居民纳税人可以选择到办税服务厅进行上门申报或者邮寄申报，需要提供《个人所得税年度自行纳税申报表（B 表）》《境外所得个人所得税抵免明细表》以及有关证明材料，具体填报要求将在第九章第二节进行详细介绍。

如果计算得出的需要缴纳的税款额为负数，可以直接进行退税，不用在以后年度结转，也就是个人所得税税款"一年一清"。

2. 居民个人境外所得追溯抵免计算

接上述案例，假设牛经理受甲国纳税申报制度的相关限制，无法在 6 月 30 日前结清甲国税款并取得境外所得抵免凭证，导致其无法在 6 月 30 日前在我国境内申报上年度境外所得。8 月 26 日，牛经理才完成甲国所得的税款清算工作，结清税款并取得纳税凭证。

在不考虑税收协定因素的情况下，由于 6 月 30 日前，牛经理未能及时从甲国取得纳税凭证，应按规定于 2020 年 6 月 30 日前向我国境内主管税务机关主动申报境外所得，由于未能提供相关凭证不得抵免在甲国缴纳的税款。

8月26日，牛经理取得甲国税务机关出具的完税证明后，可向境内主管税务机关提出追溯抵免申请，按照境外所得抵免限额申请退还其多缴的个人所得税4.2万元，但不退还利息。

假如其还有尚未抵免完毕的税额，牛经理也可在其以后5年内从甲国取得的所得中进行结转抵免。

3. 境外所得境内支付抵免计算

工资薪金所得、劳务报酬所得按劳务发生地原则来划分境内、境外所得，因此居民个人因任职、受雇、履行合约等在中国境外提供劳务取得的所得，不管支付方在境内，还是在境外，均应认定为来源于中国境外所得。

案例：2020年，我国境内的有住所居民个人孙女士有一部分时间被派遣到乙国进行工作，但其在境内、境外工作期间的工资薪金均由我国境内企业支付。孙女士取得境内工作期间的工资、薪金所得38万元，中国境内企业已预扣预缴个人所得税5.12万元；取得乙国工作期间的工资薪金所得折合成人民币为73万元，并按乙国税法规定缴纳了19万元的个人所得税。

假设孙女士没有其他所得，年度基本减除费用为6万元、专项扣除4.18万元，专项附加扣除3.6万，没有发生公益捐赠，暂不考虑税收协定等其他因素。

解析：（1）计算境内、外所得应纳税额

孙女士在中国境内、境外所得应纳税额为：（38+73-6-4.18-3.6）×45%-18.192（税率45%所对应的速算扣除数）=25.557万元。

（2）计算境外所得抵免限额

孙女士2019年来源于乙国所得可抵免限额为：25.557×73÷（38+73）=16.808万元。

（3）确定可以扣除的抵免额

孙女士来源于乙国综合所得抵免限额16.808万元小于其已在乙国缴纳的19万元个人所得税，因此可以抵免16.808万元，超过抵免限额的2.192万元可结转以后连续5个纳税年度内进行抵免。

（4）计算实际应缴纳的税额

孙女士在中国境内应补缴的税额为：25.557-5.12-16.808=3.629万元。

四、无住所居民个人境外所得税额抵免

案例：汤姆在中国境内无住所，但在本纳税年度内在我国境内居住已满183天。汤姆同时在中国和甲国受雇并取得所得。根据甲国税法规定，汤姆属于该国的居民个人，其在甲国取得的所得根据该国规定已缴纳个人所得税，那么汤姆能否在中国抵免境外所得的上述税额？

解析：汤姆在境内居住满183天，已构成我国的居民个人，但依照甲国税法，汤姆也属于甲国的居民个人。在构成双重税收居民的情况下，应根据税收协定居民条款确定的"加比规则"来判断其居民身份，该判断标准的通常顺序是：永久性住所；重要利益中心；习惯性居所；国籍；主管税务当局协商。

上述标准的使用是有先后顺序的，只有当前一标准无法解决问题时才能使用后一标准。

假设根据中国与甲国政府签订的税收协定中居民条款判定，汤姆属于甲国税收居民。根据中国与甲国政府签订的税收协定受雇所得条款以及《财政部 国家税务总局关于非居民个人和无住所居民个人有关个人所得税政策的公告》第四条和《关于境外所得有关个人所得税政策的公告》公告第四条等规定，汤姆在我国境外受雇取得的所得可以享受税收协定优惠待遇，可不缴纳个人所得税。汤姆在境外受雇取得的所得，如已经享受税收协定优惠待遇，而未在我国境内缴纳个人所得税，那么其在境外负担的税款在中国不予抵免。

案例：在中国境内无住所个人本杰明本年度在中国境内居住累计满183天，但连续居住年限不满六年，同时在乙国任职，取得来源于乙国的所得由乙国某公司在境外支付，本杰明已向我国主管税务机关备案。本杰明在乙国已缴纳的个人所得税能否在我国抵免？

解析：根据《个人所得税法实施条例》第四条规定，在中国境内无住所的个人，在中国境内居住累计满183天的年度连续不满六年的，经向主管税务机关备案，其来源于中国境外且由境外单位或者个人支付的所得免予缴纳个人所得税。

境外所得税收抵免的出发点是避免我国居民个人在境内和境外双重征税，对于居民个人取得可以享受境外免税优惠政策的所得，如果按我国税收法律法规已明确给予免税优惠的，此类境外所得实际上不需要在我国缴纳个人所得税，自然也就不存在双重征税问题，因此无须进行税收抵免。

第六章 无住所个人的纳税筹划

无住所居民个人和非居民个人有一个共同点,那就是在中国境内均没有住所,两者的区别是在中国境内居住时间是否超过 183 天。无住所个人的流动性较强,由于在中国居住时间的不同,其所适用的税收政策也会存在一定的差异,因此需要对其进行专门介绍。

● 第一节 居民个人和非居民个人的认定

个人所得税至关重要的一个问题便是准确科学而又合理地识别居民个人和非居民个人,因为两者的纳税义务、缴税方式和征管模式均有很大的不同。因此,科学区分这两类个人成为掌握个人所得税政策的重要基础。

如果想区分两者,首先要看其在中国境内是否有住所,注意这个"境内"指的是"关境",而非"国境"。"关境"是海关管辖的区域,"关境"可能因设立区域性关税同盟等原因而大于国境,也可能因一国之内设立若个特殊经济区域而小于国境,因此,个人所得税法中所称"中国境内"实际是"中国大陆关境之内"。

如果在中国境内有住所,不管其国籍如何,都属于个人所得税的居民纳税人;若是没有住所,需要看其在一个纳税年度内在中国境内累计居住是否满 183 天。如果居住满 183 天,便是居民个人;若是居住不满 183 天,则认定为非居民个人。

科学区分居民个人和非居民个人,需要把握以下两个极为重要的关键点。

第一个是住所,税法的用词是极其严谨的,此处用的是"住所",而不是"房屋"或者"住宅"。"房屋"是个独立的客观存在,某个外国人在中国境内买了一处房子,却从来不住,那么便不能认定其在中国境内有住所。举一个极端的例子,一个外国人在境内没有房产,也没有租住在公寓或者酒店,而是长期借住在所在公司的值班室，不过他却还打算长期在中国定居，并没有回国的打算，那么他可以被认定为在中国境内有住所。

"住所"是"住"在前，"所"在后，强调的是居住，也就是因户籍、家庭、经济利益关系在中国境内有一个习惯性所在并长期居住的就可以认定为有住所。某个中国人因学习、工作、探亲、旅游等原因在境外居住，在这些原因消除以后仍然要回到中国境内居住的个人，便可认定该纳税人在中国境内有住所。某个外国人因学习、工作、探亲、旅游等原因而在中国境内居住，待上述原因消除后仍然要回到境外居住，即便是现在住在中国，甚至在中国购买了住房，其习惯性居住地也不在中国，也不应被认定为其在中国有住所。判断个人是否在中国境内有住所的关键其实并不在当下，而是从长期看这个人究竟习惯住在哪里。

第二个是时间，对于无住所纳税人，在中国境内居住累计是否满 183 天成为判断是否属于中国居民个人的关键，为何要选择 183 天作为认定标准呢？正常年份一年有 365 天，183 天便意味着超过半年的时间居住在中国境内。

在一个纳税年度内，无住所个人在中国境内累计居住天数，按照其在中国境内累计停留的天数计算。在中国境内停留的当天满 24 小时，该日计入中国境内居住天数，在中国境内停留的当天不足 24 小时，该日不计入中国境内居住天数，也就是只有在当天 0：00 分之前入境的才算一天，不是 0：00 分之前入境的一律不算。一般而言，出境和离境当天在中国境内停留时间均不足 24 小时，那么当日便均不计算在累计居住时间之内。

中国澳门居民张某，习惯居住地在澳门，可是其在珠海工作，每周一到珠海来上班，每周五晚上回澳门团聚。周一和周五当天停留都不足 24 小时，因此不计入境内居住天数，而周六、周日这两天在澳门度过，也不计入境内居住天数，这样，每周可以计入累计居住天数仅为 3 天，若全年按照 52 周计算，张某该年在境内的居住天数为 156 天，未超过 183 天，属于非居民个人。

若是张某因所在公司业务繁忙周五时常加班，改为周六早晨回澳门，仍旧是周一早晨返回珠海，那么每周可计入累计居住天数为 4 天，该年他在境内居住天数为 208 天，超过 183 天，属于居民个人。注意，这个居住时间与后面提到的工作时间的计算方式并不一致，要注意加以区分。

我国的非居民个人并非都是外籍个人，而中国籍个人也并非都是居民个人，因此在确定居民身份时采用的是住所标准而不是国籍标准。假如某个人拥有中国国籍，却移民海外取得了某国的绿卡，获得了永久居留权，且习惯性居住地也在该国，在这种情况下，其可以向中国税务机关申请放弃对其居民税收管辖权。

之所以要严格区分居民个人和非居民个人，是因为在法理上居民个人负有无限纳税义务，而非居民个人只负有有限纳税义务，居民个人所承担的纳税义务要更大一些。从中国境内和境外取得的所得均需缴纳个人所得税，而非居民个人仅仅对从中国境内取得的所得缴纳个人所得税，对于从境外取得的所得不需要缴纳个人所得税。

其实这种划分方法也并非没有瑕疵，在中国境内无住所但在中国境内累计居住满 183 天的被认定为居民个人，对来自中国境内、境外的所得均需纳税。如果累计居住 182 天便认定为非居民个人，只对来自中国境内的所得纳税，容易诱发逆向选择的风险，为此专门设立了长达 6 年的观察期。

对于无住所居民个人，在中国境内连续居住不满 6 年，对其来源于中国境外且由境外单位或者个人支付的所得，免予征收个人所得税，不过需要及时向主管税务机关备案。

如何界定"连续"呢？首先，连续的年限从 2019 年开始计算，之前的年限一律予以清零，因此最早从 2025 年开始才会出现对来自中国境内、境外收入均需缴税的非住所个人。其次，在中国境内累计居住满 183 天的任一年度中，若有一次离境超过 30 天，其在中国境内居住累计满 183 天的连续年限将会重新起算，比如，外国人汤姆从 2019 年至 2023 年每年在中国境内居住累计均满 183 天，但在 2024 年因家中事务离开中国境内 31 天，那么他之前的年限将会全部清零，若 2024 年他在中国境内累计居住满 183 天，从这一年开始重新算起，满 6 年才对其来自中国境内和境外的所有收入缴纳个人所得税。

在中国境内无住所的个人，一个纳税年度内在中国境内居住累计不超过 90 天，其来源于中国境内的所得，由境外雇主支付并且不由该雇主在中国境内的机构、场所负担的部分，免予缴纳个人所得税。之所以对免税条件做出限制性规定，是怕存在监管漏洞，比如，外国人托马斯是国内某跨国企业高管，其取得工资、薪金所得本应属于境内收入，不过他为了避税而授意该公司在境外的关联公司代为支付，然后再进行内部清算，这样便会在无形中造成了税款流失。

无住所个人境、内外所得纳税情况

居住时间	来源于中国境内的所得		来源于中国境外的所得	
	境内支付	境外支付	境内支付	境外支付
不超过90天	征税	工资薪金所得免税（境外支付不由该雇主在中国境内的机构、场所负担的部分）其他所得征税	无纳税义务	无纳税义务
不超过183天	征税	征税	无纳税义务	无纳税义务
满183天不满6年	征税	征税	征税	免税
满183天满6年	征税	征税	征税	征税

非居民个人和无住所居民个人由于在中国境内均没有住所，因此这两类无住所个人流动性较强，有时在境内工作，有时在境外工作，甚至同时在境内、境外单位担任职务，有的虽仅在境外单位任职但同时在境内、境外工作，那么他们的所得如何区分境内收入和境外收入，如何缴纳个人所得税便成了难题。这些复杂问题，我们将进行深入探讨。

◉ 第二节　无住所一般雇员工资、薪金所得税收筹划

在无住所个人中，绝大多数属于一般员工，也就是公司中层领导及以下人员，他们主要的经济来源通常为工资、薪金所得，由于他们在中国境内并无住所，流动性也较强，因此其所得的来源地判定以及适用于哪项具体政策均具有一定的难度。

一、无住所一般雇员工资、薪金所得依来源地判定

（一）收入来源地判定原则

1. 仅在中国境内任职、受雇的无住所个人

此类个人在境内实际工作期间，无论是休公假（即法定节假日）、个人休假（包括带薪休假、产假、哺乳假、丧假等），还是接受培训，也无论其究竟是在境内，还是在境外，这些日子均应认定为境内工作天数，也就是在其任职、受雇期间，通常情况下全部天数均为工作天数，其取得的工资、薪金所得，无须再划分境内、

境外所得，其因任职受雇而取得的全部所得均属于来源于中国境内的所得。

比如，英国人爱德华多在中国华为担任信息主管，未在境外任职，即便是他连续一个月都在英国休假，华为公司为他发放的该月工资也应属于中国境内所得，因为当月爱德华多虽然人并不在中国境内，但他在中国境外却并无其他工作，因此这笔收入只与其在中国华为任职有关，自然属于中国境内所得。

2. 在境内、境外单位同时担任职务的无住所个人

这类人较为复杂，某月工资中可能既有境内单位发放的工资、薪金，又有境外单位发放的工资、薪金，究竟哪些是境外所得，哪些是境内所得呢？

可能有些人会想到从为其发放工资、薪金的单位所在地来进行划分，境内单位发放的工资、薪金属于中国境内所得，境外单位发放的工资、薪金属于中国境外所得，从这个角度进行区分虽有其合理性，但也会存在一些问题。

首先，如果仅仅从支付角度判断，往往难以认定该所得的准确来源，比如，某工程师受设在美国的集团公司派遣来该集团的中国子公司负责机房维护。其工资、薪金先由集团公司支付，随后集团公司再与中国子公司进行结算。该工程师实际上是在为中国子公司工作，取得的收入理应认定为中国境内所得，若是单纯从支付角度判断，则只能判定为中国境外所得，显然与事实不符。

其次，如果仅仅从支付角度判断，极易诱发国际避税问题。世界各国的税负存在很大差异，巴哈马共和国、百慕大群岛、开曼群岛等著名国际避税地并不征收所得税，而同时在境内、境外单位任职的人员所任职的公司之间经常会存在关联关系，若是仅仅从支付角度判断所得来源，可以将原本由中国公司支付的工资、薪金改由设在国际避税地的关联公司支付，这样便可以达到避税的目的，这行为显然在我国是不允许的。

鉴于按照支付方判定所得来源的方法存在一定的缺陷，我国是通过境内工作天数在总工作天数中的占比来计算境内所得。对于一般雇员而言，工作时长与工资、薪金的多少虽然未必成正比，却具有正相关的关系，以此来划分境内所得与境外所得无疑较为合理。

无住所个人取得一笔工资薪金所得后，首先需要确定该笔收入对应的所属期间，然后再查找当期公历天数，分别计算境内工作天数和境外工作天数。境外工作天数为当期公历天数减去当期境内工作天数，然后分别用中国境内工作天数、境外工作天数占当期公历天数的比例来计算来源于中国境内、境外工资、薪金所得的收入额。

2020年6月，公历天数共有30天，无住所个人阿扎菲同时在赞比亚和中国任职，当月共取得工资、薪金收入30 000元，当月在中国境内工作时间为10天，那么用中国境内工作时间除以当期公历天数，所得出的比例1/3便是中国境内所得在当月总的工资、薪金收入之中的比例。在30 000元的收入之中，其中10 000元属于中国境内所得。

用当期公历天数减去中国境内工作时间10天便是中国境外工作时间，也就是20天，那么用中国境外工作时间除以当期公历天数，所得出的比例2/3便是中国境内所得在当月的工资、薪金收入之中的比例，也就是其中20 000元属于中国境外所得。

3. 仅在境外单位任职的无住所个人

在境外单位任职的个人，若是没来过中国，自然也就没有中国境内所得；若是来过中国，仅仅是因度假、探亲等非工作原因，一般也不会认定为存在中国境内所得。

不过，随着世界一体化和经济全球化，越来越多的在境外单位任职的人因为工作原因来到中国，而他们的中国境内所得、境外所得的计算方法与在境内、境外单位同时担任职务的无住所个人完全一样，也是用在中国境内工作天数、境外工作天数占当期公历天数的比例来计算确定来源于中国境内、境外工资、薪金所得的收入额。

科斯（中国）公司从德国母公司科斯（慕尼黑）公司购买的高端机器设备出现了故障，科斯（中国）公司的技术人员无法排除故障，只能紧急向母公司求助。科斯（慕尼黑）公司派遣技术骨干克劳泽于2021年4月来到中国，在中国境内工作了15天。

虽然他并非科斯（中国）公司的雇员，也可能并未收到科斯（中国）公司支付的酬劳，即便他收到的工资、薪金均由科斯（慕尼黑）公司支付，但在他的4月份工资、薪金之中，仍包含着与其在中国工作存在直接关联的酬劳，这部分酬劳应该认定为中国境内所得。

2021年4月份，克劳泽在中国境内工作时间是15天，那么其在中国境外工作时间也是15天，在4月份公历天数中各占1/2，因此在他的4月份工资、薪金之中，中国境内所得、中国境外所得各占一半。

在判定中国境内所得时，境内工作天数成为至关重要的因素，因此若想准确区分中国境内所得与境外所得，必须要准确把握境内工作天数的计算原则。

（二）境内工作天数的计算原则

中国境内工作天数不仅包括其在中国境内的实际工作日，还包括在境内工作期间其在境内、境外享受的公休假、个人休假、接受培训的天数。

工作天数与居住天数存在着较大差异，居住天数仅仅看个人在中国境内的停留时间，并不考虑实际工作情况，只要在中国境内停留当天满24小时，计入中国境内居住天数；在中国境内停留当天不足24小时，不计入中国境内居住天数。

对于在境内、境外单位同时担任职务或者仅在境外单位任职的无住所个人而言，中国境内工作天数虽然包括其在工作期间在境外享受的公休假、个人休假和接受培训的天数，但并非按照全天计算，在中国境内停留的时间不足24小时，按照半天来计算工作天数。

案例： 约翰逊在中国境内无住所，由于同时在斯克（中国）有限公司和斯克（美国）有限公司两家关联企业担任财务主管，经常性往返于北京和西雅图之间，单数月主要在美国工作，双数月主要在中国工作。2020年，约翰逊在中国境内的居住时间不超过183天。约翰逊因销售业绩出众被派遣到德国参加营销高端培训，于2020年12月1日离开中国，在德国逗留9天，于12月11日返回北京；12月15日离开中国，前往巴厘岛度假，12月21日返回北京。约翰逊在2020年12月的境内工作天数是多少天？

解析： 约翰逊虽是财务主管，但只是公司中层，并不属于公司高管。他的境内工作天数应按照一般雇员标准来计算。约翰逊在中国境内任职受雇期间，境外休假、公休假和接受培训的天数，也属于境内工作天数，但在境内停留的时间不足24小时，按照半天计算工作天数。

约翰逊于2020年12月1日至11日前往德国接受培训，首尾两天是出境、入境时间，而剩余9天均为完全在境外时间，在中国境内停留时间均不足24小时，这11天均按照半天计算工作天数，也就是5.5天。

约翰逊于2020年12月15日至21日前往巴厘岛度假，首尾两天是出境、入境时间，而剩余5天均为完全在境外时间，在中国境内停留时间均不足24小时，这7天均按照半天计算工作天数，也就是3.5天。

剩余的 15 天在中国境内停留时间均满 24 小时，按照全天计算境内工作天数，因此约翰逊 2020 年 12 月的境内工作天数为：5.5+3.5+15=24 天。

这中间还有一个重要问题，约翰逊前往德国接受培训或者去巴厘岛度假，是由斯克（美国）有限公司批准而非斯克（中国）有限公司批准，对上述计算结果有影响吗？

对于在境内、境外单位同时担任职务或者仅在境外单位任职的无住所个人，其公休假、个人休假和接受培训，尤其是接受培训，并不需要特别判定是境内任职单位，还是境外任职单位委派，只需要确认以下两点即可。

一是公休假、个人休假和接受培训期间，是不是仍然在中国境内的单位任职。如果是，这段时间便构成其在境内工作时间的判定基础。如果不是，因这段时间与收入没有直接关联，不构成境内工作时间的判定基础，不计为境内工作时间。

二是公休假、个人休假和接受培训的地点，是中国境内还是中国境外。如果是在境内培训，全部天数计为境内工作天数。如果是在境外，按培训期间每天是否"境内停留时间不足 24 小时"判定，满 24 小时的计为一天，不满 24 小时的计为半天。

对于约翰逊而言，2020 年 12 月他正在北京工作期间参加培训和开始度假，无论委派单位或者批准单位是斯克（美国）有限公司，还是斯克（中国）有限公司，均改变不了他在中国境内单位任职受雇的事实，其在境内的工作时间均认定为 24 天。

二、无住所一般雇员工资、薪金所得依收入额判定

1. 境内居住时间累计不超过 90 天的非居民个人

在一个纳税年度内，在境内累计居住不超过 90 天的非居民个人，仅就归属于境内工作期间并由境内雇主支付或者负担的工资薪金收入计算缴纳个人所得税。当月工资薪金收入额的计算公式如下。

$$当月应纳税工资薪金收入额 = 当月境内外工资薪金总额 \times$$

$$\frac{当月境内支付工资薪金数额}{当月境内外工资薪金数额} \times \frac{当月工资薪金所属工作期间境内工作天数}{当期工资薪金所得工作期间公历天数}$$

境内雇主包括雇佣员工的境内单位和个人以及境外单位或者个人在境内的机构、场所。

凡境内雇主采取核定征收所得税或者无营业收入未征收所得税，无住所个人为其工作取得工资、薪金所得，不论是否在该境内雇主会计账簿中记载，均视为

由该境内雇主支付或者负担。

工资薪金所属工作期间的公历天数，是指无住所非居民个人取得工资薪金所属工作期间按公历计算的天数。

当月境内外工资、薪金包含归属于不同期间的多笔工资、薪金，应当先分别按照规定计算不同归属期间工资薪金收入额，然后再加总计算当月工资薪金收入额。

2. 境内居住时间累计超过 90 天不满 183 天的非居民个人

在一个纳税年度内，在境内累计居住超过 90 天不满 183 天的非居民个人，取得归属于境内工作期间的工资、薪金所得，均应当计算缴纳个人所得税；其取得归属于境外工作期间的工资、薪金所得，不征收个人所得税。当月工资薪金收入额的计算公式如下。

$$当月应纳税工资薪金收入额 = 当月境内外工资薪金总额 \times$$

$$\frac{当月工资薪金所属工作期间境内工作天数}{当期工资薪金所得工作期间公历天数}$$

对于非居民个人，不需要进行综合所得年度汇算，应当以当月收入额减去税法规定的减除费用后的余额，为应纳税所得额，适用《个人所得税税率表（非居民个人工资、薪金所得，劳务报酬所得，稿酬所得，特许权使用费所得适用）》计算应纳税额。其实上述税率表与《按月换算后的综合所得税率表》完全一致。缴纳完成后，便视为完成纳税义务，不存在补缴和退税问题。

3. 在境内居住累计满 183 天的年度连续不满 6 年的无住所居民个人

在境内居住累计满 183 天的年度连续不满 6 年的无住所居民个人，其取得的全部工资、薪金所得，除归属于境外工作期间且由境外单位或者个人支付的工资、薪金所得部分外，均应计算缴纳个人所得税。工资、薪金所得收入额的计算公式如下。

$$当月应纳税工资薪金收入额 = 当月境内外工资薪金总额 \times \left[1 - \frac{当月境外支付工资薪金数额}{当月境内外工资薪金数额} \times \frac{当月工资薪金所属工作期间境外工作天数}{当期工资薪金所得工作期间公历天数} \right]$$

无住所纳税人在境内居住累计满 183 天便属于居民个人，如果在纳税年度内取得综合所得，年度终了后，应按年计算个人所得税；有扣缴义务人的，由扣缴义务人按月或者按次预扣预缴税款；需要办理汇算清缴的，按照规定办理汇算清缴，年度综合所得应纳税额计算公式如下。

年度汇算应退或应补税额 =[（年度综合所得收入额 − 基本生活费用减除额60 000 元 − "三险一金"等专项扣除 − 子女教育等专项附加扣除 − 依法确定的其他扣除 − 公益慈善事业捐赠）× 适用税率 − 速算扣除数]− 当年已预缴税额 − 准予抵免的境外缴纳的税额

年度综合所得应纳税额减去该纳税年度内已预交的税款，如果存在境外所得，减去可以抵免数额，如果是正数，便需要补缴税款；如果是负数，可以办理退税。

如果无住所居民个人为外籍个人，2022 年 1 月 1 日前计算工资薪金收入额时，可以继续享受住房补贴、子女教育费、语言训练费等八项津补贴，如果已经按规定减除上述补贴，不能同时享受专项附加扣除。注意，该政策的适用主体仅限外籍个人，华侨等非外籍无住所居民个人不享受该政策。

4. 在境内居住累计满 183 天的年度连续满 6 年的居民个人

在境内居住累计满 183 天的年度连续满 6 年后的居民个人从境内、境外取得的全部工资、薪金所得，均应计算缴纳个人所得税，与有住所居民个人纳税方式基本是一样的。具体计算公式如下。

当月应纳税工资薪金收入额 = 当月境内工资薪金总额 + 当月境外工资薪金总额

三、无住所一般雇员数月奖金和股权激励所得税收筹划

数月奖金是一次性取得归属于数月的奖金、年终加薪、分红等工资、薪金所得，不包括每月固定发放的奖金及一次性发放的数月工资。

股权激励包括股票期权、股权期权、限制性股票、股票增值权、股权奖励以及其他因认购股票等有价证券而从雇主取得的折扣或者补贴。

1. 境内数月奖金和股权激励所得应纳税所得额的确定

数月奖金和股权激励属于特殊形式的工资、薪金收入。无住所个人在境内履职或者执行职务时收到的数月奖金或者股权激励所得，归属于境外工作期间的部分，为来源于境外的工资、薪金所得；无住所个人停止在境内履约或者执行职务离境后收到的数月奖金或者股权激励所得，对属于境内工作期间的部分，为来源于境内的工资、薪金所得。具体计算公式如下。

属于中国境内所得的数月奖金或者股权激励 = 数月奖金或者股权激励总额 ×

$$\frac{数月奖金或者股权激励所属工作期间境内工作天数}{所属工作期间公历天数}$$

无住所个人一个月内取得的境内外数月奖金或者股权激励包含归属于不同期间的多笔所得，应当先分别计算不同归属期间来源于境内的所得，然后再加总计算当月来源于境内的数月奖金或者股权激励收入额。

案例：日本籍大久保立通习惯居住地为日本横滨。他是横滨三友钢铁株式会社的营销经理。2020年8月，横滨钢铁株式会社设立邯郸三友钢铁有限公司，任命大久保立通为邯郸三友钢铁有限公司营销主管，同时保留其在母公司的职务。

2020年度，大久保立通在中国境内工作时间为98天；2020年四季度中国境内工作时间为39天，为表彰大久保立通在开拓市场方面的突出业绩，给予其四季度奖金19万元人民币，全年一次性奖金69万元。对于大久保立通的四季度奖金，邯郸三友钢铁有限公司负担2/3，横滨三友钢铁株式会社负担1/3；对于大久保立通的全年一次性奖金，横滨三友钢铁株式会社负担2/3，邯郸三友钢铁有限公司负担1/3。（不考虑税收协定因素）

情形一：2020年度，虽然大久保立通在中国境内工作时间为98天，但在工作期间曾经回日本休假15天，因此其在中国境内居住天数不超过90天，应认定为非居民个人。对于上述两笔奖金，该如何计算大久保立通应纳税所得额？

解析：在一个纳税年度内，大久保立通在中国境内居住天数不超过90天，属于无住所非居民个人，仅就来自中国境内且由境内雇主实际支付或负担的工资、薪金所得缴纳个人所得税，2020年公历天数为365天，四季度公历天数为92天。其应纳税所得额为：

$19 \times 2/3 \times 39/92 + 69 \times 1/3 \times 98/365 = 11.55$ 万元。

情形二：2020年度，大久保立通在中国境内工作天数为98天且始终未曾出境。对于上述两笔奖金，该如何计算大久保立通应纳税所得额？

解析：在一个纳税年度内，大久保立通在中国境内居住天数满90天不满183天的，属于无住所非居民个人，对全部来源于境内的工资薪金缴纳个人所得税，不再区分该工资薪金究竟是由境内单位承担还是由境外单位承担。其应纳税收入额为：

$19 \times 39/92 + 69 \times 98/365 = 26.58$ 万元。

情形三：2020 年度，大久保立通在中国境内居住天数满 90 天，但其来中国工作前曾来中国度假长达 98 天，因此其在中国境内居住天数达到 189 天，其之前年度未来过中国。对于上述两笔奖金，该如何计算大久保立通应纳税所得额？

解析：在一个纳税年度内，大久保立通在中国境内居住天数满 183 天，但不满 6 年，属于无住所居民个人，经向主管税务机关备案，其来源于中国境外且由境外单位或者个人支付的所得，免予缴纳个人所得税，也就是他对来源于境内的工资薪金和来源于境外且由境内支付的工资薪金缴纳个人所得税。

境内所得：$19 \times 39/92 + 69 \times 98/365 = 26.58$ 万元。

境外所得但由境内支付的所得：$19 \times （92-39）/92 \times 2/3 + 69 \times （365-98）/365 \times 1/3 = 24.12$ 万元。

应纳税收入额为：$26.58 + 24.12 = 50.7$ 万元。

情形四：2025 年，大久保立通仍旧取得上述收入，其在 2019 年至 2024 年在中国境内居住时间均超过 183 天，在此期间离境未超过 30 天。对此，该如何计算大久保立通应纳税所得额？

解析：对于自 2019 年起连续在中国境内居住天数满 183 天的年度满 6 年的无住所居民个人，其来源于境内、境外的全部工资薪金需要缴纳个人所得税，因此不用再区分境内所得和境外所得。

应纳税所得额为：$19 + 69 = 88$ 万元。

其境外收入在境外已经缴纳税款，为了不对同一所得重复征税，对于境外已经缴纳税款在限额内可以抵免。

2. 数月奖金和股权激励所得境内应纳税额计算

对于无住所个人之中的居民个人，需要进行综合所得年度汇算，在 2021 年12 月 31 日前，数月奖金可以选择按照一次性奖金单独计税，也可以并入工资、薪金所得合并计税。股权激励所得需要并入工资、薪金所得进行年度汇算。

对于无住所个人之中的非居民个人，不需要进行综合所得年度汇算，工资、薪金所得按月计算缴纳个人所得税。其取得数月奖金或股权激励，如果也按月征税，可能存在税负奇高的问题，从公平合理的角度出发，应当允许数月奖金和股权激励在一定期间内分摊计算纳税。考虑到非居民个人在一个年度内境内累计停留时间不超过 183 天，即最长约为 6 个月，因此，非居民个人取得数月奖金或股权激励，允许在 6 个月内分摊计算税额。这样既降低了税负，也简便易行。

在取得数月奖金或者股权激励所得的当月，数月奖金或者股权激励收入额可以选择不与当月其他工资、薪金所得合并，按 6 个月分摊计税，但不得减除基本生活费用，适用《个人所得税税率表（非居民个人工资、薪金所得，劳务报酬所得，稿酬所得，特许权使用费所得适用）》计算应纳税额，在一个公历年度内，每一个非居民个人取得数月奖金，该计税办法只允许适用一次。非居民个人在一个纳税年度内可能会取得多笔股权激励所得，均可适用上述计税办法，但应当合并计算纳税。计算公式如下。

取得数月奖金的当月应纳税额 =[（数月奖金收入额或 ÷6）× 适用税率 − 速算扣除数]×6

取得股权激励所得的当月应纳税额 = [（本纳税年度内股权激励所得合计额 ÷6）× 适用税率 − 速算扣除数]×6 − 本纳税年度内股权激励所得已纳税额

个人所得税税率表

（非居民个人工资、薪金所得，劳务报酬所得，稿酬所得，特许权使用费所得适用）

级数	全月应纳税所得额	税率（%）	速算扣除数
1	不超过3 000元的	3	0
2	超过3 000元至12 000元的部分	10	210
3	超过12 000元至25 000元的部分	20	1 410
4	超过25 000元至35 000元的部分	25	2 660
5	超过35 000元至55 000元的部分	30	4 410
6	超过55 000元至80 000元的部分	35	7 160
7	超过80 000元的部分	45	15 160

案例：非洲籍乔安娜2020年在中国境内居住天数不满90天。2020年1月，乔安娜取得境内支付的股权激励所得40万元，其中归属于境内工作期间的所得为12万元，2020年5月，取得境内支付的股权激励所得70万元，其中归属于境内工作期间的所得为18万元。据此，计算乔安娜在中国境内股权激励所得的纳税情况。（不考虑税收协定因素）

解析：2020 年 1 月，首次取得股权激励所得当月：

应纳税额 =[（120 000÷6）×20% − 1 410]×6 = 15 540 元。

2020 年 5 月，再次取得股权激励所得，两次所得需要合并计算：

应纳税额＝{[（ 120 000+180 000 ）÷6]×30%－4 410}×6－15 540＝48 000 元。

第三节　无住所高管人员工资、薪金所得税收筹划

一、无住所高管人员报酬来源地判定

无住所高管人员是指担任中国境内居民企业的董事、监事及高层管理职务（包括正、副总经理，正、副总经理，各职能总师、总监及其他类似公司管理层的职务）的无住所个人。每个公司的职位设置不尽相同，高层管理职务是指公司层面的管理职务，而非公司下属部门层面的管理职务。

无论其是否在境内履行职务，取得由境内居民企业支付或者负担的董事费、监事费、工资薪金或者其他类似报酬（包含数月奖金和股权激励），均属于来源于境内的所得。只要是境内居民企业支付，或者虽不是其实际支付但由其实际承担的无住所高管人员的报酬，均属于境内所得。

无住所高管人员境内所得判定标准与一般雇员之所以会有所不同，主要是因为高管人员参与公司决策和监督管理，工作地点流动性较强，不宜简单地按照工作地点和工作时间来划分境内和境外所得，因此，高管人员取得由境内居民企业支付或负担的报酬，不论其是否在境内履行职务，均属于来源于境内的所得，应在境内缴纳税款。

对高管人员取得境外居民企业支付或者负担的报酬，仍需按照任职、受雇、履约地点划分境内、境外所得。

二、无住所高管人员报酬收入额确定

1. 高管人员在境内居住时间累计不超过 90 天

在一个纳税年度内，在境内累计居住不超过 90 天的高管人员，其取得由境内雇主支付或者负担的工资、薪金所得应当计算缴纳个人所得税；不是由境内雇主支付或者负担的工资、薪金所得，不缴纳个人所得税。当月工资薪金收入额为当月境内支付或者负担的工资薪金收入额。

2. 高管人员在境内居住时间累计超过 90 天不满 183 天

在一个纳税年度内，在境内居住累计超过 90 天不满 183 天的高管人员，取得

的工资、薪金所得，除归属于境外工作期间且不是由境内雇主支付或者负担的部分外，应当计算缴纳个人所得税。当月工资薪金收入额计算如下。

$$当月应纳税工资薪金收入额 = 当月境内外工资薪金总额 \times \left[1 - \frac{当月境外支付工资薪金数额}{当月境内外工资薪金总额} \times \frac{当月工资薪金所属工作期间境外工作天数}{当期工资薪金所得工作期间公历天数} \right]$$

比如，TLD 中国公司财务总监玛丽莲是由 TLD 美国集团公司委派来中国工作，由集团公司发放薪金，虽然其取得的所得由境外企业支付，但不能简单地以支付或负担单位位于中国境内或中国境外来判断所得究竟属于中国境内所得还是境外所得，但其实际受雇地点在中国境内，因此应属于中国境内收入。

假设玛丽莲在中国境外未任职，如果其在中国境内居住时间累计不超过 90 天，若玛丽莲的薪金不由 TLD 中国公司实际承担，可对该收入予以免征；如果其在中国境内居住时间累计超过 90 天，不管其薪金由谁来支付和承担，均应在中国境内缴纳个人所得税。

● 第四节　非居民个人其他所得税收筹划

除工资、薪金所得之外的其他所得，无住所居民个人与有住所居民个人的征税方式并没有实质性差异，只是对其境外所得承担的纳税义务有所不同。非居民个人综合所得预缴方式与居民个人存在差别，不用进行综合所得年度汇算。

一、非居民个人劳务报酬所得适用政策

因任职、受雇、履约等在中国境内提供劳务取得的所得，不论支付地点是否在中国境内，均为来源于中国境内的所得。非居民个人取得的劳务报酬所得若属于一次性收入，按次缴纳税款；属于同一项目连续性收入，按月缴纳税款。劳务报酬所得以收入减除 20% 后的费用后的余额为收入额，但所适用税率与居民个人所有不同，适用的是《个人所得税税率表（非居民个人工资、薪金所得，劳务报酬所得，稿酬所得，特许权使用费所得适用）》。其实，该税率表与《按月换算后的综合所得税率表》完全一致。

劳务报酬所得应纳所得税额 = 劳务报酬收入 ×（1-20%）× 适用税率 - 速算扣除数。

个人所得税税率表

（非居民个人工资、薪金所得，劳务报酬所得，稿酬所得，特许权使用费所得适用）

级数	全月应纳税所得额	税率（%）	速算扣除数
1	不超过3 000元的	3	0
2	超过3 000元至12 000元的部分	10	210
3	超过12 000元至25 000元的部分	20	1 410
4	超过25 000元至35 000元的部分	25	2 660
5	超过35 000元至55 000元的部分	30	4 410
6	超过55 000元至80 000元的部分	35	7 160
7	超过80 000元的部分	45	15 160

之所以会存在上述差异，主要是为了保证改革平稳推进，居民个人劳务报酬所得、稿酬所得和特许权使用费预缴税款时仍沿用改革前的办法。年度终了后，四项综合所得合并后仍按照《个人所得税税率表（综合所得适用）》来缴纳税款，两者之间的差异通过年度汇算来弥补。非居民个人具有较强的流动性，也不需要进行综合所得年度汇算，按月缴纳完税款后便视为完成纳税义务。因此，直接适用按月换算后的综合所得税率表无疑更为合理科学。

二、非居民个人稿酬所得适用政策

无住所个人取得的由境内企业、事业单位、其他组织支付或者负担的稿酬所得，应认定为来源于中国境内所得。

非居民个人取得的稿酬所得若属于一次性收入，按次缴纳税款；属于同一项目连续性收入，按月缴纳税款。稿酬所得以收入减除20%后的费用后的余额为收入额，收入额减按70%计算，适用《个人所得税税率表（非居民个人工资、薪金所得，劳务报酬所得，稿酬所得，特许权使用费所得适用）》中的适用税率，而并非如居民个人适用20%的税率。

稿酬所得应纳所得税额 = 收入 × （1-20%）×70%× 适用税率 - 速算扣除数

三、非居民个人特许权使用费所得适用政策

许可各种特许权在中国境内使用而取得的所得，不论支付地点是否在中国境内，均为来源于中国境内的所得。

非居民个人取得的特许权使用费所得若属于一次性收入，按次缴纳税款；属于同一项目连续性收入，按月缴纳税款。特许权使用费所得以收入减除20%后的

费用后的余额为收入额，但所适用所得税率与居民个人所得税率不同，适用《个人所得税税率表（非居民个人工资、薪金所得，劳务报酬所得，稿酬所得，特许权使用费所得适用）》中的适用税率，而并非如居民个人适用 20% 的税率。

特许权使用费所得应纳所得税额 = 收入 ×（1-20%）× 适用税率 − 速算扣除数。

四、非居民个人经营所得适用政策

非居民个人流动性较强，随时都可能会离境，因此其他所得都是按月或者按次征收，只有经营所得是以每一纳税年度的收入总额减除成本、费用以及损失后的余额，为应纳税所得额，与居民个人一样适用《个人所得税税率表（经营所得适用）》。

五、非居民个人财产租赁所得适用政策

非居民个人将财产出租给承租人在中国境内使用而取得的所得，不论支付地点是否在中国境内，均为来源于中国境内的所得。

财产租赁所得，每次收入不超过 4 000 元的，减除费用 800 元；4 000 元以上的，减除 20% 的费用，其余额为应纳税所得额。

应纳所得税额 = 应纳税所得额 ×20%。

非居民个人分类所得的征税方式与居民个人完全一样，并不存在差异。

六、非居民个人财产转让所得适用政策

非居民个人转让中国境内的不动产等财产或者在中国境内转让其他财产取得的所得，不论支付地点是否在中国境内，均为来源于中国境内的所得。

非居民个人财产转让所得的计税方式与居民个人完全一致，以转让财产的收入额减除财产原值和合理费用后的余额，为应纳税所得额。

应纳所得税额 = 应纳税所得额 ×20%=（转让财产的收入额 − 财产原值 − 合理费用）×20%。

七、非居民个人利息、股息、红利所得适用政策

非居民个人从中国境内企业、事业单位、其他组织以及居民个人取得的利息、股息、红利所得，不论支付地点是否在中国境内，均为来源于中国境内的所得。

以每次收入额为应纳税所得额，适用 20% 的税率，应纳税所得额 = 每次收入额 ×20%。

八、非居民个人偶然所得适用政策

非居民个人从中国境内企业、事业单位、其他组织以及居民个人取得的偶然

所得，以每次收入额为应纳税所得额，适用 20% 的税率。

应纳税所得额 = 每次收入额 × 20%。

● 第五节　无住所个人适用税收协定

上述内容均是我国国内法范畴，如果无住所个人的居民国（地区）与我国政府签署过避免双重征税协定，那么该纳税人可以选择享受税收协定的相关待遇，同时也保留放弃享受相关待遇并适用我国税法的权利。

一、无住所个人适用"受雇所得"条款

我国与其他国家（地区）签订的税收协定大都存在"受雇所得"条款，有时也会被称为"非独立个人劳务"条款。无住所个人在取得工资、薪金所得时，可选择按照上面介绍的我国税法的有关规定缴纳税款，也可以选择享受税收协定中"受雇所得"条款规定的待遇。

（一）税收协定中"受雇所得"条款内容

我国与其他国家（地区）签订的税收协定关于"受雇所得"或"非独立个人劳务"条款，主要有下述两款规定。

第一款是对缔约双方关于受雇所得征税权限的一般性规定，主要内容就是甲国（地区）的居民个人在乙国（地区）从事受雇活动取得的薪金、工资和其他类似报酬，乙国有权对其征税，但对于该居民个人的其他所得无权征税，也就是遵循所谓的"受雇活动实际履行地"原则。

《中华人民共和国政府和新加坡共和国政府关于对所得避免双重征税和防止偷漏税的协定》	《内地和香港特别行政区关于对所得避免双重征税和防止偷漏税的安排》
第十五条　非独立个人劳务 一、除适用第十六条、第十八条、第十九条的规定以外，缔约国一方居民因受雇取得的薪金、工资和其他类似报酬，除在缔约国另一方从事受雇的活动以外，应仅在该缔约国一方征税。在该缔约国另一方从事受雇的活动取得的报酬，可以在该缔约国另一方征税	**第十四条　受雇所得** 一、除适用第十五条、第十七条、第十八条、第十八条（附）、第十九条和第二十条的规定以外，一方居民因受雇取得的薪金、工资和其他类似报酬，除在另一方从事受雇的活动以外，应仅在该一方征税。在另一方从事受雇的活动取得的报酬，可以在该另一方征税

以上述两个协定为例，"受雇所得"条款第一款主要包括两层含义：一是无住所个人为对方税收居民个人，在中国境外因受雇而在境外提供劳务活动取得的

工资薪金，中国税务机关无征税权。二是无住所个人为对方税收居民个人，在中国境内因受雇而在境内提供劳务活动取得的工资薪金，中国税务机关有征税权。

享受税收协定待遇的无住所个人包括属于对方税收居民个人且同时也属于我国居民个人（即居住时间满183天）和属于对方税收居民个人但属于我国非居民个人（居住时间不超过183天）两类。

注意： 税收协定"受雇所得"条款第一款一般都会设立除外情形，也就是一般征税原则通常并不适用于董事费（中新协定第十六条、内地香港税收安排第十五条）、艺术家和运动员所得（中新协定第十七条、内地香港税收安排第十六条）、退休金（中新协定第十八条、内地香港税收安排第十七条）、政府服务报酬（中新协定第十九条、内地香港税收安排第十八条）、教师和研究人员所得（内地香港税收安排第五议定书第十八条附加）、学生和实习人员所得（中新协定第二十条、内地香港税收安排第十九条，但不包括实习人员）等六项特殊所得，这些特殊所得条款与受雇所得条款属于特殊规则与一般规则的关系，应优先于受雇所得条款适用。

"受雇所得"条款第二款是对缔约双方关于受雇所得征税的特殊规定。

《中华人民共和国政府和新加坡共和国政府关于对所得避免双重征税和防止偷漏税的协定》	《内地和香港特别行政区关于对所得避免双重征税和防止偷漏税的安排》
第十五条 非独立个人劳务 二、虽有第一款的规定，缔约国一方居民因在缔约国另一方从事受雇的活动取得的报酬，同时具有以下三个条件的，应仅在该缔约国一方征税 （一）收款人在任何12个月中在该缔约国另一方停留连续或累计不超过183天 （二）该项报酬由并非该缔约国另一方居民的雇主支付或代表该雇主支付 （三）该项报酬不是由雇主设在该缔约国另一方的常设机构或者固定基地所负担	**第十四条 受雇所得** 二、虽有本条第一款的规定，一方居民因在另一方从事受雇的活动取得的报酬，同时具有以下三个条件的，应仅在该一方征税 （一）收款人在有关纳税年度开始或终了的任何12个月停留连续或累计不超过183天 （二）该项报酬由并非该另一方居民的雇主支付或代表该雇主支付 （三）该项报酬不是由雇主设在另一方的常设机构所负担

第二款是第一款的例外情形，即缔约国一方居民个人在缔约国另一方短期受雇的情形，其受雇所得如果同时满足以下三个条件，不构成在受雇劳务发生国，即来源国的纳税义务，来源国不能行使征税权，应给予免税待遇。上述三个条件分别如下。

第一，任何十二个月中在受雇劳务发生国连续或累计停留不超过183天。

我国税法对于居民个人的认定标准是一个纳税年度内累计居住满183天，而税收协定中采用的标准是任何12个月中，连续或累计停留不超过183天。在此处要准确界定另外一个天数，也就是协定停留天数，计算规则与上面介绍的居住天数和工作天数计算天数会有所不同。

协定停留天数包括在另一方境内的所有天数，包括抵、离日当日等不足一天的任何天数及周末、节假日以及从事该项受雇活动之前、期间以及以后在另一方境内度过的假期等。中途离境包括在签证有效期内离境又入境，应准予扣除离境的天数。

需要注意，协定停留天数与其他两个天数的计算差异。计算居住天数时，抵、离日等在我国境内不满24小时的不计入居住天数，而计算工作天数时，抵、离日等在我国境内不满24小时的按照0.5天计入居住天数，协定停留天数包括在其在境内的所有天数，包括抵、离日当日等不足一天的任何天数及周末、节假日。

协定停留天数是是否构成设立常设机构的重要依据。如果某缔约一方企业为另一方企业的某个项目提供劳务（包括咨询劳务），以该企业派其雇员为实施服务项目第一次抵达中国之日期起至完成并交付服务项目的日期止作为计算期间，计算相关人员在中国境内的停留天数。

具体计算时，应按所有雇员为同一个项目提供劳务活动于不同时期在中国境内连续或累计停留的时间来计算，对同一时间段内的同一批人员的工作不分别计算。比如，某国企业派遣10名员工为某项目在中国境内工作3天，这些员工在中国境内的工作时间为3天，而不是按每人3天共30天来计算。

第二，报酬由不具有受雇劳务发生国居民身份的雇主或代表受雇劳务发生国居民的雇主支付。

第三，报酬不是由雇主设在受雇劳务发生国的常设机构或固定基地负担。

如果同一个项目历经数年，只在某一个"12个月"期间派雇员来中国境内提供劳务超过183天，而在其他期间内派人到中国境内提供劳务未超过183天，仍应判定该企业在中国构成常设机构。常设机构是针对该企业在中国境内为整个项目提供的所有劳务而言，而不是针对某一个"12个月"期间内提供的劳务，所以，在整个项目进行中，如果该企业于其中一个"12个月"期间在中国境内提供劳务超过183天，则应认为该企业在中国构成常设机构。

　　只要无住所个人未符合上述任意一个条件，来源国就有权对其来自该国的工资、薪金所得进行征税。

　　比如，新加坡人加姆在任意 12 个月内在中国停留时间均未超过 183 天，受美国某公司委托在中国境内开展工作，其报酬由该美国公司直接支付，而该美国公司在中国没有常设机构或者固定基地，或者虽然有也不由其承担，在此种情形之下，加姆的该笔收入虽然来自中国境内，但中国税务机关并不对其征税。

　　"受雇所得"条款第一款规定，缔约国一方居民因受雇在缔约国另一方提供劳务而取得的报酬，缔约国另一方可以征税；但第二款对此进行了相应限制，即并不是在该国提供劳务而取得的全部报酬，另一方也有征税权，也存在部分免税的情形；明确了无住所个人从受雇所得来源国取得的受雇所得。如果同时符合上述三个条件，可获得在来源国免税的待遇。

　　（二）税收协定中"受雇所得"条款与中国税法的协调适用

　　按照中国税法规定，在中国境内无住所的个人在境内居住累计满 183 天，便属于中国居民个人，对于来自中国境内、境外的所得都负有纳税义务，但居住累计满 183 天的年度连续不满 6 年，经向主管税务机关备案，其来源于中国境外且由境外单位或者个人支付的所得，免予缴纳个人所得税。

　　如果选择使用税收协定"受雇所得"条款，无住所个人因受雇而在中国境外提供劳务活动取得的工资薪金，可在中国境内不征收个人所得税，仅就在中国从事受雇的活动取得的报酬征收个人所得税，收入额确定方式如下。

$$当月应纳税工资薪金收入额 = 当月境内外工资薪金总额 \times$$
$$\frac{当月工资薪金所属工作期间境内工作天数}{当期工资薪金所得工作期间公历天数}$$

　　按照中国税法规定，在中国境内居住不满 90 天的非居民个人来源于中国境内的所得，由境外雇主支付并且不由该雇主在中国境内的机构、场所负担的部分，免予缴纳个人所得税，而根据税收协定将此项税收优惠政策的条件从在中国境内累计居住不足 90 天延展到不足 183 天，收入额确定方式如下。

$$当月应纳税工资薪金收入额 = 当月境内外工资薪金总额 \times$$
$$\frac{当月境内支付工资薪金数额}{当月境内外工资薪金总额} \times \frac{当月工资薪金所属工作期间境内工作天数}{当期工资薪金所得工作期间公历天数}$$

二、无住所个人适用"独立个人劳务"或者"营业利润"条款的规定

我国与其他国家和地区签订的税收协定中基本上都包括独立个人劳务和营业利润条款，取得劳务报酬所得和稿酬所得的无住所个人可以选择适用上述两个条款。

（一）税收协定中"独立个人劳务"条款内容

《中华人民共和国政府和新加坡共和国政府关于对所得避免双重征税和防止偷漏税的协定》第十四条"独立个人劳务"条款规定，缔约国一方居民个人由于专业性劳务或者其他独立性活动取得的所得，应仅在该缔约国征税，有以下两种特殊情况除外。

（1）该居民个人在缔约国另一方为从事上述活动的目的设有经常使用的固定基地。在这种情况下，该缔约国另一方可以仅对属于该固定基地的所得征税。

（2）该居民个人在任何 12 个月中在缔约国另一方停留连续或累计达到或超过 183 天。在这种情况下，该缔约国另一方可以仅对在该缔约国进行活动取得的所得征税。

上述提到的"专业性劳务"一语，特别包括独立的科学、文学、艺术、教育或教学活动以及医师、律师、工程师、建筑师、牙医师和会计师的独立活动。

"独立个人劳务"条款规定缔约一方居民个人取得的独立个人劳务一般仅在该方纳税，同时规定了以下两种特殊情形。

第一种是在缔约另一方设有经常使用的固定基地，需要对属于该固定基地的所得在缔约另一方进行纳税。

第二种是任何 12 个月中在缔约另一方停留连续或累计达到或超过 183 天，仅对在缔约另一方进行活动取得的所得征税。

还应注意的是，如果达到 183 天的这 12 个月并非处于同一纳税年度，而是跨两个年度，则另一方可就该纳税人在这两个年度中在另一方的实际停留日的所得征税。

（二）税收协定中"营业利润"条款内容

《中华人民共和国政府和新加坡共和国政府关于对所得避免双重征税和防止偷漏税的协定》第七条"营业利润"条款规定如下。

一、缔约国一方企业的利润应仅在该缔约国征税，但该企业通过设在缔约国另一方的常设机构在该缔约国另一方进行营业的除外。如果该企业通过设在该缔

约国另一方的常设机构在该缔约国另一方进行营业，其利润可以在该缔约国另一方征税，但应仅以属于该常设机构的利润为限。

二、除适用第三款的规定以外，缔约国一方企业通过设在缔约国另一方的常设机构在该缔约国另一方进行营业，应将该常设机构视同在相同或类似情况下从事相同或类似活动的独立分设企业，并同该常设机构所隶属的企业完全独立处理，该常设机构可能得到的利润在缔约国各方应归属于该常设机构。

三、在确定常设机构的利润时，应当允许扣除其发生的各项费用，包括行政和一般管理费用，不论该费用发生于常设机构所在国或者其他任何地方。

四、如果缔约国一方习惯于以企业总利润按一定比例分配给所属各单位的方法来确定常设机构的利润，则第二款并不妨碍该缔约国按这种习惯分配方法确定其应纳税的利润。但是，采用的分配方法所得到的结果，应与本条所规定的原则一致。

五、不应仅由于常设机构为企业采购货物或商品，将利润归属于该常设机构。

六、在上述各款中，除有适当的和充分的理由需要变动外，每年应采用相同的方法确定属于常设机构的利润。

七、利润中如果包括本协定其他各条单独规定的所得项目时，本条规定不应影响其他各条的规定。

"营业利润"条款是对缔约一方企业在缔约另一方的营业活动产生的利润划分征税权的规定，明确了缔约一方企业在缔约另一方的营业活动只有在构成常设机构前提下，缔约另一方才能征税，并且只能就归属于常设机构的利润征税。

第一款规定了营业利润的基本征税原则。新加坡企业在中国境内构成常设机构的，中国对该常设机构取得的利润拥有征税权，但应仅以归属于该常设机构的利润为限。这里所称的"归属于该常设机构的利润"不仅包括该常设机构取得的来源于中国境内的利润，还包括其在中国境内外取得的与该常设机构有实际联系的各类所得，包括股息、利息、租金和特许权使用费等所得。这里所说实际联系，一般是指对股份、债权、工业产权、设备及相关活动等，具有直接拥有关系或实际经营管理等关系。

第二款规定了独立企业原则。税收协定通常不会明确规定计算营业利润的具体方法，只会规定在计算时应遵守的若干原则，即对常设机构要作为一个独立的纳税实体对待，常设机构不论是同其总机构的营业往来，还是同该企业的其他常设机构之间的营业往来，都应按公平交易原则，以公平市场价格为依据计算归属于该常设机构的利润。

第三款规定了费用汇集原则。在计算常设机构利润时，为该常设机构发生的费用，不论发生于何处，都应允许扣除。包括有些不是直接体现为常设机构实际发生的费用，如总机构向常设机构分摊的行政和一般管理费用等，但这些费用必须是因常设机构发生的且分摊比例应在合理范围内。实际执行中，企业应提供费用汇集范围、费用定额、分配依据和方法等资料，以证明费用的合理性。

第四款规定了利润计算原则。一般情况下，如果常设机构的独立账目可以真实反映其利润水平，应该按照该账目计算归属常设机构的利润，但当常设机构利润不能通过账目进行核算时，可以依据公式分配企业的总利润，从而确定归属常设机构的利润。这种方法与按独立账目计算的结果会有差异，并且在采用公式及分配方法时都涉及如何计算及确认企业总利润问题。常设机构所在国税务机关难以计算企业总部的利润，或难以确认企业自己或对方税务机关按其国内法规定计算的结果。因此，协定虽有此规定，但一般适用于长期以来习惯用这种方法的缔约国。

第五款规定了采购货物和商品的认定原则。为企业采购货物或商品不视为常设机构在采购活动中取得利润，不应按利润归属的方法计算或核定常设机构在采购活动中获得利润。与此相对应，在计算常设机构的应纳税所得时，也不应列支其上述采购活动发生的费用。需要特别注意的是，本款仅适用于既从事其他经营活动，又为本企业从事采购活动的常设机构。如果某一机构仅为本企业采购商品或货物，不应认定该机构为常设机构。

第六款规定了利润分配方法的持续性。一旦确定使用了某种利润分配方法，就不应该仅因为在某一特定年度其他方法会产生更有利于税收的结果而改变既定方法。该规定是为了确保纳税人税收待遇的连续性和稳定性。

第七款确立了特殊条款优先的原则。由于企业取得的"利润"既包括从事营业活动取得的经营性所得，也包括其他类型的所得，比如，不动产所得、股息、利息等，而对这些其他类型所得的征税原则，协定都有单独的条款规定，所以企业取得的其他各类所得应按协定各相关条款处理，即其他条款优先，这一原则仅适用于企业本身取得的所得。如果各类所得由企业设在缔约对方的常设机构取得或与常设机构有实际联系，则不论协定是否对各类所得有单独条款规定，仍应优先执行"营业利润"条款的规定。

（三）"独立个人劳务"或"营业利润"条款的适用

我国与其他国家和地区签订的税收协定中的"独立个人劳务"和"营业利润"与《中华人民共和国政府和新加坡共和国政府关于对所得避免双重征税和防止偷漏税的协定》中的规定基本一致，只是具体文字表述可能会略有差异。

无住所个人选择适用税收协定中的"独立个人劳务"或"营业利润"条款，符合上述规定的不征税条件，比如，选择适用"独立个人劳务"条款，要么在我国设有经常使用的固定基地，要么停留连续或累计达到或超过183天，否则我国税务机关不予征税。

在我国属于无住所居民个人，同时是缔约另一方税收居民个人，其取得的劳务报酬所得、稿酬所得符合"独立个人劳务"或"营业利润"条款规定的不征税条件，在预扣预缴和汇算清缴时，可不缴纳个人所得税。

在我国属于非居民个人，却是缔约另一方税收居民个人，其取得的劳务报酬所得、稿酬所得符合"独立个人劳务"或"营业利润"条款规定的不征税条件，在取得所得时可不缴纳个人所得税。

三、无住所个人适用"董事费"条款的规定

我国与其他国家和地区签订的税收协定中的董事费条款的具体规定大致相同，也就是缔约一方居民从缔约另一方居民公司取得的董事费和其他类似款项，在另一方征税，同时其所在居民国不对此进行重复征税，但不同税收协定中对于董事费条款的适用范围不尽相同，目前主要存在以下三种形式。

第一种是我国与大部分国家签订的税收协定中的董事费条款仅适用于董事会成员，如《中华人民共和国政府和新加坡共和国政府关于对所得避免双重征税和防止偷漏税的协定》和《内地和香港特别行政区关于对所得避免双重征税和防止偷漏税的安排》。

《中华人民共和国政府和新加坡共和国政府关于对所得避免双重征税和防止偷漏税的协定》	《内地和香港特别行政区关于对所得避免双重征税和防止偷漏税的安排》
第十六条　董事费 　缔约国一方居民作为缔约国另一方居民公司的董事会成员取得的董事费和其他类似款项，可以在该缔约国另一方征税	第十五条　董事费 　一方居民作为另一方居民公司的董事会成员取得的董事费和其他类似款项，可以在该另一方征税

第二种是我国与部分国家（如比利时）签订的税收协定中的董事费条款，除了适用于董事会成员以外，还明确包括监事会或其他类似机构组织的成员。

第三种是我国与部分国家（如加拿大）签订的税收协定中的董事费条款增加了一款，专门明确了担任公司高层管理人员职务取得工薪及其他类似报酬，也适用董事费条款。

《比利时王国政府和中华人民共和国政府对所得避免双重征税和防止偷漏税的协定》	《中华人民共和国政府和加拿大政府关于对所得避免双重征税和防止偷漏税的协定》
第十六条 董事费 　缔约国一方居民作为缔约国另一方居民股份公司的董事会成员或监督委员会或类似机构的成员取得的董事费、会议津贴和其他类似报酬，可以在该缔约国另一方征税。 　本条规定也适用于因担任与前项所述职务类似的职务取得的报酬。	第十六条 董事费和高级管理人员报酬 　一、缔约国一方居民作为缔约国另一方居民公司的董事会成员取得的董事费和其他类似款项，可以在该缔约国另一方征税。 　二、缔约国一方居民由于担任缔约国另一方居民公司高级管理职务取得的薪金、工资和其他类似报酬，可以在该缔约国另一方征税

对于在我国担任高管的缔约对方的居民个人，其取得的高管人员报酬可以选择按照税收协定中的"董事费"条款缴纳税款，但如果适用的税收协定没有董事费条款，或者虽然有董事费条款但其并不适用董事费条款，可以选择适用税收协定中"受雇所得"条款，也可以选择"独立个人劳务"或者"营业利润"条款规定的待遇，还可以选择适用中国税法关于无住所高管人员的相关规定。

董事费条款中未明确表述包括企业高层管理人员的协定或安排的签订国家和地区如下。

日本、美国、法国、英国、比利时、德国、马来西亚、丹麦、新加坡、芬兰、新西兰、意大利、荷兰、捷克、波兰、澳大利亚、保加利亚、瑞士、塞浦路斯、西班牙、罗马尼亚、奥地利、巴西、蒙古、匈牙利、阿联酋、卢森堡、韩国、俄罗斯、毛里求斯、克罗地亚、白俄罗斯、巴布亚新几内亚、印度、马耳他、斯洛文尼亚、以色列、前南斯拉夫、塞舌尔、越南、土耳其、亚美尼亚、立陶宛、拉脱维亚、乌兹别克斯坦、冰岛、孟加拉、乌克兰、苏丹、马其顿、爱沙尼亚、老挝、爱尔兰、埃及、南非、巴巴多斯、菲律宾、摩尔多瓦、委内瑞拉、古巴、尼泊尔、哈萨克斯坦、印度尼西亚、阿曼、突尼斯、巴林、尼日利亚、伊朗、希腊、吉尔吉斯斯坦、斯里兰卡、特立尼达和多巴哥、中国澳门特别行政区、中国香港特别行政区。

董事费条款中明确表述包括企业高层管理人员的协定的签订国家:

挪威、加拿大、瑞典、泰国、巴基斯坦、牙买加、葡萄牙、科威特。

四、无住所个人适用"特许权使用费"或者"技术服务费"条款的规定

无住所个人选择适用税收协定中的"特许权使用费"或者"技术服务费"条款,可按照税收协定规定的计税所得额和征税比例计算来纳税,不再按照我国税法的相关规定缴纳税款。

(一)特许权使用费条款

《中华人民共和国政府和新加坡共和国政府关于对所得避免双重征税和防止偷漏税的协定》第十二条"特许权使用费"条款规定如下。

一、发生于缔约国一方而支付给缔约国另一方居民的特许权使用费,可以在该缔约国另一方征税。

二、然而,这些特许权使用费也可以在其发生的缔约国,按照该缔约国的法律征税。但是,如果特许权使用费受益所有人是缔约国另一方居民,则所征税款不应超过特许权使用费总额的百分之十。缔约国双方主管当局应协商确定实施该限制税率的方式。

三、本条"特许权使用费"一语是指使用或有权使用文学、艺术或科学著作,包括电影影片、无线电或电视广播使用的胶片、磁带的版权,任何计算机软件,专利、商标、设计或模型、图纸、秘密配方或秘密程序所支付的作为报酬的各种款项;也包括使用或有权使用工业、商业、科学设备或有关工业、商业、科学经验的情报所支付的作为报酬的各种款项。

四、如果特许权使用费受益所有人是缔约国一方居民,在特许权使用费发生的缔约国另一方,通过设在该缔约国另一方的常设机构进行营业或者通过设在该缔约国另一方的固定基地从事独立个人劳务,据以支付该特许权使用费的权利或财产与该常设机构或固定基地有实际联系的,不适用第一款和第二款的规定。在这种情况下,应视具体情况适用第七条或第十四条的规定。

五、如果支付特许权使用费的人是缔约国一方居民,应认为该特许权使用费发生在该缔约国。然而,当支付特许权使用费的人不论是否为缔约国一方居民,在缔约国一方设有常设机构或者固定基地,支付该特许权使用费的义务与该常设机构或者固定基地有联系,并由其负担这种特许权使用费,上述特许权使用费应

认为发生于该常设机构或者固定基地所在缔约国。

六、由于支付特许权使用费的人与受益所有人之间或他们与其他人之间的特殊关系，就有关使用、权利或情报支付的特许权使用费数额超出支付人与受益所有人没有上述关系所能同意的数额时，本条规定应仅适用于后来提及的数额。在这种情况下，对该支付款项的超出部分，仍应按各缔约国的法律征税，但应对本协定其他规定予以适当注意。

七、如果据以支付特许权使用费的权利的产生或分配，是由任何人以取得本条利益为主要目的而安排的，则本条规定不适用。

第一款规定，居民国对本国居民取得的来自缔约国另一方的特许权使用费拥有征税权，但这种征税权并不是独占的，支付给缔约另一方居民的特许权使用费，可以在该缔约国另一方征税。

第二款规定，特许权使用费的来源国对该所得有征税权，但对征税权的行使进行了限制，即设定最高税率为10%，同时对于使用或有权使用工业、商业、科学设备而支付的特许权使用费，按支付特许权使用费总额的60%确定税基，也就是实际税率为6%。

适用本条款也必须以受益所有人是缔约另一方居民为前提。关于受益所有人的理解与判断，同样按照《国家税务总局关于如何理解和认定税收协定中"受益所有人"的通知》（国税函〔2009〕601号）规定执行。在判断受益所有人时，要特别注意审核在特许权使用费据以产生和支付的版权、专利、技术等使用权转让合同之外，是否存在申请人与第三人之间在有关版权、专利、技术等的使用权或所有权方面的转让合同。

第三款是对"特许权使用费"一语的定义，需要从以下几个方面理解。

（一）特许权使用费首先应与使用或有权使用以下权利有关：构成权利和财产的各种形式的文学和艺术，有关工业、商业和科学实验的文字和信息中确定的知识产权，不论这些权利是否已经或必须在规定的部门注册登记。注意，这一定义既包括了在有许可的情况下支付的款项，也包括因侵权支付的赔偿款。

（二）特许权使用费也包括使用或有权使用工业、商业、科学设备取得的所得，即设备租金，但不包括设备所有权最终转移给用户的有关融资租赁协议涉及的支付款项中被认定为利息的部分；也不包括使用不动产取得的所得，使用不动产取得的所得适用协定第六条"不动产所得"的相关规定。

（三）特许权使用费还包括使用或有权使用有关工业、商业、科学经验的情报取得的所得。对该项所得应理解为专有技术，一般是指进行某项产品的生产或工序复制所必需的、未曾公开的、具有专有技术性质的信息或资料。与专有技术有关的特许权使用费一般涉及技术许可方同意将其未公开的技术许可给另一方，使另一方能自由使用，技术许可方通常不亲自参与技术受让方对被许可技术的具体应用，并且不保证实施的结果。被许可的技术通常已经存在，但也包括应技术受让方的需求而研发后许可使用，并在合同中列有保密等使用限制的技术。

（四）在服务合同中，如果服务提供方在提供服务过程中使用了某些专门知识和技术，但并不许可这些技术使用权，则此类服务不属于特许权使用费范围。如果服务提供方提供服务形成的成果属于特许权使用费定义范围，并且服务提供方仍保有该项成果的所有权，服务接受方对此成果仅有使用权，则此类服务产生的所得属于特许权使用费。

（五）在转让或许可专有技术使用权过程中，如果技术许可方派人员为该项技术的应用提供有关支持、指导等服务，并收取服务费，无论是单独收取还是包括在技术价款中，均应视为特许权使用费，适用本条的规定。如上述人员的服务已构成常设机构，对归属于常设机构部分的服务所得应执行协定第七条"营业利润"条款的规定，对提供服务的人员执行协定第十五条"非独立个人劳务"条款的规定；对未构成常设机构或未归属于常设机构的服务收入，仍按特许权使用费规定处理。

（六）单纯货物贸易项下作为售后服务的报酬，产品保证期内卖方为买方提供服务所取得的报酬，专门从事工程、管理、咨询等专业服务的机构或个人提供的相关服务所取得的所得不是特许权使用费，应作为劳务活动所得适用协定第七条"营业利润"条款的规定。

第四款规定，若特许权使用费的受益所有人是缔约国一方居民，在缔约国另一方拥有常设机构，或者通过固定基地从事独立个人劳务，且据以支付特许权使用费的权利或财产构成常设机构或固定基地资产的一部分，或与该常设机构或固定基地有其他方面的实际联系，则来源国可将特许权使用费并入常设机构的利润予以征税。

应注意的是，只有当取得特许权使用费的相关营业活动通过常设机构进行，且特许权使用费据以产生的权利或财产与常设机构有上述实际联系的情况下，才可适用本条款。仅以滥用协定为目的，将权利或财产转移到为特许权使用费提供优惠税收待遇的常设机构的，不应适用本款规定。

第五款明确了特许权使用费支付人为其居民的国家是特许权使用费的来源国这一原则，然而该款也规定了一个例外情形，即支付该特许权使用费的人无论是否为缔约国一方的居民，只要其在该缔约国一方拥有常设机构或固定基地，并且支付的费用由该常设机构或固定基地负担，认为特许权使用费来源地应是该常设机构或固定基地所在国。例如，某第三国设在中国的常设机构支付给新加坡居民的特许权使用费，在特许权使用费与该常设机构有实际联系的情况下，应认为该特许权使用费发生在中国，由中国根据税收协定行使优先征税权，如新加坡居民为该项特许权使用费的受益所有人，则可享受本协定待遇。

第六款对关联交易中协定优惠条款的适用加以限定。当支付人与受益所有人之间或他们与其他人之间由于某种特殊关系而造成超额支付特许权使用费时，支付额中超过按市场公允价格计算所应支付数额的部分不享受协定的优惠。

第七款为反滥用条款。以获取优惠的税收地位为主要目的的交易或安排，不适用税收协定特许权使用费条款优惠规定，纳税人因该交易或安排而不当享受税收协定待遇的，主管税务机关有权进行调整。

执行第六款和第七款的规定时，应考虑我国国内法关于特别纳税调整的有关规定。

（二）技术服务费条款

我国与其他国家和地区签订的税收协定并非一定会包括技术服务费条款，目前主要分为以下几种情况。

第一类税收协定是不包括技术服务费条款。无论是老版，还是新版《中华人民共和国政府和新加坡共和国政府关于对所得避免双重征税和防止偷漏税的协定》均未单设技术服务费条款，只有特许权使用费条款。

第二类税收协定是旧协定包括"技术服务费"条款，但新协定将其并入了"特许权使用费"条款。如1984年12月23日生效的《中华人民共和国政府和大不列颠及北爱尔兰联合王国政府对所得和财产收益避免双重征税和防止偷漏税的协定》曾经包括技术服务费条款，但2013年12月13日起生效的新版《中华人民共和国政府和大不列颠及北爱尔兰联合王国政府对所得和财产收益避免双重征税和防止偷漏税的协定》将相关内容归并入"特许权使用费"条款。

第三类税收协定是既有"技术服务费"条款，又有"特许权使用费"条款。如《中华人民共和国政府和巴基斯坦伊斯兰共和国政府关于对所得避免双重征税和防止偷漏税的协定》第十二条为"特许权使用费"条款，第十三条为"技术服务费"条款。

第四类税收协定是"技术服务费"条款和"特许权使用费"条款合并为一条。如《中华人民共和国政府和印度共和国政府关于对所得避免双重征税和防止偷漏税的协定》第十二条就是"特许权使用费和技术服务费"条款。

《中华人民共和国政府和巴基斯坦伊斯兰共和国政府关于对所得避免双重征税和防止偷漏税的协定》第十三条"技术服务费"条款规定如下。

一、发生在缔约国一方而支付给缔约国另一方居民的技术服务费可以在该缔约国另一方征税。

二、然而，该项技术服务费也可以在其发生的缔约国，按照该国法律征税。但是，如果收款人是该项服务费受益所有人，则所征税款不应超过该项服务费总额的 12.5%。

三、本条"技术服务费"一语是指缔约国一方居民在缔约国另一方提供管理、技术或咨询服务（包括该居民通过其他人员提供的技术服务）而收取的任何报酬（包括一次总付的报酬），但不包括本协定第五条第三款（即常设机构条款）和第十五条（独立个人劳务条款）所提及的活动的报酬。

四、如果技术服务费受益所有人是缔约国一方居民，在该技术服务费发生的缔约国另一方，通过设在该另一国的常设机构进行营业或者通过设在该另一国的固定基地从事独立个人劳务，据以支付该技术服务费的合同与该常设机构或固定基地有实际联系的，不适用第一款和第二款的规定。在这种情况下，应视具体情况适用第七条（即营业利润条款）或第十五条（即独立个人劳务条款）的规定。

五、由于支付人和受益所有人之间或他们与其他人之间的特殊关系，就支付的技术服务费超出没有上述关系所能支付的数额时，本条规定应仅适用于后来提及的数额。在这种情况下，对该支付款项的超出部分，仍应按各缔约国的法律征税，但应对本协定其他规定予以适当注意。

（三）特许权使用费或者技术服务费条款的适用

无住所居民个人为缔约对方税收居民个人，其取得的特许权使用费所得、稿酬所得或者劳务报酬所得可选择享受特许权使用费或者技术服务费协定待遇，不纳入综合所得，在取得当月按照税收协定规定的应纳税所得额计算方法和适用税率，不需要按照我国税法计算应纳税额并预扣预缴税款。

比如，来自新加坡的居民个人取得特许权使用费所得，如果按照我国税法缴纳税款，扣除 20% 的费用后按照 20% 的税率缴纳税款，实际税率为 16%，如果选择适用税收协定中的"特许权使用费"条款，最高税率为 10%，对于使用或有权使用工业、商业、科学设备而支付的特许权使用费，最高实际税率仅为 6%。如果来自巴基斯坦的居民个人特许权使用费所得选择享受税收协定中的"技术服务费"条款，实际税率不超过 12.5%。年度汇算清缴时，其取得的已享受特许权使用费或者技术服务费协定待遇的所得并不纳入年度综合所得，单独按照税收协定规定的应纳税所得额计算方法和适用税率，计算年度应纳税额及补退税额。

在征管工作中，关于特许权使用费或者技术服务费条款的适用，目前还存在一些需要深入探究的地方。

案例[①]：新加坡 YONG 网络科技公司的主营业务是各类企业内控管理软件的设计、定制与销售，建立互联网资讯数据库与互联网设计模型数据库供会员查询使用，提供远程网络平台设计与咨询服务、企业云存储服务等。2020 年度，该公司在我国境内发生下列业务。

（1）北京祥云公司购买新加坡 YONG 网络科技公司内控管理软件（型号：P001），祥云公司可凭用户名与密码在新加坡 YONG 网络科技公司官网上下载使用该软件，一次付费永久使用，祥云公司支付软件使用费 500 万元。

在使用其软件期间，祥云公司每年均需向新加坡 YONG 网络科技公司支付后续维护费 60 万元。后续维护包括软件升级、应祥云公司要求提供技术参数修改、技术指导等。新加坡 YONG 网络科技公司有义务根据祥云公司要求派工作人员至祥云公司进行技术指导，但每年到中国境内为祥云公司提供服务不超过 2 次，每次派员不超过 2 人，每次服务时间不超过 10 天。

（2）深圳庆信科技公司购买新加坡 YONG 网络科技公司研发的财务管理软件（型号：P003）在中国境内的独占许可权，双方约定，庆信科技公司有权在五年内根据客户需求对 P003 号软件进行复制、翻译及二次开发，并可对该软件部分程序进行重新编码与修改。

---

① 详见《特许权使用费条款适用的案例分析》，作者：高金平，刊载于《国际税收》2020 年第 8 期

为了有效提高软件二次开发的使用效果，庆信科技公司与新加坡 YONG 网络科技公司签订技术服务协议，约定在二次开发过程中，由新加坡 YONG 网络科技公司根据庆信科技公司要求派遣技术人员至庆信科技公司进行核心技术现场指导，每年到中国境内指导次数不超过 2 次，每次不超过 20 天，但新加坡 YONG 网络科技公司不保证二次开发的最终效果。庆信科技公司对指导期间获悉的软件编码规则等核心技术负有保密义务。庆信科技公司支付新加坡 YONG 网络科技公司软件使用费 1 000 万元，支付新加坡 YONG 网络科技公司技术服务费 300 万元。

（3）上海伏特公司是新加坡 YONG 网络科技公司互联网资讯数据库与互联网设计模型数据库的会员，互联网资讯数据库主要提供各类互联网产业数据与资讯；互联网设计模型数据库主要提供各类互联网平台、应用软件等的设计模型与方案，上海伏特公司可凭用户名与密码登录以上两个数据库查询、复制与下载相关资讯、设计方案等，但上海伏特公司负有保密义务，不得将模型或方案对外披露或用于其他商业目的。上海伏特公司每年分别支付新加坡 YONG 网络科技公司资讯数据库使用费 20 万元、模型数据库使用费 100 万元。

（4）杭州西湖公司运营某电商平台，委托新加坡 YONG 网络科技公司为其进行网络平台设计，新加坡 YONG 网络科技公司根据杭州西湖公司的运营模式、资金结算流程、用户管理等需求远程设计了平台各模块运作流程图与主体网页效果图，图纸所有权归新加坡 YONG 网络科技公司所有，杭州西湖公司可以根据该设计图纸进行网站开发，但负有保密义务，不得将图纸披露给第三方或授权他人使用，杭州西湖公司按约定支付设计费 200 万元。

（5）南京钟山公司使用新加坡 YONG 网络科技公司的企业云存储服务，每年根据存储空间支付固定金额的服务费，2020 年按约定支付服务费 100 万元。

新加坡 YONG 网络科技公司自中国境内取得的各项所得如何依据《中华人民共和国政府和新加坡共和国政府关于对所得避免双重征税和防止偷漏税的协定》（以下简称"中新税收协定"）判定所得的性质，并据此确定纳税义务。实务中存在以下争议。

（1）新加坡 YONG 网络科技公司自北京祥云公司取得的软件使用费和后续维护是否按"特许权使用费"征税？

（2）新加坡 YONG 网络科技公司自深圳庆信科技公司取得的软件使用费和技术服务费如何征税？

（3）新加坡 YONG 网络科技公司自上海伏特公司取得的数据库使用费应当适用税收协定"机构、场所"的"营业利润"条款，还是"特许权使用费"条款？

（4）新加坡 YONG 网络科技公司自杭州西湖公司取得的平台设计费是否按税收协定"营业利润"征税？

（5）新加坡 YONG 网络科技公司从南京钟山公司取得的云存储服务费是否按"特许权使用费"所得征税？

解析：

（1）对新加坡 YONG 网络科技公司从北京祥云公司取得的软件使用费和技术服务费收入性质的判定

关于新加坡 YONG 网络科技公司从北京祥云公司取得的软件使用费收入 500 万元的征税问题：

第一种观点认为，该笔收入是因北京祥云公司下载使用新加坡 YONG 网络科技公司 P001 号内控管理软件而取得，根据《中新税收协定》第十二条第三款，特许权使用费是指"使用或有权使用文学、艺术或科学著作，包括电影影片、无线电或电视广播使用的胶片、磁带的版权，任何计算机软件，专利、商标、设计或模型、图纸、秘密配方或秘密程序所支付的作为报酬的各种款项。"据此，软件使用费收入 500 万元应按特许权使用费收入扣缴预提所得税。同时根据《国家税务总局关于印发〈中华人民共和国政府和新加坡共和国政府关于对所得避免双重征税和防止偷漏税的协定及议定书条文解释〉的通知》（国税发〔2010〕75 号）第十二条第三款第（五）项规定，"在转让或许可专有技术使用权过程中，如果技术许可方派人员为该项技术的应用提供有关支持、指导等服务，并收取服务费，无论是单独收取还是包括在技术价款中，均应视为特许权使用费"，新加坡 YONG 网络科技公司自祥云公司取得的 60 万元技术服务费应并入特许权使用费收入一并扣缴预提所得税。

第二种观点认为，新加坡 YONG 网络科技公司自北京祥云公司取得的软件使用费 500 万元本质上属于软件销售收入，不征企业所得税；后续提供技术服务取得的 60 万元属于劳务所得，在新加坡 YONG 网络科技公司未在中国境内构成常设机构的情况下，不需要缴纳企业所得税，祥云公司向新加坡 YONG 网络科技公司支付费用时仅需代扣代缴增值税及附加。

"计算机软件"这个术语通常用于描述含有知识产权（版权）的程序，也指载有该程序的媒介，但应区别程序中的版权与载有程序的软件，新加坡 YONG 网络科技公司自北京祥云公司取得的与软件有关的所得是否属于特许权使用费，关键要看北京祥云公司及其子公司对于 P001 号内控管理软件所享有权利的性质，究竟是有权使用该软件产品，还是有权使用与该软件相关的权利。

根据《著作权法》规定，计算机软件属于作品，依法享有著作权。《计算机软件保护条例》第八条规定，软件著作权人享有发表权、署名权、修改权、复制权、发行权、出租权、信息网络传播权、翻译权等。北京祥云公司仅有权使用 P001 号软件产品，并无权行使与该软件相关的修改、复制、公布、发行等权利，仅仅使用软件产品本身所支付的价款并不构成特许权使用费，因此，新加坡 YONG 网络科技公司从北京祥云公司取得的 500 万元应理解为软件产品销售收入，不征企业所得税；新加坡 YONG 网络科技公司为北京祥云公司在中国境内外提供的后续维护服务取得的收入，属于劳务收入，因不构成常设机构，故不征企业所得税。因新加坡 YONG 网络科技公司为北京祥云公司提供的服务未完全在中国境外发生（新加坡 YONG 网络科技公司派员到中国境内进行技术指导），故需缴纳增值税及附加。

第二种观点无疑更符合我国税法内涵要求。

（2）对新加坡 YONG 网络科技公司从深圳庆信科技公司取得的软件使用费和技术服务费收入性质的判定

关于软件使用费，根据《OECD 税收协定范本及注释》规定，如果使用者仅获得对程序进行操作所必需的权利，比如，受让者只是取得复制程序的有限权利，这些复制行为只是利用该程序的一个必要步骤，而复制行为只是为了使用户能够对程序进行有效操作，则不属于特许权使用费。如果支付报酬是为了获得使用某程序的权利，未经许可，将构成对版权的侵权，在这种情况下，为获取版权中的部分权利而支付的款项构成特许权使用费。

深圳庆信科技公司购买新加坡 YONG 网络科技公司 P003 号财务管理软件在中国境内的 5 年独占许可权，且深圳庆信科技公司有权对该软件进行复制、修改、翻译及二次开发，由此可见，新加坡 YONG 网络科技公司并非转让 P003 号软件全部的著作权，仅是将其中部分的著作权，如使用、复制、修改、翻译等授权深圳庆信公司在一定期限内使用，新加坡 YONG 网络科技公司作为 P003 号软件的所有权人，仍享有该软件的各项实质性权利，亦可授权他人使用，因此，新加坡 YONG 网络科技公司从深圳庆信科技公司取得的 1 000 万元软件使用费应理解为提供专有技术使用权取得的报酬，按特许权使用费所得征税。

关于技术服务费。新加坡 YONG 网络科技公司派遣人员对深圳庆信公司软件二次开发的指导，主要涉及软件编码规则、应用程序、相关模型等核心专有技术的传授，深圳庆信公司可使用这些技术对 P003 号软件进行不同程度的修改，以满足各类客户所需，且深圳庆信公司对所获悉的专有技术负有保密义务。另外，新加坡 YONG 网络科技公司仅派人员对相关专有技术进行传授，并不负责深圳庆信公司使用这些技术对软件进行重新编码与修改后的最终效果，因此，新加坡 YONG 网络科技公司从深圳庆信公司取得的技术服务费实质是提供与专有技术相关的使用权取得的特许权使用费。根据《国家税务总局关于执行税收协定特许权使用费条款有关问题的通知》（国税函〔2009〕507 号）第五条规定，"在转让或许可专有技术使用权过程中如技术许可方派人员为该项技术的使用提供有关支持、指导等服务并收取服务费，无论是单独收取还是包括在技术价款中，均应视为特许权使用费，适用税收协定特许权使用费条款的规定。但如上述人员的服务已构成常设机构，则对服务部分的所得应适用税收协定营业利润条款的规定。如果纳税人不能准确计算应归属常设机构的营业利润，则税务机关可根据税收协定常设机构利润归属原则予以确定。"本案例中，新加坡 YONG 网络科技公司在中国境内提供服务时间未达到《中新税收协定》规定的常设机构的时间标准，不构成常设机构，因为《中新税收协定》并没有"技术服务费"条款，故技术服务费应并入转让专有技术使用权收入，按特许权使用费所得征税。

需要补充说明的是，如果新加坡 YONG 网络科技公司派人员至中国境内传授专有技术、提供技术服务已构成常设机构，还需对提供服务的人员按《中新税收协定》第十五条"非独立个人劳务"条款的规定执行。《国家税务总局关于税收协定有关条款执行问题的通知》（国税函〔2010〕46 号）第二条规定，"如果技术受让方在合同签订后即支付费用，包括技术服务费，即事先不能确定提供服务时间是否构成常设机构的，可暂执行特许权使用费条款的规定；待确定构成常设机构，且认定有关所得与该常设机构有实际联系后，按协定相关条款的规定，对归属常设机构利润征收企业所得税及对相关人员征收个人所得税时，应将已按特许权使用费条款规定所做的处理作相应调整。"

（3）对新加坡 YONG 网络科技公司从上海伏特公司取得的数据库使用费收入性质的判定

关于上海伏特公司使用新加坡 YONG 网络科技公司互联网资讯数据库与互联

网设计模型数据库所支付的费用是否属于特许权使用费问题，实务中争议较大，有观点认为对数据库的访问、查询、下载使用等属于特许权使用费范畴，还有观点认为对数据库资讯数据的访问与使用，不属于特许权使用费，应定性为新加坡YONG网络科技公司于境外提供服务。分析如下。

互联网资讯数据库。根据《OECD税收协定范本及注释》规定，对于软件转让所取得的款项，在转让过程中，如果已获得的与版权有关的权利被局限于那些必须让使用者能够操作程序的权利，如受让人仅被允许拥有有限的权利来复制程序或制成文档拷贝，作为利用该程序的基本步骤，这些交易类型中的支付应按照营业利润来处理。基于此原理，对于上海伏特公司凭用户名与密码登录新加坡YONG网络科技公司互联网资讯数据库查询、复制、下载相关信息，因该数据库提供的信息均为公开的数据与资讯，新加坡YONG网络科技公司提供的仅是数据归集与访问服务，上海伏特公司对软件的操作属于必须让使用者能够操作程序的权利，因此，对该数据库访问所支付的款项不属于特许权使用费。

互联网设计模型数据库。根据《中新税收协定》规定，特许权使用费还包括使用或有权使用有关工业、商业、科学经验的情报取得的所得。对该项所得应理解为专有技术，一般是指进行某项产品的生产或工序复制所必需、未曾公开、具有专有技术性质的信息或资料。与互联网资讯数据库不同，新加坡YONG网络科技公司互联网设计模型数据库，其提供的内容不是公开市场上可以获取的数据与信息，而是互联网平台与应用软件设计中的各类方案与模型，且具有保密性，因此，数据库的相关内容属于专有技术。上海伏特公司对互联网设计模型数据库中数据模型与方案的查询、复制、下载属于对专有技术的许可使用，支付的费用属于特许权使用费。

（4）对新加坡YONG网络科技公司从杭州西湖公司取得设计费收入性质的判定

第一种观点认为，依据《中新税收协定》及议定书条文解释第十二条第三款第（四）项规定，"如果服务提供方提供服务形成的成果属于特许权使用费定义范围，并且服务提供方仍保有该项成果的所有权，服务接受方对此成果仅有使用权，则此类服务产生的所得属于特许权使用费。"根据《著作权法》规定，工程设计图、产品设计图、地图、示意图等图形作品和模型作品属于著作权范围。根据《中新税收协定》第十二条第三款规定，使用或有权使用设计、图纸，并不强调这些权利是否已经或必须在规定的部门注册登记。根据约定，图纸的所有权归新加坡YONG 网络科技公司所有，杭州西湖公司仅有权使用，并负有保密义务，这些要素均符合特许权使用费的定义，因此，对于杭州西湖公司委托新加坡YONG 网络科技公司进行网络平台各模块运作流程图与网页效果图设计所支付的费用，应定性为特许权使用费。

第二种观点认为，关于特许权使用费和服务费的区别，《OECD 税收协定范本及注释》中有比较清晰的表述："如果为研发一项还不存在的设计、模型或方案支付的报酬，不属于特许权使用费。在这种情况下，该报酬是为产生一项设计、模型或方案的服务而支付的价款，因此属于第七条'营业利润'的范围。即使此项设计、模型或方案的设计者（如建筑师）保留了此项设计、模型或方案的全部权利（包括版权），也仍属于为服务支付的价款。但是，先前已经开发好的方案的版权所有人没有追加性的工作，仅授予某人修改或复制这些方案的权利，则该版权所有人收到的报酬是因授权使用该方案所取得，因而构成特许权使用费。"鉴于新加坡YONG 网络科技公司接受杭州西湖公司委托开发电商平台的运作流程图和网页效果图，是为杭州西湖公司量身定制，新加坡YONG 网络科技公司设计的图纸并非已经存在的方案，因此新加坡YONG 网络科技公司提供的是设计服务，在该交易中所支付的款项应作为营业利润，应按照《中新税收协定》第七条"营业利润"处理。

特许权使用费的范围主要包含以下三个方面内容：一是使用或有权使用有关权利所支付的款项；二是设备租金；三是使用或有权使用专有技术所支付的款项。归属于特许权使用费的权利和专有技术通常已经存在，但是否已经存在并非判定特许权使用费的必要条件。同样，保密性只是专用技术的一个通用特性，并不意味着具有保密性质的合同款项就一定是特许权使用费。"设计、模型或方案"属于著作权范围，如果新加坡YONG 网络科技公司转让著作权的全部所有权，则不属于特许权使用费，而应适用"财产收益"条款。如果新加坡YONG 网络科技公司授予杭州西湖公司著作权中的部分权利，例如，发表权、复制权、修改权、传播权，则应作为特许权使用费处理。本案例中，新加坡YONG 网络科技公司并未授权杭州西湖公司关于使用著作权的任何权利，杭州西湖公司只是享有新加坡YONG 网络科技公司提供劳务的结果——根据方案进行网站开发，因此应作为设计劳务，按照《中新税收协定》第七条"营业利润"处理。

（5）对新加坡 YONG 网络科技公司从南京钟山公司取得的云存储服务费收入性质的判定

南京钟山公司使用新加坡 YONG 网络科技公司云存储空间存储企业数据，并根据空间使用大小来支付服务费，对于此笔费用的定性，有观点认为，新加坡 YONG 网络科技公司通过运营维护服务器，提供虚拟的存储空间，南京钟山公司使用该存储空间上传数据并保存，享有空间的独占使用权，并根据使用空间的大小支付费用，其业务实质是对存储空间的租用。根据《中新税收协定》第十二条第三款规定，特许权使用费也包括使用或有权使用工业、商业、科学设备取得的所得，即设备租金，因此，南京钟山公司支付的云存储服务费属于特许权使用费。

上述观点未免有失偏颇，特许权使用费中"使用或有权使用工业、商业、科学设备取得的所得"，是以实际并占有、使用相关设备为前提的，而云存储业务中，客户虽然可以使用虚拟的云存储空间，但仍由新加坡 YONG 网络科技公司负责操作、控制服务器等专用设备，因此，新加坡 YONG 网络科技公司提供的云存储服务不应定性为特许权使用费，而应归属于"营业利润"，因其服务活动发生在境外，不构成中国境内的常设机构，因此不予征税。

特许权使用费的界定一直是国际税收实务中的难点，关键问题在于对其范畴的把握，应根据业务实质并结合居民国与我国签订的税收协定中关于特许权使用费和技术服务费的适用范围进行综合判定，重点要关注交易实质是让渡知识产权使用权还是转让所有权；是转让专有技术使用权还是提供技术服务；是使用软件产品还是使用软件相关著作权；技术服务是否与专有技术使用权转让相关，技术服务是否构成常设机构等。

在具体税收实务中，应根据合同中双方的权利、义务关系涉及标的的性质，结合相关法律、法规、解释作深入分析，不应局限于合同、协议等文字性的条款描述。在适用协定特许权使用费条款限制性税率时，还需注意只有缔约方居民符合受益所有人身份才能享受协定优惠。

● 第六节　关于无住所个人的税收征管规定

一、无住所个人预计境内居住时间管理规则

无住所个人在一个纳税年度内首次申报时，应当根据合同约定等情况预

计纳税年度内境内居住天数以及在税收协定规定的期间内境内停留天数，按照预计情况计算缴纳税款。若是实际情况与预计情况不符，分别按照以下规定处理。

（1）无住所个人预先判定为非居民个人，因延长居住天数而达到居民个人条件，一个纳税年度内税款扣缴方法保持不变，年度终了后按照居民个人有关规定办理综合所得年度汇算，但该个人在当年离境且预计年度内不再入境的，可以选择在离境之前办理综合所得年度汇算。

（2）无住所个人预先判定为居民个人，因缩短居住天数不能达到居民个人条件，在不能达到居民个人条件之日起至年度终了 15 天内，应当向主管税务机关报告，按照非居民个人重新计算应纳税额，申报补缴税款，不加收税收滞纳金。需要退税，按照规定办理。

（3）无住所个人预计一个纳税年度境内居住天数累计不超过 90 天，但实际累计居住天数超过 90 天的，或者对方税收居民个人预计在税收协定规定的期间内境内停留天数不超过 183 天，但实际停留天数超过 183 天的，待达到 90 天或者 183 天的月度终了后 15 天内，应当向主管税务机关报告，就以前月份工资、薪金所得重新计算应纳税款，并补缴税款，不加收税收滞纳金。

二、无住所个人境内雇主报告境外关联方支付工资、薪金所得

无住所个人在境内任职、受雇取得来源于境内的工资、薪金所得，凡境内雇主与境外单位或者个人存在关联关系，将本应由境内雇主支付的工资、薪金所得，部分或者全部由境外关联方支付，无住所个人可以自行申报缴纳税款，也可以委托境内雇主代为缴纳税款。无住所个人未委托境内雇主代为缴纳税款的，境内雇主应当在相关所得支付当月终了后 15 天内向主管税务机关报告相关信息，包括境内雇主与境外关联方对无住所个人的工作安排、境外支付情况以及无住所个人的联系方式等信息。

三、非居民纳税人享受协定待遇征管流程 [①]

在中国境内发生纳税义务的非居民纳税人需要享受协定待遇，采取"自行判断、

---

① 详见《国家税务总局关于发布〈非居民纳税人享受协定待遇管理办法〉的公告》（国家税务总局公告 2019 年第 35 号）

申报享受、相关资料留存备查"的方式办理。

注意：上述非居民纳税人并不仅仅包括按照我国税法标准认定的非居民个人，而是按照税收协定居民条款规定为缔约对方税收居民的纳税人，包括两类：一类是仅为缔约对方税收居民的纳税人，也就是通常意义的非居民个人；另外一类是缔约对方税收居民，同时按我国税收法律规定也是我国税收居民，但按照税收协定居民条款规定应为缔约对方税收居民的纳税人。相关规定不仅适用于符合《个人所得税法》及其实施条例征税范围的个人，还适用于符合《企业所得税法》及其实施条例征税范围的企业。

非居民纳税人自行判断符合享受协定待遇条件，可在纳税申报时，或通过扣缴义务人在扣缴申报时，自行享受协定待遇，同时归集和留存相关资料备查，并接受税务机关后续管理。

2009 年，我国全面建立了以审批为主的非居民享受协定待遇程序。2015 年，根据"放管服"改革和优化营商环境的要求，我国取消非居民享受协定待遇的审批，规定非居民纳税人在申报时自行享受协定待遇，同时按要求向税务机关报送资料，并接受税务机关的后续管理。

为深化"放管服"改革，进一步优化税收营商环境，提高非居民纳税人享受协定待遇的便捷性，国家税务总局修订了相关政策，从 2020 年 1 月 1 日开始将非居民纳税人享受协定待遇资料由申报时报送改为留存备查。

（一）协定适用和纳税申报

1. 所需填报的报表

原来，相关报表多达 10 张，非居民纳税人根据需要享受协定待遇情况填报其中两张，而这两张报表内容翔实，虽然能帮助非居民纳税人判断是否符合享受协定待遇的条件，但同时产生一定填报负担。

为切实减轻非居民纳税人填报负担，现在大幅度简化了报表。简化后的报表仅为 1 张，也就是《非居民纳税人享受协定待遇信息报告表》，内容少，易填报。非居民纳税人仅需填报名称、联系方式等基本信息，并作出声明即可。当然，非居民纳税人如有需要，仍可参照原来政策规定的报表，判断是否符合享受协定待遇条件。

非居民纳税人享受协定待遇信息报告表
Information Reporting Form for Non-resident Taxpayers Claiming Treaty Benefits

金额单位：人民币元（列至角分）

Monetary unit： RMB Yuan （Keep two decimal places）

非居民纳税人填写第1项至第17项信息，并对填报信息的真实性、准确性、合法性承担法律责任。 Non-resident Taxpayers fill in the blanks of item 1 to 17 and take legal responsibility for the authenticity, accuracy and legitimacy of the information.			
1.中文名称 Name in Chinese		2.在中国的纳税人识别号（统一社会信用代码） Tax identification number in China （Uniform social credit code）	
3.在居民国（地区）名称 Name in resident jurisdiction		4.在居民国（地区）的纳税人识别号 Tax identification number in resident jurisdiction	
5.在中国的联系地址、邮政编码 Contact address and zip code in China		6.在中国的联系电话 Telephone number in China	
7.在居民国（地区）的联系地址、邮政编码 Contact address and zip code in resident jurisdiction		8.在居民国（地区）的联系电话 Telephone number in resident jurisdiction	
9.居民国（地区） Resident jurisdiction		10.电子邮箱 E-mail address	
11.享受协定名称 The applicable treaty		12.适用协定条款名称 Applicable articles of the treaty	
13.非居民纳税人是否取得缔约对方税务主管当局开具的证明非居民纳税人取得所得的当年度或上一年度税收居民身份的税收居民身份证明 Whether the non-resident taxpayer obtained the tax resident certificate issued by the competent tax authority of the other contracting jurisdiction to prove the residence status of non-resident taxpayer for the year or its previous year during which the payment is received		□ 是　Yes □ 否　No	
14.享受协定待遇所得金额 Amount of the income with respect to which tax treaty benefits are claimed		15.享受协定待遇减免税额 Amount of tax reduced or exempted	

续上表

16.适用股息、利息、特许权使用费条款时，非居民纳税人为"受益所有人"的政策依据是《国家税务总局关于税收协定中"受益所有人"有关问题的公告》（国家税务总局公告2018年第9号）的：

□ 第二条；□ 第三条第（一）项；□ 第三条第（二）项；□第四条；□ 其他：请说明＿＿＿＿＿＿＿

If the article of dividends, interest or royalties is applied, the policy basis for non-resident taxpayer to be the "beneficial owner" is the □ Article 2； □ Item 1 of Article 3； □ Item 2 of Article 3； □ Article 4； □ Others： Please specify＿＿＿＿＿＿＿ of the *Public Notice of the State Taxation Administration on "Beneficial Owner" set forth in Double Taxation Agreements* （Public Notice [2018] No.9 of the State Taxation Administration）.

17.我谨声明：根据缔约对方法律法规和税收协定居民条款，我为缔约对方税收居民，相关安排和交易的主要目的不是为了获取税收协定待遇。我自行判断符合协定待遇条件，自行享受协定待遇，承担相应法律责任。我将按规定归集和留存相关资料备查，接受税务机关后续管理。

I hereby declare： According to the laws, regulations of the other contracting jurisdiction and the article of resident of the tax treaty, I am a resident of the other contracting jurisdiction, the principal purpose of the relevant arrangement and transaction is not to obtain tax treaty benefits. Through self-assessment, I believe that I am in conformity with the conditions for claiming tax treaty benefits, so I will enjoy tax treaty benefits. Therefore, I take due legal responsibilities. I will collect and retain relevant materials for review in accordance with the regulations, and accept the follow-up administration of the tax authority.

非居民纳税人签章或签字：

Seal or signature of non-resident taxpayer： 　　　　　　年　　月　　日
　　　　　　　　　　　　　　　　　　　　　　　　　　　Y　　M　　D

以下信息不需要非居民纳税人填写

Non-resident taxpayers do not need to fill in the following blanks

---

18.扣缴义务人名称

Name of withholding agent

19.扣缴义务人纳税人识别号（统一社会信用代码）：□□□□□□□□□□□□□□□□□□

Tax identification number of withholding agent （Uniform social credit code）

经办人签字：

Signature of the case handler：

经办人身份证件号码：

ID number of the case handler：

扣缴义务人签章：

Seal of the withholding agent：

经办人签字：

Signature of the case handler：

经办人身份证件号码：

ID number of the case handler：

代理机构签章：

Seal of the tax agent：

代理机构统一社会信用代码：

Uniform social credit code of the tax agent：

受理人：

Received by：

受理税务机关（章）：

Tax authority in charge （Seal）：

受理日期：　　年　　月　　日

Date of case acceptance：

　　　　　Y　　M　　D

非居民纳税人需要作出的声明包括以下四方面。

第一，税收居民身份，即根据缔约对方法律法规和税收协定居民条款为缔约对方税收居民。如果根据缔约对方法律法规为缔约对方税收居民，但根据税收协定居民条款为我国税收居民，不符合享受协定待遇条件。

第二，相关安排和交易的主要目的不是为了获取税收协定待遇。根据税收协定主要目的测试条款或国内税收法律规定中的一般反避税规则，如果相关安排和交易的主要目的为获取税收协定待遇，则不能享受协定待遇。

第三，自行判断并承担相应法律责任。非居民纳税人如果判断有误，不符合享受协定待遇条件而享受了协定待遇，将承担相应法律责任。

第四，按规定归集和留存相关资料备查，接受税务机关后续管理。非居民纳税人未按照税务机关要求提供留存备查资料及其他补充资料，或逃避、拒绝、阻挠税务机关进行后续调查，主管税务机关无法查实是否符合享受协定待遇条件的，应将其视为不符合享受协定待遇条件。

2. 非居民纳税人和扣缴义务人责任划分

自行申报时，非居民纳税人自行判断符合享受协定待遇条件且需要享受协定待遇，应在申报时报送《非居民纳税人享受协定待遇信息报告表》，并按照规定归集和留存相关资料备查。

在源泉扣缴和指定扣缴情况下，非居民纳税人自行判断符合享受协定待遇条件且需要享受协定待遇，应当如实填写《非居民纳税人享受协定待遇信息报告表》，主动提交给扣缴义务人，也需要按照规定归集和留存相关资料备查。

如果非居民纳税人判断有误，不符合协定待遇条件而享受了协定待遇且未缴或少缴税款的，应承担相应法律责任。

扣缴义务人收到《非居民纳税人享受协定待遇信息报告表》后，确认非居民纳税人填报信息完整的，依我国国内税收法律规定和协定规定扣缴，并如实将《非居民纳税人享受协定待遇信息报告表》作为扣缴申报的附表报送主管税务机关。

如果扣缴义务人未按规定进行扣缴申报，或者未按规定提供相关资料，发生不符合享受协定待遇条件的非居民纳税人享受协定待遇造成未缴或少缴税款，扣缴义务人应承担相应法律责任。

非居民纳税人未主动提交《非居民纳税人享受协定待遇信息报告表》给扣缴义务人或填报信息不完整，扣缴义务人依我国国内税收法律规定进行扣缴。

3. 留存备查资料

为了减轻纳税人负担，非居民纳税人享受协定待遇资料由申报时报送改为留存备查，因此非居民纳税人需要留存以下备查资料。

（1）由协定缔约对方税务主管当局开具的证明非居民纳税人取得所得的当年度或上一年度税收居民身份的税收居民身份证明；享受税收协定国际运输条款或国际运输协定待遇的，可用能够证明符合协定规定身份的证明代替税收居民身份证明，比如，有的税收协定国际运输条款规定："以船舶或飞机经营国际运输取得的利润，应仅在企业实际管理机构所在的缔约国征税。"企业根据上述条款享受协定待遇，可以提供由缔约对方税务主管当局开具的实际管理机构所在地的证明代替税收居民身份证明。

（2）与取得相关所得有关的合同、协议、董事会或股东会决议、支付凭证等权属证明资料。

（3）享受股息、利息、特许权使用费条款协定待遇的，应留存证明"受益所有人"身份的相关资料。

（4）非居民纳税人认为能够证明其符合享受协定待遇条件的其他资料。

非居民纳税人对《非居民纳税人享受协定待遇信息报告表》填报信息和留存备查资料的真实性、准确性、合法性承担法律责任。

需要特别说明的是，不论是自行申报还是扣缴申报，均应由非居民纳税人归集和留存相关资料备查，并且留存备查资料应按照税收征管法及其实施细则规定的期限保存。

若上述规定资料原件为外文文本，按照主管税务机关要求提供时，应当附送中文译本，并对中文译本的准确性和完整性负责。非居民纳税人、扣缴义务人也可以向主管税务机关提供资料复印件，但是应当在复印件上标注原件存放处，加盖报告责任人印章或签章。主管税务机关要求报验原件，应报验原件。

非居民纳税人发现不应享受而享受了协定待遇，并造成少缴或未缴税款，应当主动向主管税务机关申报补税。非居民纳税人可享受但未享受协定待遇而多缴税款，可在《税收征管法》规定期限内自行或通过扣缴义务人向主管税务机关要求退还多缴税款，同时提交规定的上述资料。

主管税务机关应当自接到非居民纳税人或扣缴义务人退还多缴税款申请之日起30日内查实，对符合享受协定待遇条件的多缴税款办理退还手续。

上述查实时间不包括非居民纳税人或扣缴义务人补充提供资料、个案请示、相互协商、情报交换的时间。税务机关因上述原因延长查实时间，应书面通知退税申请人相关决定及理由。

（二）税务机关后续管理

税务机关对非居民纳税人享受协定待遇开展后续管理，准确执行协定，防范协定滥用和逃避税风险。在后续管理时，可要求非居民纳税人限期提供留存备查资料。

主管税务机关在后续管理或税款退还查实工作过程中，发现依据留存资料不足以证明非居民纳税人符合享受协定待遇条件，或非居民纳税人存在逃避税嫌疑，可要求非居民纳税人或扣缴义务人限期提供相关资料并配合调查。

非居民纳税人、扣缴义务人应配合主管税务机关进行非居民纳税人享受协定待遇的后续管理与调查。非居民纳税人、扣缴义务人均未按照税务机关要求提供相关资料，或逃避、拒绝、阻挠税务机关进行后续调查，主管税务机关无法查实其是否符合享受协定待遇条件的，应视为不符合享受协定待遇条件。

非居民纳税人不符合享受协定待遇条件而享受了协定待遇且未缴或少缴税款的，除因扣缴义务人未按规定扣缴申报外，视为非居民纳税人未按照规定申报缴纳税款，税务机关将依法追缴税款并追究非居民纳税人延迟纳税责任。在扣缴情况下，税款延迟缴纳期限自扣缴申报享受协定待遇之日起计算。

扣缴义务人未按规定扣缴申报，或者未按规定提供相关资料，发生不符合享受协定待遇条件的非居民纳税人享受协定待遇且未缴或少缴税款情形的，主管税务机关依据有关规定追究扣缴义务人责任，并责令非居民纳税人限期缴纳税款。

主管税务机关在后续管理或税款退还查实工作过程中，发现不能准确判定非居民纳税人是否可以享受协定待遇的，应当向上级税务机关报告；需要启动相互协商或情报交换程序的，按有关规定启动相应程序。

主管税务机关在后续管理过程中，发现需要适用税收协定主要目的测试条款或国内税收法律规定中的一般反避税规则，适用一般反避税相关规定。

税收协定主要目的测试条款是指税收协定中有如下表述或者类似表述的条款：虽有本协定其他条款的规定，如果在考虑了所有相关事实与情况后，可以合理地认定就某项所得获取本协定某项优惠是直接或间接产生该优惠的安排或交易的主要目的之一，则不应对该项所得给予该优惠，除非能够证明在此种情形下给予该优惠符合本协定相关规定的宗旨和目的。

主管税务机关对非居民纳税人不当享受协定待遇情况建立信用档案，并采取相应后续管理措施。

第七章　扣缴申报

● 第一节　扣缴申报概述

一、扣缴申报政策 [①]

向个人支付所得的单位或者个人都是扣缴义务人。根据《个人所得税法实施条例》第二十四条规定，扣缴义务人向个人支付应税款项时，应当依照《个人所得税法》规定，预扣或者代扣税款，按时缴库，并专项记载备查。支付方式包括现金支付、汇拨支付、转账支付和以有价证券、实物以及其他形式的支付。扣缴义务人依法履行代扣代缴义务，纳税人不得拒绝。如果纳税人拒绝，扣缴义务人应当及时报告税务机关。

根据《个人所得税法》第十条规定，扣缴义务人应当按照国家规定办理全员全额扣缴申报，并向纳税人提供个人所得和已扣缴税款等信息。全员全额扣缴申报是指扣缴义务人在代扣税款的次月 15 日内，向主管税务机关报送其支付所得的所有个人的有关信息、支付所得数额、扣除事项和数额、扣缴税款的具体数额和总额以及其他相关涉税信息资料。

扣缴义务人每月或者每次预扣、代扣的税款，应当在次月 15 日内缴入国库，并向税务机关报送《个人所得税扣缴申报表》。

扣缴义务人首次向纳税人支付所得时，应当按照纳税人提供的纳税人识别号等基础信息，填写《个人所得税基础信息表（A 表）》，并于次月扣缴申报时向税务机关报送。扣缴义务人对纳税人向其报告的相关基础信息变化情况，应当于次月扣缴申报时向税务机关报送。

[①] 《国家税务总局关于发布〈个人所得税扣缴申报管理办法（试行）〉的公告》（国家税务总局公告 2018 年第 61 号）

扣缴义务人向居民个人支付工资、薪金所得时，应当按照累计预扣法计算预扣税款，并按月办理扣缴申报。居民个人向扣缴义务人提供有关信息并依法要求办理专项附加扣除，扣缴义务人应当按照规定在工资、薪金所得按月预扣预缴税款时予以扣除，不得拒绝。非居民个人的工资、薪金所得，以每月收入额减除费用五千元后的余额为应纳税所得额。扣缴义务人向居民个人和非居民个人支付其他所得时按照政策规定计算缴纳税款。

扣缴义务人应当按照纳税人提供的信息计算税款、办理扣缴申报，不得擅自更改纳税人提供的信息。扣缴义务人发现纳税人提供的信息与实际情况不符的，可以要求纳税人修改。纳税人拒绝修改，扣缴义务人应当报告税务机关，税务机关应当及时处理。

纳税人发现扣缴义务人提供或者扣缴申报的个人信息、支付所得、扣缴税款等信息与实际情况不符，有权要求扣缴义务人修改。扣缴义务人拒绝修改，纳税人应当报告税务机关，税务机关应当及时处理。

扣缴义务人对纳税人提供的《个人所得税专项附加扣除信息表》，应当按照规定妥善保存备查。扣缴义务人应当依法对纳税人报送的专项附加扣除等相关涉税信息和资料保密。

对扣缴义务人按照规定扣缴的税款，按年付给2%的手续费，但不包括税务机关、司法机关等查补或者责令补扣的税款。扣缴义务人领取的扣缴手续费可用于提升办税能力、奖励办税人员。

扣缴义务人存在未按照规定向税务机关报送资料和信息、未按照纳税人提供信息虚报虚扣专项附加扣除、应扣未扣税款、不缴或少缴已扣税款、借用或冒用他人身份等行为，税务机关依照《税收征收管理法》等相关法律、行政法规进行处理。

二、扣缴申报基本流程

目前，扣缴义务人进行扣缴申报基本上都是通过自然人电子税务局（扣缴端）来进行操作，为在本单位取得所得的人员（含雇员和非雇员）办理全员全额扣缴申报及代理经营所得纳税申报。

扣缴申报的主体流程如下。

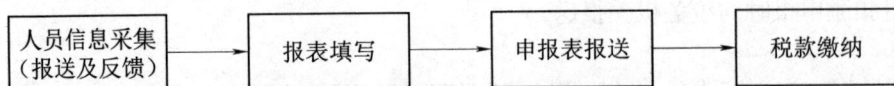

| 人员信息采集（报送及反馈） | → | 报表填写 | → | 申报表报送 | → | 税款缴纳 |

代理经营所得申报主体流程如下。

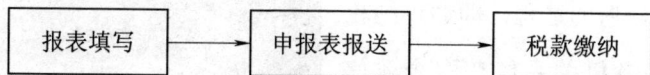

```
┌──────────┐      ┌──────────┐      ┌──────────┐
│  报表填写 │ ───→ │ 申报表报送│ ───→ │ 税款缴纳 │
└──────────┘      └──────────┘      └──────────┘
```

（1）**人员信息采集**。根据《个人所得税基础信息表（A 表）》的要求采集相关信息，系统采用先报送人员信息再填写报表的方式。

（2）**报送及获取反馈**。扣缴义务人将人员信息报送后，税务局系统对人员身份信息进行验证并反馈验证结果。

（3）**报表填写**。扣缴义务人办理综合所得和分类所得预扣预缴申报时，如果选择上门申报时只需要填写《个人所得税扣缴申报表》一张申报表，但这种方式已经很少使用。目前，基本上都是通过自然人电子税务局（扣缴端）进行扣缴申报，系统根据实际情况设定了《综合所得预扣预缴申报》《分类所得代扣代缴申报》《非居民代扣代缴申报》《限售股转让所得扣缴申报》四种申报表。

单位代为经营所得申报包括《预缴纳税申报》[《个人所得税经营所得纳税申报表（A 表）》]和《年度汇缴申报》[《个人所得税经营所得纳税申报表（B 表）》]。个体工商户业主、个人独资企业投资人、合伙企业个人合伙人、承包承租经营者个人以及其他从事生产、经营活动的个人在中国境内两处以上取得经营所得，办理合并计算个人所得税的年度汇总纳税申报时，目前只能自行向税务机关申报或者邮寄申报，填报《个人所得税经营所得纳税申报表（C 表）》。

经营所得虽然也可以通过自然人电子税务局（扣缴端）进行申报，但从严格意义上讲却并不属于扣缴申报，已在第一章第五节进行了介绍，在此不再赘述。

（4）**申报表报送**。通过网络方式将填写完整的申报表发送至税务机关并获取申报反馈结果。

（5）**税款缴纳**。申报成功后通过网上缴款或其他方式缴纳税款。

三、扣缴申报系统准备

在税务机关网站上下载安装包后，双击安装包程序，点击【立即安装】，即可安装扣缴端到本地电脑，若已在电脑中安装过扣缴端，双击安装包，提示"修复"或"卸载"。

系统安装完成后，需要进行初始化注册。初始化注册的过程，即通过纳税人识别号从税务机关系统获取企业信息，并保存到本地扣缴端的过程。

点击【立即体验】或桌面"自然人电子税务局（扣缴端）"快捷方式，进入版本选择界面。在办税大厅终端上部署的客户端需选择"办税大厅版"，其他均选择默认选项，即"扣缴单位版"。

录入单位信息，在【纳税人识别号】/【确认纳税人识别号】的输入框输入扣缴单位的纳税人识别号，已进行过三证合一的单位则输入统一社会信用代码。

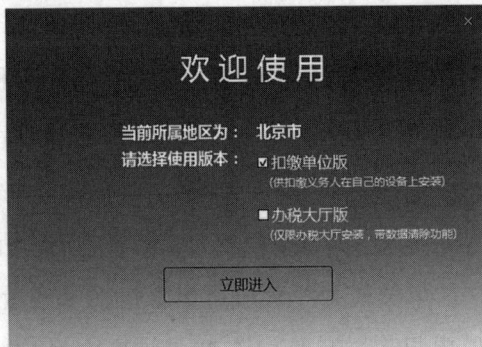

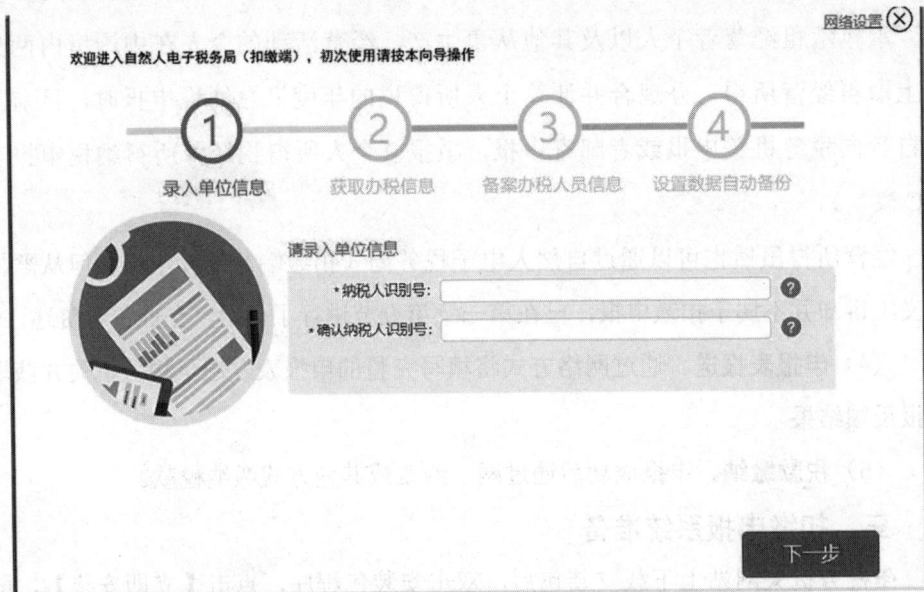

注意纳税人识别号和确认纳税人识别号必须一致，注册时必须确保电脑处于联网状态。

获取办税信息。 系统自动从税务机关获取当前当地年平均工资、月平均工资以及月公积金减除上限等办税基础信息。

备案办税人员信息， 如实填写办税人员姓名、手机号、岗位等信息。

设置数据自动备份， 扣缴端的数据保存在本地电脑，为防止系统重装或其他原因造成数据丢失，建议启用自动备份功能。

注册完成后，点击【立即体验】，即可打开客户端的登录界面。

系统支持在线登录和离线登录两种模式。

离线登录是使用"本地登录密码"进入系统，如果没有启用登录密码，则直接进入系统。首次选择该方式，系统将会提示是否启用。

在线登录包含"实名登录"和"申报密码登录"。实名登录是使用在个人所得税 App/Web 实名注册的账号密码登录，或使用个人所得税 App 扫码登录；申报密码登录是使用单位申报密码登录。

第二节　人员信息采集

根据《个人所得税法》第九条的规定："纳税人有中国公民身份号码的，以中国公民身份号码为纳税人识别号；纳税人没有中国公民身份号码的，由税务机关赋予其纳税人识别号。扣缴义务人可通过扣缴端采集报送自然人基础信息。"

一、人员信息登记

人员信息采集到客户端中有两种方式：单个添加、批量导入。人员信息采集分为境内人员和境外人员。下面以境内人员信息采集操作为例。

（一）单个添加

点击【添加】，进入"境内人员信息"界面，录入人员基本信息，点击【保存】，即可添加成功。

1. 各项目填报要求

【人员状态】"正常"或"非正常"。正常状态的人员才能填写申报表，对离职、离退等不再从本单位取得所得的人员，需设置为"非正常"。

【证照类型】境内人员支持的证照类型有居民身份证；境外人员支持的证照类型有中国护照、外国护照、港澳居民来往内地通行证、台湾居民来往大陆通行证等。

【证照号码】根据所选证照类型填写证照号码。

【姓名】严格按照所选证照上的真实姓名填写。

【国籍（地区）】境内人员，国籍自动带出"中国"且无法修改；境外人员，填写所选证照上的国籍（地区）即可。

【性别】【出生日期】选择居民身份证采集的，此两项信息会根据身份证号码信息自动带出，无须填写；使用其他证件，则需手动据实填写。

【学历】下拉选择纳税人取得的最高学历。

【纳税人识别号】人员信息采集报送成功后，系统自动生成纳税人唯一的纳税人识别号，本数据项自动带出，无须填写。

【是否存在以下情形】有本项所列情况的进行勾选，包括残疾、烈属、孤老。勾选"残疾"，则残疾证号必填。

【任职受雇从业类型】包括雇员、保险营销员、证券经纪人、其他。

【任职受雇从业日期】纳税人入职受雇单位的日期。选择雇员、保险营销员和证券经纪人的需填写任职受雇从业日期。

【离职日期】纳税人从单位离职的日期。选择雇员、保险营销员和证券经纪人的，当人员状态修改为"非正常"时，该项必填。

【工号】填写该纳税人在单位的工号或编号。

【职务】可据实下拉选择"高层"或"普通"。

【是否扣除减除费用】默认为"是"。修改为"否"后，综合所得预扣预缴税款计算时的减除费用为0。（纳税人有两处以上综合所得，且不在本单位扣除减除费用的，勾选否）

【户籍所在地】【经常居住地】【联系地址】填写纳税人的地址信息，下拉选择省、市、区、街道后，必须填写详细地址。

【手机号码】填写纳税人真实的手机号码。任职受雇从业类型为"雇员"必填。

【电子邮箱】填写纳税人的电子邮箱。

【开户银行】选择纳税人银行账号对应的开户银行。

【开户行省份】选择纳税人银行账户对应的开户银行所在省份。

【银行账号】填写纳税人本人名下的银行账号。

【个人投资额】填写自然人股东、投资者个人投资的股本（投资）额。

【个人投资比例】填写自然人股东、投资者个人投资的股本（投资）额占公司股本（投资）的比例。

2. 填报注意事项

人员信息采集表中，带"*"号项为必填项，其他非必填项，可根据实际情况选填。

人员信息报送后，系统会继续对银行信息的人卡一致性进行核验。可在【银行账户】后查看核验结果。核验不通过的，可根据提示信息修改银行账户后，重新报送。

若采集人员时姓名中包含生僻字，不能通过输入法正常录入的，可先安装生僻字补丁包后再进行人员姓名录入。操作步骤如下。

步骤一： "境内人员信息" / "境外人员信息" 新增界面上方的温馨提示中点击【马上下载】，下载生僻字补丁包，下载后双击该应用程序，即可自动安装，安装成功后弹出"生僻字补丁安装成功"提示框，无须进行其他操作。

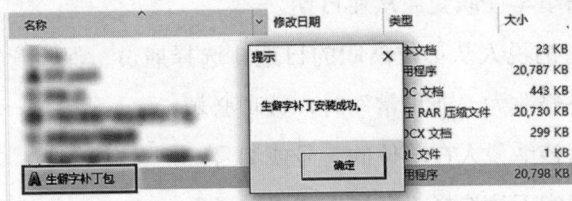

步骤二： 安装成功后在"境内人员信息" / "境外人员信息" 新增界面会出现【生僻字】，点击后跳转至录入界面。

步骤三： 点击【输入生僻字】，在界面下方通过笔画顺序拼写查找需录入的生僻字，选择后点击【确定】，选择的生僻字出现在最上方空格内，点击【点我复制】及【关闭】，返回到"境内人员信息"添加界面，在基本信息的姓名空格内粘贴，即可显示该生僻字，保存即可。

　　境外人员信息添加与境内人员基本一致，不同之处在于比境内人员多了三项必录项：【涉税事由】，勾选在境内涉税的具体事由；【首次入境时间】和【预计离境时间】分别填写纳税人首次到达中国境内的日期和预计离境的日期。

　　单个添加人员的业务场景，适用于单位人员较少及姓名中包含生僻字的情况。单位人员较多时，建议使用 Excel 模板批量导入功能。

　　（二）批量导入

　　点击【导入】→【模板下载】，下载客户端中提供的标准 Excel 模板。将人员各项信息填写到模板对应列，然后点击【导入】→【导入文件】，选择 Excel文件，导入到客户端中。

注意事项：当填写信息不符合规范时，在【添加】或【导入】时会有相应的提示。比如，身份证号码不满足校验规则、姓名中不能有特殊字符等。需按照提示要求，更正相应信息后，重新保存。

二、人员信息编辑

人员信息编辑对已添加人员的修改操作。人员信息采集到系统后，人员信息存在错误或发生变化时，可以修改人员信息后重新保存。

从未报送成功过的人员，所有信息均可修改。报送成功过的，必须要符合以下要求。

1. 关键信息（包括姓名、国籍、证照类型、证照号码）修改

证照类型和国籍（地区）不允许修改。如果身份验证不通过，则只能修改姓名和证照号码中的一项（详见后面的"人员信息报送验证"）；报送成功且暂未进行身份验证，只能修改姓名。

2. 非关键信息修改

人员非关键信息修改可在人员信息采集页双击该条人员信息记录的任何位置，打开"境内人员信息"或"境外人员信息"界面修改信息后保存即可。

多个人员非关键信息需修改为同一信息时，勾选多人后，点击【更多操作】→【批量修改】，选择需要修改的项目，录入正确的内容保存即可。

三、人员信息报送验证

人员信息采集完毕后，需先将人员信息报送至税务机关端进行验证。

（一）人员信息报送

点击【报送】，客户端会将报送状态为"待报送"的人员信息报送至税务机关并进行身份验证，只有报送状态为【报送成功】的人员才允许进行申报表报送等业务操作。

1. 保送要求

身份验证状态为"验证通过"的，表示该自然人身份信息与公安机关的居民身份登记信息一致。

身份验证状态为"验证中"的，表示尚未获取到公安机关的居民身份登记信息。扣缴单位可以在【更多操作】中进行【身份验证状态更新】。

身份验证状态为"暂不验证"的，表示税务系统暂未与第三方系统联通交互，目前尚无法进行验证。扣缴单位可以忽略该结果，正常进行后续操作。

身份验证状态为"验证不通过"的，扣缴单位应对其进行核实，经核实自然人身份信息准确无误的，则该自然人需前往办税服务厅进行特殊采集登记，信息采集成功后扣缴义务人可以通过客户端【更多操作】→【身份验证状态更新】功能进行更新；经核实确存在问题的，应予以修正。为便于扣缴单位修正错误数据，扣缴端对验证不通过的人员，开放姓名或证照号码修改功能。

对于姓名、证照号码，只能修改其中一项。对姓名和居民身份证件号码同时错误的，需要前往办税服务厅办理并档业务。比如，修改姓名保存失败后，返回当前修改界面；若直接再次修改居民身份证件号码，保存时提示"姓名和居民身份证件号码不得同时修改"。

修改后的身份信息，点击【保存】时系统将进行验证，需"验证通过"才能保存成功；若"验证不通过"，则保存失败，返回当前修改界面。

修改成功后，无须对之前申报的数据进行更正申报，系统会将新旧信息自动进行归集。

2. 操作步骤

在扣缴端点击【人员信息采集】菜单，双击身份验证状态为"验证不通过"的人员进入人员信息编辑界面。

对于姓名和居民身份证件号码，只能修改其中一项，如果同时修改，系统将会进行如下提示。

修改完毕，点击【保存】，系统将对修改后的人员身份信息进行验证。若修改后的身份信息仍验证不通过，则会保存失败，返回当前修改界面。

验证通过后，会将修改后的信息正式保存到系统中。

四、人员信息查询

人员众多的情况下，需要查找某个人员的具体信息时，点击【展开查询条件】，展开具体的查询条件。

（一）一般性操作

通过工号、姓名、证照号码等信息，模糊查找相应的人员信息；也可根据身份验证状态、报送状态、是否残孤烈、任职受雇从业类型等条件进行筛选查询。

点击【导出】，可选择【选中人员】或【全部人员】，将人员信息导出到Excel 表格中进行查看。

【更多操作】包括删除、批量修改、自定义显示列、隐藏非正常人员、身份验证状态更新、特殊情形处理功能。

具体操作介绍如下。

（1）**删除**。选中人员信息，点击【删除】，可删除人员信息。

只有未报送的人员可以删除人员信息。

（2）**批量修改**。当多个人员存在相同信息时，可以通过批量修改功能，一键来完成。

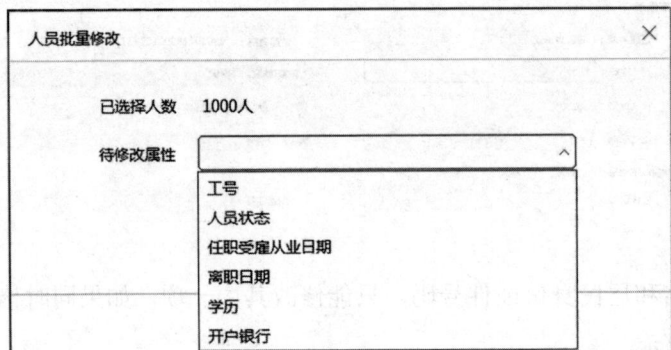

（3）**自定义显示列**。人员信息采集列表中，可以自定义列表中展示的信息。比如，无须显示人员状态，可以取消勾选。

（4）**隐藏非正常人员**。采集界面上会显示人员状态为非正常的人员，在系统中不再对该人员进行业务操作时，可通过本功能隐藏非正常（已离职）人员。

（5）**身份验证状态更新**。主要针对验证状态为"验证不通过"和"验证中"的人员更新状态，"验证不通过"的人员需要先选中，再更新。

（二）特殊情形处理

（1）**人员添加**。人员添加功能主要是添加居民身份证不符合公安系统一般赋码规则的人员，或是提供其他无法通过客户端正常采集的证件的人员。添加前，请确保该人员已在税务机关做过自然人信息特殊采集。

（2）**信息更新**，主要对符合两种条件的人员信息进行更新，第一种是在税务局端变更过人员姓名，但在扣缴端无法修改姓名的境内人员；第二种是在税务局端变更过证照号码，但在扣缴端无法修改证照号码的境外人员。

（3）**人员并档**。主要是针对使用不同信息（如不同姓名、不同证件等），在税务机关进行多次登记时，从而造成扣缴端上同一扣缴义务人对同一自然人的综合所得预扣预缴申报数据不能累计算税的场景。这种场景，只要该人员前往办税大厅进行人员并档后，通过该功能，即可获取并档信息，保证正常的累计算税。

◉ 第三节　专项附加扣除信息采集

专项附加扣除信息采集，是指个人所得税法规定的子女教育、继续教育、大病医疗（暂未开放）、住房贷款利息、住房租金以及赡养老人六项专项附加扣除支出信息的采集。绝大多数纳税人均有工作单位，首次享受时应当填写并向扣缴义务人报送《个人所得税专项附加扣除信息表》。纳税人应当对报送的专项附加扣除信息的真实性、准确性、完整性负责。

若是填报要素完整，扣缴义务人应当将纳税人报送的专项附加扣除信息在次月办理扣缴申报时一并报送至主管税务机关，同时扣缴义务人应当自预扣预缴年度的次年起留存五年。若是填报要素不完整，扣缴义务人或者主管税务机关应当及时告知纳税人补正或重新填报。纳税人未补正或重新填报的，暂不办理相关专项附加扣除，待纳税人补正或重新填报后再行办理。

在一个纳税年度内，若纳税人的相关信息发生变化，纳税人应当更新《个人所得税专项附加扣除信息表》相应栏次，并及时报送给扣缴义务人。纳税人在扣缴义务人预扣预缴税款环节未享受或未足额享受专项附加扣除的，可以在当年内向支付工资、薪金的扣缴义务人申请在剩余月份发放工资、薪金时补充扣除，也可以在次年3月1日至6月30日内，向汇缴地主管税务机关办理汇算清缴时申报扣除。纳税人次年需要由扣缴义务人继续办理专项附加扣除的，应当于每年12月份对次年享受专项附加扣除的内容进行确认，并报送至扣缴义务人。纳税人未及时确认，扣缴义务人于次年1月起暂停扣除，待纳税人确认后再行办理专项附加扣除。

纳税人年度中间更换工作单位的，在原单位任职、受雇期间已享受的专项附加扣除金额，不得在新任职、受雇单位扣除。原扣缴义务人应当自纳税人离职不再发放工资薪金所得的当月起，停止为其办理专项附加扣除。除纳税人另有要求外，扣缴义务人应当于年度终了后两个月内，向纳税人提供已办理的专项附加扣除项目及金额等信息。

随着社会的进步，越来越多人选择成为自由职业者，比如，职业作家或者只从网络平台接活儿的设计师等，这些自由职业者并不从单位里领取相对固定的工资薪金所得，仅仅取得劳务报酬所得、稿酬所得、特许权使用费所得等，这些人需要享受专项附加扣除的，并不用像取得工资薪金的纳税人那样按月预缴，而是应在次年3月1日至6月30日内，自行向汇缴地主管税务机关报送《个人所得税专项附加扣除信息表》（一式两份），并在办理汇算清缴申报时扣除。纳税人既可以选择通过远程办税端即个人所得税手机App报送专项附加扣除信息，也可以将电子或者纸质《个人所得税专项附加扣除信息表》报送给汇缴地主管税务机关。选择报送电子版《个人所得税专项附加扣除信息表》，主管税务机关受理打印，交由纳税人签字后，一份由纳税人留存备查，一份由税务机关留存；选择报送纸质版《个人所得税专项附加扣除信息表》，纳税人签字确认、主管税务机关受理签章后，一份退还纳税人留存备查，一份由税务机关留存。纳税人应当将《个人所得税专项附加扣除信息表》及相关留存备查资料，自法定汇算清缴期结束后保存五年。

税务机关会定期对纳税人提供的专项附加扣除信息开展抽查。核查时，纳税人无法提供留存备查资料，或者留存备查资料不能支持相关情况，税务机关可以要求纳税人提供其他佐证；不能提供其他佐证材料，或者佐证材料仍不足以支持继续抵扣，不得享受相关专项附加扣除。

对于纳税人报送虚假专项附加扣除信息、重复享受专项附加扣除、超范围或标准享受专项附加扣除、拒不提供留存备查资料或者存在其他违法情形，主管税务机关会责令其改正；情形严重，纳入有关信用信息系统，并按照国家有关规定实施联合惩戒；涉及违反税收征管法等法律法规，税务机关将会依法进行处理。

● 第四节 综合所得预扣预缴申报

综合所得个人所得税预扣预缴申报，是指扣缴义务人在向居民个人支付综合所得时，根据已采集的个人身份信息，结合当期收入、扣除等情况，在支付所得的月度终了之日起15日内，进行综合所得个人所得税预扣预缴申报。

实行个人所得税预扣预缴申报的综合所得包括工资、薪金所得，劳务报酬所得，稿酬所得，特许权使用费所得。

首页功能菜单下点击【综合所得申报】，进入"综合所得预扣预缴表"页面，页面上方为申报主流程导航栏，分别根据【1收入及减除填写】【2税款计算】【3附表填写】【4申报表报送】四步流程，完成综合所得预扣预缴申报。

一、收入及减除填写

用于录入综合所得各项目的收入及减除项数据，点击界面下方综合所得申报表名称或【填写】进入表单，即可进行数据的录入，各项表单的填写方式，与"人员信息采集"操作类似，都可选择使用单个添加，或下载模板批量导入。

点击【正常工资薪金所得】，进入"正常工资薪金所得"界面。包括【返回】【添加】【导入】【预填专项附加扣除】【导出】【展开查询条件】【更多操作】功能。进入"正常工资薪金所得"界面时，系统自动校验当前是否为"未申报"状态，如果是，则弹出"为避免员工通过其他渠道采集的专项附加扣除信息发生未扣、漏扣的情况，建议通过【专项附加扣除信息采集】菜单进行【下载更新】后，再进行【税款计算】"。"如确实无须下载更新的，请忽略本提示"，点击【确定】。

点击【导入】→【模板下载】，下载标准模板，录入数据后，点击【导入数据】→【标准模板导入】，选择模板文件批量导入数据。

点击【导入】→【导入数据】弹出的界面，如果上月没有数据，则【复制上月当期数据】的单选内容置灰，且提示"暂无上月数据，无法复制"；上期有数据的，可正常选中【复制上月当期数据】项，点击【立即复制数据】，将上月的数据复制到本月所属期报表中。复制成功后，如果有员工涉及专项附加扣除的，需再点击【预填专项附加扣除】；如果该属期零工资的员工较多，也可以选择【生成零工资】，为全员生成零收入记录，生成后，再手动对非零工资的员工进行修改。

点击【添加】，弹出"正常工资薪金所得 新增"界面，进行单个数据录入。

【适用公式】根据实际情况选择，如果不能确定适用公式，可点击右侧的【帮助】，根据系统引导提示选择。

【本期收入】未选择"适用公式"或选择公式（5）时直接录入。其他情形，则通过点击【请录入明细】，填写相关数据。

【基本养老保险费】【基本医疗保险费】【失业保险费】【住房公积金】按国家有关规定缴纳的三险一金，填写个人承担且不超过当地规定限额的部分。

【子女教育支出】【继续教育支出】【住房贷款利息支出】【住房租金支出】【赡养老人支出】点击"正常工资薪金所得"界面【预填专项附加扣除】，自动获取填充报送成功人员的可扣除额度，也可手动录入。根据政策要求，住房租金支出、住房贷款利息支出不允许同时扣除。

【商业健康保险】填写按税法规定允许税前扣除的商业健康保险支出金额，扣除限额2 400元/年（200元/月）。

【税延养老保险】仅试点地区可录入。填写按税法规定允许税前扣除的税延商业养老保险支出金额，扣除限额为当月工资收入的6%与1 000元之间的孰小值。

【准予扣除的捐赠额】按照税法规定，个人将其所得对教育、扶贫、济困等公益慈善事业进行捐赠，捐赠额未超过纳税人申报的应纳税所得额30%的部分，可以从其应纳税所得额中扣除；国务院规定对公益慈善事业捐赠实行全额税前扣除的，从其规定。

点击【预填专项附加扣除】，弹出提示框，勾选【确认需要进行自动预填】，选择预填人员范围后，点击【确认】，可自动将采集的专项附加扣除信息下载到对应纳税人名下，自动填入申报表。

综合所得项目填写界面默认显示【添加】，如果企业已在税务机关开通汇总申报，则在【添加】的下拉菜单，可选择【明细申报】或【汇总申报】。点击【明细申报】，则打开前面介绍的按人员明细填写的界面；点击【汇总申报】，则打开汇总申报填写界面。

汇总填写界面，根据实际情况，直接填写本企业该所得项目下汇总的收入信息，该界面直接可显示应纳税额、应补（退）税额等信息。

其他综合所得项目数据采集方式基本一致，各自界面如下。

【全年一次性奖金额】填写当月发放的全年一次性奖金收入总额。

注意事项：同一个纳税人一个纳税年度只能申报一次全年一次性奖金收入，如果系统检测到该纳税人已填写过，则切换所属月份，再填写保存时会有所提示。

【内退一次性补偿金】个人在办理内部退养手续后从原任职单位取得的一次性收入。

【分摊月份数】办理内部退养手续后至法定离退休年龄之间月份数。

【年金领取收入额】本次领取年金的金额。

【已完税缴费额】指在财税〔2013〕103 号文件实施之前缴付的年金单位缴费和个人缴费且已经缴纳个人所得税的部分，通常指的是 2014 年前的年金已完税缴费额。

【全部缴费额】账户中实际年金缴纳部分。

【免税收入】一次性补偿收入在原任职受雇单位所在直辖市、计划单列市、副省级城市、地级市（地区、州、盟）上一年度城镇职工社会平均工资 3 倍数额以内的部分，免征个人所得税，免税收入填写一次性补偿收入的数据；超过 3 倍数额时超过部分进行计税，免税收入填写上一年度城镇职工社会平均工资 3 倍数额。

【收入】填写当月发放的央企负责人绩效薪金延期兑现收入任期奖励收入总额。

注意事项：该所得同一个纳税人同一个月只能填写一条。税率按照应纳税所得额 ÷12 个月得到的数额，适用月度税率表对应的税率。

【收入】填写单位按低于购置或建造成本价格出售住房给职工，职工因此而少支出的差价部分。

注意事项：税率按照应纳税所得额除以 12 个月得到的数额，适用月度税率表对应的税率。所得同一个纳税人一个月只能填写一条。

【所得项目】选择人员后，如果人员的"任职受雇从业类型"为"保险营销员"，则所得项目默认为"保险营销员佣金收入"；"任职受雇从业类型"为"证券经纪人"，则所得项目默认为"证券经纪人佣金收入"，其他类型的人员不能选择。

【费用】本期收入 ×20%，自动带出，不可修改。

【展业成本】（本期收入－费用）×25%，自动带出，不可修改。

注意事项：一个人员一个月只允许填写一条，选择人员时，如果已填写，则自动带出已填写信息。

【姓名】人员信息采集中"任职受雇从业类型"选择"保险营销员""证券经纪人"或"其他"的可以根据自身情况，进行选择。

【所得项目】包含"一般劳务报酬所得""其他劳务报酬所得"。

【费用】每次收入不超过 4 000 元的，费用按 800 元计算；每次收入 4 000 元以上的，费用按收入的 20% 计算。

【允许扣除的税费】填写按照《个人所得税法》及其他法律法规规定的，实际可扣除的税费。

【本期免税收入】稿酬所得的收入额减按 70% 计算（30% 做免税收入处理），即显示本期收入减除费用后的 30% 部分，可修改。

【费用】每次收入不超过 4 000 元的，费用按 800 元计算；每次收入 4 000 元以上的，费用按收入的 20% 计算。

【分摊年度数】办理提前退休手续至法定退休年龄的实际年度数，不满一年按一年计算。

【适用公式】根据实际情况选择，若不能确定适用公式，可点击右侧的【帮助】，根据系统引导提示选择。

【本月股权激励收入】未选择"适用公式"或选择公式（5）时直接录入。其他情形则通过点击【请录入明细】，填写相关数据。

【本年累计股权激励收入（不含本月）】本年不含本月的所有股权激励收入之和。

【收入】本月税收递延型商业养老保险的养老金收入。

【免税收入】默认带出收入 ×25%，可修改。

【税率】按照 10% 的比例税率计算缴纳个人所得税。

注意事项：

（1）综合所得预扣预缴申报表除正常工资薪金所得外，其他所得项目均没有专项扣除和专项附加扣除填写项。

（2）综合所得里的"正常工资薪金""央企负责人绩效薪金延期兑现收入和任期奖励""个人股权激励收入""提前退休一次性补贴""解除劳动合同一次性补偿金""全年一次性奖金收入"只能为本单位雇员填写。

（3）任职受雇从业类型为"雇员"时，综合所得 / 非居民所得的一般劳务报酬所得和其他劳务报酬所得不可填写。

（4）针对"正常工资薪金所得""劳务报酬所得（保险营销员、证券经纪人）"，系统【更多操作】中新增【批量导入删除】，支持导入人员名单，按名单进行批量删除收入信息。

二、税款计算

点击【税款计算】，系统自动对"收入及减除填写"模块中填写的数据进行计税，其中"正常工资薪金所得"和"劳务报酬（保险营销员、证券经纪人）"会下载本纳税年度上期累计数据，再与当期填写的数据合并累计计税（税款所属期为一月时，只检查是否有待计算数据，有则进行算税）。如果本次只有汇总申报记录，则无须调用税务机关系统往期申报数据。

"税款计算"界面分所得项目显示对应项目的明细数据和合计数据，右上角显示综合所得的合计数据，包括申报总人数、收入总额、应纳税额和应补退税额。

点击右上角【导出】，可将目前显示的所得项目报表明细导出为 Excel 电子表格进行查看或存档。

双击其中一条数据，可以查看该行人员具体的计税项，包括当期各类明细数据和年内累计数据。明细查看页面，只允许查看数据，不允许修改。

注意事项：税款计算获取上期累计数据时，可在【系统设置】→【申报管理】→【综合所得算税】中，根据实际情况，切换选择从税务局端获取或本地文件获取。

三、附表填写

在收入及减除额中填写了免税收入、减免税额、商业健康保险、税延养老保险和准予扣除的捐赠额情况下，需要在相应附表里面完善附表信息。

1. 减免事项附表

免税收入：用户补充免税收入对应的具体免税事项信息。

综合所得中填写过免税收入的人员，系统会自动在减免事项附表【免税收入】界面生成一条该人员本次填写的免税收入记录，双击该条记录，补充完善对应的免税事项名称等内容。

【所得项目】根据综合所得中填写的所得项目自动带出。

【总免税收入】根据综合所得项目中该人员填写的免税收入自动合计带出。

【免税事项】下拉选择可享受的免税事项。

【免税性质】根据选择的免税事项自动匹配对应的免税性质。

综合所得中填写过减免税额的人员，系统会自动在减免事项附表界面生成一条该人员本次填写的减免税数据，双击该条记录，补充完善对应的减免税事项名称等内容。

【总减免税额】根据综合所得项目中该人员填写的减免税额自动合计带出，

也就是下面多条减免事项对应的减免税额之和。

【减免事项】下拉选择人员可享受的减免税对应事项。

【减免性质】根据选择的减免税事项自动匹配对应的减免性质。

【减免税额】用于补充减免税额对应的具体减免事项信息。

纳税人存在减免税事项，自行申报时需要填报《个人所得税减免税事项报告表》，而自然人税务局（扣缴端）并未照搬上述报告表，而是将表中内容结合网页填写习惯进行了适当修改。减免税事项分为法定减免税事项、税收协定规定的减免税事项和其他减免税事项。其中法定减免税事项包括以下 11 项。

（1）残疾、孤老、烈属减征个人所得税。

（2）个人转让 5 年以上唯一住房免征个人所得税。

（3）随军家属从事个体经营免征个人所得税。

（4）军转干部从事个体经营免征个人所得税。

（5）退役士兵从事个体经营免征个人所得税。

（6）建档立卡贫困人员从事个体经营扣减个人所得税。

（7）登记失业半年以上人员，零就业家庭、享受城市低保登记失业人员，毕业年度内高校毕业生从事个体经营扣减个人所得税。

（8）取消农业税从事"四业"所得暂免征收个人所得税。

（9）符合条件的房屋赠与免征个人所得税。

（10）科技人员取得职务科技成果转化现金奖励。

（11）外籍个人出差补贴、探亲费、语言训练费、子女教育费等津补贴。

上述外籍个人有关补贴在 2022 年 1 月 1 日前计算工资薪金收入额时，可以继续享受住房补贴、子女教育费、语言训练费等八项津补贴，但如果已经按规定减除上述补贴，不能同时享受专项附加扣除。

税收协定规定的减免税事项包括股息、利息、特许权使用费、财产收益、受雇所得、其他等五项，需要填写具体依据的税收协定。

其他减免税事项是一个兜底条款，也就是未列入上述两类的其他事项。

2. 商业健康保险附表

根据税法规定，对个人购买或单位统一购买符合规定的商业健康保险产品的支出，允许税前扣除，扣除限额为 2 400 元 / 年（200 元 / 月）。在综合所得预扣预缴申报表里录入了商业健康保险数据的人员，应报送《商业健康保险税前扣除情况明细表》。

【税优识别码】为确保税收优惠商业健康保险保单的唯一性、真实性和有效性，由商业健康保险信息平台按照"一人一单一码"的原则进行核发，填写个人保单凭证上打印的数字识别码。

【保单生效日期】该商业健康保险保单生效的日期。

【年度保费】商业健康保险保单年度内，该保单的总保费。

【月度保费】月缴费的保单填写每月所缴保费，按年一次性缴费的保单填写年度保费除以 12 后的金额。

【本期扣除金额】根据国家有关政策，对个人购买或单位统一购买符合规定的商业健康保险产品的支出，扣除限额为 2 400 元 / 年（200 元 / 月）。

3. 税延养老保险附表

自 2018 年 5 月 1 日起，在上海市、福建省 (含厦门市) 和苏州工业园区实施个人税收递延型商业养老保险试点。对试点地区个人通过个人商业养老资金账户购买符合规定的商业养老保险产品的支出，允许在一定标准内税前扣除。在综合所得中，填写税延养老保险支出税前扣除申报的人员，应报送《税延型商业养老保险税前扣除明细表》。

【税延养老账户编号】【报税校验码】按照中国保险信息技术管理有限责任公司相关信息平台出具的《个人税收递延型商业养老保险扣除凭证》载明的对应项目填写。

【月度保费】取得工资薪金所得、连续性劳务报酬所得（特定行业除外）的个人，填写《个人税收递延型商业养老保险扣除凭证》载明的月度保费金额，一次性缴费的保单填写月平均保费金额。

【本期扣除金额】取得工资薪金所得的个人，应按税延养老保险扣除凭证记载的当月金额和扣除限额孰低的方法计算可扣除额。扣除限额按照申报扣除当月的工资薪金的 6% 和 1 000 元孰低的办法确定。

4. 准予扣除的捐赠附表

根据《个人所得税法》及其《实施条例》规定，个人将其所得对教育、扶贫、济困等公益慈善事业进行捐赠，捐赠额未超过纳税人申报的应纳税所得额 30% 的部分，可以从其应纳税所得额中扣除；国务院规定对公益慈善事业捐赠实行全额税前扣除的，从其规定。

个人将其所得对教育事业和其他公益事业的捐赠，是指个人将其所得通过中国境内的社会团体、国家机关向教育和其他公益事业以及遭受严重自然灾害地区、贫困地区的捐赠。在综合所得中填写了"准予扣除的捐赠额"扣除项目的，应报送《扣除捐赠附表》。

【受赠单位名称】填写受赠单位的法定名称全称。

【受赠单位纳税人识别号（统一社会信用代码）】填写受赠单位的纳税人识别号或者统一社会信用代码。

【捐赠凭证】填写捐赠票据的凭证号。

【捐赠日期】填写个人发生的公益慈善事业捐赠的具体日期。

【捐赠金额】填写个人发生的公益慈善事业捐赠的具体金额。

【扣除比例】填写税法规定的可以公益慈善事业捐赠支出税前扣除比例。比如，30% 或者 100%。

【实际扣除金额】填写个人取得"扣除所得项目"对应收入办理扣缴申报或者自行申报时，实际扣除的公益慈善事业捐赠支出金额。

【备注】填写居民个人认为需要特别说明的或者税务机关要求说明的事项。

四、申报表报送

申报表填写、税款计算完成后，点击【申报表报送】，进入报表申报界面。该界面可完成综合所得预扣预缴的正常申报、更正申报以及作废申报操作。当月第一次申报发送时，进入"申报表报送"界面，默认申报类型为正常申报，申报状态为未申报，显示【发送申报】。

【申报类型】有"正常申报"和"更正申报"两种申报类型，默认为"正常申报"。

【申报状态】主要有"待申报""申报处理中""申报失败""申报成功"等状态。

【是否可申报】系统自动校验综合所得申报表填写的数据都填写完整并符合相关逻辑校验后，显示为"是"；反之，显示为"否"，下方提示区显示具体提示信息。只有当所有申报表均为"是"时，才可点击【发送申报】。

【导出申报表】当申报数据全都校验通过之后，点击按钮后，可以生成综合所得申报表（标准表样格式和大厅报送格式），否则系统会提示"有申报数据校验未通过，请先核对申报数据。"

【获取反馈】后，点击【发送申报】，局端服务器会提示正在处理申报数据，如果系统未能自动获取到税务机关反馈信息，可稍后点击【获取反馈】，查看申报结果。当前所得月份申报状态为"申报处理中""作废处理中"时，【获取反馈】可用，点击后即可下载获取税务机关系统反馈的该表申报操作结果。

【获取反馈】后，申报类型为"正常申报"，申报状态为"申报成功，未缴款"（若申报税款为0时，显示无须缴款状态），显示【作废申报】或【更正申报】。

【作废申报】或【更正申报】申报成功后，可点击【作废申报】或【更正申报】，对已申报的数据进行作废处理或修改已申报的数据（详细讲解可见预扣预缴申报作废和更正章节）。

注意事项：纳税人需要在法定申报期时才可进行【发送申报】。比如，2021

年 1 月税款所属期报表，需在 2021 年 2 月时才可点击操作。申报表报送界面各项统计，除"纳税人数"和"申报总人数"外，均包含汇总申报信息。注意：允许出现"纳税人数"为 0，但金额列大于 0 的情况。

◉ 第五节　分类所得代扣代缴申报

一、一般分类所得代扣代缴申报

分类所得个人所得税代扣代缴申报是指扣缴义务人向居民个人支付分类所得时，不论其是否属于本单位人员、支付的分类所得是否达到纳税标准，扣缴义务人应按月或按次计算个人所得税，在代扣税款的次月十五日内，向主管税务机关报送《个人所得税扣缴申报表》和主管税务机关要求报送的其他有关资料。

实行个人所得税分类所得扣缴申报的应税所得包括：利息、股息、红利所得，财产租赁所得，财产转让所得，偶然所得。取得的所得适用比例税率为 20%。

首页功能菜单点击【分类所得申报】，进入"一般分类所得代扣代缴申报"页面，页面上方为申报主流程导航栏，根据【1 收入及减除填写】【2 附表填写】【3 申报表报送】三步流程完成分类所得代扣代缴申报。

所得项目名称	填写状态	纳税人数	当期收入总额	应纳税额	应补退税额	操作
利息股息红利所得	未填写					填写
财产租赁所得	未填写					填写
财产转让所得	未填写					填写
偶然所得	未填写					填写

（一）收入及减除填写

点击界面下方一般分类所得申报表名称或【填写】，进入表单，即可进行数据的录入。一般分类所得项目未发生重大调整，下面展示各分类所得填写界面，就调整项和注意点讲解。

1. 股息利息红利所得申报表

【应纳税所得额】系统自动带出。应纳税所得额 =（收入 - 免税收入）× 减按计税比例 - 扣除及减除项目合计。

注意：选择"汇总申报"时，姓名、证照号码和证照类型都为空，不可修改。

2. 财产租赁所得申报表

财产租赁所得，分类所得中只有此项所得有减除费用概念，每次收入不超过 4 000 元的，减除费用 800 元；4 000 元以上的，减除 20% 的费用。

【所得项目】包含"个人出租住房所得"和"其他财产租赁所得"。根据《财政部、国家税务总局关于廉租住房、经济适用住房和住房租赁有关税收政策的通知》（财税〔2008〕24 号）的规定，对个人出租房屋取得的所得，暂减按 10% 的税率征收个人所得税，而其他财产租赁所得适用 20% 的税率。

【减免税额】分类所得所有所得项目有符合规定的减免情形，均可填写。

3. 财产转让所得申报表

【所得项目】包含财产拍卖所得及回流文物拍卖所得、股权转让所得及其他财产转让所得。

【扣除及减除】该模块下内容根据选择的所得项目而有所区别。

【是否提供财产原值凭证】当所得项目选择"财产拍卖所得及回流文物拍卖所得"时，"是否提供财产原值凭证"选择为"否"，一般拍卖品按转让收入额的 3% 征收率计算缴纳个人所得税；拍卖品为经文物部门认定是海外回流文物，按转让收入额的 2% 征收率计算缴纳个人所得税。选择为"是"，以收入减除财产原值、允许扣除的税费、其他和准予扣除的捐赠后的余额，为应纳税所得额，税率是 20%。

【投资抵扣】只有所得项目选择为"股权转让所得"时，该栏次可填写，主要适用于天使投资个人转让股权时抵扣对符合抵扣条件的种子期、初创期科技型企业的投资额。

4. 偶然所得申报表

【所得项目】包含"省级、部级、军级奖金""外国组织和国际组织奖金""见义勇为奖金""举报、协查违法犯罪奖金""社会福利募捐奖金、体彩奖金""有奖发票奖金""随机赠送礼品""其他偶然所得"。

5. 分类所得注意事项

一是分类所得申报的所有所得项目，支持同一个纳税人同一个税款所属期填写多条申报数据（包括非居民所得申报表）。

二是利息、股息、红利所得和偶然所得，若需汇总申报，要先到税务大厅通过【扣缴汇总申报设置】模块，按所得项目开通汇总申报。

三是自 2020 年起，偶然所得新增"随机赠送礼品"所得项目。获奖人数较多且未获取纳税人真实的基础信息时，扣缴义务人可暂采用汇总申报方式，注明"随机赠送礼品汇总申报"，但礼品发放的相关材料需要依法留存备查。

注意： 该所得项目 2020 年前税款所属期不可用。

（二）附表填写

与综合所得相比，分类所得中增加了《个人股东股权转让信息表》，用于对填写了股权转让所得进行补充股权转让明细信息。

【股权转让个人所得税申报类型】根据股权转让个人所得税申报情况选择。

被投资企业信息：

【被投资企业注册资本（投资额）】填写被投资企业注册资本或者投资额金额。

【转让时企业账面净资产金额】【实收资本】【资本公积】【盈余公积】【未分配利润】【其他】填写个人股东股权转让时，被投资企业的账面净资产金额以及其中包含的实收资本、资本公积、盈余公积、未分配利润金额、其他综合收益等。

【拥有规定资产的企业转让时净资产公允价值】填写个人股东拥有规定资产的被投资企业转让时净资产的公允价值金额。

股权出让方/受让方信息：

【转让合同编号】：填写股权转让合同编号。

【转让股权占企业总股份比重（%）】填写股权转让前，出让方所持股权占企业总股权比例。

（三）申报表报送

申报表报送用于完成一般分类所得代扣代缴的正常申报、更正申报以及作废申报操作。

点击【3 申报表报送】进入"申报表报送"界面，系统自动生成待申报清单。

申报表通过系统申报数据校验，"是否可申报"显示为"是"；若存在申报表数据校验不通过，"是否可申报"显示为"否"，该界面下方提示区显示具体错误提示信息。只有填写的所有申报表"是否可申报"均为"是"时，【发送申报】才允许点击。

申报成功后，当前所得月份未缴款或无须缴款时发现申报数据有误，可点击【作废申报】，对已申报的数据进行作废处理，或点击【更正申报】对申报成功的申报表数据修改后，重新申报；当前所得月份已缴款，只可使用更正申报功能修改已申报数据重新申报（具体讲解见"分类申报的作废和更正"章节）。

【申报表报送】需在法定申报期时才可点击进入报送界面。2019年1月税款所属期报表需在2019年2月时才可点击操作。

二、限售股转让扣缴申报

限售股申报范围参照第三章第二节的规定，在此不再赘述。

首页功能菜单点击【限售股所得申报】，进入"限售股转让所得申报"页面，页面上方为申报主流程导航栏，根据【1 收入及减除填写】和【2 申报表报送】两步流程完成限售股所得代扣代缴申报。

（一）限售股转让收入及减除填写

点击【添加】进入"限售股转让所得 新增"界面，进行单个数据录入。或点击【导入】→【模板下载】下载标准模板，录入数据后，点击【导入数据】→【标准模板导入】选择模板文件批量导入数据。

【证券账户号】据实录入证券账户号码。

【股票代码】录入转让的限售股股票代码。

【股票名称】录入转让的限售股股票名称。

【限售股原值】指限售股买入时的买入价及按照规定缴纳的有关税费。

【合理税费】指转让限售股过程中发生的印花税、佣金、过户费等与交易相关的税费。

【小计】等于限售股原值与合理税费的合计数，若限售股原值与合理税费未填写时，默认为转让收入的15%部分。

（二）限售股转让申报表报送

申报表填写完成后，点击【2申报表报送】进入报表申报界面。该界面可完成限售股转让所得申报的正常申报、更正申报以及作废申报操作。当月第一次申报发送时，进入"申报表报送"界面，默认申报类型为正常申报，申报状态为未申报，显示【发送申报】。

【是否可申报】系统自动校验限售股转让所得申报表填写的数据都填写完整并符合相关逻辑校验后，显示为"是"；反之，显示为"否"，下方提示区显示具体提示信息。只有"是否可申报"显示为"是"，【发送申报】才可点击。

申报成功后，当前所得月份未缴款或无须缴款时发现申报数据有误，可点击【作废申报】，对已申报的数据进行作废处理，或点击【更正申报】对申报成功的申报表数据修改后，重新申报；当前所得月份已缴款，只可使用更正申报功能修改已申报数据重新申报。

◉ 第六节　非居民个人所得税代扣代缴申报

非居民个人所得税代扣代缴申报是指扣缴义务人向非居民个人支付应税所得时，扣缴义务人应当履行代扣代缴应税所得个人所得税的义务，并在次月 15 日内向主管税务机关报送《非居民个人所得税代扣代缴报告表》和主管税务机关要求报送的其他有关资料。实行非居民个人所得税代扣代缴申报的应税所得包括：工资薪金所得，劳务报酬所得，稿酬所得，特许权使用费所得，利息、股息、红利所得，财产租赁所得，财产转让所得，偶然所得。

首页功能菜单点击【非居民所得申报】，进入"非居民代扣代缴申报"页面，页面上方为申报主流程导航栏，根据【1 收入及减除填写】【2 附表填写】【3 申报表报送】三步流程完成非居民代扣代缴申报。

一、非居民个人收入及减除填写

点击界面下方应税所得报表名称或【填写】进入表单，即可进行数据的录入。填写方式与综合所得、分类所得基本类似，下面就非居民所得与综合所得、分类所得不同之处进行讲解。

1. 正常工资、薪金所得

【适用公式】根据实际情况选择，若不能确定适用公式，可点击右侧的【帮助】，根据系统引导提示选择。

【收入】未选择"适用公式"时直接录入。其他情形，则通过点击【请录入明细】，填写相关数据。

非居民个人的工资薪金所得，以每月收入额减除费用 5 000 元后的余额为应纳税所得额，非居民没有扣除专项扣除和专项附加扣除项目。

2. 外籍人员数月奖金

【适用公式】根据实际情况选择，若不能确定适用公式，可点击右侧的【帮助】，根据系统引导提示选择。

【当月取得数月奖金额】未选择"适用公式"时直接录入。其他情形，则通过点击【请录入明细】，填写相关数据。

【应纳税额】应纳税额＝[(应纳税所得额÷6)×月度税率－速算扣除数]×6。

注意：同一人在一个年度内，数月奖金只允许填写一次。

3. 解除劳动合同一次性补偿金

【一次性补偿收入】填写个人因解除劳动合同而从原任职单位取得的一次性补偿收入，需大于0。

4. 个人股权激励收入

【适用公式】根据实际情况选择，如果不能确定适用公式，可点击右侧的【帮助】，根据系统引导提示选择。

【本月股权激励收入】未选择"适用公式"时直接录入。其他情形则通过点击【请录入明细】，填写相关数据。

【应纳税所得额】应纳税所得额＝本月股权激励收入＋本年累计股权激励收

入（不含本月）－本年累计免税收入－扣除及减除项目合计。

【税率】和【速算扣除数】取数于应纳税所得额÷6之后，适用《个人所得税税率表（非居民个人工资、薪金所得，劳务报酬所得，稿酬所得，特许权使用费所得适用）》，实际就是综合所得月度税率表。

【应纳税额】应纳税额=[（应纳税所得额÷6）×税率－速算扣除数]×6。

5. 税收递延型商业养老金

【免税收入】默认数值为收入×25%，但可修改。

【税率】10%比例税率。

6. 劳动报酬所得

【所得项目】如果"任职受雇从业类型"为"保险营销员"，则所得项目默认为

"保险营销员佣金收入";如果"任职受雇从业类型"为"证券经纪人",则所得项目默认为"证券经纪人佣金收入","其他类型"的人员只能选择"一般劳务报酬所得"或"其他劳务报酬所得"。

【展业成本】按(收入－费用)×25%自动带出,而且仅当非居民个人为保险营销员或证券经纪人时带出。

【协定减免】填写按照税收协定可享受减免的应纳税额。

7. 特许权使用费所得

【协定税率】默认为"不享受",可下拉选择相应的协定税率。

【协定减免】自动计算。为应纳税额减掉按照协定税率计算出的税额后的余额。

8. 利息、股息、红利所得

【协定税率】默认为"不享受"，可通过下拉菜单，选择可以享受的协定税率。

【协定减免】自动计算。为应纳税额减掉按照协定税率计算出的税额后的余额。

9. 财产转让所得

【所得项目】包含财产拍卖所得及回流文物拍卖所得、股权转让所得及其他财产转让所得。

综述：劳务报酬所得、稿酬所得、特许权使用费所得以收入减除 20% 的费用后的余额为收入额。稿酬所得的收入额减按 70% 计算。劳务报酬所得、稿酬所得、特许权使用费所得以每次收入额为应纳税所得额。

利息股息红利所得、其他财产租赁所得、财产转让所得和偶然所得，适用比例税率，税率为 20%。

二、非居民个人附表填写

包括"减免事项附表""捐赠扣除附表"和"个人股东股权转让信息表"。

非居民代扣代缴申报与分类所得、综合所得申报在减免事项附表上的区别在于增加了"税收协定附表"。

非居民所得项目中填写了减免税额，系统会在减免事项附表中自动生成一条状态为未填写的减免税额记录，点击【填写】，打开编辑界面，补充完善具体的减免事项和减免性质，点击【保存】即可。

非居民在劳务报酬所得、特许权使用费所得或利息股息红利所得中填写了协定税率或协定减免税额，系统会在税收协定附表中自动生成一条状态为未填写的税收协定记录，点击【填写】，打开编辑界面，补充完善具体税收协定名称及协定条款信息，点击【保存】即可。

三、非居民个人申报表报送

申报表报送用于完成非居民所得代扣代缴的正常申报、更正申报以及作废申报操作。

点击【3 申报表报送】，进入"申报表报送"界面，系统自动生成待申报清单。申报表通过系统申报数据校验，"是否可申报"显示为"是"；如果存在申报表数据校验不通过，"是否可申报"显示为"否"，该界面下方提示区显示具体错误提示信息。只有当填写的所有申报表"是否可申报"均为"是"时，【发送申报】才允许点击。

申报成功后，当前所得月份未缴款或无须缴款时发现申报数据有误，可点击【作废申报】，对已申报的数据进行作废处理，或点击【更正申报】，对申报成功的报表数据修改后重新申报；当前所得月份已缴款，仅可使用更正申报功能修改已申报数据，重新申报。

注意：【申报表报送】需在法定申报期时才可点击进入报送界面。2020 年 1 月税款所属期报表需在 2020 年 2 月时才可点击操作。

● 第七节 申报的更正与作废

一、综合所得申报更正

综合所得个人所得税预扣预缴申报成功之后，发现有错报、漏报的情况，可使用申报更正功能，修改已申报数据后重新申报。

1. 启动综合所得申报更正

①进入扣缴端，选择需要更正的"税款所属月份"。

②点击【综合所得申报】，进入综合所得申报界面，点击【4 申报表报送】，查看当前月份申报状态，只有申报类型为"正常申报"，申报状态为"申报成功"的情况下，才允许启动更正申报。

③点击【更正申报】，启动更正申报，系统提示往期错误更正申报成功后，需要对后续税款所属期的综合所得预扣预缴申报表进行逐月更正。

启动更正时，系统会自动导出一份当前有效的申报记录供纳税人留存备用，并提示保存路径（默认为桌面），每次导出的备份文件可根据时间不同进行区分。如果需要取消 / 启用该功能，可以在【系统设置】→【申报管理】→【更正申报备份】中设置。因取消而导致无法找回原始记录的，扣缴单位需自行承担后果。

2. 综合所得申报更正的报表填写

点击【1 收入及减除填写】，系统提示往期错误更正，不能新增人员和修改累计专项附加扣除额。选择需要修改的所得项目。

需要更正的人员，双击相应数据进入编辑界面修正错误数据。累计专项附加扣除额不允许修改，如需修改，需前往办税服务厅。需要删除的人员，勾选相应数据后删除。

注意：如果该期申报表的本期收入、本期扣除等本期数据不存在错误，仅是因为之前的税款所属期进行了更正申报而需要逐月更正的，则可直接跳转到【2 税款计算】。

3. 综合所得申报更正的税款计算

完成申报表本期数据的更正后，点击【2 税款计算】，重新计算更正后的应补（退）税额。

4. 综合所得申报更正的附表填写

【1 收入及减除填写】中如果填写了"减免税额""商业健康保险"或"税延养老保险"，需要在【3 附表填写】中完善附表信息。

5. 综合所得申报更正的申报表报送和税款缴纳

报表填写完成后，可按照正常申报流程通过【4 申报表报送】功能进行报送。报送成功后，如果有新的应征信息产生时，可通过【税款缴纳】菜单完成税款的缴纳。

若报送时提示报送不成功的，应按提示信息修改后重新报送或到办税服务厅处理。

6. 撤销综合所得申报更正

如果在报送申报表之前，发现原申报数据无误，可点击【撤销更正】，撤销更正申报。成功报送申报表后，则无法撤销更正。如需要使用原申报数据，可查看系统自动导出备份的原申报记录。

注意事项：

一是在办税服务厅更正后，扣缴端原有申报数据不会更新，请在【系统设置】→【申报管理】→【综合所得算税】中设定为"在线算税"，以保障以后月份申报时的累计数据能按更正申报后的最新数据计算。

二是更正申报往期月份时，后期月份应该逐月进行更正，如果未逐月更正，将导致以后月份申报时不能获取正确累计数据。

三是更正申报往期月份时，不支持新增人员和修改累计专项附加扣除金额，如果需要新增或修改，需前往办税服务厅办理。

四是只允许更正2019年1月及之后税款所属期的综合所得预扣预缴申报数据。

五是如果更正申报后需要办理退（抵）税的，由扣缴单位前往办税服务厅申请办理误收退（抵）税业务。

六是如果更正月份已在办税服务厅更正过的，或扣缴端没有历史申报数据的，需要前往办税服务厅更正。

七是为避免因错误更正而导致原始记录丢失，每次启动更正时，系统会自动导出一份当前有效的申报记录指定路径（默认为桌面），供扣缴单位留存备用。每次导出的备份文件可根据时间不同进行区分。

二、综合所得申报作废

综合所得个人所得税预扣预缴申报成功之后，在当前所得月份未缴款的前提下，可以使用预扣预缴申报作废功能，对已申报的数据进行作废处理。

预扣预缴更正申报与作废申报的区别在于申报成功后是否已缴税款。已缴款时只能更正申报，无法作废申报表。

当申报表报送界面下的申报类型为正常申报，申报状态为申报成功未扣款或申报成功无须缴款时，发现已申报数据有误，点击【作废申报】，提交作废申请。

点击【作废申报】后申报类型为正常，申报状态为作废处理中，稍后点击【获取反馈】，查看作废结果。

反馈信息为作废成功，则说明已经作废成功当月已申报的数据。同时申报状态变更为未申报，按正常流程重新填写申报即可；反馈信息为作废失败，则申报状态变更为作废前的状态，即申报成功状态。

注意事项： 若之后月份属期已申报，则之前月份属期报表无法进行作废。

三、分类所得扣缴申报更正及作废

分类所得扣缴申报更正功能是对于申报成功，已缴款或是未缴款的情况下，均可使用此功能进行更正申报。

分类所得扣缴申报作废功能是对于申报成功，当前所得月份未缴款或无须缴款时，可向税务机关发送请求作废当前所得月份的申报表。

相关操作与预扣预缴申报更正、申报作废功能基本一致。

申报成功未缴款或无须缴款时，界面会显示【作废申报】和【更正申报】。

点击【更正申报】后，跳出"已启动更正申报，你可在申报表填写中修改申报数据后重新申报"确认提示框，点击【确定】后申报状态变更为"更正处理中"，并在列表右上角显示【发送申报】和【撤销更正】。修改申报表填写完成后点击【发送申报】，可对修改数据重新发送申报，申报流程同正常申报流程一样。

点击【撤销更正】，跳出"撤销更正后，修改后的申报数据将无法还原，是否继续？"确认提示框，点击【确定】，则执行撤销更正操作，可将已修改未重新申报的数据还原为启动更正前的数据。反之，则取消撤销操作。

点击【作废申报】，税务局端接收成功后，申报状态会变更为"作废处理中"，并仅显示【获取反馈】，稍后点击【获取反馈】，查看作废结果。作废成功，申报状态会变更为"未申报"，则可对已申报数据重新进行编辑或清空数据后重新填写发送申报；作废失败，申报状态会变更为作废前的状态，即申报成功状态。

● 第八节　税款缴纳

根据《个人所得税法》第十四条规定，扣缴义务人每月或者每次预扣、代扣的税款，应当在次月 15 日内缴入国库，并向税务机关报送扣缴个人所得税申报表。

申报表申报成功后，如果采用三方协议缴款方式，则点击【税款缴纳】→【三方协议缴款】，界面下方显示应缴未缴税款相关内容，包括所得月份、申报表、征收品目、税率、税款所属期起止、应补（退）税额以及缴款期限。

点击【立即缴款】，系统自动获取企业三方协议，并核对信息是否存在及正确。确认三方协议的开户行、账户名称等基本信息无误后，点击【确认扣款】，发起缴款，进度条刷新完毕后得到缴款结果，即完成缴款。

银行端查询缴税是打印银行端查询缴税凭证后至商业银行缴款，部分地区有该功能。该功能需要当地银行系统支持，因此银行不支持的部分地区未开通，未开通的地区无此功能菜单。

申报表申报成功后，点击【税款缴纳】→【银行端查询缴税】，界面下方显示欠税相关内容，包括申报种类、申报类别、纳税人数、收入总额、应扣缴税额、打印状态、首次打印时间、缴款凭证税额（含滞纳金）等。

选择需要缴款的申报记录，点击【打印】，携带打印出来的银行端查询缴税凭证，在凭证上注明的限缴期限前至商业银行柜台进行缴款，逾期作废，需要重新打印并可能产生滞纳金。若需要重新打印，点击【作废】，作废成功后，状态变更为未打印，重新点击【打印】，携带最新银行端，查询缴税凭证至银行缴款。

注意：只针对本地申报成功且尚未缴纳的记录进行缴款，如果客户端重装，申报数据丢失，只能通过其他渠道缴款。打印状态为"已打印"，缴款状态为"已缴款"的，不允许作废。

发起缴款后，可在【税款缴纳】→【历史查询】中查询缴款状态。

缴款成功后，点击【税款缴纳】→【完税证明】，选择税款所属期起止时间后，点击【查询】，查询申报记录。

选择需要开具完税证明的申报表后，点击【完税证明开具】，开具完税证明。

注意：申报成功且扣款成功的记录才支持开具完税证明。

第八章　纳税人自行申报^①

由于个人所得税的纳税人基本上都是自然人，为了提高征收效率、堵塞征收漏洞，我国借鉴国际经验建立了个人所得税扣缴义务人制度。对于绝大多数纳税人而言，其实并不需要自行进行纳税申报，而是通常情况下由扣缴义务人代为办理，但在特殊情况下需要纳税人自行申报。本章将对纳税人自行申报进行介绍。

● 第一节　纳税人自行申报的情形

一、取得综合所得需要办理年度汇算的纳税申报

取得综合所得且符合下列情形之一的纳税人，应当依法办理年度汇算。

（1）从两处以上取得综合所得，且综合所得年收入额减除专项扣除后的余额超过 6 万元。

（2）取得劳务报酬所得、稿酬所得、特许权使用费所得中一项或者多项所得，且综合所得年收入额减除专项扣除的余额超过 6 万元。

（3）纳税年度内预缴税额低于应纳税额。

（4）纳税人申请退税。

为了切实减轻广大纳税人负担，《国家税务总局关于办理 2019 年度个人所得税综合所得汇算清缴事项的公告》（国家税务总局公告 2019 年第 44 号）和《财政部 国家税务总局关于个人所得税综合所得汇算清缴涉及有关政策问题的公告》（财政部 国家税务总局公告 2019 年第 94 号）对需要进行年度汇算的范围进行了适当调整。

---

① 详见《国家税务总局关于个人所得税自行纳税申报有关问题的公告》（国家税务总局公告2018年第62号）

第一种是纳税人需要补税但全年综合所得收入不超过 12 万元，可以享受年度汇算免申报政策。

第二种是全年综合所得收入虽然超过 12 万元但补税金额不超过 400 元，也可以享受年度汇算免申报政策。

居民个人可免于办理个人所得税综合所得年度汇算，上述政策只适用于 2019、2020 两个纳税年度，从 2021 年度将适用新政策。

此外，纳税人已预缴税额与年度应纳税额一致，或者虽然不一致，需要退税，但选择不申请退税，也不需要办理综合所得年度汇算。

居民个人取得综合所得时存在扣缴义务人未依法预扣预缴税款，仍需要进行年度汇算。

二、取得经营所得的纳税申报

个体工商户业主、个人独资企业投资者、合伙企业个人合伙人、承包承租经营者个人以及其他从事生产、经营活动的个人取得经营所得应当自行申报，包括以下情形。

（1）个体工商户从事生产、经营活动取得的所得，个人独资企业投资人、合伙企业的个人合伙人来源于境内注册的个人独资企业、合伙企业生产、经营的所得。

（2）个人依法从事办学、医疗、咨询以及其他有偿服务活动取得的所得。

（3）个人对企业、事业单位承包经营、承租经营以及转包、转租取得的所得。

（4）个人从事其他生产、经营活动取得的所得。

三、取得应税所得，扣缴义务人未扣缴税款的纳税申报

为了强化税源管理，同时减轻纳税人申报负担，法律规定支付所得的单位或者个人为扣缴义务人，在支付时代扣代缴个人所得税税款，同时按月或者按次办理扣缴申报，但在某些特殊情况下，不存在扣缴义务人，或者虽然有扣缴义务人，但因特殊原因未扣缴税款，在此种情形之下，需要纳税人自行办理纳税申报。

四、取得境外所得的纳税申报

由于居民个人对来自中国境内、境外的所得均有纳税义务，如果纳税人从中

国境外取得所得，即便是国外缴纳了相应税款，仍需要进行申报，只是符合要求的在境外已缴纳税款的允许在限额内进行抵免。

五、因移居境外注销中国户籍的纳税申报

纳税人因移居境外需要注销中国户籍，应当在申请注销中国户籍之前，向户籍所在地主管税务机关办理纳税申报，同时清算税款。

六、非居民个人在中国境内从两处以上取得工资、薪金所得的纳税申报

非居民个人在中国境内从两处以上取得工资、薪金所得的，虽然两个单位都按照要求进行了扣缴，但若是将上述两笔以上所得进行合并，计算得出的应纳所得税额很可能与预缴额不一致。

若是居民个人遇到上述问题，可以在年度汇算时予以解决，但非居民个人不需要进行年度汇算，因此需要在取得收入的次月自行进行申报。

● 第二节　纳税人自行申报的要求

纳税人办理自行纳税申报时，如果是首次申报或者个人基础信息发生变化，应报送《个人所得税基础信息表（B表）》。《个人所得税基础信息表》分为A表和B表。A表适用于扣缴义务人办理全员全额扣缴申报时，填报支付所得的所有自然人纳税人的基础信息，可以一次性填报多个纳税人基础信息；B表适用于自然人直接向税务机关办理涉税事项时填报个人基础信息，只能填报自己一个人的基础信息。

一、综合所得年度汇算的自行申报要求

需要办理汇算清缴的纳税人，应当在取得所得的次年3月1日至6月30日内，向任职、受雇单位所在地主管税务机关办理纳税申报。

纳税人若有两处以上任职、受雇单位，选择向其中一处任职、受雇单位所在地主管税务机关办理纳税申报；纳税人没有任职、受雇单位的，向户籍所在地或经常居住地主管税务机关办理纳税申报。

纳税人办理综合所得汇算清缴，应当准备与收入、专项扣除、专项附加扣除、依法确定的其他扣除、捐赠、享受税收优惠等相关的资料，并按规定留存备查或向税务局报送。

综合所得年度汇算可以选择最传统的申报方式，也就是前往税务局进行上门申报或者邮寄申报，如果居民个人仅取得境内综合所得，需要报送《个人所得税年度自行纳税申报表（A 表）》或《个人所得税年度自行纳税申报表（问答版）》；如果居民个人在纳税年度内综合所得收入额不超过 6 万元且在纳税年度内未取得境外所得，也可选择项目更少的《个人所得税年度自行纳税申报表（简易版）》；如果居民个人取得境外所得需要报送《个人所得税年度自行纳税申报表（B 表）》。

目前，最便捷的方式是通过手机 App "个人所得税" 进行申报或者通过自然人电子税务局网页 Web 端进行申报，还可以选择扣缴义务人集中办理或者委托代理机构办理，具体申报要求将在第九章进行详细介绍。

注意：居民个人进行综合所得年度汇算时，如果存在扣缴义务人应扣缴未扣缴税款的所得，可以在综合所得年度汇算时一并进行申报。

二、经营所得的自行申报要求

纳税人取得经营所得，按年计算个人所得税，由纳税人在月度或季度终了后15 日内，向经营管理所在地主管税务机关办理预缴纳税申报，并报送《个人所得税经营所得纳税申报表（A 表）》。

在取得经营所得的次年 3 月 31 日前，向经营管理所在地主管税务机关办理汇算清缴，并报送《个人所得税经营所得纳税申报表（B 表）》。

从两处以上取得经营所得的，选择向其中一处经营管理所在地主管税务机关办理年度汇总申报，并报送《个人所得税经营所得纳税申报表（C 表）》。

相关申报要求和操作程序已经在第一章第五节进行了介绍，在此不再赘述。

注意：经营所得不属于代扣代缴的范围，因此需要纳税人自行申报，但为了减轻纳税人的负担，可以委托其所经营的工商个体户、个人独资企业和合伙企业通过自然人税务局（扣缴端）代为申报。

三、中国境外所得的自行申报要求

取得中国境外所得的居民纳税人应当在取得所得的次年 3 月 1 日至 6 月 30 日进行申报，取得来自境外的综合所得通常与境内综合所得，在办理年度汇算时一并进行申报。

如果取得境外经营所得，需要与境内经营所得合并后进行年度汇缴，虽然境外所得的申报截止日是 6 月 30 日，但经营所得的申报截止日是 3 月 31 日，如果是取得境外经营所得，应在 3 月 31 日之前完成。境外其他分类所得，不需要和境内所得进行合并，可以在 6 月 30 日前单独进行申报。

取得中国境外所得的居民纳税人应当向中国境内任职、受雇单位所在地主管税务机关办理纳税申报；在中国境内没有任职、受雇单位的，向户籍所在地或中国境内经常居住地主管税务机关办理纳税申报；如果户籍所在地与中国境内经常居住地不一致，选择其中一地主管税务机关办理纳税申报；如果在中国境内没有户籍，向中国境内经常居住地主管税务机关办理纳税申报。

目前，办理境外所得申报仍要进行上门申报或者邮寄申报，报送《个人所得税年度自行纳税申报表（B 表）》和《境外所得个人所得税抵免明细表》。具体操作流程将在第九章第二节进行详细介绍。

注意：《个人所得税年度自行纳税申报表（B 表）》专门用于居民个人办理取得境外所得个人所得税自行申报，涵盖所有所得项目，通常与综合所得年度汇算一同申报，如果涉及经营所得，境内经营所得必须已申报完成。

四、其他情形的自行申报要求

（一）扣缴义务人应扣缴未扣缴税款的申报要求

非居民个人取得工资、薪金所得，劳务报酬所得，稿酬所得，特许权使用费所得，扣缴义务人应扣缴未扣缴税款，应当在取得所得的次年 6 月 30 日前，向扣缴义务人所在地主管税务机关办理纳税申报，并报送《个人所得税自行纳税申报表（A 表）》。

有两个以上扣缴义务人均未扣缴税款，选择向其中一处扣缴义务人所在地主管税务机关办理纳税申报。非居民个人在次年 6 月 30 日前离境（临时离境除外），应当在离境前办理纳税申报。

纳税人，无论是居民个人，还是非居民个人，取得利息、股息、红利所得，财产租赁所得，财产转让所得和偶然所得，扣缴义务人应扣缴未扣缴税款，应当在取得所得的次年 6 月 30 日前，按相关规定向主管税务机关办理纳税申报，并报送《个人所得税自行纳税申报表（A 表）》。税务机关通知限期缴纳的，纳税人应当按照期限缴纳税款。

关于《个人所得税自行纳税申报表（A 表）》还需要再介绍一下，按照常理来说，存在 A 表，必然会存在 B 表，但现行有效的个人所得税申报表中并不存在 B 表。

《国家税务总局关于发布个人所得税申报表的公告》（国家税务总局公告 2013 年第 21 号）发布的申报表中存在《个人所得税自行纳税申报表（A 表）》和《个人所得税自行纳税申报表（B 表）》。A 表适用于"从中国境内两处或者两处以上取得工资、薪金所得的""取得应纳税所得，没有扣缴义务人的"以及"国务院规定的其他情形"的个人所得税申报，也就是境内所得自行申报用 A 表。B 表适用于从中国境外取得所得的纳税人进行自行申报。

个人所得税改革后，《国家税务总局关于修订个人所得税申报表的公告》（国家税务总局公告 2019 年第 7 号）对《个人所得税自行纳税申报表（A 表）》进行了修改，而 B 表仍有效，同时为了与综合所得年度汇算制度相衔接，还新出台了《个人所得税年度自行纳税申报表》，注意这个申报表多了"年度"两个字。

《国家税务总局关于修订部分个人所得税申报表的公告》（国家税务总局公告 2019 年第 46 号）规定，从 2020 年 1 月 1 日起，《国家税务总局关于发布个人所得税申报表的公告》（2013 年第 21 号）全文废止，那么作为该文件附件的《个人所得税自行纳税申报表（B 表）》自然也就一同废止。为了满足首次综合所得年度汇算的需要，《个人所得税年度自行纳税申报表》也予以废止，同时启用《个人所得税年度自行纳税申报表（A 表）》以及简易版和问答版，还有《个人所得税年度自行纳税申报表（B 表）》，其实该表就是在《个人所得税自行纳税申报表（B 表）》基础上修改而成。

梳理一下自行申报所需的申报表，经营所得设有单独的申报表，也就是《个人所得税经营所得纳税申报表》，分为三张表，A 表用于按月或者按季度预缴，B 表用于年度汇算清缴，C 表用于两处以上的经营所得合并纳税。

境内的综合所得和分类所得自行申报均使用《个人所得税自行纳税申报表（A 表）》，注意没有 B 表。综合所得年度汇算自行申报使用《个人所得税年度自行纳税申报表（A 表）》或者简易版、问答版。境外所得自行申报使用《个人所得税年度自行纳税申报表（B 表）》。

下面重点介绍《个人所得税自行纳税申报表（A 表）》的适用情况。

此表主要适用于两种情形：居民个人和非居民个人取得应税所得，扣缴义务人未扣缴税款；非居民个人在中国境内从两处以上取得工资、薪金所得。

自行申报是扣缴申报的重要补充，因此《个人所得税自行纳税申报表（A 表）》与《个人所得税扣缴申报表》是个人所得税申报制度的基础性报表，均涵盖除经营所得外其他所有所得项目。

《个人所得税自行纳税申报表（A 表）》主要是在纳税年度内日常申报时使用，除非取得的所得的月份为 12 月，否则一般不会跨年使用，而《个人所得税年度自行纳税申报表》在纳税年度终了后使用，A 表用于综合所得年度汇算，B 表用于境外所有所得（含经营所得）申报。

个人所得税自行纳税申报表（A表）

税款所属期：　年　月　日至　年　月　日

纳税人姓名：

自行申报情形：
□居民个人取得应税所得，扣缴义务人未扣缴税款
□非居民个人取得应税所得，扣缴义务人未扣缴税款
□非居民个人在中国境内从两处以上取得工资、薪金所得
□其他

是否为非居民个人　□是　□否

非居民个人本年度境内居住天数　□不超过90天　□超过90天　□不超过183天

序号	所得项目	收入额计算			减除费用	专项扣除				其他扣除			减按计税比例	准予扣除的捐赠额	应纳税所得额	税款计算						备注
		收入	费用	免税收入		基本养老保险费	基本医疗保险费	失业保险费	住房公积金	财产原值	允许扣除的税费	其他				税率	速算扣除数	应纳税额	减免税额	已缴税额	应补/退税额	
1	2	3	4	5	6	7	8	9	10	11	12	13	14	15	16	17	18	19	20	21	22	23

谨声明：本表是根据国家税收法律法规及相关规定填报的，是真实的、可靠的、完整的。

纳税人签字：　年　月　日

（二）注销中国户籍的申报要求

（1）纳税人在注销户籍年度取得综合所得，应当在注销户籍前，办理当年综合所得的汇算清缴，并报送《个人所得税年度自行纳税申报表（A 表）》。尚未办理上一年度综合所得汇算清缴的，应当在办理注销户籍纳税申报时一并办理。相关操作流程将在第九章第二节进行详细介绍。

（2）纳税人在注销户籍年度取得经营所得，应当在注销户籍前，办理当年经营所得的汇算清缴，并报送《个人所得税经营所得纳税申报表（B 表）》。从两处以上取得经营所得的，还应当一并报送《个人所得税经营所得纳税申报表（C 表）》。尚未办理上一年度经营所得汇算清缴的，应当在办理注销户籍纳税申报时一并办理。相关操作流程已在第一章第五节进行了详细介绍。

（3）纳税人在注销户籍当年取得利息、股息、红利所得，财产租赁所得，财产转让所得和偶然所得等分类所得，应当在注销户籍前，申报当年上述所得的完税情况，并报送《个人所得税自行纳税申报表（A 表）》。

（4）纳税人未缴或者少缴税款，应当在注销户籍前，结清欠缴或未缴的税款。纳税人存在分期缴税且未缴纳完毕的，应当在注销户籍前，结清尚未缴纳的税款。

（5）纳税人办理注销户籍纳税申报时，需要办理专项附加扣除、依法确定的其他扣除的，应当向税务机关报送《个人所得税专项附加扣除信息表》《商业健康保险税前扣除情况明细表》《个人税收递延型商业养老保险税前扣除情况明细表》等。

（三）非居民个人在中国境内从两处以上取得工资、薪金所得的申报要求

非居民个人在中国境内从两处以上取得工资、薪金所得的，应当在取得所得的次月 15 日内，向其中一处任职、受雇单位所在地主管税务机关办理纳税申报，并报送《个人所得税自行纳税申报表（A 表）》。

第九章 综合所得年度汇算

● 第一节 综合所得年度汇算政策要求

年度汇算是居民个人将一个纳税年度内取得的工资薪金所得、劳务报酬所得、稿酬所得、特许权使用费所得等四项综合所得合并后按年计算全年应缴纳的个人所得税，再减除该纳税年度已预缴的税款后，计算出应退或者应补税额，向税务机关办理申报并进行税款结算的行为。

年度汇算应退或应补税额 =[（年度综合所得收入额 − 基本生活费用减除额 60 000 元 − "三险一金"等专项扣除 − 子女教育等专项附加扣除 − 依法确定的其他扣除 − 公益慈善事业捐赠）× 适用税率 − 速算扣除数]− 当年已预缴税额 − 准予抵免的境外缴纳的税额。

综合所得年度汇算需要把握以下三个关键点。

第一，需要进行年度汇算的纳税人仅限于居民个人，非居民个人不需要进行年度汇算。

第二，需要进行年度汇算的所得范围仅限于工资薪金所得、劳务报酬所得、稿酬所得、特许权使用费所得等四项综合所得，分类所得不需要进行年度汇算，经营所得单独进行年度汇缴。综合所得年度汇算不包括不并入综合所得的项目，如解除劳动合同、提前退休、内部退养等一次补偿收入等，也不包括纳税人选择不并入综合所得的全年一次性奖金、中央企业负责人取得年度绩效薪金延期兑现收入和任期奖励等。

第三，需要进行年度汇算的所得仅限本纳税年度的所得，既不涉及以前年度，也不涉及以后年度。

一、个人所得税年度汇算的必要性

2019 年 1 月 1 日，新修改的个人所得税法全面实施，在我国历史上首次建立了综合与分类相结合的个人所得税税制，对居民个人取得的工资薪金所得、劳务报酬所得、稿酬所得、特许权使用费所得等四项所得按纳税年度合并计算个人所得税。这有利于平衡不同所得之间的税负，更好地发挥个人所得税收入分配调节作用，也与世界绝大部分国家税制相接轨，个人所得税综合所得汇算清缴也就此应运而生。

综合所得年度汇算，不仅可以让纳税人更充分地享受各项扣除优惠，也让部分收入高、来源多的纳税人将收入加总后再纳税，从而更好地体现税收公平的原则，对深入贯彻落实减税降费政策、保障纳税人合法权益具有重要意义。

一方面，年度汇算可以更加精准、全面落实各项税前扣除和税收优惠政策，更好保障纳税人的权益。尤其是平时未申报享受的扣除项目以及大病医疗等年度结束才能确定金额的扣除项目，可以通过办理年度汇算时补充享受，因此，年度汇算给纳税人"查遗补漏"机会，以确保充分享受改革红利。

另一方面，通过年度汇算才能准确计算纳税人综合所得全年应该实际缴纳的个人所得税，进而多预缴了退还、少缴了补缴。纳税人平时取得综合所得时按月或按次计算并预扣预缴税款，但因个人收入、支出情形各异，无论采取怎样的预扣预缴方法，很难使所有纳税人平时的预缴税额与年度应纳税额完全一致，此时两者之间就会产生"差额"，而这一"差额"需要通过年度汇算来弥补，以达到相同情况的个人税负水平一致的目标，这也是世界各国的普遍做法。

二、需要办理年度汇算的纳税人

为进一步减轻纳税人负担，经国务院批准[①]，如果综合所得年收入不超过 12 万元，但需要年度汇算补税或者年度汇算补税金额不超过 400 元，且在取得所得时扣缴义务人已依法预扣预缴了个人所得税，可以不用办理综合所得年度汇算申报，也无须补缴税款，这项优惠政策执行至 2023 年 12 月 3 日[②]。如果多预缴了税款，可以申请退税，无论金额大小，都可以通过办理年度汇算申报并申请退税；符合豁免条件的纳税人如果主动放弃退税，可以不用办理年度汇算申报。

下列情况下纳税人需要办理年度汇算。

[①] 详见《国家税务总局关于办理2021年度个人所得税综合所得汇算清缴事项的公告》（国家税务总局公告2022年第1号）
[②] 详见《财政部　税务总局关于延续实施全年一次性奖金等个人所得税优惠政策的公告》（财政部　税务总局公告2021年第42号）

1. 年度综合所得年收入额不足 6 万元，但平时预缴过个人所得税税款。

如果纳税人每个月的收入均保持稳定，那么对于年收入额不足 6 万元的纳税人而言，一般并不需要预缴个人所得税，而平时预缴过税款的主要有以下三种情形。

第一种情形是纳税人虽只有工资薪金所得，但收入波动性较大，导致纳税人某个月或某几个月收入偏高，比如，某房产中介人员在 9 月份和 10 月份工资收入较多，每月收入达到了 8 000 元，而其他月份收入想对较少，只有两三千元，其 9 月份和 10 月份需要预缴相应税款，但全年收入却不足 6 万元，需要通过办理年度汇算来申请退税。

随着《国家税务总局关于进一步简便优化部分纳税人个人所得税预扣预缴方法的公告》（国家税务总局公告 2020 年第 19 号）的实施，此种情形已经很少出现。上一完整纳税年度各月均在同一单位扣缴申报了工资薪金所得个人所得税且全年工资薪金收入不超过 6 万元的居民个人，若当年仍在本单位工作，从当年 1 月起直接按照全年 6 万元计算扣除，但若是上一年度未在同一单位任职或者当年变更工作单位，不得享受上述政策，但仍会出现退税的情形。

第二种情形是纳税人虽只有工资薪金所得，但在该纳税年度内，纳税人有若干月份失业无收入，在职期间收入较高，需要通过办理年度汇算来申请退税。

第三种情形是纳税人在工资薪金所得之外，还有劳务报酬所得、稿酬所得、特许权使用费所得，取得上述三种所得时需要预缴相应税款。

2. 纳税年度内存在符合条件的专项附加扣除，但预缴税款时没有申报扣除或者扣除不充分。

案例： 纳税人钱二每月工资 8 500 元，每月需要缴纳"三险一金"935 元，父母均已年满 60 周岁，按规定每月原本可以享受 2 000 元的赡养老人专项附加扣除，但因长期出差导致其在预缴时未能提供相关材料，无法进行扣除，直到年度汇算申报时才准其抵扣，其应补缴或者退多少税款？

解析： 钱二每月预缴时应纳税所得额：8 500-935-5 000=2 565 元。

经过查找《个人所得税预扣率表（居民个人工资、薪金所得预扣预缴适用）》，适用 3% 的税率。

全年预缴的个人所得税总额：2 565×3%×12=923.4 元。

钱二在年度汇算时填报了相关信息后可补充扣除赡养老人24 000元。

钱二全年应纳税所得额:8 500×12-60 000-24 000-935×12=6 780元。

查找《个人所得税税率表（综合所得适用）》，适用3%的税率。

钱二全年应缴纳个人所得税税款：6 780×3%=203.4元。

按规定钱二可以申请退税：923.4-203.4=720元。

3.因年中就业、退职或者部分月份没有收入等原因，减除费用、"三险一金"等专项扣除、子女教育等专项附加扣除、企业（职业）年金以及商业健康保险、税收递延型养老保险等未充分进行扣除。

案例： 纳税人皮三于2020年8月底退休，退休前每月工资7800元，个人每月需要缴付"三险一金"858元，此外每月可以抵扣子女教育1000元。其年度汇算申报时应补缴或者退多少元税款？

解析： 每月应纳税所得额：7 800-5 000-858-1 000=942元。

查找《个人所得税预扣率表（居民个人工资、薪金所得预扣预缴适用）》，适用3%的税率。

1～8月预缴税款总额：942×3%×8=226.08元。

由于皮三9~12月的基本养老金免征个人所得税，导致其只减除了4万元基本生活费用（8×5 000元/月），未充分扣除6万元减除费用。

《个人所得税法》第六条第一项规定："居民个人的综合所得，以每一纳税年度的收入额减除费用六万元以及专项扣除、专项附加扣除和依法确定的其他扣除后的余额，为应纳税所得额。"即便是纳税人在一个纳税年度内只工作了一个月，依然可以减除六万元的基本生活费用。

年度汇算时，皮三全年应纳税所得额：（7 800-858-1 000）×8-60 000=-12 464元。

因此，皮三不需要缴纳个人所得税，其之前预缴的226.08元可以申请退税。

4.没有任职受雇单位，仅取得劳务报酬、稿酬、特许权使用费所得，需要通过年度汇算办理各种税前扣除。

纳税人未取得工资、薪金所得，仅取得劳务报酬所得、稿酬所得、特许权使用费所得，需要享受专项附加扣除等有关扣除，目前只得在次年 3 月 1 日至 6 月 30 日内，在办理汇算清缴申报时予以扣除。

5. 纳税人取得劳务报酬、稿酬、特许权使用费所得，年度中间适用的预扣率高于全年综合所得年适用税率。

案例：纳税人王五每月均从某单位取得劳务报酬 9 800 元，办理年度汇算时，王五全年并无其他收入，基本生活费用减除 60 000 元，"三险一金"等专项扣除 12 936 元，专项附加扣除 12 000 元，其应补缴或者退多少元税款？

解析：王五全年预缴个人所得税税款总额，即劳务报酬减除 20% 的费用后，按照 20% 的预扣率预缴个人所得税税款：9 800×（1-20%）×20%×12=18 816 元。

王五全年应纳税所得额：9 800×（1-20%）×12-60 000-12 936-12 000= 9 144 元。

查找《个人所得税税率表（综合所得适用）》，适用 3% 的综合所得税率，全年应纳税额：9 144×3%=274.32 元。

由于王五之前已经预缴了 1 568 元，可申请退税额：18 816-274.32=18 541.68 元。

6. 预缴税款时，未申报享受或者未足额享受综合所得税收优惠，比如，残疾人减征个人所得税优惠等。

7. 有符合条件的公益慈善捐赠支出，但预缴税款时未办理扣除。

除了上述情形外，如果纳税人年度预缴税额低于应纳税额，且不符合国务院规定豁免汇算义务情形的条件（即综合所得年度不超过 12 万元或者补税金额不超过 400 元），均应当办理年度汇算补税。常见情形有以下四种情形。

（1）在两个以上单位任职受雇并领取工资薪金，预缴税款时重复扣除了基本减除费用（5 000 元 / 月）。

（2）除工资薪金外，还有劳务报酬、稿酬、特许权使用费，各项综合所得合并计算后，适用的综合所得税率高于预扣率。

（3）预扣预缴时扣除了不该扣除的项目，或者扣除金额超过规定标准，年度汇算时因调减扣除额导致应纳税所得额增加。

（4）纳税人取得的综合所得因扣缴义务人未依法申报收入并预扣预缴税款，需补充申报收入。

对绝大多数纳税人而言，在一个纳税年度内固定在一个单位上班领工资，符合条件的专项附加扣除均已享受，每月发工资时单位依法扣缴了税款，年度内也未发生符合条件的大病医疗支出和捐赠支出，纳税人年度预缴税额通常会与年度应缴税额相同，一般不会涉及退税或补税，对于这类"工薪族"，如果收入额不超过12万元，不需要办理年度汇算。

如果纳税人不能确定自己全年预缴的税款与应纳税款是否一致，可以登录税务总局官方发布的手机App"个人所得税"或者自然人电子税务局网页Web端，查看、确认或补充完善本人综合所得相关收入、扣除等，系统可以自动计算出预缴税款与应纳税款两者之间的差额。

如果需要退税，纳税人可以自行决定是否申请退税；纳税人需补税且年度综合所得收入超过12万元，或者补税金额大于400元，纳税人必须办理综合所得年度汇算。

三、办理年度汇算的时间

居民纳税人应当在取得综合所得的次年3月1日至6月30日内办理年度汇算。比如，若是办理2020年度综合所得，应当在2021年3月1日至6月30日。另外，需要特别注意以下三个时间点。

第一，如果需要所在单位代办综合所得年度汇算，需要在年度终了的次年4月30日前与单位进行书面确认；逾期未确认的，纳税人需要在次年6月30日前自行办理年度汇算。

第二，如果年度综合所得全年收入额在6万元以下，被预扣过税款的，可在3月1日至5月31日期间通过网络以简易方式办理年度汇算，申请退税。纳税人只需简单填写或确认已预缴税额、本人银行账户信息，即可快捷申请退税。

第三，无住所居民个人在取得综合所得的次年6月30日之前离境，也可在离境前办理年度汇算。

四、办理年度汇算的地点

按照方便就近原则，如果纳税人选择自行办理年度汇算申报或者委托第三方（涉税专业服务机构或其他单位及个人）办理申报，应当向任职受雇单位所在地主管税务机关进行申报。

如果在两处及以上单位任职受雇，可选择其中一处进行申报；如果在一个纳税年度内就职于多个单位，可以在其中任意选择一家单位的主管税务机关进行申报。

如果没有任职受雇单位，需要向户籍所在地或者经常居住地主管税务机关申报。经常居住地的判定原则是如果有居住证，那么居住证上的地址为经常居住地住址；如果没有居住证，当前实际的居住地为经常居住地。

无论是选择网络申报，还是前往税务机关办税服务厅进行上门申报或邮寄办理，年度汇算申报地点均按上述规则确定。如果选择由所在单位代办综合所得年度汇算，可以直接将相关资料提交单位即可，由单位在年度汇算期内向其主管税务机关办理申报。

负责年度汇算主管税务机关接受纳税人提交的年度汇算申报、对纳税人提交的申报信息进行必要审核，并办理退税或者补税等相关事宜。

五、年度汇算的资料准备

1. 收入信息

纳税人可以通过手机 App "个人所得税" 或者自然人电子税务局查询本人的收入纳税记录，如对相关数据有疑问，可就该笔收入纳税记录咨询支付单位。如果纳税人确定本人从未取得过该笔收入，可以直接通过手机 App "个人所得税" 或者自然人电子税务局就该笔记录发起申诉并进行承诺；申诉后该笔收入将不纳入年度汇算。如果纳税人的确取得了该笔收入，仅仅是对相关金额有异议，不需要通过上述渠道申诉，可联系支付单位更正数额即可。

纳税人通过税务机关查询的收入纳税信息，是扣缴义务人（即支付所得的单位）扣缴申报的信息。其中，显示的"收入"并非实际到手的收入，对工资薪金所得而言，为没有减除"三险一金"等扣除项目和个人所得税的收入；劳务报酬所得、稿酬所得和特许权使用费所得，为没有扣减任何费用和个人所得税前的收入。

2. "三险一金"信息

如果纳税人的基本养老保险、基本医疗保险、失业保险和住房公积金是通过单位缴付或委托单位代办，可以查询工资条或者向单位咨询。如果是自行缴纳，缴纳的票据上会注明缴纳金额。纳税人也可以到参保地的社保经办窗口、社保自助查询机查询，或者登录国家社会保险公共服务平台 (http://si.12333.gov.cn)，或者所在省社会保险网上服务平台，也可拨打 12333 热线服务电话等方式查询。

3. 其他扣除信息

如果是企业年金（职业年金），纳税人可查询工资条或者咨询所在单位财务人员。如果是符合条件的商业健康险或税延养老保险，纳税人可查询购买或者缴纳保费时的相应单据，或者咨询所购买保险的保险公司。

4. 捐赠凭证

捐赠凭证为公益性社会组织、县级以上人民政府及其部门等国家机关在接受捐赠时开具的由财政部或者省、自治区、直辖市财政部门监（印）制的公益事业捐赠票据，但该票据上需盖有接受捐赠单位加盖的印章。

5. 预扣预缴税款信息

目前主要有两个途径：一是从扣缴义务人处获得，可在每月（次）领取收入后向其问询或索要凭据（如工资条），或者在次年 2 月底前请其提供相关支付所得和已扣缴税款等信息；二是可以通过手机 App"个人所得税"或者自然人电子税务局查询。

6. 大病医疗支出

为方便有需要的纳税人填报大病医疗支出，需留存好日常发生的医疗支出凭据以备申报时使用。同时，国家医疗保障局提供了互联网查询服务，可用手机下载官方"国家医保服务平台"，通过首页"个人所得税大病医疗专项附加扣除"模块查询。其中，查询信息中显示的"符合大病医疗个税抵扣政策金额"，即为可扣除金额。

根据政策规定，与基本医保相关的医药费用支出（注意不含自费项目）扣除医保报销后个人负担金额超过 15 000 元的部分，在 80 000 元限额内可据实扣除。如，某纳税人查询本人"年度个人自付总金额"为 20 000 万元，则"符合大病医疗个税抵扣政策金额"为 5 000 元 (即 20 000-15 000)。

六、个人所得税年度汇算的方式

依据政策规定，符合条件的需要办理年度汇算的纳税人，可采用以下三种方式。

第一种是纳税人自行办理，可以选择自行上门申报、自行邮寄申报、自行通过手机 App"个人所得税"申报、自行通过自然人电子税务局网页 Web 端申报四种途径。

第二种是扣缴义务人集中办理，仅适用于扣缴义务人在纳税年度内申报过正常工资薪金所得、外籍人员正常工资薪金所得、劳务报酬所得（仅限保险营销员、证券经纪人）的个人办理，不能为其他人员办理。

第三种是委托代理机构办理，纳税人可以通过自然人电子税务局网页 Web 端或者手机 App"个人所得税"，或者到税务大厅发起委托申请。

七、未按规定办理年度汇算的法律后果

如果纳税人属于需要退税的情形，是否办理年度汇算申请退税是纳税人的权利，可以自由选择，无须承担任何责任。

如果纳税人需要补税，又不属于符合规定的免予办理年度汇算的情形，未依法办理综合所得年度汇算，可能面临税务行政处罚，并记入个人纳税信用档案。

根据《税收征管法》第六十二条规定，纳税人未按照规定期限办理纳税申报和报送纳税资料的，由税务机关责令限期改正，可以处 2 000 元以下的罚款；情节严重的，可以处 2 000 元以上 1 万元以下的罚款，并追缴税款、加征滞纳金。根据《税收征管法》第六十三条规定，如纳税人偷税的，由税务机关追缴其不缴或者少缴的税款、滞纳金，并处不缴或者少缴的税款 50% 以上 5 倍以下的罚款；构成犯罪的，依法追究刑事责任。

纳税人虽然按时办理了年度汇算，却未如实提交相关信息，可能会面临税务行政处罚，并记入个人纳税信用档案。《税收征管法》第六十四条规定，纳税人编造虚假计税依据的，由税务机关责令限期改正，并处 5 万元以下的罚款；纳税人不进行纳税申报，不缴或者少缴应纳税款的，由税务机关追缴其不缴或者少缴的税款、滞纳金，并处不缴或者少缴的税款 50% 以上 5 倍以下的罚款。

● 第二节　自行上门或邮寄申报进行年度汇算申报

纳税人自行前往税务局办税服务大厅进行年度汇算是最为传统的方式，随着自然人电子税务局的推广，通过手机 App 端或者网页 Web 端进行申报无疑更为便捷。根据 2019 年年度汇算统计数据显示，纳税人自行申报占总申报人数的 81.3%，但自行上门申报仅占总申报人数的 0.3%。

尽管上门申办已经不是常用申报方式，却是其他申报方式的基础，虽然此种方式在现实生活中使用的频率越来越低，但目前有境外所得的纳税人需要进行境外已缴纳税款的抵免，这通常还是选择自行上门申报或者邮寄申报，而这两种申报方式也大致形同，唯一的区别是前者是纳税人携带申报表前往办税服务厅办理，后者是纳税人将申报表邮寄给税务局。对于部分不方便通过网络方式办理，同时

也不方便前往办税服务厅办理的纳税人，可以通过邮寄方式办理。

　　邮寄纳税申报的具体日期以邮政部门收寄日戳日期为准。采用此种方式的纳税人申请年度汇算退税，应当提供其在中国境内开设的符合条件的银行账户。税务机关按规定审核后，按照相关规定办理税款退税。纳税人未提供本人有效银行账户，或者提供的信息资料有误，税务机关将通知纳税人更正，纳税人按要求更正后依法办理退税。纳税人采取此种方式办理年度汇算补税，可以通过网上银行、办税服务厅 POS 机刷卡、银行柜台、非银行支付机构等方式缴纳，待申报完成后，主管税务机关将与纳税人取得联系，由纳税人自行选择自认为最为便捷的缴税方式。

一、综合所得年收入额 6 万元以下的纳税人的年度汇算申报

　　综合所得年收入额 6 万元以下人群可适用简易版申报表办理申报。

　　"收入额"是计算个人所得税税款过程中的一个专有名词。工资薪金所得以全部收入为收入额，劳务报酬所得、稿酬所得、特许权使用费所得以收入减除 20% 的费用后的余额为收入额。稿酬所得的收入额在上述基础上再减按 70% 计算。

　　计算公式为：

　　综合所得收入额＝工资薪金所得收入额＋劳务报酬所得收入额＋稿酬所得收入额＋特许权使用费所得收入额。

　　工资薪金所得收入额＝全部工资薪金税前收入（即未减除任何费用的应发工资）。

　　劳务报酬所得收入额＝全部劳务报酬税前收入 ×（1-20%）。

　　稿酬所得收入额＝全部稿酬税前收入 ×（1-20%）× 70%。

　　特许权使用费所得收入额＝全部特许权使用费税前收入 ×（1-20%）。

　　综合所得收入额未超过 6 万元的纳税人，一般情况下无须预缴税款，因此也就没有必要进行年度汇算清缴，但预缴过个人所得税税款的，需要进行办理年度汇算。

　　（一）申报案例

　　1. 刘先生 2020 年度取得收入和纳税情况

　　取得工资薪金收入 36 000 元，单位扣缴个人所得税 90 元。

　　取得劳务报酬收入 10 000 元，扣缴义务人在支付劳务报酬收入时，扣缴劳务报酬所得个人所得税 1 600 元。

取得稿酬收入 15 000 元，扣缴义务人在支付稿酬收入时，扣缴稿酬所得个人所得税 1 680 元。

取得特许权使用费收入 5 000 元，扣缴义务人在支付特许权使用费收入时，扣缴特许权使用费所得个人所得税 800 元。

2020 年度，刘先生取得以上收入共预缴了个人所得税税款 4 170 元。

2. 判断刘先生是否符合简易申报条件

判断标准是综合所得收入额是否不超过 6 万元。综合所得收入额不超过 6 万元，且无境外所得，可以采取简易申报方式；如果综合所得收入额高于 6 万元，则不能选择简易申报方式，需要进行标准申报。

刘先生该年度的综合所得收入额计算如下。

综合所得收入额 = 工资薪金所得收入额 + 劳务报酬所得收入额 + 稿酬所得收入额 + 特许权使用费所得收入额 =36 000 +（10 000-10 000×20%）+（15 000-15 000×20%）×70% +（5 000-5 000×20%）=56 400 元。

刘先生收入额低于 6 万元，符合简易申报条件。

（二）年度汇算申报

综合所得收入额不超过 6 万元的纳税人可以使用《个人所得税年度自行纳税申报表（简易版）》办理申报。

简易版仅有 8 个部分，比《个人所得税年度自行纳税申报表（A 表）》少了综合所得个人所得税计算、全年一次性奖金个人所得税计算、税额调整、无住所个人附报信息等 4 个部分，应补 / 退个人所得税计算部分也只剩下已缴税额 1 项内容。整张申报表除了已缴税额外，几乎没有需要进行计算的项目。

1. 填表须知

该部分需要仔细阅读，但无须填报。

填写本表前，请仔细阅读以下内容：

1. 如果纳税人年综合所得收入额不超过 6 万元且在纳税年度内未取得境外所得的，可以填写本表；

2. 纳税人可以在纳税年度的次年 3 月 1 日至 5 月 31 日使用本表，办理汇算清缴申报，并在该期限内申请退税；

3. 建议纳税人下载并登录个人所得税 App，或者直接登录税务机关官方网站在线办理汇算清缴申报，体验更加便捷的申报方式；

4. 如果纳税人对于申报填写的内容有疑问，纳税人可以参考相关办税指引，咨询纳税人的扣缴单位、专业人士，或者拨打 12366 纳税服务热线。

5. 以纸质方式报送本表的，建议通过计算机填写打印，一式两份，纳税人、税务机关各留存一份。

2. 个人基本情况

纳税人需要真实、准确、完整填写姓名、公民身份号码（纳税人识别号），以便顺利完成年度汇算申报，并及时办理退（补）税。同时，纳税人还需要准确填写手机号码，便于接收短信提醒，或者税务机关在遇到需要核实的情况时与纳税人联系。

刘先生按照实际情况，填写如下。

1.姓名	刘先生
2.公民身份号码/纳税人识别号	1101011********8888
说明：有中国公民身份号码的，填写中华人民共和国居民身份证上载明的"公民身份号码"；没有中国公民身份号码的，填写税务机关赋予的纳税人识别号。	
3.手机号码	188*********
提示：中国境内有效手机号码，请准确填写，以方便与纳税人联系。	
4.电子邮箱	zhangsan@***.com
5.联系地址	广州市海淀区**路*号
提示：能够接收信件的有效通讯地址。	
6.邮政编码	1000038

《关于自然人纳税人识别号有关事项的公告》（国家税务总局公告 2018 年第 59 号）规定，自然人纳税人识别号，是自然人纳税人办理各类涉税事项的唯一代码标识。有中国公民身份证号码，以其中国公民身份号码作为纳税人识别号；没有中国公民身份号码，由税务机关赋予其纳税人识别号。

3. 纳税地点

纳税地点决定了纳税人的主管税务机关。该税务机关负责纳税人年度汇算相关纳税服务与管理，需准确填写。

例如，刘先生在某年度在广州 *** 有限公司（纳税人识别号：11100**********6H）任职受雇，则其纳税地点按如下填写。

1.有任职受雇单位的，需选本项并填写"任职受雇单位信息"：		☑任职受雇单位所在地
任职受雇 单位信息	名称	广州***有限公司
	纳税人识别号	11100************5H
2.没有任职受雇单位的，可以从本栏次选一地：		☐ 户籍所在地 ☐ 经常居住地
户籍所在地/经常居住地		省（区、市）市区（县）街道（乡、镇）

获取单位的纳税人识别主要有以下三种途径：

一是向本单位的财务人询问单位的纳税人识别号。

二是通过网站查询。登录国家企业信用信息公示系统（网址为 www.gsxt.gov.cn），输入单位的名称，即可查询到相应的纳税人识别号。需要说明的是，部分行政机关、事业单位纳税人识别号，无法通过该系统查询。

三是通过手机 App"个人所得税"中的个人中心→任职受雇信息→统一社会信用代码查询。

对没有工作单位的纳税人，可以选择在户籍所在地或者经常居住地作为纳税地点。如果勾选"户籍所在地"，填写居民户口簿中登记的住址。如果勾选"经常居住地"，填写居民个人申领居住证上登载的居住地址；如果没有申领居住证，填写居民个人实际居住地；实际居住地不在中国境内，填写支付或者实际负担综合所得的境内单位或个人所在地。具体可以参照下表，进行填写。

1.有任职受雇单位的，需选本项并填写"任职受雇单位信息"：		□ 任职受雇单位所在地
任职受雇单位信息	名称	
	纳税人识别号	
2.没有任职受雇单位的，可以从本栏次选择一地：		☑户籍所在地　□ 经常居住地
户籍所在地/经常居住地		广东省（区、市）广州市 越秀 区（县）****街道（乡、镇）*号*楼*户

4. 申报类型

根据实际情况在相应的栏次勾选即可。

请纳税人选择本次申报类型，未曾办理过年度汇算申报，勾选"首次申报"；已办理过年度汇算申报，但有误需要更正的，勾选"更正申报"：	
□首次申报	□更正申报

5. 纳税情况

填写刘先生某年度实际缴纳的个人所得税。

已缴税额	□4,170.00（元）
纳税年度内取得综合所得时，扣缴义务人预扣预缴以及个人自行申报缴纳的个人所得税。	

纳税人获得已缴税款信息，有以下三种途径。

一是向工作单位查询。按照税法规定，单位有责任将已发放的收入和已预缴税额等情况告诉纳税人。

二是登录手机 App"个人所得税"或者自然人电子税务局，查询本人某年度的收入和纳税申报明细记录。

三是通过手机 App"个人所得税"或者自然人电子税务局办理年度汇算时，系统会根据一定规则预填已缴税额。

6. 退税申请

如选择申请退税，需要在相应栏次勾选，并填写个人银行账户信息；如选择放弃退税，只需要在相应栏次勾选即可，无须填写个人账户信息。特别提醒，为确保税款及时、准确退付，一定要准确填写在中国境内开设的符合条件的银行账户。可以参考下表，进行填写。

1.是否申请退税？	☑申请退税【选择此项的，填写个人账户信息】　　　□ 放弃退税
2.个人账户信息	开户银行名称：　ABC银行　　　　开户银行省份：广东省 银行账号：　0101010101010101
说明：开户银行名称填写居民个人在中国境内开立银行账户的银行名称。	

为了保证纳税人的资金的安全，退税款只能退还至纳税人本人的账户，而且银行账户应符合以下条件。

一是银行账户必须是由纳税人本人名义开户。

二是符合国库退税要求，建议填报 I 类账户。具体可以通过网上银行或向开户银行查询。

三是收到退税前银行账户状态正常。如银行账户处于注销、挂失、未激活、收支有限额、冻结等状态，均会影响纳税人顺利收到退税。

其中，前两个条件，税务部门会提供核验服务，纳税人可以及时关注核验结果，如果核验未通过，请及时检查并重新填报银行账户。

7. 备注

如有税务机关要求说明的事项，或者本人有其他需要向税务机关说明的事项，可以在本栏填写。如没有需要说明的事项，则填写"无"。

如果纳税人有需要特别说明或者税务机关要求说明的事项，请在本栏填写：

无

---

8. 承诺及申报受理

谨声明：

1.本人纳税年度内取得的综合所得收入额合计不超过6万元。

2.本表是根据国家税收法律法规及相关规定填报的，本人对填报内容（附带资料）的真实性、可靠性、完整性负责。

纳税人签名：刘先生

2020年3月1日

经办人签字：	受理人：
经办人身份证件类型：	
经办人身份证件号码：	受理税务机关（章）：
代理机构签章：	
代理机构统一社会信用代码：	受理日期：　　年　月　日

二、只有工资薪金所得且年收入额超过 6 万元的纳税人的年度汇算申报

（一）申报案例

居民个人刘先生某年度取得收入和纳税情况如下。

1. 取得的各项收入

普通工资薪金收入共计 110 000 元，其中 1 月份工资 11 000 元，其余月份工资 9 000 元；单独计税的全年一次性奖金收入 20 000 元。

2. 各项扣除

三险一金：基本养老保险费 12 000 元（1 000 元／月）；基本医疗保险费 3 000 元（250 元／月）；失业保险费 750 元（62.5 元／月）；住房公积金 15 000 元（1 250 元／月）。

专项附加扣除：有一名受教育子女，选择在本人处享受子女教育专项附加扣除 12 000 元（1 000 元／月）；本人为独生子女，享受赡养老人专项附加扣除

24 000 元（2 000 元 / 月）。

3. 扣缴的个人所得税

在日常工资中，1 月扣缴个人所得税 13.13 元，其他月份未扣缴。全年一次性奖金扣缴个人所得税 600 元。

（二）申报表填写

全年综合所得收入额超过 6 万元的个人，可以使用《个人所得税年度自行纳税申报表（A 表）》办理申报，也可以使用《个人所得税年度自行纳税申报表（问答版）》。在此以《个人所得税年度自行纳税申报表（A 表）》为例。

A 表共分 12 个部分，其中表头、基本情况、纳税地点、申报类型等前四部分与简易版基本一致，在此予以略过。

1. 综合所得个人所得税计算

（1）选择全年一次性奖金单独计税

刘先生取得全年一次性奖金时选择单独计税。如年度汇算时选择不并入综合所得，那么在年度汇算申报表填写时无须填写相关奖金事项。具体填写如下。

综合所得个人所得税计算

项目	行次	金额
一、收入合计（第1行=第2行+第3行+第4行+第5行）	1	110 000
（一）工资、薪金	2	110 000
（二）劳务报酬	3	0
（三）稿酬	4	0
（四）特许权使用费	5	0
二、费用合计 [第6行=(第3行+第4行+第5行)×20%]	6	0
三、免税收入合计（第7行=第8行+第9行）	7	0
（一）稿酬所得免税部分[第8行=第4行×(1-20%)×30%]	8	0
（二）其他免税收入（附报《个人所得税减免税事项报告表》）	9	0
四、减除费用	10	60 000
五、专项扣除合计（第11行=第12行+第13行+第14行+第15行）	11	30 750
（一）基本养老保险费	12	12 000
（二）基本医疗保险费	13	3 000
（三）失业保险费	14	750
（四）住房公积金	15	15 000
六、专项附加扣除合计（附报《个人所得税专项附加扣除信息表》）（第16行=第17行+第18行+第19行+第20行+第21行+第22行）	16	36 000

续上表

项目	行次	金额
（一）子女教育	17	12 000
（二）继续教育	18	0
（三）大病医疗	19	0
（四）住房贷款利息	20	0
（五）住房租金	21	0
（六）赡养老人	22	24 000
七、其他扣除合计（第23行=第24行+第25行+第26行+第27行+第28行）	23	0
（一）年金	24	0
（二）商业健康保险（附报《商业健康保险税前扣除情况明细表》）	25	0
（三）税延养老保险（附报《个人税收递延型商业养老保险税前扣除情况明细表》）	26	0
（四）允许扣除的税费	27	0
（五）其他	28	0
八、准予扣除的捐赠额（附报《个人所得税公益慈善事业捐赠扣除明细表》）	29	0
九、应纳税所得额 （第30行=第1行-第6行-第7行-第10行-第11行-第16行-第23行-第29行）	30	0
十、税率（%）	31	0
十一、速算扣除数	32	0
十二、应纳税额（第33行=第30行×第31行-第32行）	33	0

同时将全年一次性奖金数额 20 000 填至第 34 行，将数额除以 12 后得到 1 666.67，对照《按月换算后的综合所得税率表》，适用 3% 的税率和速算扣除数为 0。

全年一次性奖金个人所得税计算

（无住所居民个人预判为非居民个人取得的数月奖金，选择按全年一次性奖金计税的填写本部分）

一、全年一次性奖金收入	34	20 000
二、准予扣除的捐赠额（附报《个人所得税公益慈善事业捐赠扣除明细表》）	35	0
三、税率（%）	36	3%
四、速算扣除数	37	0
五、应纳税额[第38行=（第34行-第35行）×第36行-第37行]	38	600

（2）选择全年一次性奖金并入综合所得计税

如果刘先生选择将全年一次性奖金并入综合所得计税，那么在年度汇算申报表的填写时，需要将全年一次性奖金收入并入工资薪金收入。具体填写如下。

综合所得个人所得税计算

项目	行次	金额
一、收入合计（第1行=第2行+第3行+第4行+第5行）	1	130 000
（一）工资、薪金	2	130 000
（二）劳务报酬	3	0
（三）稿酬	4	0
（四）特许权使用费	5	0
二、费用合计 [第6行=(第3行+第4行+第5行)×20%]	6	0
三、免税收入合计（第7行=第8行+第9行）	7	0
（一）稿酬所得免税部分[第8行=第4行×(1-20%)×30%]	8	0
（二）其他免税收入（附报《个人所得税减免税事项报告表》）	9	0
四、减除费用	10	60 000
五、专项扣除合计（第11行=第12行+第13行+第14行+第15行）	11	30 750
（一）基本养老保险费	12	12 000
（二）基本医疗保险费	13	3 000
（三）失业保险费	14	750
（四）住房公积金	15	15 000
六、专项附加扣除合计（附报《个人所得税专项附加扣除信息表》）（第16行=第17行+第18行+第19行+第20行+第21行+第22行）	16	36 000
（一）子女教育	17	12 000
（二）继续教育	18	0
（三）大病医疗	19	0
（四）住房贷款利息	20	
（五）住房租金	21	0
（六）赡养老人	22	24 000
七、其他扣除合计（第23行=第24行+第25行+第26行+第27行+第28行）	23	0
（一）年金	24	0
（二）商业健康保险（附报《商业健康保险税前扣除情况明细表》）	25	0
（三）税延养老保险（附报《个人税收递延型商业养老保险税前扣除情况明细表》）	26	0
（四）允许扣除的税费	27	0
（五）其他	28	0

项目	行次	金额
八、准予扣除的捐赠额（附报《个人所得税公益慈善事业捐赠扣除明细表》）	29	0
九、应纳税所得额（第30行=第1行-第6行-第7行-第10行-第11行-第16行-第23行-第29行）	30	3 250
十、税率（%）	31	3%
十一、速算扣除数	32	0
十二、应纳税额（第33行=第30行×第31行-第32行）	33	97.5

2. 非居民数月奖金转换为全年一次性奖金

无住所个人预判为非居民个人，年度终了后，如果符合居民条件，需要按照居民个人年度汇算的有关规定办理申报。无住所非居民个人日常取得的数月奖金收入，可以选择一笔按照全年一次性奖金重新计算个人所得税，计算方法与全年一次性奖金一致。

3. 税额调整

填写人按照税法规定，可以办理的除第39行之前所填报内容之外的其他可以进行调整的综合所得收入的金额，并在"备注"栏说明调整的具体原因、计算方式等信息。刘先生无此情形，因此无须填写。

税额调整

一、综合所得收入调整额（需在"备注"栏说明调整具体原因、计算方式等）	39	0
二、应纳税额调整额	40	0

4. 应补／退个人所得税计算

（1）如纳税人选择全年一次性奖金单独计税

如刘先生选择全年一次性奖金不并入综合所得，实行单独计税，那么在年度汇算申报表的填写时，已缴税额不包含全年一次性奖金的有关信息。具体填写如下。

应补/退个人所得税计算

一、应纳税额合计（第41行=第33行+第38行+第40行）	41	600
二、减免税额（附报《个人所得税减免税事项报告表》）	42	0
三、已缴税额	43	613.13 (600+13.13)
四、应补/退税额（第44行=第41行-第42行-第43行）	44	−13.13

（2）如纳税人选择全年一次性奖金并入综合所得计税

如刘先生选择将全年一次性奖金并入综合所得计税，那么在年度汇算申报表的填写时，已缴税额应当包含全年一次性奖金的有关信息。具体填写如下。

应补/退个人所得税计算

一、应纳税额合计（第41行=第33行+第38行+第40行）	41	97.5
二、减免税额（附报《个人所得税减免税事项报告表》）	42	0
三、已缴税额	43	613.13 （600+13.13）
四、应补/退税额（第44行=第41行-第42行-第43行）	44	-515.63

5. 无住所个人附报信息

本部分由无住所的纳税人填写。刘先生中国境内有住所，无须填写本部分。

无住所个人附报信息

纳税年度内在中国境内居住天数		已在中国境内居住年数	

6. 退税申请

如果选择申请退税，需在相应栏次勾选，并填写个人账户信息；如选择放弃退税，只需要在相应栏次勾选即可，无须填写个人账户信息。特别提醒，为确保税款及时、准确退付，务必准确填写在中国境内开设的符合条件的银行账户。示例中，如刘先生申请退税，并希望退至他在 ABC 银行的账户，他的银行账号为0101010101010101，则刘先生具体填写如下。

退税申请
（应补/退税额小于0的填写本部分）

☑申请退税（需填写"开户银行名称""开户银行省份""银行账号"）□ 放弃退税			
开户银行名称	ABC银行	开户银行省份	广东省
银行账号	0101010101010101		

备注和承诺部分与上面一致，12 000 在此予以略过。

三、有工资薪金，同时还有其他综合所得且综合所得年收入额超过6万元的纳税人的年度汇算申报

（一）申报案例

居民个人刘先生某年度取得收入和纳税情况如下。

1. 取得的各项收入

普通工资薪金收入：共110 000元（1月份工资11 000元，其余月份工资9 000元）。

全年一次性奖金收入：20 000元。

劳务报酬收入：10 000元。

稿酬收入：20 000元。

2. 各项扣除

三险一金：基本养老保险费12 000元（1 000元/月）；基本医疗保险费3 000元（250元/月）；失业保险费750元（62.5元/月）；住房公积金15 000元（1 250元/月）。

专项附加扣除：有一名受教育子女，选择在本人处享受子女教育专项附加扣除12 000元（1 000元/月）；独生子女，享受赡养老人专项附加扣除24 000元（2 000元/月）。

3. 扣缴的个人所得税

在日常工资中，1月扣缴个人所得税13.13元，其他月份未扣缴。全年一次性奖金扣缴个人所得税600元。取得劳务报酬扣缴个人所得税1 600元。取得稿酬扣缴个人所得税2 240元。上述所得预扣预缴税额合计4 453.13元。

（二）申报表（A表）填写

本情形可以使用《个人所得税年度自行纳税申报表（A表）》办理申报，也可以使用《个人所得税年度自行纳税申报表（问答版）》。现以A表进行申报为例，具体填写如下。

表头、基本情况、纳税地点、申报类型等前四部分与上述一致，予以略过。

1. 综合所得个人所得税计算

（1）选择全年一次性奖金单独计税

刘先生取得全年一次性奖金时是单独计税的。如年度汇算时选择不并入

综合所得，那么在年度汇算申报表填写时无须填写相关奖金事项。具体填写如下。

综合所得个人所得税计算

项目	行次	金额
一、收入合计（第1行=第2行+第3行+第4行+第5行）	1	140 000
（一）工资、薪金	2	110 000
（二）劳务报酬	3	10 000
（三）稿酬	4	20 000
（四）特许权使用费	5	0
二、费用合计［第6行=（第3行+第4行+第5行）×20%］	6	6 000
三、免税收入合计（第7行=第8行+第9行）	7	4 800
（一）稿酬所得免税部分［第8行=第4行×（1-20%）×30%］	8	4 800
（二）其他免税收入（附报《个人所得税减免税事项报告表》）	9	0
四、减除费用	10	60 000
五、专项扣除合计（第11行=第12行+第13行+第14行+第15行）	11	30 750
（一）基本养老保险费	12	12 000
（二）基本医疗保险费	13	3 000
（三）失业保险费	14	750
（四）住房公积金	15	15 000
六、专项附加扣除合计（附报《个人所得税专项附加扣除信息表》）（第16行=第17行+第18行+第19行+第20行+第21行+第22行）	16	36 000
（一）子女教育	17	12 000
（二）继续教育	18	0
（三）大病医疗	19	0
（四）住房贷款利息	20	0
（五）住房租金	21	0
（六）赡养老人	22	24 000
七、其他扣除合计（第23行=第24行+第25行+第26行+第27行+第28行）	23	0
（一）年金	24	0
（二）商业健康保险（附报《商业健康保险税前扣除情况明细表》）	25	0
（三）税延养老保险（附报《个人税收递延型商业养老保险税前扣除情况明细表》）	26	0
（四）允许扣除的税费	27	0
（五）其他	28	0
八、准予扣除的捐赠额（附报《个人所得税公益慈善事业捐赠扣除明细表》）	29	0

续上表

项目	行次	金额
九、应纳税所得额（第30行＝第1行－第6行－第7行－第10行－第11行－第16行－第23行－第29行）	30	2 450
十、税率（%）	31	3%
十一、速算扣除数	32	0
十二、应纳税额（第33行＝第30行×第31行－第32行）	33	73.5

同时，将全年一次性奖金数额 20 000，填至第 34 行，计算方式同上。

全年一次性奖金个人所得税计算

（无住所居民个人预判为非居民个人取得的数月奖金，选择按全年一次性奖金计税的填写本部分）

项目	行次	金额
一、全年一次性奖金收入	34	20 000
二、准予扣除的捐赠额（附报《个人所得税公益慈善事业捐赠扣除明细表》）	35	0
三、税率（%）	36	3%
四、速算扣除数	37	0
五、应纳税额［第38行＝（第34行－第35行）×第36行－第37行］	38	600

（2）选择全年一次性奖金并入综合所得计税

如果刘先生选择将全年一次性奖金并入综合所得计税，那么在年度汇算申报表的填写时，需要将全年一次性奖金收入并入工资薪金收入。具体填写如下。

综合所得个人所得税计算

项目	行次	金额
一、收入合计（第1行＝第2行＋第3行＋第4行＋第5行）	1	160 000
（一）工资、薪金	2	130 000
（二）劳务报酬	3	10 000
（三）稿酬	4	20 000
（四）特许权使用费	5	0
二、费用合计［第6行=（第3行＋第4行＋第5行）×20%］	6	6 000
三、免税收入合计（第7行＝第8行＋第9行）	7	0
（一）稿酬所得免税部分［第8行＝第4行×（1-20%）×30%］	8	4 800
（二）其他免税收入（附报《个人所得税减免税事项报告表》）	9	0
四、减除费用	10	60 000

续上表

项目	行次	金额
五、专项扣除合计（第 11 行 = 第 12 行 + 第 13 行 + 第 14 行 + 第 15 行）	11	30 750
（一）基本养老保险费	12	12 000
（二）基本医疗保险费	13	3 000
（三）失业保险费	14	750
（四）住房公积金	15	15 000
六、专项附加扣除合计（附报《个人所得税专项附加扣除信息表》）（第 16 行 = 第 17 行 + 第 18 行 + 第 19 行 + 第 20 行 + 第 21 行 + 第 22 行）	16	36 000
（一）子女教育	17	12 000
（二）继续教育	18	0
（三）大病医疗	19	0
（四）住房贷款利息	20	
（五）住房租金	21	0
（六）赡养老人	22	24 000
七、其他扣除合计（第 23 行 = 第 24 行 + 第 25 行 + 第 26 行 + 第 27 行 + 第 28 行）	23	0
（一）年金	24	0
（二）商业健康保险（附报《商业健康保险税前扣除情况明细表》）	25	0
（三）税延养老保险（附报《个人税收递延型商业养老保险税前扣除情况明细表》）	26	0
（四）允许扣除的税费	27	0
（五）其他	28	0
八、准予扣除的捐赠额（附报《个人所得税公益慈善事业捐赠扣除明细表》）	29	0
九、应纳税所得额（第 30 行 = 第 1 行 − 第 6 行 − 第 7 行 − 第 10 行 − 第 11 行 − 第 16 行 − 第 23 行 − 第 29 行）	30	22 450
十、税率（%）	31	3%
十一、速算扣除数	32	0
十二、应纳税额（第 33 行 = 第 30 行 × 第 31 行 − 第 32 行）	33	673.5

根据税法规定，劳务报酬、稿酬、特许权使用费三项所得在计算收入额时，可以减除费用。具体计算公式如下。

劳务报酬、稿酬、特许权使用费 = 劳务报酬、稿酬、特许权使用费 ×20%。

按税法规定，稿酬所得的收入额减按 70% 计算，则稿酬收入额减除的 30% 计入免税收入。

2. 应补／退个人所得税计算

（1）如纳税人选择全年一次性奖金单独计税

如刘先生选择全年一次性奖金不并入综合所得，实行单独计税，那么在填写年度汇算申报表时，已缴税额不包含全年一次性奖金的有关信息。具体填写如下。

应补/退个人所得税计算

一、应纳税额合计（第 41 行 = 第 33 行 + 第 38 行 + 第 40 行）	41	673.5
二、减免税额（附报《个人所得税减免税事项报告表》）	42	0
三、已缴税额	43	4 453.13
四、应补／退税额（第 44 行 = 第 41 行 − 第 42 行 − 第 43 行）	44	−3 779.63

（2）如纳税人选择全年一次性奖金并入综合所得计税

如刘先生选择将全年一次性奖金并入综合所得计税，那么在填写年度汇算申报表时，已缴税额应当包含全年一次性奖金的有关信息。具体填写如下。

应补/退个人所得税计算

一、应纳税额合计（第 41 行 = 第 33 行 + 第 38 行 + 第 40 行）	41	673.5
二、减免税额（附报《个人所得税减免税事项报告表》）	42	0
三、已缴税额	43	4 453.13
四、应补／退税额（第 44 行 = 第 41 行 − 第 42 行 − 第 43 行）	44	−3 779.63

注意：用上述两种方式计算的结果居然完全一致，如果两种方式下的收入合计均高于各项费用和抵扣合计额，并且合并前后均位于同一税级之内，那么，全年一次性奖金无论是选择单独计税，还是选择并入综合所得，最终缴纳的税款是一样的。

如果全年一次性奖金并入综合所得后落入更高一层税级，适用更高税率，可能会导致税负增加；如果全年一次性奖金选择单独计税，综合所得的费用和扣除额可能并未得到充分减除，对纳税人而言，其实也并不划算。

申报表（A 表）最后四部分即无住所个人附报信息、退税申请、备注、承诺与上述基本一致，予以省略。

（三）申报表（问答版）填写

申报表（问答版）前四部分分别为填表须知、基本情况、纳税地点和申报类型，与上面介绍的申报表（简易版）基本一致，在此不再赘述。

填表须知也是五条，只是第一条有所差异，申报表（问答版）第 1 条填表须知：如果您需要办理个人所得税综合所得汇算清缴，并且未在纳税年度内取得境外所得的，可以填写本表。

申报表（问答版）采取一问一答的形式，对于不熟悉财务报表的纳税人而言，无疑更容易填写。

1. 收入 -A（工资薪金）

11.您在纳税年度内取得的工资薪金收入有多少？

（A1）工资薪金收入（包括并入综合所得计算的全年一次性奖金）：□□,□□□,□□□,□□□.□□（元）
□无此类收入

说明：

（1）工资薪金是指个人因任职或者受雇，取得的工资薪金收入。包括工资、薪金、奖金、年终加薪、劳动分红、津贴、补贴以及与任职或者受雇有关的其他收入。全年一次性奖金是指行政机关、企事业单位等扣缴义务人根据其全年经济效益和对雇员全年工作业绩的综合考核情况，向雇员发放的一次性奖金。包括年终加薪、实行年薪制和绩效工资办法的单位根据考核情况兑现的年薪和绩效工资。

（2）全年一次性奖金可以单独计税，也可以并入综合所得计税。具体方法请查阅财税（2018）164 号文件规定。选择何种方式计税对您更为有利，可以咨询专业人士。

（3）工资薪金收入不包括单独计税的全年一次性奖金。

这部分需要特别注意的是纳税人需要做出选择，全年一次性奖金单独计税，还是并入综合所得计税，纳税人可以根据自己的实际情况做出选择。

仍以上述案例为例，如果刘先生选择全年一次性奖金单独计税，那么工资薪金收入一栏便填写 110 000 元；如果选择并入综合所得计税，那么工资薪金收入一栏便填写 130 000 元。

如果是自由职业者，没有工资薪金收入，也可以选择无此类收入，其他收入项目也都是据实填写。申报表（问答版）还对每一类收入进行了定性，以便纳税人进行合理区分。在实际填写过程中，纳税人注意对收入数据进行封口。

2. 收入 -A（劳务报酬）

12.您在纳税年度内取得的劳务报酬收入有多少？

（A2）劳务报酬收入：□□,□□□1,000,000.00（元）□无此类收入

说明：劳务报酬收入是指个人从事设计、装潢、安装、制图、化验、测试、医疗、法律、会计、咨询、讲学、翻译、审稿、书画、雕刻、影视、录音、录像、演出、表演、广告、展览、技术服务、介绍服务、经纪服务、代办服务以及其他劳务取得的收入。

3. 收入 -A（稿酬）

13.您在纳税年度内取得的稿酬收入有多少？

（A3）稿酬收入：□□,□□□,□20,000.00（元）□无此类收入

说明：稿酬收入是指个人作品以图书、报刊等形式出版、发表而取得的收入。

4. 收入 -A（特许权使用费）

14.您在纳税年度内取得的特许权使用费收入有多少？

（A4）特许权使用费收入：□□,□□□,□□□,□□0.00（元）□无此类收入

说明：特许权使用费收入是指个人提供专利权、商标权、著作权、非专利技术以及其他特许权的使用权取得的收入。

5. 免税收入 -B

15.您在纳税年度内取得的综合所得收入中，免税收入有多少？（需附报《个人所得税减免税事项报告表》）

（B1）免税收入：□□,□□□,□□□,□□0.00（元）□无此类收入

提示：免税收入是指按照税法规定免征个人所得税的收入。其中，税法规定"稿酬所得的收入额减按70%计算"，对稿酬所得的收入额减计30%的部分无须填入本项，将在后续计算中扣减该部分。

　　注意：在申报表（A表）中将稿酬所得减计 30% 的部分计入免税收入，为了方便纳税人，申报表（问答版）的免税收入并不包括此项，此处免税收入仅指需附报《个人所得税减免税事项报告表》的免税收入。

6. 专项扣除 -C

16.您在纳税年度内个人负担的，按规定可以在税前扣除的基本养老保险费、基本医疗保险费、失业保险费、住房公积金是多少？

    （C1）基本养老保险费：□1□2,0□0□0.0□0（元）□无此类扣除

    （C2）基本医疗保险费：□□3,0□0□0.0□0（元）□无此类扣除

    （C3）失业保险费： □□□,7□5□0.0□0（元）□无此类扣除

    （C4）住房公积金： □1□5,0□0□0.0□0（元）□无此类扣除

       说明：个人实际负担的"三险一金"可以扣除。

---

7. 专项附加扣除 -D

17.您在纳税年度内可以扣除的子女教育支出是多少？（需附报《个人所得税专项附加扣除信息表》）

（D1）子女教育：□□□,□□□.□□（元）□无此类扣除。

说明：

子女教育支出可扣除金额（D1）=每一子女可扣除金额合计。

每一子女可扣除金额=纳税年度内符合条件的扣除月份数×1 000元×扣除比例。

纳税年度内符合条件的扣除月份数包括子女年满3周岁当月起至受教育前一月、实际受教育月份以及寒暑假休假月份等。

扣除比例：由夫妻双方协商确定，每一子女可以在本人或配偶处按照100%扣除，也可由双方分别按照50%扣除。

18.您在纳税年度内可以扣除的继续教育支出是多少？（需附报《个人所得税专项附加扣除信息表》）

（D2）继续教育：□□□,□□□.□□（元）☑无此类扣除

说明：

继续教育支出可扣除金额（D2）=学历（学位）继续教育可扣除金额+职业资格继续教育可扣除金额。

学历（学位）继续教育可扣除金额=纳税年度内符合条件的扣除月份数×400元。

纳税年度内符合条件的扣除月份数包括受教育月份、寒暑假休假月份等，但同一学历（学位）教育扣除期限不能超过48个月。

纳税年度内，个人取得符合条件的技能人员、专业技术人员相关职业资格证书的，职业资格继续教育可扣除金额=3600元。

19.您在纳税年度内可以扣除的大病医疗支出是多少？（需附报《个人所得税专项附加扣除信息表》）

（D3）大病医疗：□,□□□,□□□.□□（元）☑无此类扣除

说明：

大病医疗支出可扣除金额（D3）=选择由您扣除的每一家庭成员的大病医疗可扣除金额合计。

某一家庭成员的大病医疗可扣除金额（不超过80000元）=纳税年度内医保目录范围内的自付部分-15000元。

家庭成员包括个人本人、配偶、未成年子女。

20.您在纳税年度内可以扣除的住房贷款利息支出是多少？（需附报《个人所得税专项附加扣除信息表》）

（D4）住房贷款利息：□□,□□□.□□（元）☑无此类扣除

说明：

住房贷款利息支出可扣除金额（D4）=符合条件的扣除月份数×扣除定额。

符合条件的扣除月份数为纳税年度内实际贷款月份数。

扣除定额：正常情况下，由夫妻双方协商确定，由其中1人扣除1 000元/月；婚前各自购房，均符合扣除条件的，婚后可选择由其中1人扣除1 000元/月，也可以选择各自扣除500元/月。

21.您在纳税年度内可以扣除的住房租金支出是多少？（需附报《个人所得税专项附加扣除信息表》）

（D5）住房租金：□□,□□□.□□（元）☑ 无此类扣除

说明：

住房租金支出可扣除金额（D5）=纳税年度内租房月份的月扣除定额之和。

月扣除定额：直辖市、省会（首府）城市、计划单列市以及国务院确定的其他城市，扣除标准为1 500元/月；市辖区户籍人口超过100万的城市，扣除标准为1 100元/月；市辖区户籍人口不超过100万的城市，扣除标准为800元/月。

22.您在纳税年度内可以扣除的赡养老人支出是多少？（需附报《个人所得税专项附加扣除信息表》）

（D6）赡养老人：□□,□□□.□□（元）□ 无此类扣除

说明：

赡养老人支出可扣除金额（D6）=纳税年度内符合条件的月份数×月扣除定额。

符合条件的月份数：纳税年度内满60岁的老人，自满60岁当月起至12月份计算；纳税年度前满60岁的老人，按照12个月计算。

月扣除定额：独生子女，月扣除定额2 000元/月；非独生子女，月扣除定额由被赡养人指定分摊，也可由赡养人均摊或约定分摊，但每月不超过1 000元/月。

8. 其他扣除 -E

23.您在纳税年度内可以扣除的企业年金、职业年金是多少？

（E1）年金：□□□,□□□.□□（元）☑ 无此类扣除

24.您在纳税年度内可以扣除的商业健康保险是多少？（需附报《商业健康保险税前扣除情况明细表》）

（E2）商业健康保险：□,□□□.□□（元）☑ 无此类扣除

25.您在纳税年度内可以扣除的税收递延型商业养老保险是多少？（需附报《个人税收递延型商业养老保险税前扣除情况明细表》）

（E3）税延养老保险：□□,□□□.□□（元）☑ 无此类扣除

26.您在纳税年度内可以扣除的税费是多少？

（E4）允许扣除的税费：□□,□□□,□□□,□□□.□□（元）□无此类扣除

说明：允许扣除的税费是指个人取得劳务报酬、稿酬、特许权使用费收入时，发生的合理税费支出。

27.您在纳税年度内发生的除上述扣除以外的其他扣除是多少？

（E5）其他扣除：□□,□□□.□□（元）☑ 无此类扣除

提示：其他扣除（其他）包括保险营销员、证券经纪人佣金收入的展业成本。

9. 捐赠 -F

28.您在纳税年度内可以扣除的捐赠支出是多少？（需附报《个人所得税公益慈善事业捐赠扣除明细表》）

（F1）准予扣除的捐赠额：□□,□□□,□□□,□□□.□□（元）☑ 无此类扣除

10. 全年一次性奖金 -G

29.您在纳税年度内取得的一笔要转换为全年一次性奖金的数月奖金是多少？

（G1）全年一次性奖金：□□,□□□,□□□,□□□.□□（元）☑ 无此类情况

（G2）全年一次性奖金应纳个人所得税=G1×适用税率-速算扣除数=□□,□□□,□□□,□□□.□□（元）

说明：仅适用于无住所居民个人预缴时因预判为非居民个人而按取得数月奖金计算缴税，汇缴时可以根据自身情况，将一笔数月奖金按照全年一次性奖金单独计算。

11. 税额计算 -H（使用纸质申报的居民个人需要自行计算填写本项）

假设年终一次性奖金并入综合所得计税，那么应纳个人所得税额为 373.5 元。

30.综合所得应纳个人所得税计算

（H1）综合所得应纳个人所得税=[（A1+A2×80%+A3×80%×70%+A4×80%）-B1-60 000-(C1+C2+C3+C4)-(D1+D2+D3+D4+D5+D6)-(E1+E2+E3+E4+E5)-F1]×适用税率-速算扣除数=□□,□□□,□□□,□□□.□□（元）

说明：适用税率和速算扣除数如下。

级数	全年应纳税所得额	税率（%）	速算扣除数
1	不超过36 000元的	3	0
2	超过36 000元至144 000元的	10	2 520
3	超过144 000元至300 000元的	20	16 920
4	超过300 000元至420 000元的	25	31 920
5	超过420 000元至660 000元的	30	52 920
6	超过660 000元至960 000元的	35	85 920
7	超过960 000元的	45	181 920

12. 减免税额 -J

31.您可以享受的减免税类型有哪些？

□残疾 □孤老 □烈属 □其他（需附报《个人所得税减免税事项报告表》）☑ 无此类情况

32.您可以享受的减免税金额是多少？

（J1）减免税额：□□,□□□,□□□,□□□.□□（元）☑ 无此类情况

13. 已缴税额 -K

33.您在纳税年度内取得本表填报的各项收入时，已经缴纳的个人所得税是多少？

（K1）已纳税额：□□,□□□,□□□,□□□.□□（元）□无此类情况

14. 应补／退税额 -L（使用纸质申报的居民个人需要自行计算填写本项）

34.您本次汇算清缴应补/退的个人所得税税额是：

（L1）应补/退税额=G2+H1-J1-K1=□□,□□□,□□□,□□□.□□（元）

15. 无住所个人附报信息（有住所个人无须填写本项）

35.您在纳税年度内，在中国境内的居住天数是多少？

纳税年度内在中国境内居住天数：天。

36.您在中国境内的居住年数是多少？

中国境内居住年数：年。

说明：境内居住年数自2019年（含）以后年度开始计算。境内居住天数和年数的具体计算方法参见财政部、税务总局公告2019年第34号。

上述两项由无住所居民个人填写，有住所个人不用填写

16. 退税申请（应补／退税额小于 0 的填写本项）

37.您是否申请退税？

☑ 申请退税 □放弃退税

38.如果您申请退税，请提供您的有效银行账户。

开户银行名称：
开户银行省份：
银行账号：

说明：开户银行名称填写居民个人在中国境内开立银行账户的银行名称。

17. 备注

如果您有需要特别说明或者税务机关要求说明的事项，请在本栏填写：

18. 申报受理

谨声明：本表是根据国家税收法律法规及相关规定填报的，本人对填报内容（附带资料）的真实性、可靠性、完整性负责。	
个人签名： 年 月 日	
经办人签字： 经办人身份证件类型： 经办人身份证件号码： 代理机构签章： 代理机构统一社会信用代码：	受理人： 受理税务机关（章）： 受理日期：　　年　月　日

四、有境外所得的纳税人的年度汇算申报

（一）申报案例

居民个人刘先生某年度取得收入和纳税情况如下。

1. 在境内全年取得收入和纳税情况

工资薪金收入：300 000 元。

三险一金：基本养老保险费 10 000 元；基本医疗保险费 2 000 元；失业保险费 500 元；住房公积金 20 000 元。

专项附加扣除：子女教育 12 000 元；赡养老人 24 000 元。

单位扣缴工资薪金所得个人所得税：17 380 元。

2. 在 B 国取得收入和纳税情况

取得工资薪金收入：折合人民币 200 000 元。

取得劳务报酬收入：折合人民币 50 000 元。

在 B 国缴纳上述两项所得个人所得税：折合人民币 60 000 元。

3. 在 C 国取得收入和纳税情况

取得利息收入：50 000 元。

在 C 国缴纳利息收入个人所得税：5 000 元。

刘先生到办税服务厅办理境外所得申报时，需要提交以下资料。

（1）《个人所得税年度自行纳税申报表（B 表）》。

（2）《境外所得个人所得税抵免明细表》。

（3）B 国、C 国缴纳个人所得税的完税证明、税收缴款书或者纳税记录等纳税凭证。

（二）《境外所得个人所得税抵免明细表》的填写

1. 本期境外所得抵免限额计算

（1）表头填写

因为刘先生在 B 国和 C 国取得了收入，所以应当在本栏表头部分填写相应的国家（地区）名称，见下图。

本期境外所得抵免限额计算

列次		A	B	C	D	E
项目	行次	金额				
国家（地区）	1	境内	境外			合计
			B 国	C 国		

（2）综合所得部分填写

第 2 行至第 8 行填写：

境内部分：2020 年度，刘先生境内取得工资薪金收入 300 000 元，因此，需要在第 3 行 A 列"工资、薪金"填写 300 000 元，第 8 行 A 列"收入额"也填写 300 000 元。

　　B 国部分：2020 年度，刘先生在 B 国取得工资薪金收入 200 000 元，因此，需要在第 3 行 B 列"工资、薪金"填写 200 000 元；取得劳务报酬收入 50 000 元，因此，需要在第 4 行 B 列"劳务报酬"填写 50 000 元；在第 7 行 B 列"收入额"填写 10 000 元（50 000×20%），劳务报酬所得在计算收入额时可以减除 20% 的费用）；在第 8 行 B 列"收入额"填写 240 000 元。

C 国部分：2020 年度，刘先生未在 C 国取得综合所得。

　　合计部分：各行 A–D 列之和。

　　第 9 行"应纳税额"的计算：

　　因为刘先生某年度仅有三险一金和两项专项附加扣除，因此，其刘先生某年度在境内外取得的综合所得应纳税额计算如下。

　　刘先生某年度在境内外取得的综合所得应纳税所得额＝收入额（540 000 元）- 减除费用（60 000 元）- 专项扣除（10 000 元 +2 000 元 +500 元 +20 000 元）- 专项附加扣除（12 000 元 +24 000 元）=411 500 元，从《个人所得税税率表（综合所得适用）》中查找适用税率。

　　应纳税额＝刘先生某年度在境内外取得的综合所得应纳税额（411 500 元）× 适用税率（25%）- 速算扣除数（31 920 元）=70 955 元。

　　第 11 行"抵免限额"的计算：

　　《财政部 国家税务总局关于境外所得有关个人所得税政策的公告》（财政部 税务总局公告 2020 年第 3 号）第三条规定如下。

　　来源于一国（地区）综合所得的抵免限额＝中国境内和境外综合所得依照本公告第二条规定计算的综合所得应纳税额 × 来源于该国（地区）的综合所得收入额 ÷ 中国境内和境外综合所得收入额合计。

　　按照以上公式，刘先生 2019 年在 B 国取得的综合所得的抵免限额计算如下。

　　刘先生 2019 年在 B 国取得的综合所得的抵免限额＝刘先生某年度在境内外取得的综合所得应纳税额（70 955 元）× 来源于 B 国的综合所得收入额（240 000 元）÷ 中国境内和境外综合所得收入额合计（540 000 元）= 31 535.56 元。

　　综上，刘先生某年度境内外取得综合所得抵免限额计算部分，填表如下。

本期境外所得抵免限额计算

列次			A	B	C	D	E
项目		行次	金额				
国家（地区）		1	境内	境外			合计
				B国	C国		
一、综合所得	（一）收入	2	300 000	250 000	0		550 000
	其中：工资、薪金	3	300 000	200 000	0		500 000
	劳务报酬	4	0	50 000	0		50 000
	稿酬	5	0	0	0		0
	特许权使用费	6	0	0	0		0
	（二）费用	7	0	10 000	0		10 000
	（三）收入额	8	300 000	240 000	0		540 000
	（四）应纳税额	9	-	-	-		70 955
	（五）减免税额	10	-	-	-		0
	（六）抵免限额	11	-	31 535.56	0		31 535.56

（3）利息、股息、红利所得部分填写

B国部分：2019 年，刘先生未在 B 国取得利息、股息、红利所得。

C国部分：2019 年，刘先生在 C 国取得利息所得收入 50 000 元，因此，需要在第 18 行 C 列"应纳税所得额"填写 50 000 元，第 19 行 C 列"应纳税额"填写 10 000 元（50 000 元 ×20%），第 21 行 C 列"抵免限额"也填写 10 000 元。

该部分填表如下（中间行次略）。

本期境外所得抵免限额计算

列次			A	B	C	D	E
项目		行次	金额				
国家（地区）		1	境内	境外			合计
				B国	C国		
三、利息、股息、红利所得	（一）应纳税所得额	18	-	0	50 000		50 000
	（二）应纳税额	19	-	0	10 000		10 000
	（三）减免税额	20		0	0		0
	（四）抵免限额	21		0	10 000		10 000

（4）本年可抵免限额合计部分填写

第 45 行各列按照公式计算后，如下表（中间行次略）。

本期境外所得抵免限额计算

列次		A	B	C	D	E
项目	行次	金额				
国家（地区）	1	境内	境外			合计
			B 国	C 国		
九、本年可抵免限额合计（第45行=第11行+第17行+第21行+第25行+第32行+第36行+第40行+第44行）	45	—	31 535.56	10 000		41 535.56

2. 本期实际可抵免额计算

如果刘先生此前 5 年没有可结转的抵免额，则第 46~51 行"以前年度结转抵免额"均为 0。

第 52 行"本年境外已纳税额"： 按照在相应国家实际缴纳的个人所得税填写。刘先生某年度在相关国家缴纳个人所得税分别为：B 国缴纳 60 000 元，C 国缴纳 5 000 元。

第 54 行"本年抵免额"： 刘先生在 B 国实际纳税高于计算的可抵免限额，因此只能按照可抵免限额填写 31 535.56 元；在 C 国实际纳税低于计算的可抵免限额，因此可以全额抵免 5 000 元。

第 55 ～ 60 行： 刘先生在 B 国实际缴纳的个人所得税在某年度未能全部抵免完毕，剩余部分可以结转以后年度抵免，第 60 行 B 列填写 28 464.44 元（60 000 元 - 31 535.56 元）。

该部分填表如下（中间行次略）。

本期境外所得抵免限额计算

列次		A	B	C	D	E
项目	行次	金额				
国家（地区）	1	境内	境外			合计
			B 国	C 国		
本期实际可抵免额计算						
一、以前年度结转抵免额（第46行=第47行+第48行+第49行+第50行+第51行）	46	—	0	0		0

续上表

列次		A	B	C	D	E
项目	行次	金额				
国家（地区）	1	境内	境外			合计
			B 国	C 国		
本期实际可抵免额计算						
其中：前 5 年	47	–	0	0		0
前 4 年	48	–	0	0		0
前 3 年	49	–	0	0		0
前 2 年	50	–	0	0		0
前 1 年	51	–	0	0		0
二、本年境外已纳税额	52	–	60 000	5 000		65 000
其中：享受税收饶让抵免税额（视同境外已纳）	53	–	0	0		0
三、本年抵免额（境外所得已纳所得税抵免额）	54	–	31 535.56	5 000		36 535.56
四、可结转以后年度抵免额（第 55 行 = 第 56 行 + 第 57 行 + 第 58 行 + 第 59 行 + 第 60 行）	55	–	28 464.44	0		–
其中：前 4 年	56	–	0	0		–
前 3 年	57	–	0	0		–
前 2 年	58	–	0	0		–
前 1 年	59	–	0	0		–
本年	60	–	28 464.44	0		–

备注及其他栏次予以略过。

（三）《个人所得税年度自行纳税申报表（B 表）》的填写

表头、基本情况、纳税地点、申报类型等前四部分参考《个人所得税年度自行纳税申报表（A 表）》的填写，在此予以略过。

1. 综合所得个人所得税计算

该部分填表如下。

综合所得个人所得税计算

项目	行次	金额
一、境内收入合计（第1行=第2行+第3行+第4行+第5行）	1	300 000
（一）工资、薪金	2	300 000
（二）劳务报酬	3	0
（三）稿酬	4	0
（四）特许权使用费	5	0
二、境外收入合计（附报《境外所得个人所得税抵免明细表》）（第6行=第7行+第8行+第9行+第10行）	6	250 000
（一）工资、薪金	7	200 000
（二）劳务报酬	8	50 000
（三）稿酬	9	0
（四）特许权使用费	10	0
三、费用合计[第11行=(第3行+第4行+第5行+第8行+第9行+第10行)×20%]	11	10 000
四、免税收入合计（第12行=第13行+第14行）	12	0
（一）稿酬所得免税部分[第13行=（第4行+第9行）×(1-20%)×30%]	13	0
（二）其他免税收入（附报《个人所得税减免税事项报告表》）	14	0
五、减除费用	15	60 000
六、专项扣除合计（第16行=第17行+第18行+第19行+第20行）	16	32 500
（一）基本养老保险费	17	10 000
（二）基本医疗保险费	18	2 000
（三）失业保险费	19	500
（四）住房公积金	20	20 000
七、专项附加扣除合计（附报《个人所得税专项附加扣除信息表》）（第21行=第22行+第23行+第24行+第25行+第26行+第27行）	21	36 000
（一）子女教育	22	12 000
（二）继续教育	23	0
（三）大病医疗	24	0
（四）住房贷款利息	25	0
（五）住房租金	26	0
（六）赡养老人	27	24 000
八、其他扣除合计（第28行=第29行+第30行+第31行+第32行+第33行）	28	0
（一）年金	29	0

续上表

项目	行次	金额
（二）商业健康保险（附报《商业健康保险税前扣除情况明细表》）	30	0
（三）税延养老保险（附报《个人税收递延型商业养老保险税前扣除情况细表》）	31	0
（四）允许扣除的税费	32	0
（五）其他	33	0
九、准予扣除的捐赠额（附报《个人所得税公益慈善事业捐赠扣除明细表》）	34	0
十、应纳税所得额 （第35行=第1行+第6行−第11行−第12行−第15行−第16行−第21行−第28行−第34行）	35	411 500
十一、税率（%）	36	25%
十二、速算扣除数	37	31 920
十三、应纳税额（第38行=第35行×第36行−第37行）	38	70 955

2. 除综合所得外，其他境外所得个人所得税计算

该部分填表如下（部分行次予以省略）。

除综合所得外，其他境外所得个人所得税计算

（无相应所得不填本部分，有相应所得另需附报《境外所得个人所得税抵免明细表》）

	项目	行次	金额
一、经营所得	（一）经营所得应纳税所得额（第39行=第40行+第41行）	39	0
	其中：境内经营所得应纳税所得额	40	0
	境外经营所得应纳税所得额	41	0
	（二）税率（%）	42	0
	（三）速算扣除数	43	0
	（四）应纳税额（第44行=第39行×第42行−第43行）	44	0
二、利息、股息、红利所得	（一）境外利息、股息、红利所得应纳税所得额	45	50 000
	（二）税率（%）	46	20%
	（三）应纳税额（第47行=第45行×第46行）	47	10 000

3. 应补／退个人所得税计算

该部分填表如下（未展示行次略）。

应补/退个人所得税计算

项目	行次	金额
一、应纳税额合计 （第70行=第38行+第44行+第47行+第50行+第53行+第56行+第58行+第62行+第67行+第69行）	70	80 955
二、减免税额（附报《个人所得税减免税事项报告表》）	71	0
三、已缴税额（境内）	72	17 380
其中：境外所得境内支付部分已缴税额	73	0

续上表

境外所得境外支付部分预缴税额	74	0
四、境外所得已纳所得税抵免额（附报《境外所得个人所得税抵免明细表》）	75	36 535.56
五、应补/退税额（第76行＝第70行−第71行−第72行−第75行）	76	27 039.44

表内无住所个人附报信息、退税申请、备注等栏次予以略过。

◉ 第三节 个人自行通过手机 App 端进行年度汇算

目前最便捷的年度汇算方式便是采用手机 App 端进行申报，采用此种申报方式的人数占总申报人数的 80.9%。

纳税人可以在手机应用市场搜索 App"个人所得税"，或者扫描相关链接进行安装。

注册方式均为实名注册，可以通过大厅注册码注册，也可以通过人脸识别认证注册。注册完成后，可以选择采用账号密码登录，也可以选择指纹登录，还可以选择扫脸登录。

使用手机 App 端进行申报，可以从两个入口进入年度汇算界面。

第一个入口：从首页的【常用业务】区块的【综合所得年度汇算】进入。

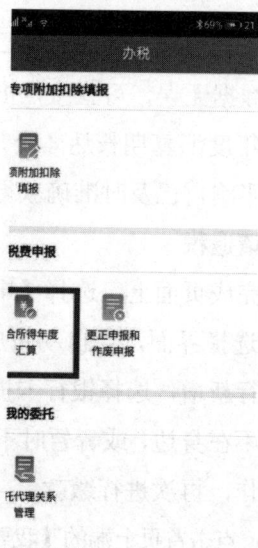

第二个入口：从快捷入口头部【我要办税】或底部【办税】菜单进入后，点击在【税费申报】项下的【综合所得年度汇算】。

一、纳税年度内综合所得收入额未超过 6 万元且预缴过个人所得税的居民个人年度汇算方式

纳税年度内综合所得收入额未超过 6 万元的居民个人通常情况下不需要补缴税款，对于纳税年度内预缴的税款，可以申请退税。这类纳税人可以适用简易程序。

（一）简易程序

第一步：确认申报表信息

手机 App 一个重要的创新型举措就是预填报机制，但简易申报和标准申报的预填报标准有所不同，简易申报为全量版预填，包括正常工资薪金、劳务报酬、稿酬、特许权使用费等四类综合所得；标准申报为部分项目预填，仅包括正常工资薪金、连续性劳务报酬（即保险营销员、证券经纪人）和特许权使用费，不包括其他劳务报酬和稿酬。

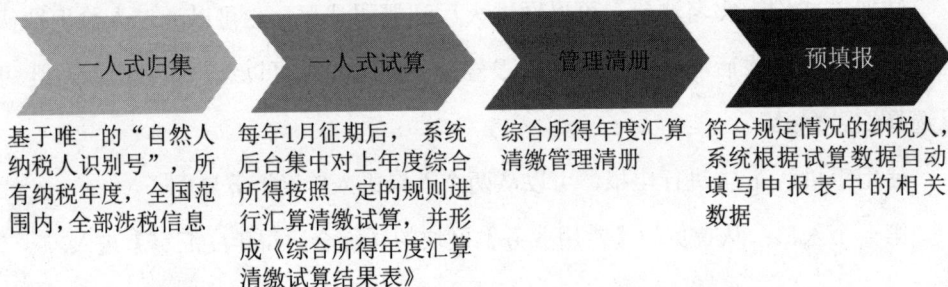

一人式归集	一人式试算	管理清册	预填报
基于唯一的"自然人纳税人识别号"，所有纳税年度，全国范围内，全部涉税信息	每年1月征期后，系统后台集中对上年度综合所得按照一定的规则进行汇算清缴试算，并形成《综合所得年度汇算清缴试算结果表》	综合所得年度汇算清缴管理清册	符合规定情况的纳税人，系统根据试算数据自动填写申报表中的相关数据

纳税人需要核对个人基础信息、汇缴地、查看收入明细数据，确认已缴税额。

若确认申报数据无误，可直接点击"提交申报"。

个人所得税年度汇算期长达 4 个月之久，务必要确认好本人的申报数据后再提交申报，避免影响自己及时准确获得退税，也避免影响个人合法权益。

第二步：申请退税

在申报提交完成页面上，选择【申请退税】。

进入银行卡选择界面，会自动带出已添加过的银行卡。也可以点击【添加银行卡信息】，进行新增，选择银行卡提交退税申请，可以看到退税申请进度。

如果银行卡不在身边，或者暂时不想退税，可以点击【暂不处理，返回首页】。后续可按如下操作，再次进行缴款。

第一种方式：点击首页上端的【我要查询】，页面切换后，再点击【申报查询】。

第二种方式：点击首页上端的【服务】，页面切换后，再点击【申报查询】。查找到未缴税记录，点击后，弹出申报界面。

（二）申请退税

特殊情形一：更正与作废

申报后，发现申报数据有误，可进行更正或者作废。具体操作时，可通过【查询】→【申报查询（更正／作废申报）】→【申报详情】查看已申报情况。但是，如已申请退税，需要先撤销退税，再进行更正或作废；如果上次申请退税已办理成功，则无法撤销，需结合上次申报情况申报更正。

特殊情形二：申诉与删除

如纳税人认为某条收入信息非本人取得，可对收入明细数据进行【申诉】或【删除】。

【申诉】或【删除】操作的前提必须是在本人没有取得该笔收入情况下才可以进行。否则，可能需要承担相应法律责任，并对个人纳税信用产生影响。进行操作后，相应收入均不纳入年度汇算。

如果取得过该笔收入，只是对相关金额有疑问，建议先联系支付单位，可能是对收入口径有误解，或者申报单位金额填写错误。尽量不要通过【申诉】或【删除】程序进行处理。

需要特别注意的事项：

（1）简易申报不支持新增或修改收入等数据，若有必要新增或修改，需切换至标准申报并进行相应操作。

（2）"申诉"或"删除"区别在于，"申诉"后，相应记录将进入税务系统内部异议申诉环节进行处理；而"删除"后，相应记录不进入异议申诉环节。对某条记录进行申诉或删除后，还可以"撤销申诉"或"恢复删除"。

（3）缴款成功后，若发现错误需要修改，可通过"更正申报"进行处理。

（4）退税银行卡，建议选择一类银行卡，否则可能存在退税失败风险。如果不确定，可以电话咨询银行、查询网上银行或到银行网点查询手中的银行卡是否属于一类卡。

（5）请确保退税账户在收到退税前处于正常状态，账户挂失、未激活、注销等均会造成退税不成功。

（6）申请退税后，如发现错误，当退税进度显示"税务审核中"时，需先撤销退税申请才能申报更正或作废原申报后重新申报。其他情况，则需结合上次申报进行申报更正。

二、纳税年度内综合所得收入额超过 6 万元且预缴过个人所得税的居民个人的预填报申报方式

手机 App 会根据一定规则为纳税人提供预填申报数据服务。如需要该项服务，可在申报界面选择【使用已申报数据填写】。

第一步：确认基本信息

基本信息页面支持修改"电子邮箱、联系地址"信息，选择本次申报的汇缴地，与简易程序基本一致。

第二步：生成和确认申报表信息

系统会为纳税人自动归集本纳税年度收入的纳税数据并直接预填至相应申报栏次，包括工资薪金、劳务报酬（仅指保险营销员、证券经纪人的劳务报酬）、特许权使用费所得。如果确认相关数据无误、没有要修改的事项，也没有取得过劳务报酬、稿酬所得，可跳过第三步，直接进入第四步。

如有其他劳务报酬和稿酬所得，需点击相应所得查询并确认后填报，具体可实施第三步，点击"修改申报表信息"中的"新增劳务报酬或稿酬"。

纳税人可点击对应项目，进入详情界面核对。

第三步：修改申报表信息

如果纳税人需要对预填的申报数据进行补充、完善或者修改，可进入对应明细表或附表进行。

（一）完善收入数据

在收入列表界面，可依所得项目，进行收入的"新增"和"修改"。如果纳税人认为某条收入信息非本人取得，可进行"申诉"或"删除"，进行相应操作后，相应收入均不纳入年度汇算。

1. 全年一次性奖金设置

全年一次性奖金可以选择单独计税，也可以并入当年综合所得计算纳税。注意，如果存在多笔上述收入，只能选择其中一笔单独计税，其他的均应并入综合所得缴纳税款。中央企业负责人取得年度绩效薪金延期兑现收入和任期奖励收入，计税方法视同全年一次性奖金。

年度汇算时，如选择将全年一次性奖金合并至综合所得计税的，或者有多笔全年一次性奖金的，可通过【奖金计税方式选择】，进行设置。

2. 填报劳务报酬或稿酬

由于标准申报并非全量数据，如果存在保险营销员、证券经纪人的劳务报酬之外的其他劳务报酬或者稿酬，可在对应所得项目列表明细界面，通过点击【新增】，进行填报。

纳税人新增上述所得，可以选择【手工填写】，也可以通过【查询导入】，进行选择，在查询结果界面通过确认、勾选相应收入后，自动带入相应申报栏次。

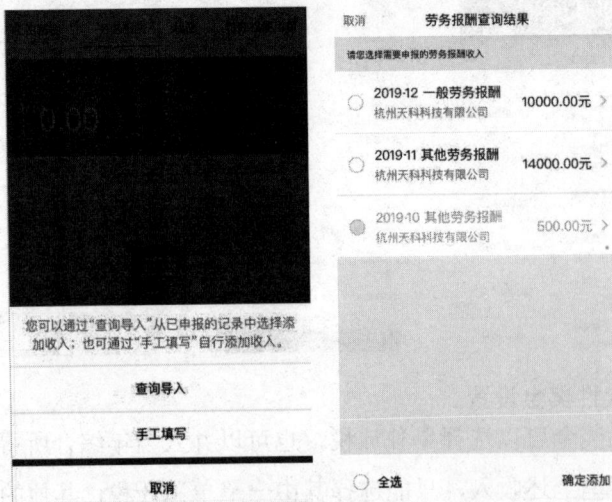

（二）完善扣除信息

1. 专项附加扣除

如果纳税人没有"新增"或者"修改"的事项，可直接跳过。如果需要"新增"或者"修改"专项附加扣除信息，可点击【新增】，跳转至采集界面后进行填报。填报完成后，可选择跳转回年度汇算继续填报。

如果纳税人在填报专项附加扣除时，对同一项目有重复扣除等情况，比如，只能选择其一的项目（如下图中房租和房屋贷款）同时扣除，或者在两处取得所得时扣除同一项目（如下图中重复扣除继续教育）。系统界面上将会出现相关提示，此时需要对相关信息进行确认修正。

2. 专项扣除（三险一金）

在专项扣除列表界面，可分项目进行新增和修改。

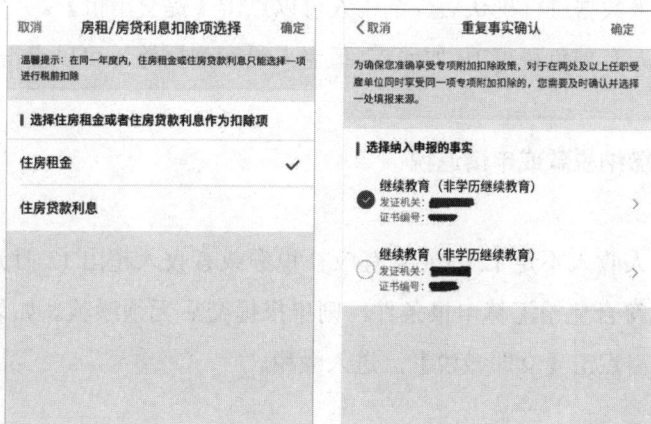

取消	新增收入	
所得项目类型	工资薪金	>
所得项目小类	正常工资薪金	>
收入发放人	选填	>
收入（元）	请输入金额	
免税收入-其他（元）	选填	
基本养老保险（元）	1000	
缴纳地	请选择	>
基本医疗保险（元）	选填	
失业保险（元）	选填	
住房公积金（元）	选填	

＜返回	2019-12	修改
税款所属期：		2019-12
所得项目：		正常工资薪金
扣缴义务人识别号：		46600591234390392207
扣缴义务人：		索非亚皮革制品有限公司
收入：		4000.00 元
其他免税收入 ⑦：		0.00 元
减除费用 ⑦：		5000.00 元
基本养老保险：		320.00 元
基本医疗保险：		80.00 元
失业保险：		40.00 元
住房公积金：		0.00 元
年金 ⑦：		0.00 元
商业健康险 ⑦：		0.00 元
税延养老保险 ⑦：		0.00 元
允许扣除的税费 ⑦：		0.00 元
其他扣除-其他 ⑦：		0.00 元

3. 商业健康险和税收递延养老保险

在其他扣除明细列表界面，可点击【商业健康险】【税延养老保险】页面，分别进行新增和修改。

4. 准予扣除的捐赠额

在准予扣除的捐赠额列表界面，您可进行新增和修改。

新增捐赠额后，可点击【分配扣除】，设置要在综合所得中扣除的金额。

（三）税款计算

对上述申报数据进行确认后，纳税人可以点击【提交申报】。

如果纳税人有减免税事项（如残疾、孤老人员和烈属等），可以点击【减免税额】，新增相关信息。

第四步：缴纳税款或申请退税

（1）缴税

如果纳税人收入不足 12 万元且有应补税额或者收入超出 12 万元，但应补税额 ≤ 400 元，符合免予汇算申报条件，则申报提交后无须缴款。如果不符合免予申报条件，则需点击【立即缴税】，进入缴税。

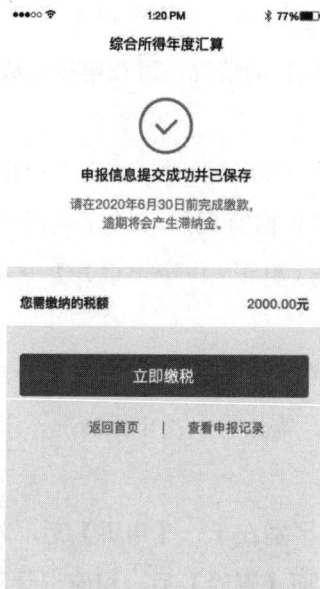

进入缴税界面后，选择相应的缴税方式，完成支付。

纳税人也可暂不缴款，后续再进行缴款。

查找到未缴税记录，点击后，弹出申报界面，确认无误后，点击页面右下角的【立即缴税】。

（2）申请退税

如果纳税人存在多预缴税款的情况，可在申报完成后，点击【申请退税】。

第五步：更正与作废

这一步并非必要步骤，只有在需要时，才会进行相关操作。

如果申报后，发现申报数据有误，可进行更正或者作废。具体操作时，可通过【查询】→【申报查询（更正/作废申报）】→【申报详情】，查看已申报情况。

如果已申请退税，需要先撤销退税，再进行更正或作废；如果上前次申请退税已办理成功，则无法撤销，需结合上次申报情况，申报更正。

注意事项：

①【申诉】和【删除】区别在于，【申诉】后，相应记录将进入税务系统内部异议申诉环节进行处理；而【删除】后，相应记录不进入异议申诉环节。对某条记录进行申诉或删除后，可以"撤销申诉"或"恢复删除"。

②更正时，标准申报不支持切换为简易申报，可作废原申报后重新申报成简易申报。

③缴款成功后，如果发现错误，需要修改，可通过更正申报进行处理。

④退税银行卡，建议选择一类银行卡，否则可能存在退税失败风险。可以电话咨询银行、查询网上银行或到银行网点查询银行卡是否属于一类卡。

⑤请确保退税账户在收到退税前处于正常状态，账户挂失、未激活、注销等均会造成退税不成功。

⑥发起退税申请后，退税进度显示"税务审核中"时，可先撤销退税申请，再进行申报更正或作废原申报后重新申报。否则，需要结合前次申报情况再进行申报更正。

三、纳税年度内综合所得收入额超过6万元且预缴过个人所得税的居民个人的自行填写的申报方式

如果纳税人无须使用预填申报数据服务，可在进入申报界面后选择【自行填写】，确认基本信息。

第一步：填写收入和税前扣除信息

除填报专项附加扣除信息、商业健康险、税收递延养老保险、准予扣除的捐赠额、减免税额外，可直接填写申报表各项数据。

商业健康险、税收递延养老保险、准予扣除的捐赠额、减免税额需先填写附表，在附表填写相关信息后可自动带入主表，而主表不能直接填写。

专项附加扣除信息根据采集信息自动计算可扣除金额，如果需要修改或新增，请参考预填报服务时的相关操作。

第二步：缴纳税款或申请退税

与选择预填报服务时的相关操作一致，在此不再赘述。

第三步：更正与作废

如果需要对年度汇算申报进行更正或者作废，与选择预填报服务时的相关操作一致，在此也不再赘述。

注意事项：如果纳税年度中，纳税人存在非居民个人所得税申报记录，系统将不会提供预填服务，需要纳税人自行填写申报表。

无住所居民个人在纳税年度内取得奖金时按数月奖金政策预缴税款的，可选择重新按全年一次性奖金单独计算。如果还有公益捐赠支出，可以选择对扣除额进行分配。

在税款计算界面，点击【全年一次性奖金应纳税额】，进入详情填写。

如果纳税人还有公益捐赠支出，可点击【准予扣除的捐赠额】，也可以在收入和税前扣除信息界面点击【准予扣除的捐赠额】，进入捐赠详情界面进行【新增】。

新增公益捐赠支出后，点击【分配扣除】，可以将扣除额分配给综合所得和全年一次性奖金，如何分配由纳税人自主决定，但两者之和不得超过准予扣除的捐赠额。

注意：系统会自动计算按全年一次性奖金计税的应纳税额，纳税人需要按数月奖金申报的已缴税额合并进全年已缴税额，否则会导致多缴税款。

◉ 第四节　个人自行通过网页 Web 端进行年度汇算

纳税人可以通过自然人电子税务局网页 Web 端办理年度汇算申报。如果纳税人收入额不高且收入来源较为单一，那么选用手机 App 进行申报，无疑更为便捷，如果纳税人收入额较高且收入来源多样，可以选择网页 Web 端进行申报，便于将电脑中的收入数据导入网页 Web 端。

根据 2019 年综合所得年度汇算统计数据，自行通过网页 Web 端进行申报的人数占总申报人数的 0.1%。尽管如此，网页 Web 端申报仍旧是非智能手机用户的重要选择，依然有其存在的独特价值。

使用网页 Web 端申报，可以登录自然人电子税务局的网址 https://etax.chinatax.gov.cn，首次访问需要先实名认证注册。

一、实名注册和实名登录

实名注册是验证绑定的账户是否属于本人，对纳税人信息的真实性进行验证审核，目的是保障纳税人的合法权益和涉税数据安全，是建立完善可靠的互联网信用基础。

开通自然人电子税务局的账号进行办税，纳税人可先行前往办税服务厅获取注册码，然后使用注册码注册账号，后续凭此账号进行远程办税。这种注册方式适用于所有的证件类型。

纳税人携带有效身份证件到办税服务厅获取注册码，注册码有效期 7 天，由数字、字母共 6 位随机组成。

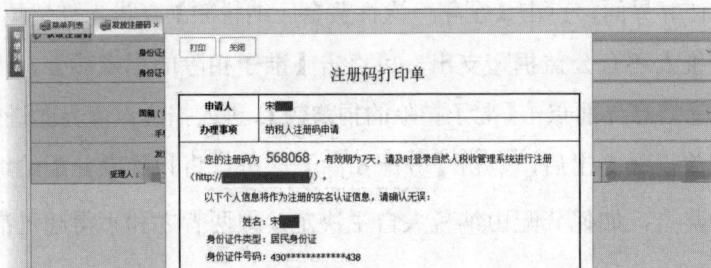

登录自然人电子税务局，点击【立即注册】或页面右上角【注册】后，在显示的页面中需自然人授权点击【同意并继续】。

选择【大厅注册码注册】方式，如实填写身份信息，包括姓名、证件类型、证件号码。如果姓名中有生僻字，可点击【录入生僻字】，通过笔画输入法录入。

录入生僻字操作：选择生僻字偏旁部首，根据生僻字笔画数选择左侧笔画数选框，查找对应生僻字后，点击【确定】，就可以将生僻字录入完成。

设置密码（系统对密码有校验规则）、手机号（需短信验证）、户籍所在地完成注册。设置完成后即可通过手机号码／证件号码登录，并进行相关业务操作。

注意：密码由字母大小写、数字、特殊字符中的三种或以上组成，需8至15位，不允许空格。注册码有效期为7天，如果过期，需再次申请。

除了上述注册方式外，如果纳税人已下载手机App"个人所得税"，可通过登录手机App后，使用首页右上角的扫一扫功能，扫描网页的二维码来完成网页版的快速登录。二维码的时效性为15分钟，如果二维码过期，则需刷新，重新生成。

1. 实名登录

自然人电子税务局注册完成后，可直接登录自然人电子税务局进行相关信息采集、修改和维护等操作。

纳税人点击登录页面的【密码登录】，可凭注册的手机号码／证件号作为账号进行登录。其中，使用外国护照注册的用户，请使用手机号码登录。

2. 注意事项

（1）账户和密码不匹配，会提示"账号或密码错误，请重新输入"。

（2）账户不存在（包括未注册或注销状态），会提示"账号或密码错误，请重新输入"。

（3）并过档的被并档案，会提示"当前账号对应的证件已被并档，请使用并档后的主证件进行注册。若非本人真实并档，请联系当地税务机关"。

（4）账户存在，但为冻结状态，会提示"该账户处于冻结状态，请先到办税服务厅解冻"。

（5）输入错误超过上限后，账号将被锁定，需通过找回密码解锁，或120分钟后自动解锁。

进入系统后，纳税人可以从以下两个入口进入综合年度汇算。

第一个入口：从首页的【常用业务】区块的【综合所得年度汇算】；

第二个入口：从顶部菜单【我要办税】→【税费申报】下的【综合所得年度汇算】进入。

二、年度综合所得收入额未超过 6 万元的纳税人可以选择简易程序

居民个人在纳税年度内取得的综合所得收入额未超过 6 万元且预缴过个人所得税的，可通过简易申报申请退税。

第一步：确认申报表信息

纳税人需要核对个人基础信息、汇缴地、查看收入明细数据，确认已缴税额。

如果确认申报数据无误，可直接提交申报，进入第二步。

简易申报并不支持新增或修改收入等数据，如果纳税人发现预填的申报数据有误，需要对其进行新增或修改，只能切换至标准申报进行相应操作。

第二步：申请退税

在申报提交完成页面上，点击【申请退税】。

进入银行卡选择界面，会自动带出已添加过的银行卡。纳税人也可以点击【添加】，新增银行卡信息。

选择银行卡后提交退税申请，可以看到退税申请进度。

如果银行卡不在身边，或者暂时不想退税，可以点击【暂不处理，返回首页】。

后续可点击【我要查询】→【申报查询更正/作废申报】，在未完成项下找到相关申报数据，点击【申请退税】，再次发起退税申请。

纳税人如果需要税收完税证明，可通过【我要查询】→【申报查询（更正/作废申报）】→【已完成】，查看缴税记录，点击【转开完税证明】，开具证明。

至此，简易申报程序的一般性程序便结束了。后面两步是在特殊情形之下的特殊处理，并非一般程序。

第三步：更正与作废

申报后，如果纳税人发现申报数据有误，可进行更正或者作废。具体操作时，可通过【查询】→【申报信息查询】→【申报查询（更正/作废申报）】，查看已申报情况。

发起退税申请后如果发现错误，需要等待退税审批终审后方可进行申报更正。在退税进度显示"税务机关正在审核"的情况下，纳税人也可撤销退税申请，再进行申报更正或作废原申报后重新申报。如果前次申请退税已办理成功，则无法撤销，需结合上次申报情况，申报更正。

第四步：申诉或删除

纳税人如果认为某条收入信息非本人取得，可对收入明细数据进行【申诉】或【删除】。

【申诉】和【删除】区别在于，【申诉】后，相应记录将进入税务系统内部异议申诉环节进行处理；而【删除】后，相应记录不进入异议申诉环节。纳税人对某条记录进行申诉或删除后，可以"撤销申诉"或"恢复删除"。

三、纳税年度内综合所得收入额超过 6 万元且预缴过个人所得税的居民个人的预填报申报方式

年度居民个人综合所得年收入额超过 6 万元时，可在 3 月 1 日至 6 月 30 日内，需要按照标准申报程序办理年度汇算。与手机 App 一样，纳税人可以选择预填报方式，也可以选择自行填报方式。

税务机关会根据一定规则为纳税人提供预填申报数据服务。如果需要该项服务，可在申报界面选择【使用已申报数据填写】。

第一步：确认基本信息

基本信息页面支持修改"电子邮箱、联系地址"信息，选择本次申报的汇缴地。

第二步：生成和确认申报表信息

系统为纳税人自动归集了年度收入纳税数据并直接预填至相应申报栏次，包括工资薪金、连续劳务报酬（仅限保险营销员、证券经纪人）、特许权使用费所得。如果确认相关数据无误、没有要修改的事项，也没有取得过劳务报酬、稿酬所得，可直接跳过第三步，进入第四步。

如果纳税人有其他劳务报酬和稿酬所得，需点击相应所得查询并确认后填报，具体可参见第三步"修改申报表信息"中的【新增劳务报酬或稿酬】。

纳税人可点击对应项目，进入详情界面核对。

第三步：修改申报表信息

如果纳税人需要对预填的申报数据进行补充、完善或者修改，可进入对应的明细表或附表，进行相关事项操作。

（一）完善收入数据

在收入列表界面，可分所得项目，进行收入的【新增】和【修改】。如果认

为某条收入信息非本人取得，可进行【申诉】或【删除】。操作后，相应收入均不纳入年度汇算。

1. 全年一次性奖金设置

年度汇算时，可通过【单独计税奖金－设置】进行设置，可选选择单独计税，也可以选择并入综合所得。

2. 填报劳务报酬或稿酬

纳税人如果有劳务报酬或者稿酬，可在对应列表明细界面，点击左下方提示链接或点击【新增申报项目】，可以选择【查询导入】或者【手工填写】。如果选择【查询导入】，在查询结果界面勾选相应收入后可带入。

（二）完善扣除信息

点击除专项附加扣除之外的明细数据，可进入对应的详情界面，可进行【新增】【修改】【删除】【申诉】等操作，步骤同"完善收入数据"一致。

1. 专项附加扣除

若需要新增或修改专项附加扣除信息，可点击【新增】，跳转至采集界面。采集完成后，可选择跳转回年度汇算继续填报。

如果纳税人在填报专项附加扣除时，对同一项目有重复扣除等情况，系统界面上将会出现提示，此时需要对相关信息进行确认修正。

对于此种情形，可能是同一扣除项目在两处任职、受雇单位均予以扣除，造成重复扣除，此时需要调减该项目金额；也可能是不能同时享受项目，比如，既扣除房屋租金，又抵扣房屋贷款，此时只能选择扣除其中一项。

2. 专项扣除（即三险一金）

在专项扣除列表界面，可分项目进行新增和修改。

3. 商业健康险和税收递延养老保险

在其他扣除明细列表界面，可点击【商业健康险】【税收递延养老保险】页面，分别进行新增和修改。

4. 准予扣除的捐赠额

在准予扣除的捐赠额列表界面，可进行新增和修改。

新增捐赠额后，可点击【分配扣除】，设置要在综合所得中扣除的金额。

（三）税款计算

对前述申报数据进行确认后，提交申报。

如果有减免税事项（新增残疾、孤老人员和烈属），可点击【减免税额】，新增相关信息。

第四步：缴纳税款或申请退税

（一）缴款

如果纳税人收入不足 12 万元且有应补税额或者收入超出 12 万元但应补税额 ≤ 400 元，符合免予汇算申报条件，则申报提交后无须缴款。如果不符合免予申报条件，则需点击【立即缴款】，进入缴税。

如果暂不缴款，可以选择【返回首页】或【查看申报记录】，后续可再次进行缴款。

（二）申请退税

如果存在多缴税款的情况，可点击【申请退税】。

如果银行卡不在身边，或者暂时不想退税，可点击【暂不处理】，返回首页。后续可再次发起退税申请。

如果申报后，发现申报数据有误，可进行更正或者作废。具体操作时，可通过【查询】→【申报信息查询】→【申报查询（更正／作废申报）】，查看已申报情况。如果发现申报有误，可进行【更正】或【作废】。

四、纳税年度内综合所得收入额超过 6 万元居民个人的自行填写申报方式

如果纳税人无须使用预填申报数据服务，可在进入申报界面后选择【自行填写】，确认基本信息。

第一步：填写收入和税前扣除信息

除专项附加扣除、商业健康险、税收递延养老保险、准予扣除的捐赠额、减免税额外，可直接填写申报表各项数据。

商业健康险、税收递延养老保险、准予扣除的捐赠额、减免税额需先填写附表，填完后相关信息带入主表。主表不能直接填写。

专项附加扣除信息根据采集信息自动计算可扣除金额，如果需修改或新增，请参考选择预填报服务时的相关操作。

第二步：缴纳税款或申请退税

与选择预填报服务时的相关操作基本一致。

更正与作废与选择预填报服务时操作一致。

注意事项：

纳税年度内存在非居民个人所得税申报记录，系统不提供预填，需要自行填写申报表。

无住所居民个人，且年度内取得奖金时按数月奖金政策预缴税款的，可选择重新按全年一次性奖金单独计算。如果还有公益捐赠支出，可以选择二者间分配扣除。

可在税款计算界面，在【全年一次性奖金】，点击【修改】，填写相应收入。如果有公益捐赠支出，可点击【准予扣除的捐赠额】（或在收入和税前扣除信息界面的【准予扣除的捐赠额】），进入捐赠详情界面，进行【新增】和【分配扣除】。

◉ 第五节　扣缴义务人代办通过网页 Web 端进行年度汇算

扣缴义务人可以利用自然人电子税务局网页 Web 端集中为纳税人办理年度汇算申报，采取此种方式申报的人数占总申报人数的 18.6%。

集中申报仅适用于扣缴义务人为在纳税年度内申报过正常工资薪金所得、外籍人员正常工资薪金所得、连续劳务报酬所得（仅限保险营销员、证券经纪人）的个人办理年度汇算，不得为其他纳税人办理集中个人所得税年度汇算。

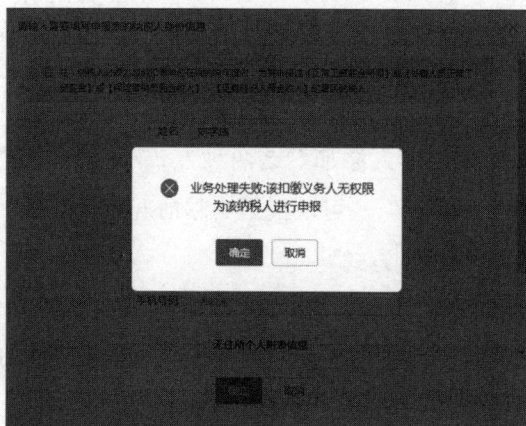

扣缴义务人的法人、财务负责人或被授权的办税人员可以办理集中申报业务。具体操作步骤如下。

（1）通过扫码登录或输入账号密码，登录自然人电子税务局网页 Web 端。

（2）登录后，点击【单位办税】，选择要办理集中申报的企业，进入集中申报业务办理页面。

（3）在【集中申报】菜单中，扣缴义务人可以为居民纳税人进行综合所得汇算清缴申报。

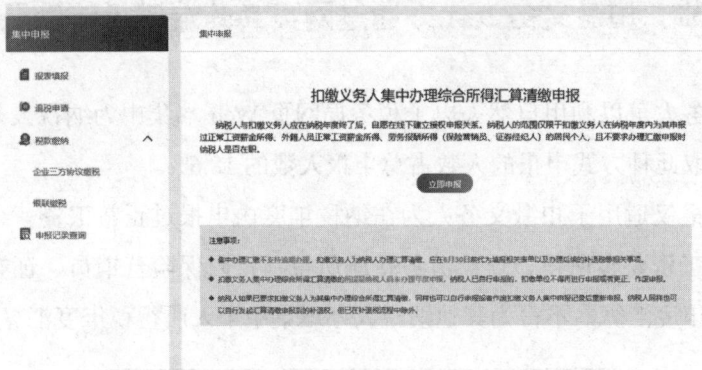

一、申报表填报

（一）填写申报表

选择"模板导入"和"单人添加"这两种方式，其中"模板导入"分为"人员名单模板"和"申报表模板"，可以根据实际情况进行选择。

1. 导入"人员名单模板"方式

人员名单模板可以从网页 Web 端下载后填写，也可以从扣缴端直接导出。将模板导入系统后自动生成申报表。如果单位员工数量较多，可以优先采用此种方式，操作更加便捷。具体操作步骤如下。

（1）下载人员名单模板

在网页 Web 端，点击左侧【报表填报】—【导入】—【下载模板】，选择"名单模板"，填写纳税人基本信息。（或者直接从扣缴客户端导出人员名单，路径为：在人员信息采集页面，选择要办理集中申报的人员，点击【导出】—选中人员—集中申报自动计算名单表。）

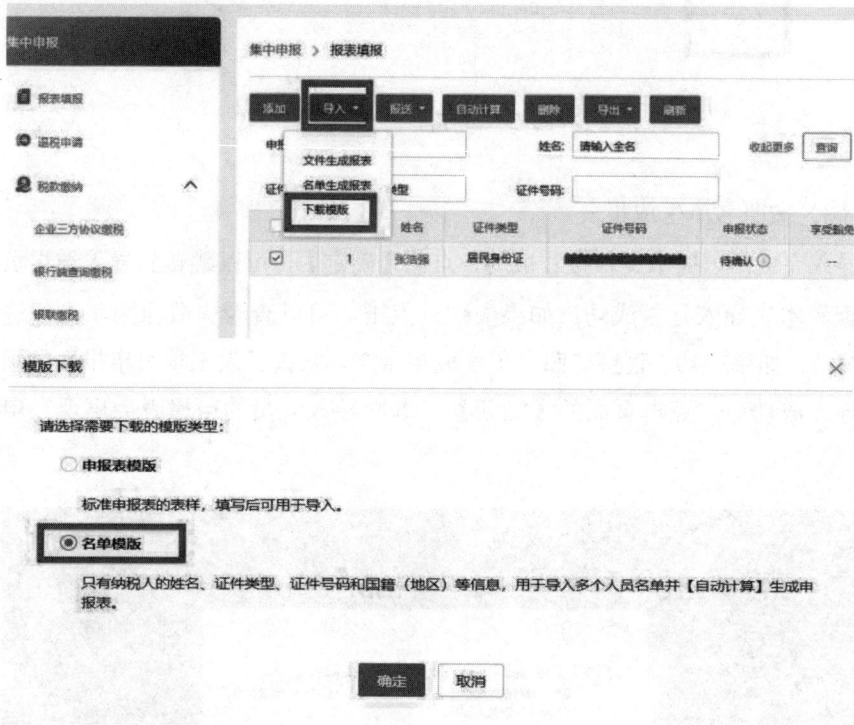

（2）名单导入系统

人员名单模板填写完成后，点击【导入】，选择"名单生成报表"，弹出导入框，点击左下角的"+"，将申报表导入系统。

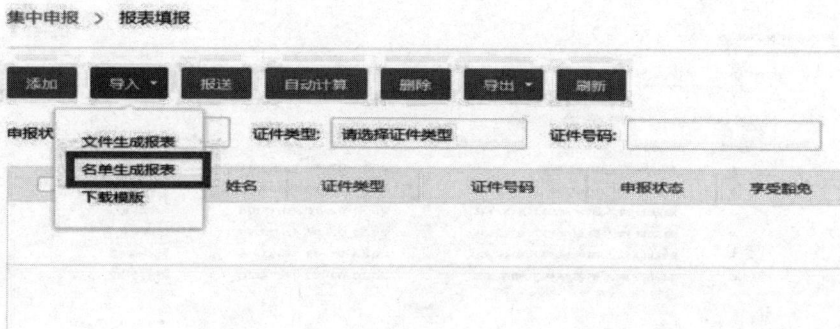

（3）按照名单生成报表

导入完成后，提示文件接收成功，点击【确定】，可以跳转到导入结果页面，可以查看本次导入是否成功。如果失败，点击，可以查看失败原因，方便进行下一步修改；如果成功，直接按照名单生成申报表，省去了人工填写申报表的烦恼。

导入成功后，点击页面的【刷新】，本次导入人员的申报表会出现在申报表列表。

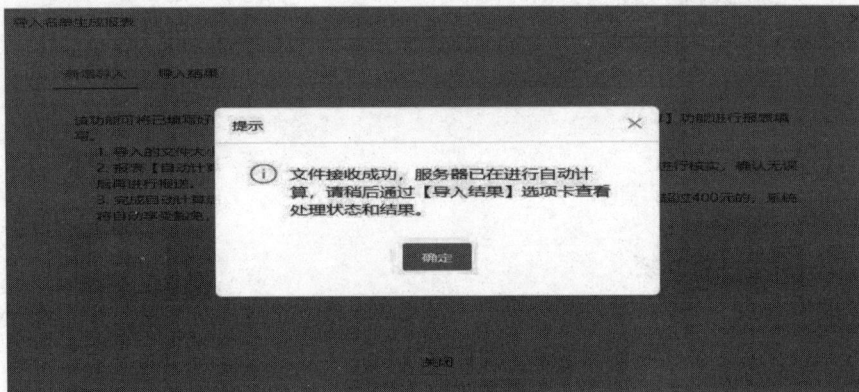

（4）注意事项

此种申报方式生成的申报表中不包含全年一次性奖金和来源于他处的综合所得。如有此类情况，可以修改自动生成的申报表或采用导入申报表模板方式填写申报表。

专项附加扣除额不得修改，如果有异议，需先修改采集信息，再重新生成申报表。纳税人采集了大病医疗支出专项附加扣除的应指定本扣缴单位，否则无法通过集中申报享受扣除。

纳税年度内使用过非居民申报表，但后来又认定为居民纳税人需要进行年度汇算，如果采用此种方式只能生成空白申报表。

纳税人汇算结果为需要退税的，在人员名单模板中应填写纳税人本人的银行账户信息，建议选择一类银行卡，如果选择二类、三类卡，存在退税失败风险。同时，确保该账户在收到退税前处于正常状态，账户挂失、未激活、注销等均会造成退税失败。

2. 导入"申报表模板"方式

上一种方式是根据人员名单自动生成申报表，虽然相对便捷，但也会受到诸多限制，而这些限制可以通过导入"申报表模板"方式予以弥补。

下载空白的申报表模板，填写完成后导入系统。如果单位员工数量较多，建议采用此种申报方式，可以有效提高工作效率。具体操作步骤如下。

（1）下载申报表模板

点击左侧【报表填报】→【导入】→【下载模板】，选择"申报表模板"。

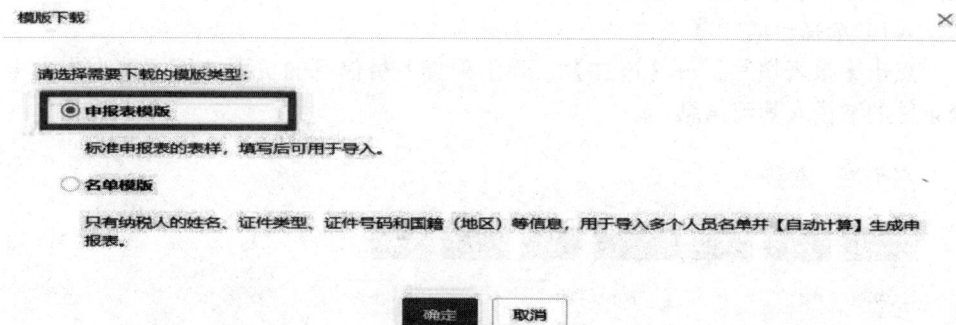

（2）申报表导入系统

申报表模板填写完成后，点击【导入】→【文件生成报表】，将模板导入系统。

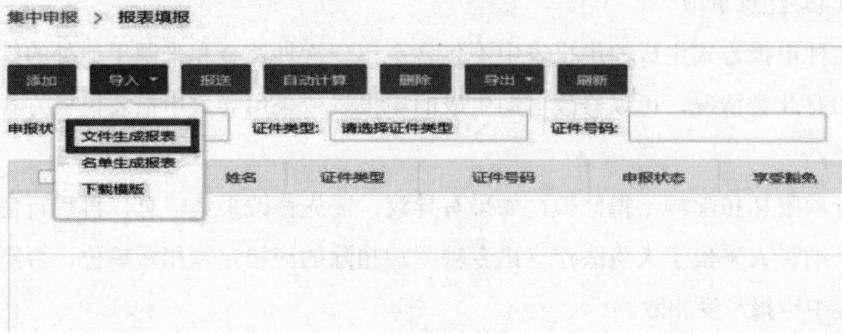

导入成功后，点击页面的【刷新】，本次导入人员的申报表会出现在申报表列表中。

（3）注意事项

商业健康险、税收递延养老保险、准予扣除的捐赠额、减免税额只能填写附表后带入主表，不可直接在主表填写；其余数据项可直接填写在申报主表中。

手工填写各项专项附加扣除的金额，发送申报时会逐项与纳税人指定该扣缴义务人扣除的总金额进行比对，超过各项可扣除总金额的，系统会阻断申报。

纳税人选择将全年一次性奖金并入综合所得的应加在工薪薪金栏次，不并入的不需要在申报表中体现。

如果集中申报的员工曾申报过外籍人员数月奖金，并且该笔收入选择不并入综合所得计算的，需要将该笔收入转换为全年一次性奖金，填写在申报表第34行；如果选择并入综合所得，直接将该笔收入并入工资薪金栏次计算。

3. 单人添加的方式

单人添加方式是指在系统单个添加纳税人信息，添加完成后选择自动计算或手工填写空白申报表的方式。此种方式每次只能添加一个纳税人，如果单位员工数量较少，可以采用此种方式。

（1）选择自动计算

点击【报表填写】→【添加】，弹出采集人员信息的页面，填写符合集中申报条件的纳税人基础信息。

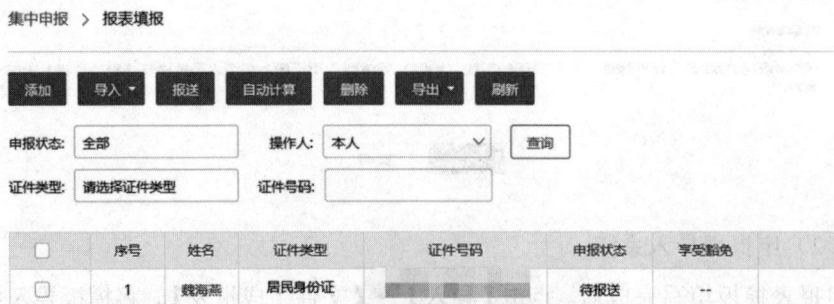

　　无住所个人必须填写【无住所个人附表信息】，有住所个人无须填写。

　　人员信息添加完成后，弹出是否需要自动计算的弹框，选择【需要自动计算】，系统将根据单位的预扣预缴信息为纳税人生成申报表。

　　点击【刷新】，该纳税人的申报表会出现在申报表列表中。

　　这种方式与第一种方式，即导入人员名单模板方式基本相同。唯一的区别的是，第一种方式一次性导入多个人员名单，再根据人员名单生成申报表，而这种方式是逐一添加人员信息，再根据所添加的人员生成申报表。

（2）无须自动计算，自行填写

点击【报表填写】→【添加】，弹出采集人员信息的页面，填写符合集中申报条件的纳税人基础信息。

人员信息添加完成后，弹出是否需要自动计算的弹框，可以选择"无须自动计算"。

选择后，系统会自动跳转到申报表填写页面，除商业健康险、税收递延养老保险、准予扣除的捐赠额、减免税额外，可直接填写申报表各项数据。

商业健康险、税收递延养老保险、准予扣除的捐赠额、减免税额只能填写附表后带入主表，不可直接在主表填写。

以商业健康保险为例，根据税法规定，对个人购买或单位统一购买符合规定的商业健康保险产品的支出，允许税前扣除，扣除限额为 2 400 元 / 年。

在主表的商业健康保险操作栏中，点击【修改】，打开《商业健康保险税前扣除情况明细表》，点击【添加】，补充商业健康保险明细。

商业健康险 ✕

* 税优识别码 请输入

* 保单生效日期 请选择 📅

* 年度保费

* 月度保费 请输入

* 本年扣除金额 请输入

确定

申报表填写完成后，如无须修改，可跳过第二步，即修改申报表，直接进入报送环节。

（二）修改申报表

由于种种原因，如果员工选择将全年一次性奖金并入综合所得、有多处所得、修改专项附加扣除采集信息等，可能需要对已生成的申报表进行修改，以下将分别介绍相应操作。

1. 全年一次性奖金

若纳税人选择将全年一次性奖金并入综合所得进行汇算，则点击该纳税人的姓名进入申报表，将该笔奖金添加到工资、薪金所得栏次。

2. 存在待确认事项

对于申报状态为"待确认"的，并通过点击人员姓名，进入申报表，对"待确认"事项进行确认，完成修改后，点击【保存】，返回申报表列表页。

系统提示 ✕

当前申报表内容存在以下待确认事项，请核实，核实后可点击【报送】按钮进行确认。

序号	待确认事项
1	请完善银行信息
2	综合所得准予扣除的捐赠额不能大于0元，请修改！
3	[综合所得准予扣除捐赠额]和[全年一次性奖金收入准予扣除的捐赠额]合计不能大于附表[准予扣除的捐赠额上限]0元，请修改！

确认

3. 纳税人纳税年度内有多处所得

如果纳税人有多处所得或需要修改其他申报数据并提供相关信息资料的，可以点开该纳税人的申报表进行修改。

对于无附表的数据项，直接在主表修改，修改方式参照上面提及的全年一次性奖金。

对于有附表的数据项，要修改附表，如商业健康保险、税收递延型养老保险、准予扣除的捐赠额、减免税额。此处以商业健康险为例进行介绍，具体操作步骤如下。

打开申报表，在商业健康保险操作栏中点击【修改】，打开《商业健康保险税前扣除情况明细表》。

点击【修改】或【删除】，修改完成后，点击下面的【确认】，保存本次修改记录。

4. 纳税人申报数据发生变化

如果纳税人的专项附加扣除信息发生变化或更正了预扣预缴申报，可在申报表列表选中该纳税人，点击【自动计算】，生成新表覆盖原表。

（三）报送

对状态为"待报送"和"申报失败"的纳税人的申报表进行报送，可以单选或批量勾选，点击【报送】，完成申报。

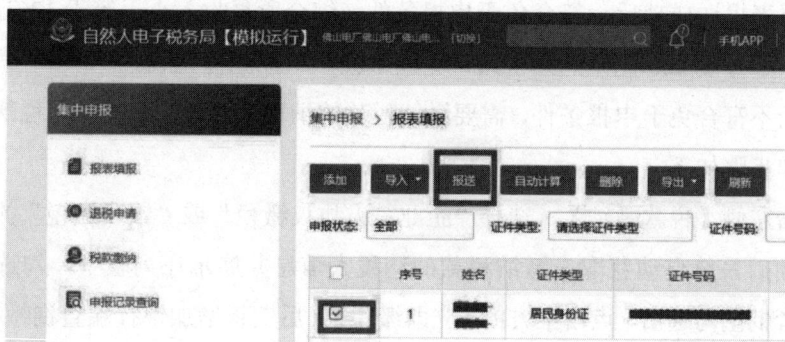

（四）删除

如果发现错误添加了某个纳税人，可以选择需要删除的人员记录，点击【删除】。

（五）导出

系统提供了导出申报表的功能，可以选择需要导出申报表的人员，点击【导出】→【导出报表文件】，补充完成"导出说明"后，点击【确定】，即可进行报表导出。

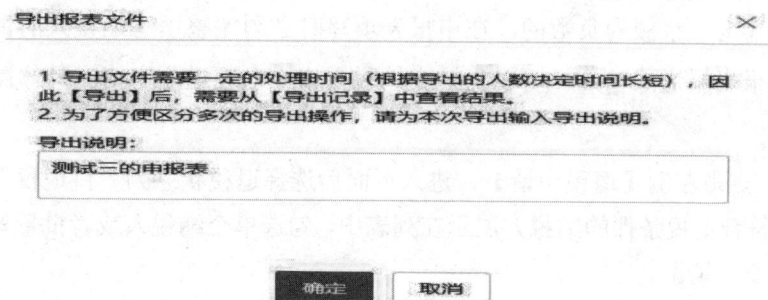

点击【导出】→【导出记录】，可以查看导出状态，可对状态为"处理成功，可下载"的记录进行下载。

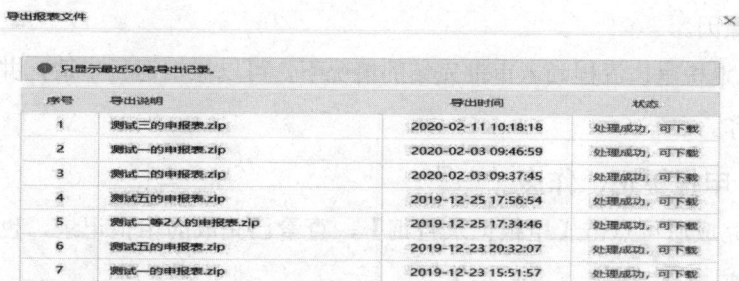

二、税款缴纳

申报表报送成功后，符合免于申报条件（综合所得收入小于等于 12 万元或应补税额小于等于 400 元）的纳税人，无须缴款，申报流程完成。

对于不符合免于申报条件，需要缴纳税款的纳税人，可以集中办理税款缴纳。具体操作步骤如下。

点击左侧【税款缴纳】，选择"企业三方协议缴税"或"银联缴税"的方式，进入页面后系统自动获取未缴纳税款的纳税人信息并展示在列表中，勾选单个纳税人或者批量勾选后，点击上方的【立即缴税】，后期将增加银行端查询缴税方式。

列表中人员数量较多时，可以通过输入查询条件来具体定位某一纳税人。

缴款完成后系统会自动获取缴款结果，如果未获取到结果，可点击【更新状态】，手动获取缴款结果。

注意：选择多个纳税人批量缴纳税款，只能开具一张缴款书；如果账户余额不足的，不允许对本批纳税人进行集中一笔缴纳税款，可以重新选择纳税人进行缴税。

三、申请退税

应补（退）税额为负数的，在申报表填写时必须完整填写纳税人的银行账户信息。申报表报送成功后，可以为该类纳税人集中办理退税申请。具体操作步骤如下。

（1）点击左侧【退税申请】，进入页面后选择退税状态为"待退税"，点击查询，将符合退税条件的纳税人展示在列表中，勾选单个纳税人或者批量勾选后，点击【提交申请】。

（2）列表中人员数量较多时，可以通过输入查询条件来具体定位某一纳税人。

（3）发起退税申请后，需要等待税务机关审核，对于状态为"退税中"的纳税人，点击【更新状态】，查看最新结果。

（4）退税审核失败的会在备注栏中显示失败原因，点击右侧【疑问】，可以查看失败原因。

（5）退税审核流程尚未审批完结的情况下，可以撤销退税申请，并进行更正申报等操作。

四、申报更正、作废

申报完成后可点击【申报记录查询】，查看已完成的申报记录，也可以进行更正或作废。

1. 更正申报

申报表报送成功后，发现有错报、漏报的情况，可在原申报基础上进行更正。具体操作步骤如下。

（1）点击左侧【申报记录查询】，选中需要更正的人员，点击【更正】，系统会弹出确认更正提示。

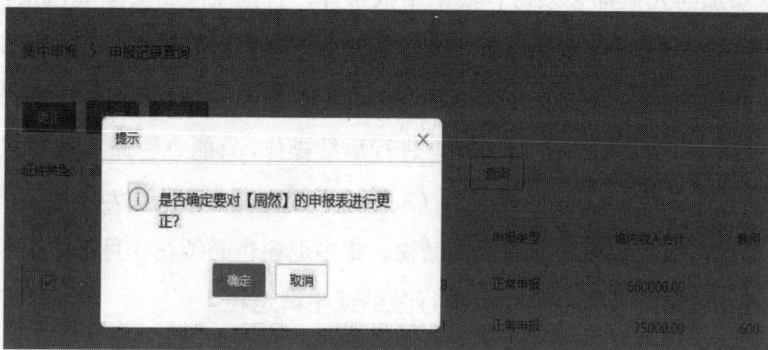

（2）点击【确定】，启动更正，修正报表数据后点击【报送】，即可重新进行申报表报送。

（3）更正完成后发送申报、缴纳税款或申请退税，操作步骤与正常申报一致。

注意： 如果已经开票，状态为"已开票未缴纳"时，则不允许更正申报表，必须缴纳税款或者作废税票后才能更正。

2. 作废申报

申报成功后，尚未缴纳税款或申请退税的，允许作废申报。具体操作步骤如下。

（1）点击左侧【申报记录查询】，选择需要作废的记录，点击【作废】，系统弹出确认作废提示。

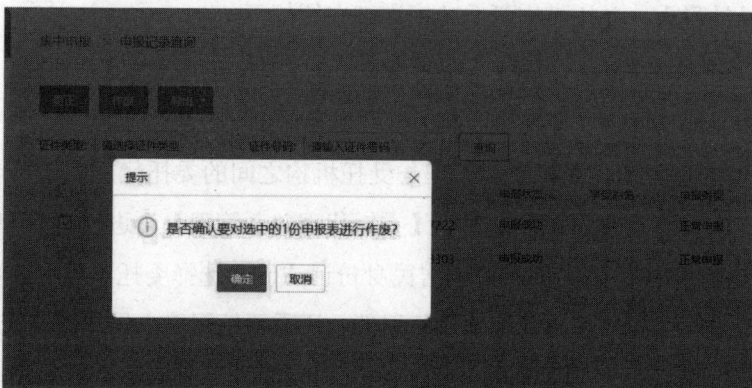

（2）点击【确定】，确定作废申报表，如果作废失败，可查看失败原因，比如，已推抵税申请。

五、其他注意事项

（1）扣缴义务人集中办理年度汇算申报时，报表类型默认为标准申报，暂不支持简易申报。

（2）添加的人员都必须符合集中申报条件，否则系统将会阻断申报。

（3）纳税人已办理年度汇算，扣缴义务人不得再为其集中办理年度汇算。

（4）扣缴义务人为纳税人集中办理年度汇算后，若纳税人以自己名义进行年度汇算相关操作，则扣缴义务人不得再进行后续操作，只能查看原集中申报的记录。

（5）扣缴义务人可在汇缴期内（3月1日至6月30日）为纳税人集中办理年度汇算申报，扣缴义务人办理集中缴税、集中退税也必须在3月1日至6月30日内完成，超过期限的只能由纳税人自行缴纳或申请退税。

◉ 第六节　委托代理申报通过网页 Web 端进行年度汇算

手机 App 端或网页 Web 端均可提供委托代理关系管理功能，纳税人可用于建立和终止委托关系，也可以到税务大厅发起委托申请。委托关系建立的发起人只能是纳税人，受托机构无权发起，只能选择接受或拒绝。委托关系建立后，双方都有权进行终止。

根据 2019 年综合所得年度汇算统计数据，采取委托代理申报方式的人数占总申报人数的比例还不到 0.1%，因此这是一种非主流方式。

一、委托代理关系建立

分别从纳税人、受托机构两个角度详细介绍如下。

（一）纳税人角度

1. 手机 App 端

可以通过手机 App 端建立、管理与受托机构之间的委托代理关系。登录手机 App 后，点击页面下方的【办税】→【委托代理关系管理】，进行建立和管理。

（1）建立委托关系。如果使用居民身份证注册，选择委托年度后，可直接进入表单填写页面；如果使用其他证件注册的，还需要填写境内累计居住天数信息；受托机构必须选择已开通该项服务的受托机构或涉税专业服务机构，填写或选择您本人的银行账户信息。

点击【委托代理关系管理】，如果尚未建立过委托代理关系，自动弹出对话框，可以点击【建立委托代理关系】，选择委托代理年度，填写完毕后，则完成了委托申请，待受托机构接受委托后，该委托生效。

（2）修改委托关系。在委托代理关系管理页面，选择需要修改的记录，进入详情页面后，点击页面下方的【修改】，修改相关信息后保存。

（3）撤销委托关系。在委托代理关系管理页面，选择需要撤销的记录，点击详情下方的【撤销】即可。

（4）终止委托关系。在委托代理关系管理页面，选择需要终止的记录，点击详情下方的【终止委托】，填写终止原因，点击确定。

2. 网页 Web 端

纳税人也可以通过网页 Web 端建立与管理和受托机构的委托代理关系。登录网页 Web 端后点击页面的【我要办税】→【委托代理关系管理】，进行建立和管理。

（1）建立委托代理关系。选择委托年度，填写受托机构、银行账户等相关数据项后提交。

信息填写完毕后提交委托申请，待受托机构接受委托后，该委托生效。

（2）修改委托代理关系。在委托代理关系管理页面，选择需要修改的记录，进入详情页面后，点击页面下方的【修改】，修改相关信息后保存。

（3）撤销委托代理关系。在委托代理关系管理页面，选择需要撤销的记录，点击详情页面下方的【撤销】即可。

（4）终止委托代理关系。在委托代理关系管理页面，选择需要终止的记录，点击详情页面下方的【终止委托】，填写终止原因即可。

注意事项：纳税人名下只能存在一条有效的委托代理关系。如果委托管理的状态为"待对方确认"时，可以撤销；如果状态为"已生效"时，有权终止该委托关系；如果状态为"对方拒绝"时，可以重新与其他受托机构建立委托关系；如果"对方申请终止"的，可以接受或拒绝，接受的委托关系失效，拒绝的委托关系恢复。

（二）受托机构角度

纳税人发起委托关系建立的申请后，由受托机构的法人、财务负责人或被授予代理申报办税权限的办税人员，登录自然人电子税务局网页 Web 端进行管理（受托机构需要先开通代理办税权限）。

受托机构对委托代理关系的管理操作如下。

（1）可以通过扫码或输入账号密码的方式登录自然人电子税务局的网页 Web 端。

（2）登录后，点击【代理办税】，可以进入【委托申报】中的办税菜单，选择企业，进入代理办税页面。

（3）点击左侧的【委托管理】，可以查询、受理名下的委托信息。

（4）选中纳税人后根据实际情况选择接受或拒绝：点击【接受委托】，委托关系生效；点击【拒绝委托】，委托关系不生效。

（5）如果想终止与某纳税人之间的委托代理关系，可以选中该纳税人后，点击【终止委托】，待纳税人确认后委托代理关系失效。

二、申报表填报

在【报表填报】菜单中，受托机构可以为委托人办理年度汇算的申报。

（一）申报表填写

系统提供了"手工填写"和"模板导入"两种方式，具体操作如下。

1. 手工填写方式

（1）选择接受委托的纳税人将会自动出现在列表中，申报状态为"待确认"，点击人员姓名，进入申报表填写页面。如果某一纳税人被删除而不在列表中，可以点击【添加】，添加该纳税人。

（2）填写主表数据项。无附表的数据项可以直接填写主表。各专项附加扣除金额直接填写，申报时与纳税人的采集信息进行校验。

（3）填写附表的数据项。

填写商业健康保险税前扣除情况明细表。在商业健康保险操作栏中点击【修改】，打开《商业健康保险税前扣除情况明细表》，点击【添加】，补充商业健康保险明细。

填写递延型商业养老保险税前扣除调整明细表。在税延养老保险操作栏中点击【修改】，打开《递延型商业养老保险税前扣除调整明细表》，点击【添加】，补充税延养老保险明细。

填写个人所得税减免税事项报告表。存在个人所得税税前减免的，需要报送《个人所得税减免税事项报告表》。在减免税额操作栏中点击【修改】，打开《个人所得税减免事项报告表》，点击【添加】，补充减免事项明细。

填写个人所得税公益慈善捐赠扣除明细表。存在个人所得税税前减免的，需要报送《个人所得税公益慈善捐赠扣除明细表》。在准予扣除的捐赠额操作栏中点击【修改】，打开编辑界面，点击【添加】，补充捐赠扣除明细。

注意事项：添加人员只能添加与受托机构存在有效委托关系的且尚未办理年度汇算申报的纳税人。

手工填写各专项附加扣除的金额，发送申报时会逐项与纳税人名下的采集信息进行比对，超过可扣除金额的，阻断申报。

如果申报表中应补（退）税额为负的，系统自动带出纳税人建立委托关系时输入的银行卡信息，受托机构不得修改；如果纳税人需要修改，可修改委托关系中的银行账户信息。

2. 模板导入方式

系统支持申报表模板导入，但导入必须为单人导入，不支持批量导入。

（1）点击【导入】→【下载模版】，可以下载申报表模版。

（2）申报表模板填写完毕后，点击【导入】→【文件生成报表】，添加需要导入的文件。导入操作完成后，可在【导入结果】中查看导入结果。

（3）导入成功后，点击页面的【刷新】，本次导入人员的申报表会出现在申报表列表中。

注意事项：

填写申报表模板时需注意，商业健康险、税收递延养老保险、准予扣除的捐赠额、减免税额只能填写附表后带入主表，不可直接在主表填写；其余数据项可直接填写在申报主表中。

手工填写各专项附加扣除的金额，发送申报时会逐项与纳税人名下的采集信息进行比对，超过可扣除金额的，阻断申报。

纳税人选择将全年一次性奖金并入综合所得的，应添加在工资薪金栏次；不并入的，不需要在申报表中体现。

若纳税人申报过外籍人员数月奖金，并且该笔收入选择不并入综合所得计算的，需将该笔收入转换为全年一次性奖金，填写在申报表第 34 行；如果选择并入综合所得的，直接将该笔收入并入工资薪金栏次计算。

（二）报送

完成申报表填写或者导入申报表后，申报状态为"待报送"和"申报失败"的，可以进行申报表报送；"待确认"状态时，需要点击申报表"确认保存"后才能申报。

选择需要报送的记录，点击【报送】。

（三）删除

如果无须为纳税人填写和报送申报表，可以选中该纳税人，点击【删除】。

三、税款缴纳

申报表报送成功后，符合免于申报条件（综合所得收入小于等于 12 万元或应补税额小于等于 400 元）的纳税人，无须缴款，申报流程完成。

对于不符合免于申报条件，需要缴纳税款的纳税人，可以在【税款缴纳】菜单中办理缴税业务。具体操作步骤如下。

（1）选择需要缴税的记录，点击【立即缴税】，发起缴款，系统将弹出缴款方式，选择界面。

（2）缴款完成后系统会自动获取缴款结果，也可以点击【更新状态】，手动获取缴款结果。

四、退税申请

应补（退）税额为负数的，可以为纳税人申请退税。

（1）选择需要提交退税申请的人员后点击【提交申请】，提交退税申请。

（2）发起退税申请后，需要等待税务机关审核通过后才会进行退税，可以点击【更新状态】，更新退税结果。

注意事项：在此环节中，纳税人的退税银行账户是建立委托关系时输入的银行卡信息，如果纳税人想更换银行卡，只能先修改委托关系中的银行账户信息。

五、申报记录查询和管理

申报表报送成功后，可以在【申报记录查询】菜单中查询报表记录，也可以对已申报的数据进行更正、作废、导出等操作。

（一）更正

申报表报送成功后，发现有错报、漏报的情况，可使用申报更正功能，修改已申报数据后重新申报。

（1）选择需要更正的记录后，点击【更正】，系统会弹出确认更正提示。

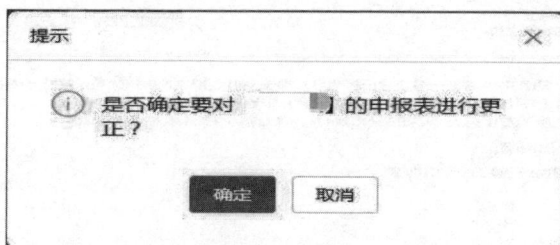

（2）点击【确定】，启动更正，修正报表数据后点击【报送】，即可重新进行申报表报送。

（二）作废

申报表报送成功后，尚未缴纳税款或申请退税的，允许作废申报。具体操作步骤如下。

（1）选择需要作废的记录后，点击【作废】，系统会弹出确认作废提示。

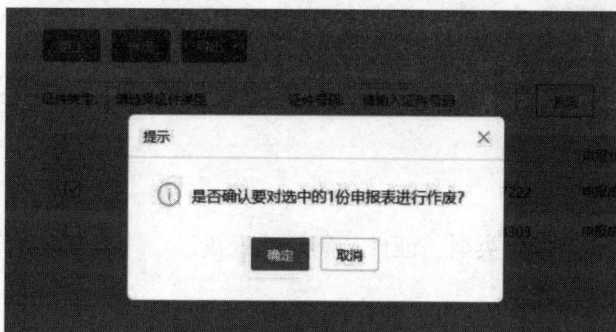

（2）点击【确定】，确定作废申报表，如果作废失败，可查看失败原因。

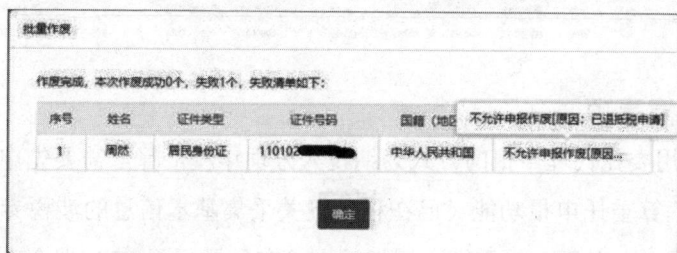

（三）导出

如果需要导出申报表，可以点击【导出】，可以导出申报表。

（1）选择需要导出申报表的人员记录，点击【导出】→【导出报表文件】，补充完成"导出说明"后点击【确定】，即可进行报表导出。

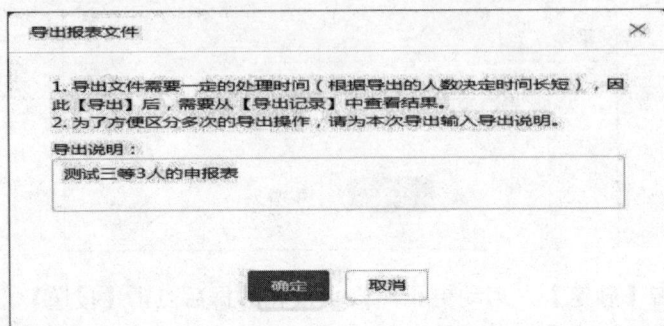

（2）点击【导出】→【导出记录】，可以查看导出状态。如果导出完成，可点击【下载】，下载导出的申报表。

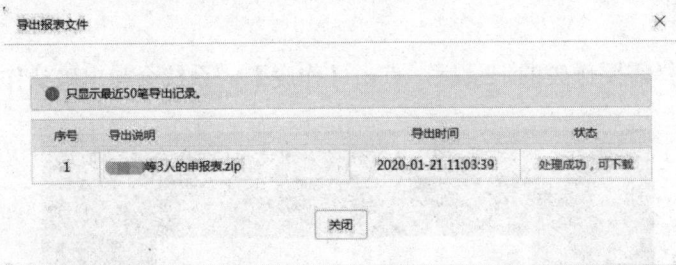

（四）查询

纳税人可以通过证件类型、证件号码快速查找。

六、注意事项

（1）使用委托代理申报的方式为纳税人办理年度汇算，需要先申请开通个人所得税年度汇算委托申报功能（已在税务机关采集基本信息的涉税专业服务机构可以自动开通）；办税人员需经过授权后方可在登录网页 Web 端个人账户后，选择相应的受托机构、办理委托申报业务。

（2）发送申报时，系统会校验纳税人是否已办理年度汇算，如果该纳税人已申报过，则系统会阻断其重复申报。

（3）委托关系终止后，受托机构不能再为该纳税人办理后续业务。

（4）受托机构为委托人办理年度汇算申报后，如果纳税人以自己名义进行年度汇算业务相关操作，则受托机构不得再进行后续操作，只能查看原委托代理申报的记录。

第十章　申报风险衡量

风险管理就是在一个风险必然存在的环境里如何有效地降低风险发生的概率、如何有效地控制可能会发生的风险损失的管理流程。风险管理最大的难题就是如何平衡风险与收益之间的博弈关系。

企业风险管理流程图

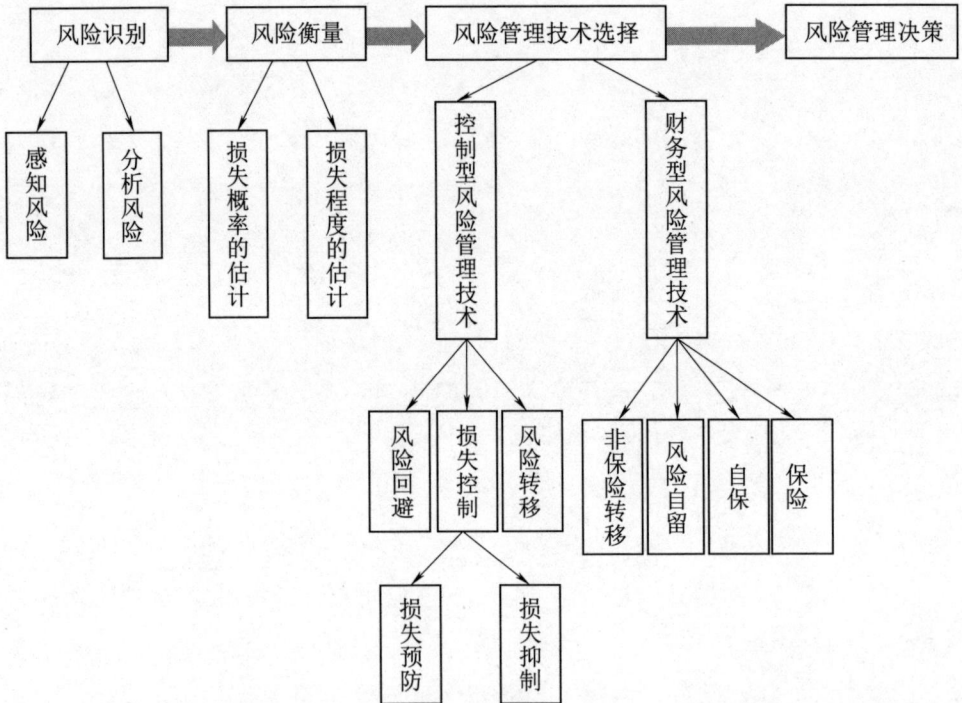

```
风险识别 → 风险衡量 → 风险管理技术选择 → 风险管理决策

风险识别：
  ├ 感知风险
  └ 分析风险

风险衡量：
  ├ 损失概率的估计
  └ 损失程度的估计

风险管理技术选择：
  ├ 控制型风险管理技术
  │   ├ 风险回避
  │   ├ 损失控制
  │   │   ├ 损失预防
  │   │   └ 损失抑制
  │   └ 风险转移
  └ 财务型风险管理技术
      ├ 非保险转移
      ├ 风险自留
      ├ 自保
      └ 保险
```

个人所得税纳税人通常都是自然人，而扣缴义务人大多都是包括企业在内的单位，可以结合自身特点对上述风险管理流程进行再造，从而找到最优的风险管理方案，将风险降到最低。

第一节　收入申报风险衡量

一、自主申报收入与试算收入明显不符

个人所得税综合所得年度汇算时，无论是手机 App "个人所得税"，还是自然人电子税务局，均会提供预填报服务。预填报服务中提供的试算收入数据是依据该纳税人的预扣预缴信息及专项附加扣除所采集的信息自动生成，如今涉税数据已经实现了全国联网，因此汇缴的税务机关可以轻松获取外省市申报数据。

纳税人可以修改预填报服务中系统已经预填好的相关数据，也可以选择自行填写。修改或者自行填写的数据与系统试算收入数据存在一定的差异也属正常，但如果差异过大，税务机关往往会主动联系扣缴义务人或纳税人核实有关情况，纳税人需要对两者之间的较大差异做出解释。

1. 年度汇算自主申报收入明显小于试算收入

出现此种情形主要有以下三个原因。

第一个原因是对收入口径理解有误，导致填写错误，以工资、薪金所得为例，填写收入时应采用应发工资口径，但纳税人却按照实发工资口径进行填报。

第二个原因是漏填，甚至瞒报部分收入。目前随着税收共治机制日趋完善和信息化建设的推进，涉税信息和数据的采集能力越来越强大，如果纳税人选择恶意瞒报收入，很容易被发现。

第三个原因是纳税人存在"被收入"的情形，也就是本人的身份信息被他人或其他单位恶意冒用，纳税人实际并非取得相关收入。纳税人遇到此种情形可以提起申诉，税务机关会进行相应处理。

2. 年度汇算申报收入明显大于试算收入

出现此种情形主要有以下两个原因：

第一个原因是纳税人取得工资、薪金所得，劳务报酬所得，稿酬所得，特许权使用费所得，扣缴义务人因为某种原因应扣缴而未扣缴税款。年度汇算时，纳税人主动申报相应收入。这属于正常情形。

第二个原因是纳税人误填或者重复填写相关收入，也不排除个别纳税人通过虚报收入、减除项目、已缴税额来达到少缴税，甚至骗取退税的情形。如果出现自主申报收入与试算收入明显不符的情形，纳税人对此要高度重视，首先，要准

确查找到真实原因，如果是因为对政策理解有误，应当咨询所在单位会计人员或者税务机关工作人员，严格按照政策口径及时对相关数据进行更正。个别刻意为之的纳税人不要抱有侥幸心理，如果是因纳税人虚构收入导致退税，实际上纳税人所填的有关收入却并无申报记录，更不存在预缴数据，信息系统很快便会比对出来，纳税人将会面临相关处理。

此外，纳税人也要高度关注身份冒用问题，通过自然人电子税务局查询个人收入纳税记录，发现某条收入记录、纳税记录与自己无关。如果是劳务派遣人员，还需与所在公司进行联系，确认是否存在理解偏差或沟通缺位的情形。如果经过多方确认，自己确实没有相关收入，那么自己的身份信息便很可能被他人非法冒用了，出现了"被任职"和"被收入"的情形，可以向税务机关提起异议申诉。

扣缴义务人要加强业务培训，正确填报人员信息类别，准确适用个税征收品目，尤其是及时为离职人员填报离职日期。文化娱乐、电子商务、人力资源等扣缴人数众多、支付环节复杂的行业，应完善企业管理制度和支付流程，及时履行告知义务，避免自然人因自身理解的受雇服务单位与实际薪资支付单位名称不符而发起申诉，从源头减少无效申诉和不实申诉。

企业千万不要有通过虚增人员工资来达到少缴税款的念头，随着税收征管信息系统和个人征信系统的不断完善，此类违法行为很容易被发现。税务机关受理了纳税人身份冒用申诉后，一旦确认属实，还将会进行"一事两查"，也就是在核实纠正冒用身份扣缴申报的同时，还会重点评估被申诉企业是否存在通过冒用身份虚列工资成本支出、虚开发票或者未报、少报股权转让所得等涉税风险，一旦确认属实，将会面临行政处罚，甚至可能还会涉嫌触犯逃税罪。

无论是个人，还是企业，只要逃避缴纳税款达到《刑法》规定的定罪标准，都将会面临刑事处罚。根据最高人民检察院、公安部联合下发的《关于公安机关管辖的刑事案件立案追诉标准的规定（二）》的有关规定，逃避缴纳税款，涉嫌下列情形之一的，应予立案追诉。

（1）纳税人采取欺骗、隐瞒手段进行虚假纳税申报或者不申报，逃避缴纳税款，数额在5万元以上并且占各税种应纳税总额10%以上，经税务机关依法下达追缴通知后，不补缴应纳税款、不缴纳滞纳金或者不接受行政处罚的。

（2）纳税人五年内因逃避缴纳税款受过刑事处罚或者被税务机关给予二次以上行政处罚，又逃避缴纳税款，数额在 5 万元以上并且占各税种应纳税总额 10%以上的。

（3）扣缴义务人采取欺骗、隐瞒手段，不缴或者少缴已扣、已收税款，数额在 5 万元以上的。

纳税人在公安机关立案后再补缴应纳税款、缴纳滞纳金或者接受行政处罚的，不影响刑事责任的追究。

关于量刑问题，根据《刑法》第二百零一条规定，纳税人采取欺骗、隐瞒手段进行虚假纳税申报或者不申报，逃避缴纳税款数额较大并且占应纳税额 10% 以上的，处 3 年以下有期徒刑或者拘役，并处罚金；数额巨大并且占应纳税额 30%以上的，处 3 年以上 7 年以下有期徒刑，并处罚金。扣缴义务人采取上述手段，不缴或者少缴已扣、已收税款，数额较大的，依照上述规定处罚。对多次实施上述行为，未经处理的，按照累计数额计算。

二、免税收入占比较高

对于一般纳税人而言，免税收入在收入总额中的占比应该维持在一个合理区间。如果免税收入数额较大、占比过高，税务机关也会进行核实，纳税人需要对此给出合理解释，目前主要包括以下几种情形。

第一，纳税人存在职务科技成果转化现金奖励。依法批准设立的非营利性研究开发机构和高等学校（包含民办非营利性科研机构和高校），根据《促进科技成果转化法》的规定，从职务科技成果转化收入中给予科技人员的现金奖励，可减按 50% 计入科技人员当月"工资、薪金所得"依法缴纳个人所得税，而剩余50% 计入免税收入。

第二，纳税人为航行时间满 183 天的远洋船员。在海事管理部门依法登记注册的国际航行船舶船员和在渔业管理部门依法登记注册的远洋渔业船员一个纳税年度内，在船航行时间累计满 183 天的远洋船员，其取得的工资薪金收入减按50% 计入应纳税所得额，依法缴纳个人所得税。

第三，纳税人为现役或者退役军人。军人职业津贴、军队设立的艰苦地区补助、专业性补助、基层军官岗位津贴（营连排长岗位津贴）伙食补贴等 5 项补贴免征个人所得税。对退役士兵按照《退役士兵安置条例》（国务院、中央军委令第608 号）规定，取得的一次性退役金以及地方政府发放的一次性经济补助，免征个人所得税。

第四，延长离休退休年龄的高级专家。享受国家发放的政府特殊津贴的专家、学者以及中国科学院、中国工程院院士，延长离休退休期间从其劳动人事关系所在单位取得的，单位按国家有关规定向职工统一发放的工资、薪金、奖金、津贴、补贴等收入，视同离休、退休工资，免征个人所得税。

第五，残疾、孤老人员和烈属等特殊群体。这类群体可以减征个人所得税，具体幅度和期限由省级人民政府规定，并报同级人民代表大会常务委员会备案，大多数省份减征幅度为 50%。

第六，取得免税津贴补贴，如取暖补贴、公务用车和通信补贴收入、住房租赁补贴、大湾区特殊补贴、生育津贴和生育医疗费、西藏特殊津贴、外籍个人住房补贴等津贴补贴。

注意：纳税人在预扣预缴时未填写减免税事项，如果是综合所得年度汇算时新增相关减免税项目，一定要充分了解掌握相关政策口径或者填报口径，切实避免误填或随意填写。

如果只是因为纳税人对相关免税政策把握不准而导致的误填，税务机关一般并不会进行处理。如果有证据证明纳税人存在主观故意，刻意将不免税收入填为免税收入，从而达到逃税的非法目的，那么将会面临相应行政处罚。如果达到上面所述的立案条件，纳税人还可能会被追究刑事责任。

三、全年一次性奖金

全年一次性奖金可以并入综合所得纳税，也可以单独纳税，因此如果全年一次性奖金的数额已经并入综合所得，不能再在全年一次性奖金项目中填写金额，否则可能会造成重复计算。此时可能会存在纳税人多缴税款的风险，当然也可能会出现纳税人瞒报的情形，也就是两个地方都不填写全年一次性奖金。如果有证据证明纳税人存在主观故意并且符合处罚条件，纳税人将会面临行政处罚或刑事处罚。全年一次性奖金单独计税的政策取消之后，相关风险也将会不复存在。

● 第二节　扣除申报风险衡量

一、专项附加扣除存在风险疑点

1. 同一项目重复扣除

享受子女教育、继续教育、住房贷款利息或者住房租金、赡养老人等专项附加扣除的纳税人，自符合条件开始，可以向支付工资、薪金所得的扣缴义务人提供上述专项附加扣除有关信息，由扣缴义务人在预扣预缴税款时，按其在本单位本年可享受的累计扣除额办理扣除；也可以在次年 3 月 1 日至 6 月 30 日内，向汇缴地主管税务机关办理汇算清缴申报时扣除。

纳税人同时从两处以上取得工资、薪金所得，并由扣缴义务人办理上述专项附加扣除，对同一专项附加扣除项目，一个纳税年度内，纳税人只能选择从其中一处扣除，如果同一项目在两处同时抵扣，办理综合所得年度汇算时要及时进行更正。

2. 不得同时扣除的项目却同时抵扣

住房租金与住房贷款利息不能同时抵扣，如果同时扣除这两个项目，则为重复扣除。

继续教育与子女教育一般也不会同时扣除，但并非一定不能同时扣除，但需要认真审核是否符合两个项目的抵扣条件。

3. 大病医疗支出不合理

享受大病医疗专项附加扣除的纳税人只能在向汇缴地主管税务机关办理综合所得年度汇算申报时予以扣除。

纳税人申请抵扣之前，一定要认真梳理上年度医疗支出凭据，切勿遗漏相关医疗凭证，同时还要注意统计口径，大病医疗支出只包括与基本医疗保险相关的医药费用支出，不包括自费项目，而相关凭证往往既有基本医疗保险目录内的项目，也有自费项目，注意要将自费项目予以剔除。

依靠相关医疗凭证计算抵扣金额相对烦琐一些，也容易发生计算错误。国家医疗保障局提供了互联网查询服务，纳税人可用手机下载官方"国家医保服务平台"，通过首页"个人所得税大病医疗专项附加扣除"模块进行查询。查询信息中显示的"符合大病医疗个税抵扣政策金额"，即为可扣除金额。

与基本医疗保险相关的医药费用支出扣除医保报销后，个人负担金额超过15 000 元的部分，在 80 000 元限额内可据实扣除。比如，某纳税人查询本人"年度个人自付总金额"为 20 000 万元，则"符合大病医疗个税抵扣政策金额"为 5 000（20 000-15 000）元。

二、专项扣除存在风险疑点

年度汇算时，专项扣除，即"三险一金"的金额，与预缴累计金额通常情况下是一致的，即使有差异，也是微小差异。如果专项扣除金额调整幅度过大，税务机关会就会对此情况进行核实。

在办理年度汇算时，曾经发生过这样的问题，扣缴义务人预扣预缴时，将减除专项扣除后的金额作为应发工资数填写，而纳税人对此并不知情，办理年度汇算时旧扣除相关专项扣除，造成了重复减除。

三、其他扣除项目存在风险疑点

对于企业年金，企业缴存额每年不得超过本企业职工工资总额的8%，职工个人和单位缴存额综合不得超过职工工资总额12%，才准予在税前扣除。如果纳税人月平均工资超过职工工作地所在设区城市上一年度职工月平均工资300%以上的部分，不计入个人缴费工资计税基数；如果纳税人仍旧计入基数，会导致企业年金数额偏高。

对于职业年金，单位缴纳比例为本单位工资总额的8%，个人缴费比例为本人缴费工资的4%。个人按照缴费工资的4%缴纳的企业年金可以据实扣除，但其工资超过职工工作地所在设区城市上一年度职工月平均工资300%以上的部分，不计入个人缴费工资计税基数；如果纳税人仍计入基数，会导致企业年金数额偏高。

取得连续所得的个人可以享受商业健康保险抵扣政策，纳税人购买保险公司参照个人税收优惠型健康保险产品指引框架及示范条款开发的、符合抵扣条件的健康保险产品，允许在当年（月）计算应纳税所得额时在税前予以扣除，扣除限额每年不得超过2 400元；如果超过2 400元，需要及时更正。

对于税收递延型商业养老保险，扣除限额，按照不超过当年应税收入的6%和12 000元孰低的办法来确定，也就是相关扣除限额既不能高于应税收入的6%，也不能高于全年12 000元；如果超过上述限额，需要及时更正。

四、公益捐赠存在风险疑点

如果公益捐赠金额在总收入之中的占比过大，纳税人需要从以下两个方面对公益捐赠的合规性进行重新审视。

第一，抵扣限额。只有税法中明确规定可以全额扣除的公益捐赠支出，才准许全额扣除，一般的公益捐赠只允许在限额内扣除，扣除限额分别为当年综合所得、当年经营所得应纳税所得额的30%；当月分类所得应纳税所得额的30%。居民个人取得全年一次性奖金、股权激励等所得，且按规定采取不并入综合所得而单独计税方式处理的，公益捐赠支出扣除，对照分类所得的扣除规定处理。

居民个人发生的公益捐赠支出可以在分类所得、综合所得或者经营所得中扣除。居民个人根据各项所得的收入、公益捐赠支出、适用税率等情况，自行决定在综合所得、分类所得、经营所得中扣除的公益捐赠支出的顺序。

在当期一个所得项目扣除不完的公益捐赠支出，可以按规定在其他所得项目中继续扣除。

注意： 经营所得采取核定征收方式，不得扣除公益捐赠支出。

第二，抵扣期限。公益慈善事业捐赠支出只能在本年度抵扣，不允许结转到其他年度，纳税人一定要注意审核公益慈善事业捐赠支出的发生时间，如果发生在其他年度，即便并未抵扣，也不得在本年进行抵扣。

第十一章 扣缴申报风险应对

扣缴义务人在进行扣缴申报时，会遇到各种潜在风险，比如，持有居民身份证的自然人因身份信息验证不通过而形成的异常档案数据、扣缴申报存疑数据、纳税人相关异议申诉数据及其他可能存在申报错误的疑点数据，对于无居民身份证的外籍人员，存在扣缴申报错误疑点和异议申诉事项。

对于上述常见问题，本章将一一进行详细讲解，以便广大扣缴义务人遇到这些问题时可以轻松解决。

● 第一节 自然人身份信息验证不通过的应对措施

一、本单位人员信息录入错误

存在居民身份验证不通过的人员信息，确认原因为采集本单位人员信息时姓名或身份证件号码录入错误的，进行如下操作。

（1）在扣缴客户端，点击【人员信息采集】，选择身份验证状态为验证不通过的人员，双击进入【人员信息修改】页面。

（2）在【人员信息修改】页面，修改姓名或身份证件号码。目前仅允许对其中一项修改，不得同时修改。

（3）必须确保修改后的身份验证状态为"验证通过"，如果修改后的信息仍验证不通过，则会保存失败，必须重新确认和修改。

（4）若验证不通过人员已经离职，按上述步骤修改人员信息后，需确保人员状态为"非正常"。

二、非本单位人员信息录入错误

存在【身份验证状态】为"验证不通过"情形的人员，经确认不是本单位人员，且未与本单位发生任何综合所得涉税行为的，必须逐月删除涉及人员的申报信息，并作离职处理，将离职日期填写为任职日期当天，进行如下操作。

（一）删除申报信息

1. 采用非批量删除方式

在首页逐月切换所得月份，在申报表报送界面，点击【更正申报】，将【申报状态】修改为"待申报"。

重新进入【收入及减除填写】界面，选择所得项目，进入申报表填写界面；选中涉及人员，然后点击更多操作中的【删除】，可将该人员明细记录删除。最后重新计税和申报。

如果更正涉及月份已在办税服务厅更正过的，或扣缴客户端没有历史申报数据的，暂时只能去办税服务厅更正。

2. 采用批量删除方式

在首页逐月切换所得月份，在申报表报送界面，点击【更正申报】，将【申报状态】修改为"待申报"；进入相应所得项目填写界面，选择【更多操作】→【批量导入删除】，进入批量删除界面；点击【导入】→【模板下载】，将身份验证不通过数据填写模板后点击【导入】→【导入数据】，选择需要删除的人员后点击【批量删除】，完成后重新进行税款计算和申报。

完成人员明细数据删除后，进入税款计算界面，点击【重新计算】，重算累计数据和应补退税额后，进入申报表报送，点击【报送申报】，报送更正后的申报表。

如果存在申报异常问题的，删除涉及人员的明细申报信息时，需要从异常申报的第一个月开始，逐月删除明细。

如果更正涉及月份已在办税服务厅更正过的，或客户端没有历史申报数据的，暂时只能去办税服务厅更正。

（二）对涉及人员做离职处理

点击【人员信息采集】，选择身份验证状态为验证不通过的人员；在【境内人员信息】明细页面，做以下处理。

（1）任职受雇从业类型为"雇员""保险营销员""证券经纪人"的，填写离职日期，且与任职受雇从业日期保持一致，并将人员状态修改为"非正常"。

（2）任职受雇从业类型为"其他"的，有任职日期的，需填写与其一致的离职日期；无任职日期的，直接将人员状态修改为"非正常"。

如果此类人员是外籍人士，参照上述操作处理。

三、本单位人员信息录入无误，但验证不通过

存在报送成功但居民身份验证不通过的人员信息，但经确认，采集本单位人员信息时，姓名及身份证件号码真实有效且录入无误，同时又并非是曾用名的原因，需要前往办税服务厅进行申请办理，进行如下操作。

（1）通知纳税人携带本人身份证原件，前往办税服务厅，通过【特殊信息采集】处理。

（2）纳税人到办税服务厅处理完成后，点击扣缴客户端【人员信息采集】，勾选身份验证不通过的人员，选择【更多操作】→【身份验证状态更新】功能，获取最新的验证状态。

四、扣缴单位内同一纳税人同时存在身份验证通过和验证不通过信息

扣缴单位前期办理扣缴申报时，报送的纳税人身份验证不通过，后又以新增人员方式重新提交了正确身份信息并验证通过的，在税务机关形成多个纳税人档案的处理。

采集本单位人员信息时姓名或身份证件号码录入错误，生成身份验证不通过的档案；发现错误后，并没有修改原档案信息，而是另新增正确的人员信息，重新生成身份验证通过的档案，导致该人员存在多个档案，进行如下操作。

（1）通知纳税人本人携带身份证件原件、扣缴单位证明（需法人或财务负责人签字并加盖扣缴单位公章）到办税服务厅办理并档业务。

（2）纳税人到办税服务厅完成并档后，点击扣缴客户端【人员信息采集】→【更多操作】，选择【特殊情形处理】→【人员并档】，选择、获取正确的人员并档信息。

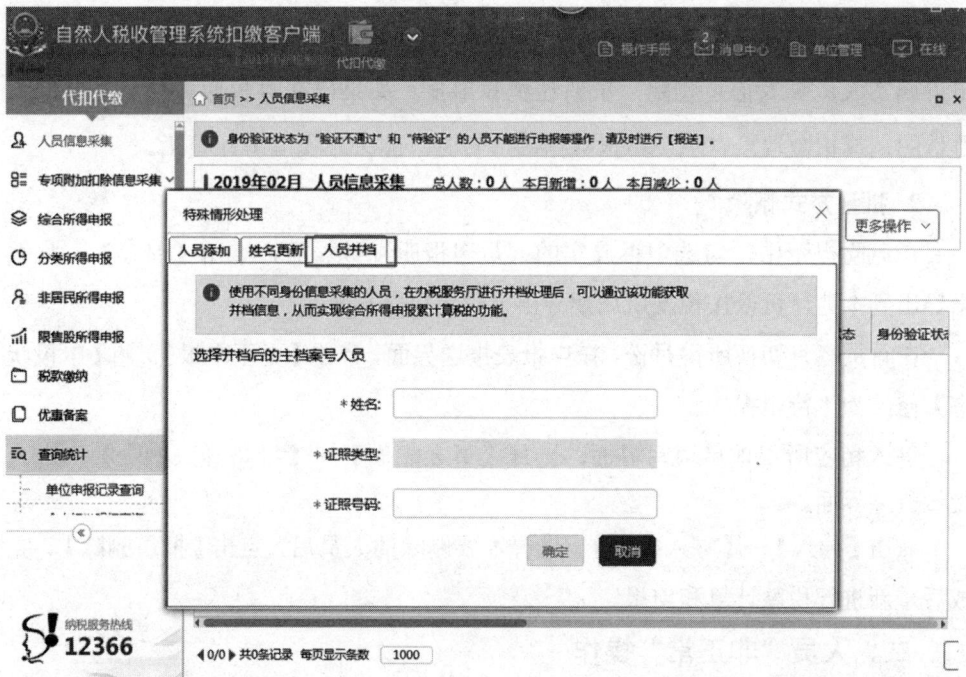

● 第二节　纳税人异议申诉的处理

纳税人如果对某笔扣缴申报记录有异议，发起了"被任职"申诉，但扣缴单位仍在为其办理扣缴申报，可进行如下操作。

一、核实申诉信息

对于"被任职—曾经任职"的申诉，可以在扣缴端首页的【待处理事项】或右上角的【消息中心】中打开风险提示，核实申诉人情况；对于其他申诉，扣缴单位应主动配合税务机关核实相关情况。

区分以下情形处理。

（1）确认仍在职，将相关情况反馈至主管税务机关。

（2）确认为已离职人员或非本单位人员，从该人员未在职月份起，逐月删除涉及人员申报信息，可以采取非批量方式和批量方式进行删除。

1. 非批量方式删除

在首页逐月切换所得月份，在申报表报送界面，点击【更正申报】，将【申报状态】修改为"待申报"。

重新进入【收入及减除填写】界面，选择所得项目，进入申报表填写界面，将申诉属实人员收入信息删除，重新计税和申报。如果已在办税服务厅更正过涉及月份的，或扣缴端没有历史申报数据的，暂时只能去办税服务厅更正。

2. 批量方式删除

在风险提示中，勾选申诉属实的人员申报明细数据后，点击【保存】，将数据导出到本地，可以按税款所属期导出，也可以全部导出。

在首页逐月切换所得月份，在申报表报送界面，点击【更正申报】，将【申报状态】修改为"待申报"。

进入相应所得项目填写界面，选择【更多操作】→【批量导入删除】，进入批量删除界面。

点击【导入】→【导入数据】，选择需要删除的人员后，点击【批量删除】，完成后重新进行税款计算和申报。

二、人员"非正常"操作

更正完成后，点击【人员信息采集】，选择申诉人员。

（1）确认为已离职人员的，在【人员信息】明细页面，填写实际离职日期，并将人员状态修改为"非正常"；

（2）确认为非本单位人员，在【人员信息】明细页面，填写离职日期，且与任职受雇从业日期保持一致，并将人员状态修改为"非正常"。

第三节　影响汇算清缴的疑点数据处理

此类疑点风险数据将影响纳税人综合所得个人所得税汇算清缴，请扣缴单位重点核实相关情况，并在后续申报时严格依法填写收入、费用及相关扣除，进行如下操作。

（1）扣缴单位收到主管税务机关的相关通知，核实涉及人员及其申报记录。

（2）确认人员信息或申报数据准确无误的，将相关情况反馈至主管税务机关。

（3）确认人员信息或申报数据有误的，在首页逐月切换所得月份，在申报表报送界面，点击【更正申报】，将【申报状态】修改为"待申报"。

重新进入【收入及减除填写】界面，选择所得项目，进入申报表填写界面，将疑点人员收入信息进行更正，重新计税和申报。如果已在办税服务厅更正过涉及月份的，或客户端没有历史申报数据的，暂时只能去办税服务厅更正。

（4）确认为异常申报的和涉及人员身份信息验证不通过的，参照第一类自然人档案异常数据中的情况二，进行处理。

（5）上述操作完成后，点击【人员信息采集】，选择非本单位人员信息，在【人员信息】明细页面：

①任职受雇从业类型为"雇员""保险营销员""证券经纪人"的，填写离职日期，且与任职受雇从业日期保持一致，并将人员状态修改为"非正常"。

②任职受雇从业类型为"其他"的，将人员状态修改为"非正常"。

第四节　预扣预缴的更正申报处理

扣缴单位办理纳税申报后，发现扣缴申报的收入、扣除或者税款等信息存在错误，需要对已申报成功的数据进行修改更正。更正申报可通过扣缴客户端和办税服务厅两个渠道办理。更正后，涉及补缴税款的，税款和滞纳金可通过客户端缴纳；涉及退税的，需前往办税服务厅申请退税。

一、问题初步识别

（1）更正往期申报时，为避免出现管理风险，扣缴客户端不允许新增人员并补报扣缴申报记录；如果要新增人员，需前往办税服务厅更正。

（2）扣缴单位发现历史扣缴申报数据存在错误且差异较小的，纳税年度内，可以在当前属期进行适当调整并重新累算；如果差异较大，或者纳税人对往期的纳税记录准确性要求较高，须逐月更正错误月份及以后属期的申报数据。比如，已完成7月属期申报的扣缴单位，发现3月属期扣缴申报信息错误且需要更正的，先更正3月属期数据，然后逐月将4、5、6、7月属期信息更正，否则将导致后期累计预缴数据错误。

（3）扣缴客户端支持扣缴单位对所有员工进行全量更正，也支持仅对有错误的员工进行个别更正。更正时需规范操作，避免影响到无须更正的其他员工，使其税额等信息发生变化。

（4）通过扣缴客户端更正申报时，每次更正时，会自动导出一份前次有效的申报记录表，供扣缴单位留存备用。

（5）通过扣缴客户端更正往期申报时，除了将人员整条申报信息删除情况外，不允许对人员的专项附加扣除享受金额进行修改。如果要修改，需前往办税服务厅办理。

二、进入更正申报界面

（1）进入扣缴客户端，选择需要更正的"税款所属月份"。

（2）点击【综合所得申报】，进入申报填写界面，点击【4.申报表报送】，查看申报结果。

（3）点击【更正申报】，可启动更正申报功能。

①系统提示，是否进行更正申报，点击【确定】，进入更正申报界面。

②更正往期申报，目前系统不允许新增人员，如果要新增人员，需前往办税服务厅更正。更正申报成功后，需要对后期申报表进行逐月更正，否则将影响后期申报表的累计计算税功能。

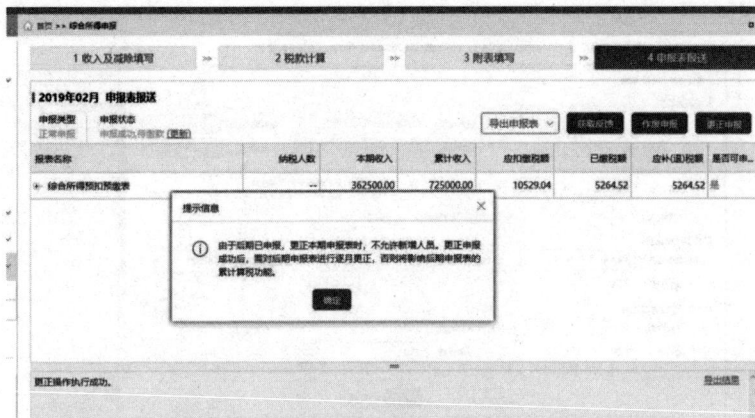

（4）点击【确定】，进入更正申报填写界面。

三、更正申报操作

按上述步骤，选择需要更正的税款所属月份，进入更正申报填写界面，点击【填写】，进行申报表更正。系统提供手工"修改"（该方式能精准选择部分人员修改，不易误改他人申报信息）和用申报表"导入"修改两种方式。

1. 手工修改方式

（1）选择需要更正的人员明细记录，双击并进入修改界面。当页面人员信息太多时，可点击【展开查询条件】，搜索具体人员。

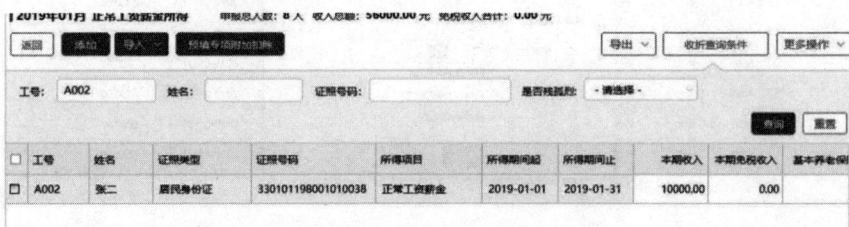

（2）当需要修改的人员较多，且修改的数据项和金额一致时，可点击【批量修改】，对选择的人员进行更正。

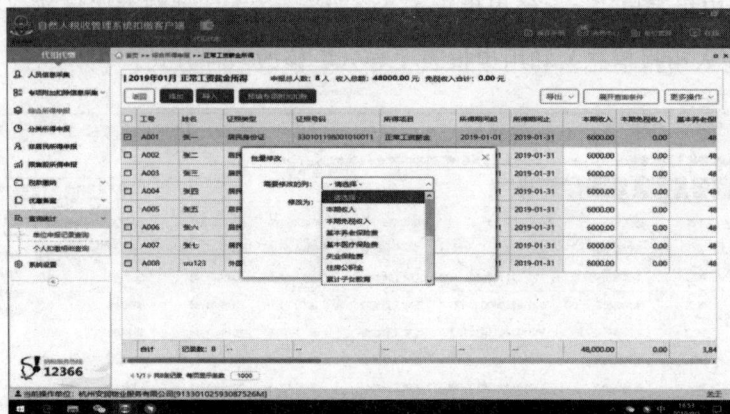

2. 导入申报表修改方式

（1）需要修改的人员信息较多，不便于一条条选择修改时，可通过导入申报表更正。导入申报表时，可导入全部人员明细（不需要修改的人员明细保持不变），也可以只导入需要修改的人员明细（导入模板中将不需要修改的人员明细删除）。同时，系统提供【导出】功能，可导出原申报表明细，扣缴单位可在导出明细基础上进行修改。

需要特别关注的是，导入的申报表要包括收入、专项扣除、专项附加扣除等明细数据。如果只填写收入，未填写其他明细，原申报表的其他明细金额（除专项附加扣除外）将被清零。

导入申报表前的原始明细数据：

只导入需要更正的人员数据：

导入后的申报明细数据：

四、重新计算税款

完成申报表更正后，进入税款计算界面，点击【重新计算】，重新计算更正申报后的应补退税额。

五、发送申报和撤销更正

（1）完成税款重新计算和附表填写后，进入发送申报表界面，点击【发送申报】，报送更正后的申报明细。在报送申报表之前，如果发现申报数据填写有误，可点击【撤销更正】，退出更正申报。注意，如果成功报送申报表后，则无法撤销更正。如果发现更正错误，可借助更正前自动导出留存的申报表进行再次更正。

（2）完成报送申报后，点击【获取反馈】，可获取申报反馈结果。

六、逐月更正后期申报

（1）如果更正往期申报数据，需要对后期月份进行逐月更正。如果后期月份的本期收入、扣除等数据不存在错误，则按上述步骤进入更正申报界面，无须重新修改后期月份的申报数据，只需进入税款计算中，点击【重新计算】，重算当月累计数据和应补退税额。

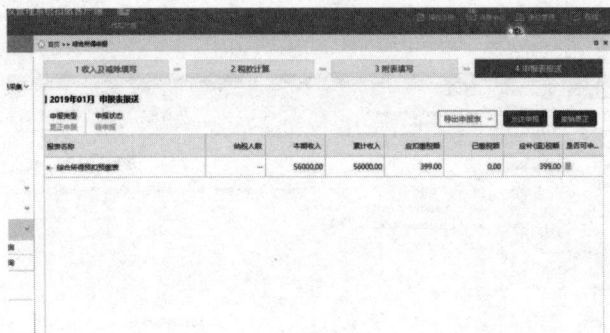

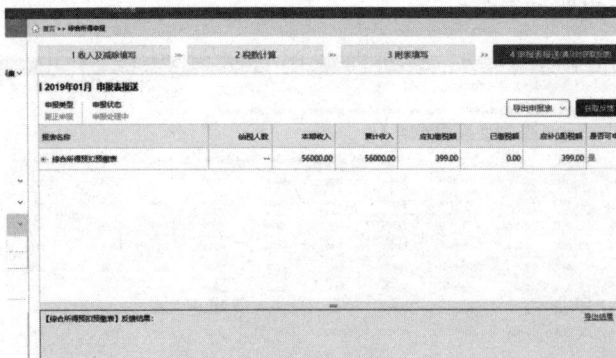

后期月份税款重新计算前：

后期月份税款重新计算后：

（2）完成税款重新计算后，进入发送申报表界面，点击【发送申报】，报送后期月份重新计算的申报结果。

七、注意事项

（1）往期申报数据已在大厅进行更正，扣缴端无法再次对该期申报数据进行更正。如果需更正，需要前往办税服务厅。

（2）在扣缴端的往期更正申报数据中，无法新增人员明细数据。如果需新增，需要前往办税服务厅。

（3）存在异常申报情况的，删除涉及人员的申报信息时，需要从开始异常申报的第一个月删起。

（4）通过扣缴客户端更正申报时，每次更正，都会自动导出一份当前有效的申报记录表，供扣缴单位留存备用。

（5）通过扣缴客户端更正往期申报时，不得修改人员的专项附加扣除享受金额。如果需修改，需前往办税服务厅。

（6）更正申报往期月份属期的，需要将后面的月份属期一同逐月更正。